麦读
MyRead

任何时代都必须重新书写自己的法学

—— 拉德布鲁赫

姜 朋

　　法学博士，清华大学经济管理学院副教授，中国法学会商法学研究会理事。1993 年起就读于吉林大学法学院，先后于 1997 年和 2000 年获得法学学士（经济法专业）、法学硕士（民商法学专业）学位。2003 年 6 月于中国政法大学获得法学博士（民商法学专业）学位。2003 年 10 月至 2005 年 9 月在北京大学法学院从事博士后研究。目前主要讲授商法、商业伦理、批判性思维等课程。

　　主要研究兴趣包括：商法、商业伦理与社会责任、商业制度史、法律及工商管理教育史等。著有《官商关系：中国商法前论》（法律出版社，2016）、《商事制度考据集》（清华大学出版社，2017）、《须有清风属后来：吉林大学法学院史稿（1948—1998）》（法律出版社，2018）、《在明明德：大学的伦理之基》（合著，机械工业出版社，2020）等。

中国法学院纪事

中国院事

法学

纪

Tracing Back
the Law Schools in
Morden China

不复过往

姜朋 著

中国民主法制出版社

全国百佳图书出版单位

导　言

浅滩边,一个教授和一群讲师正在撒网
网住的鱼儿
上岸就当助教,然后
当屈原的秘书,当李白的随从
然后再去撒网

有时,一个树桩般的老太婆
来到河埠头——鲁迅的洗手处
搅起些早已沉滞的肥皂泡
让孩子们吃下,一个老头
在讲桌上爆炒野草的时候
放些失效的味精
这些要吃透《野草》《花边》的人
把鲁迅存进银行,吃他的利息
……
教授们也骑上自己的气泡
朝下漂像手执丈八蛇矛的
辫子将军在河上巡逻
河那边他说"之"河这边说"乎"

遇到情况教授警惕地问口令:"者"
学生在暗处答道:"也"[1]

诗人戏说大学里的"中文系是一条撒满钓饵的大河",还不忘引用老师的话,调侃说那里的学生"要做伟人/就得吃伟人的剩饭,背诵伟人的咳嗽"!可乐之余,也让人会意了那个中文系的封闭、因循与自我复制。由此不禁想到法律系、法学院,以及法律教育。那里的情形又会怎样?

乍看起来,按照所谓"立法者修改三个词,就会使所有文献成为废纸"[2]的说法,法条和法律书籍一经过时便再无用处,法律学人似乎该眼睛只顾向前而"喜新厌旧"才是。然而,法律教科书中关于法律继受、法律移植和借鉴外国立法例的大量论述又分明提示了某种甚至是在更大范围、更长时段的复制和因袭。因此,对于法律教育而言,歌者所谓"多少次我回回头看看走过的路"[3]也便成为并非无意义的矫情,而应被看作是一种自觉与执念。毕竟"黑格尔在某个地方说过,一切伟大的世界历史事变和人物,可以说都出现两次。他忘记补充一点:第一次是作为悲剧(high tragedy)出现,第二次是作为笑剧(low farce)出现"[4]。恰如忒修斯王子进入米诺斯的迷宫前要备下线球以备返程之用,[5]法律学人也需要了解法律制度的来路,洞悉法律规则赖以产生的社会环境,才能更好地回应和解决面临的现实问题,推动社会走向未来。[6]因而,法律教育势必要承担起赋予其学人历史性眼光的责任。同理,负责任的法律教育也需要有"用第三只眼睛看自己"的意识,对自身的既往历史认真加以审视。

本书的整体结构是纵向沿着时间轴线,渐次梳理中国近代以来的若干家法律教育机构,也会兼及若干国外的法律教育及其机构。

在横的方向上,会就相关机构开展的各种教育项目(类别、学制)、藏书、研究、学术出版,以及师资、招生、学生去向等情况进行梳理。其间也会穿插重要人物的生平履历,特别是法律学习经历及在相关法律领域的成就。

具体而言,第一章《中国近代法律教育的源起》从"中国近代法律教育源起于何时"这个问题展开,通过对同文馆、京师大学堂、京师法律学堂、京师法政学堂、直隶法政学堂、北洋法政学堂等早期公立法律教育机构以及进入民国以后这些机构的演变的介绍——同文馆和京师法律学堂后来分别并入京师大学堂和京师法政学堂;京师法政学堂设立时则利用了京师大学堂进士馆的馆舍与教习——呈现中国早期法律教育机构的发展与内部关联等情况。

第三章《北洋大学法科与民国时期的"院系调整"》围绕民国初年北京大学工科与北洋大学法科对调这一"院系调整"公案展开,追溯了北洋大学法科的历史,也对当时的大学管理体制有所触及。其间引申出的问题或许比史实本身更重要:将几所大学的某些专业硬性"调整"、归并,真的能实现"强强联合"吗?大学及其专业院系的设置是否有其自身规律,是否应当完全取决于教育行政首长的意志?包括法律教育在内的中国近现代的高等教育固然源自西方,但是否一定要唯某国或某几国的教育模式马首是瞻?

第四章《法律教育在边疆:20世纪前期的东北》考索了20世纪前叶地处东北边疆的几所法律教育机构的基本情况。从中不难发现,在主权不完整的情况下,独立的法律教育亦无从谈起。

第五章《没有法律系的法学院?》把目光投向了民国时期的"大法学院"体制,在完成了对燕京、清华的确设立过法律系的考证的同时,更从两校在设置法律学系后又旋即撤销,从而在相当长时间里虽间里虽然有法学院但其下却没有法律系这一现象出发,力图透过其背后有关财务方面的考量,以呈现大学学科设置过程中的长官意志,以及对理工农医等实科的推重和对法科的轻看与贬抑等种种成见。

第六章《中国新法学研究院考》涉及 1949 年后新政权对旧法人员进行改造的话题。中国新法学研究院以对旧司法工作人员、律师、法律教师等进行思想改造,从而解决其出路问题为己任。1949 年 8 月 9 日中国新法学研究院筹委会常委会第二次会议推定其领导班子。参加学习的人员(称"研究员")经考试于 12 月 7 日开始注册,陆续入院编组学习。开学典礼则迟至 1950 年 1 月 4 日才举行。一年后,该院完成历史使命,其主体先是与中央司法干部轮训班合并,后又改建为中央政法干部学校。

第七章《两所"中国政法大学"》记述民国法学重镇朝阳学院渐次衍生为北平法政学院(筹)、"中国政法大学"及中国人民大学的过程。为了辨析的需要,也介绍了今天的中国政法大学的前身北京政法学院的历史源流。但其终极关切却是大变动时代法律传统的革旧布新。1949 年正是新旧两种法律传统,即晚清以降通过学习西方、也部分地吸收古老的中华法制传统而形成的"旧法传统",与 20 世纪 30 年代开始出现的革命的法制观念与实践(即所谓"新法传统"),由并存到汇合、正面碰撞,进而新陈代谢的关键时点。法律教育机构的分合、法律教育的转型,甚至法律学人个人命运的起伏进退、荣辱欢悲,无不应当放在这个大背景下来解读。

作为复调的一部分,书中也对法国、德国、日本、美国的法律教育的若干侧面有所涉及。法、日两国的情况集中于第二章《国人早期留洋学法考》。其考证了 19 世纪 70 年代末马建忠随福州船政学堂首批留学生赴欧并在巴黎学习法律的若干细节,也爬梳了 20 世纪早期国人东渡日本就读法政速成科的情况。

第八章是对全书讨论话题的一个总结。

正文以外，还附有几篇相对短小的文字，涉及《万国公法》的中译（附录1）、马克思大学时代所受法律教育情况（附录2）、"法学博士"的通约（译）问题（附录3），以及因两岸分隔造成的法学家人书分离现象（附录4）。其中，附录1《〈万国公法〉的中译》是对丁韪良和赫德汉译《万国公法》并向总理衙门推介其译稿等史实的考据，可以接应第一章对中国近代法律教育起源问题的讨论。附录2《马克思的法律教育》意图将马克思大学时代所受法律教育作为探究19世纪前期德国法律教育个案加以解析，以接应第二、三章如何学习别国经验的讨论。附录3《法学博士迷思》试图通过对英、美、法等国法律教育机构所颁"法学博士"学位的差异比较，以及中文"法学博士"一词的外译难题，解构法律制度可以无限通约的神话。同时，该文还探讨了民国时期法律教育机构所授学位问题，从而可以对前面的第一、三、四等章内容做若干补充。附录4《法学家的著作权》讨论了两岸区隔背景下法律图书的流通问题，可以算作是第七章结论的例证和余音。

除了文字叙述，书中还收录了大量影像资料（如人物及建筑照片、书影、地图等），以期形象而真切地还原中国法律教育的历史瞬间。

目

录

第一章　中国近代法律教育的源起

第一章　中国近代法律教育的源起 *

第一节　从同文馆到北京大学法科预科

在探究中国近代法律教育的源头时,王健和李贵连教授都提到了清同治元年(1862)设于北京的同文馆。[1] 1867 年 12 月,同文馆决定聘请两年前即已经在馆担任英文教习的丁韪良(William Alexander Parsons Martin)开设国际法方面的课程。丁韪良随后回到美国,入耶鲁大学进修国际法,直至 1869 年夏天才重返北京,[2] 并于当年 9 月被正式任命为同文馆总教习兼万国公法教习。11 月 26 日,同文馆为其举行了就职典礼。[3] 光绪二年(1876)总理衙门批准实施的八年制新课程中,第七年的课目包括了万国公法。[4] 刊于光绪五年(1879)的第一次《同文馆题名录》所收《八年课程表》显示:"七年:讲求化学。天文测算。万国公法。练习译书。"《五年课程表》提道:"五年:万国公法。富国策。天文测算。地理金石。"其后所载堂谕所署日期为"光绪二年　月　日"。[5] 1879 年和 1888 年,分别有 8 名和 12 名同文馆学生参加公法学大考。[6]

---

*　本章曾发表于《中国法律评论》2014 年第 4 期。后有大幅修改。

图 1-1 总理各国事务衙门。英国人 Thomas Child 摄于 1870 至 1890 年间

不过,王健教授将晚清修律过程中由沈家本和伍廷芳等人积极推动、于 1906 年成立的京师法律学堂视为中国第一所近代意义的法律专门学校。而同文馆的万国公法(国际公法)课程则被认为"是中国在文教机构中最早开设的法律课程"。[7] 李贵连教授同样没有将 1869 年定为近代中国法律教育的起点,而选择了京师大学堂复校的 1902 年:"系统而有组织地讲授近现代法,把法作为研究对象,把法学作为近代教育的一个门类,实在说,是始于 1902 年。"[8] 至于同文馆,则被称为"中国较早讲授西方法律的教育机构"。[9]

同文馆的落选与其所处的历史情境及其自身有限的社会影响力有关。受制于当时的保守氛围,设立初期的同文馆连吸引学生都很困难。"传言称,八旗家庭认为被朝廷安排到北京学校去学习是很丢人的事,所以他们想尽了办法进行抵制。入学的学生大多是因为太懒或太笨以至于在旗人的学校里没有前途才被送了过来,或者说是来自那些毫无权势的家庭因而没有办法逃避。"[10]1866 年,同文馆还遭到了以大学士倭仁为首的保守派的诘难。此举使得"那些想要进入同文馆学习的学生面临着崇洋媚外的指控,因而不得不为自己的动机进行辩护。同文馆被士林视作反对'中学'的堡垒,由此,招募官家子弟的计划在随后的数十年中屡屡失败"。[11]后来维新派眼中的同文馆是一派负面景状也就不难理解了。1896 年,康有为的友人御史陈其璋谈道:"伏思都中同文馆,为讲求西学而设,学生不下百余人,岁费亦需巨万两,而所学者只算术、天文及各国语言文字。在外洋只称为小中学塾,不得称为大学堂。且自始至终,虽亦逐渐加巧,仍属有名无实。门类不分,精粗不辨,欲不为外洋所窃笑也难矣。"[12]

光绪二十二年八月二十一日(1896 年 9 月 27 日),工部尚书孙家鼐[13]在《奏陈遵筹京师建立学堂情形折》中建议:"今拟分十科以专肄习,曰道德科,曰天文科,曰地理科,曰政事科,曰文学科,曰武备科,曰农事科,曰工艺科,曰商务科,曰医术科。"[14]

> 一曰天学科,算学附焉;二曰地学科,矿学附焉;三曰道学科,各教源流附焉;四曰政学科,西国政治及律例附焉;五曰文学科,各国语言文字附焉;六曰武学科,水师附焉;七曰农学科,种植水利附焉;八曰工学科,制造格致各学附焉;九曰商学科,轮舟铁路电报附焉;十曰医学科,地产植物各化学附焉。[15]

光绪二十四年五月十四日(1898 年 7 月 2 日),礼亲王士铎等上奏的《大学堂章程》第二章"学堂功课例"第二节将法律学归于高等政治学之下:

> 今略依泰西日本通行学校功课之种别参以中学列为一表

如下:

　　……

　　高等政治学第十八　　法律学归此门

　　……[16]

光绪二十四年七月初三日(1898年8月19日),《出使日本大臣裕庚奏请京师学校悉用西国规模片》提道:"日本仿照西法设立大学,共分六科。一曰法科大学,其目有二……今奉特旨京师设立学校较曩度为尤重,非悉用西国规模不能尽善无中立之道。"[17]

戊戌变法失败后,京师大学堂实际只办了诗、书、易、礼四堂和春秋二堂,每堂仅十余人。[18]1900年7月1日,时任管学大臣的许景澄[19]奏请裁撤大学堂:"溯查创建大学堂之意,原为讲求实学,中西并重。西学现非所急,而经史诸门,本有书院官学与诸生讲贯,无庸另立学堂造就。"7月11日,朝廷宣布关闭大学堂。[20]八国联军占领北京后,大学堂校园及丁韪良的住所被俄军和德军洗劫,丁韪良的私人藏书连同大学堂的藏书都被丢进了水井和池塘。[21]

1901年夏末,张百熙[22]向朝廷提交了全国学制的综合方案。

图1-2　孙家鼐　　　　图1-3　许景澄　　　　图1-4　张百熙
　(1827—1909)　　　(1845—1900.7.28)　　　(1847—1907)

9月,清廷下令将各省的书院一律改为学堂。慈禧太后和光绪皇帝回
銮还都后的1902年1月,清廷下令恢复京师大学堂,并将同文馆和
国子监并入。张百熙出任第三任管理大学堂事务大臣。光绪二十八
年十一月十八日(1902年12月17日)京师大学堂复校。按照张百熙
的方案,京师大学堂设有四类课程:大学专门分科、预备科、仕学馆和师
范馆。大学专门分科的课程设置"略仿日本例",属于高等教育,毕业生
将被赏给进士出身,但当时尚没有可以入学的学生。后三类项目的毕
业生将被赏给举人出身。其中预备科学制三年,系为那些准备进入大
学专门分科学习的学生设置的。参加仕学馆入学考试的考生多是中等
功名出身、由京官推荐来的。师范馆录取的多是附生、廪生、监生,或
是八旗官学学生。考生须由京师和各省学政咨送(各省名额不同)。
仕学馆和师范馆共招生约200人,其中三分之二入师范馆。[23]

图1-5　京师大学堂藏法律图书 *Constitutional History of England* 暨"大学堂藏书
楼之章"。1902年10月,京师大学堂藏书楼成立。首任馆长为京师大学堂提调梅光
羲。藏书楼设于京师大学堂(今景山东街,原地安门内马神庙前和嘉公主旧第)大殿后
方的一座楼房,相传为和嘉公主的梳妆楼。藏书楼成立之初,藏书约78000余册

图 1-6 京师大学堂藏法律图书 Thomas Erskine Holland（D.C.L., Dortor of Civil Law）著 *Studies in International Law* 暨"大学堂图书馆收藏章"

1903 年 4 月末,国内的学生及留日学生爆发了抗议俄国拒绝从东北撤军的运动。[24]京师大学堂仕学馆和师范馆的学生"鸣钟集会",联名上书,通电各省学堂。朝廷认为学生的举动是在聚众闹事,从而拒绝了管学大臣张百熙为学生所做的辩解,另派张之洞平息了风潮。接下来,朝廷又让张之洞会同张百熙和荣庆起草新学制。[25]

光绪二十九年十一月二十六日(1904 年 1 月 12 日)《管学大臣张(百熙)、荣(庆)、鄂督张(之洞)遵旨重订学堂章程折并片》所附《大学堂章程》提出,大学堂内设八个分科大学堂,政法科大学为其中之一,下分政治学、法律学二门,学生学习年数为四年,较其他大多数分科大学多一年。

第二节 大学堂内设分科大学堂,为教授各科学理法,俾将来可施诸实用之所。通儒院为研究各科学精深义蕴,以备著书制器之所。通儒院生但在斋舍研究,随时请业请益,无讲堂功课。

第三节 各分科大学之学习年数,均以三年为限,惟政法科及医科中之医学门,以四年为限,通儒院以五年为限。

第四节 大学堂分为八科:一、经学科大学,分十一门,各专一门,理学列为经学之一门;二、政法科大学,分二门,各专一门;三、文[学]科大学,分九门,各专一门;四、医科大学,分二门,各专一门;五、格致科大学,分六门,各专一门;六、农科大学,分四门,各专一门;七、工科大学,分九门,各专一门;八、商科大学,分三门,各专一门。[26]

1910年3月,京师大学堂的七个分科大学(不含医科)均告正式开办。到4月时,已有387人入学。法政科监督为毕业于日本早稻田大学的林棨。[27]

同文馆于1902年并入了刚恢复的京师大学堂,[28]又于是年底改为翻译科。次年5月该科并入新设的京师译学馆,"设英、法、俄、德、日五科,学制五年。兼习修身、历史、地理、数学、博物、理化、图画、体操及法律、交涉诸学,二、三年后兼授各国历史及文学大要。由京师大学堂学生中略通外国文者选取一百二十名入馆,延请外文教习分授各国语言文字,兼编文典。毕业生分别授给贡生、举人、进士出身,选充清政府外交机关的译员或各地学堂的外文教员。"[29]宣统三年(1911)九月,译学馆结束,并入京师大学堂,改为法律院。[30]译学馆位于北河沿。并入北大后,这里称为北大三院(法学院所在)。[31]

不过,译学馆的影响却一直持续到民国时期。当时北大的法科预科洋化得厉害。据陈顾远回忆:

> 而译学馆的遗风,不但有官气,而且洋化。在法预科里头,有英法(法律)班、法法班、德日法班,三班都是用外文直接讲授,

除了中国文字学及语辞之外,都用外文,例如为我们讲《法学通论》的郑天赐先生,也用英文讲课。讲《西洋近代史》的是一个英国人,另一英籍老师斯哇罗(燕子)教我们英文写字及作文。此外法文班有一位布拉斯教法文,我现在还记得一句法文。而教英文的一位华侨郭先生,但不会讲中国话。教日文的也是一位日本人。当时规定必须修习两种外国文。我在预科念英文班,主修英文及法文,并选修日文。但是当时"年纪大了",已经20岁,单字记不住。那时连邮局的布告都是法文,看起来文法组织都晓得,意思却不懂,因单字不会。当时的法预科可以说是完全的洋化。[32]

图1-7 京师译学馆职教各员暨丙丁戊三级学生合照

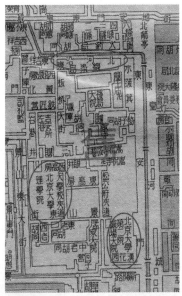

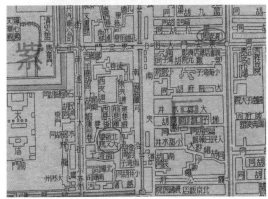

图1-8　1950年北京地图局部。北京大学理学院、北大第二院、北大俄文学院分布图

之前,张百熙出任管学大臣后,也曾大刀阔斧地解雇了包括丁韪良在内的京师大学堂所有的洋教习。但此后,日本人担任教习的事例逐渐增多起来。德国哈雷大学(University of Halle)法学博士、京都大学法学教授岩谷孙藏被任命为仕学馆总教习。其密友、毕业于东京大学法律系的杉荣三郎也在京师大学堂任教。东京大学的中国哲学博士服部宇之吉则受聘筹建京师大学堂师范馆。1903年至1906年间,共有超过9位日本人被聘为教习,且大部分在自然科学部。1903年4月30日,京师大学堂的全体日本教习作出总辞职的姿态,以表达其对清廷应对俄国侵略不力的强烈不满。[33]

茅盾在回忆中提到,1913年其在北大读预科(第一类)时,第一学期教授以洋人为多。中国教授陈汉章教本国历史,一个扬州人教本国地理,沈尹默教国文,乃弟沈兼士教文字学(课本是许慎《说文》)。外国文学读的是英国历史小说家司各特的《艾凡赫》和笛福的《鲁滨逊漂流记》,两个外籍老师各教一本。预科生还要学第二外语(法语或德语)。教法语的法国人是个退伍兵,是法国驻京使馆硬荐给预科主任沈步洲的。教世界史(欧洲史)的是个英国人。预科最后一年学拉丁文。[34]

1920年毕业于北大的杨亮功也回忆说:

> 北大在蔡先生未当校长以前,开教务会议的时候,多半讲英文,特别是预科教务会议全讲英文。不懂英文的教授只有像哑子吃黄连有苦无处诉,蔡先生到北大后,开教务会一律改用中文,外国教授起而反对,说:"我们不懂中国话。"蔡先生回答说:"假如我在贵国大学教书,是不是因为我是中国人,开会时你们说的是中国话?"从那时起,开会发言,一律讲中文,不再用英文。

蔡先生为人虽然很和平,但有时却很固执。当时北大有两位英国教授品性不端,常带学生逛八大胡同。蔡先生很不高兴,到聘约期满的时候,不再续聘。[35]

但被解聘的洋教员无所不用其极,先是求本国驻华公使向中国政府施压,而后向中国教育部控诉,继而又状告北大和蔡元培。陈顾远提到,"蔡先生民国六年到了北大以后,就把这些外国教员解聘,那些人还不肯走,几乎闹了官司。"[36]但无论怎么折腾,都无法改变其失败的结果。

1917 年 5 月 9 日,在给民国政府外交部的复函中,蔡元培详细阐述了北大与有关英籍教员的合同关系,以及解聘的理由,并就英方的质问予以有理有力的反驳。最后坦陈:"英使署若再质问,望贵总长代达上列种种情形,实为公便。"[37]同月 14 日,蔡元培又复函教育部:

> 奉贵部来函……并中西文抄本克德来、燕瑞博两教员呈各一件,均已读悉,案本校对于辞退该两教员之理由,曾历次函复贵部在案。今该教员犹复多方要求,并具呈控告。谨再申明各要点如左……以是本校虽承贵部谆谆以和平解决相劝,而苦于别无办法。若该教员必欲赴诉,则听其自由而已。[38]

6 月 7 日,蔡校长再次复函外交部,就英国驻华公使馆参赞艾斯敦爵士(Sir B.F.Alston)不满北大辞退英籍教员一事予以答辩。[39]蔡元培回顾这段历史时,提道:

> 我从前在教育部时,为了各省高等学堂程度不齐,故改为各大学直接的预科;不意北大的预科,因历年校长的放任与预科学长的误会,竟演成独立的状态。那时候预科中受了教会学校的

影响,完全偏重英语及体育两方面;其他科学比较的落后;毕业后若直升本科,发生困难。预科中竟自设了一个预科大学的名义,信笺上亦写此等字样。于是不能不加以改革,使预科直接受本科学长的管理,不再设预科学长。预科中主要的教课,均由本科教员兼任。[40]

那时候各科都有几个外国教员,都是托中国驻外使馆或外国驻华使馆介绍的,学问未必都好,而来校既久,看了中国教员的阑珊,也跟了阑珊起来。我们斟酌了一番,辞退几人,都按着合同上的条件办的,有一法国教员要控告我;有一英国教员竟要求英国驻华公使朱尔典(J.N.Jordan)来同我谈判,我不答应。朱尔典出去后,说:"蔡元培是不要再做校长的了。"我也一笑置之。[41]

1917年4月22日,天津《大公报》报道了蔡元培对北大"预科组织之大改革"以及改革引起的"失职人员鼓动反抗",或可作为上述英人不断折腾的又一证据:

蔡君就职后,首所注意者,即为淘汰无学识之华、洋教员,振顿半独立之大学预科,第一层事已逐次实行,第二层事现亦办到。盖该校预科,名为大学预备,而学长徐崇钦,素不愿受大学校长指挥,凡事好与大学立异,甚至自称预科大学,一切课程,均故意不与大学接洽,以致虽系预科,而功课与本科并不衔接。蔡君为实行联络预科、本科关系起见,决定本年暑假后,废止现设预科,另于文、理、法三科分别附设预科,二年毕业,本科则四年毕业,使三科学长各掌所属预科,而校长则总本科、预科之成,以期事权统一。至法科本拟裁去,因多人反对,故仍存留,将来即以现在之预科地方作法科分科大学云。

　　大学办事人承多年腐败之旧习,不称职者甚多,如庶务长、学监之类,自以为在前清时代,地位甚高,不甘受学长之指挥。例如……某教员缄学长请改正担任授课时间,学长以之告学监,乃该学监竟将学长教训一番,谓教习改时间,以后不可率允云。由此可见一斑。蔡君就任后,立意主张增大学长之权力,而校长但主持大体。意谓校长万无兼精各科学术之理,非予学长以支配该科之全权,不能规制悉当。因庶务长舒某之不能顺手也,乃罢去之。学监张某暑期后亦将撤换。此辈人物乃颇鼓励反对蔡校长之风潮,一面团结被黜之人,一面勾煽现在未定之职员。而预科学长徐崇钦,又衔蔡君改组预科、将彼学长取消、改为教员之恨,亦联络被汰华、洋教员开始为反对蔡君之运动。洋教员等且担任各向本国报纸发表丑诋蔡君之纪事,预料不久必有所发表云。[42]

预科学长徐崇钦曾获耶鲁大学法学和政治学硕士。其之所以致力于推动北大预科西化,与当时北大本科的衙门习气、学生暮气沉沉、崇尚读书做官的学风不无关系。[43]而经受了西化教育的更为年轻的预科学生在入读本科后,成为了北大开创新风气的火种。蔡元培任校长时的改革其实亦得益于斯。不唯如此,之前多任校长,自严复、马相伯(代理校长)、何燏时以至胡仁源,在维护北大学术目标方面所做的种种努力,也都为后来者的变革奠定了基础。[44]因此,不应简单地将改革的成效归功于某个人。此外,蔡元培在北大的改革亦得益于中央政府的衰微。当时北洋政府正忙于内斗而无暇他顾。[45]

　　至于诉讼,据杨亮功回忆:"为了此事,两位教授告到法庭,蔡先生委托王宠惠先生出庭,结果学校胜诉。"[46]是为后话。

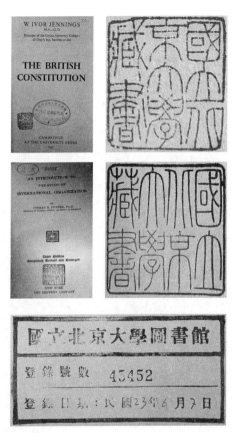

图 1-9　北京大学法律类藏书印章七组。第一组，"北京大学图书馆（The Library of Government University, Peking）"椭圆形蓝色藏书章；"国立北京大学藏书"印，方形红色。第二组，"北京大学图书馆（The Library of Government University, Peking）"藏书章；"国立北京大学藏书"藏书印，方形，并贴有"国立北京大学图书部"藏书票。1920 年 5 月，校图书委员会通过了李大钊主持制定的《北京大学总务处图书部试行条例》。自1920 年起，北京大学图书馆同时使用"北京大学图书部"的名称。1930 年 12 月，蒋梦麟任北京大学校长后，图书馆改为由校长直接领导，正式取消"图书部"，采用"北京大学图书馆"统一名称。第三组，"北京大学图书部（The Library of National University,

Peking)"椭圆形蓝色藏书章。第四组,"国立北京大学图书部图书"圆形蓝色藏书章,并贴有"国立北京大学图书部"藏书票,填写时间为 1931 年 1 月 21 日。第五组,"国立北京大学藏书"方形红色藏书印,"国立北京大学法学院法政经济纪录室(Archives of Law, Economics and Political Science, National University of Peking)"椭圆形蓝色藏书章。第六组,"国立北京大学藏书"方形蓝色藏书印。第七组,"国立北京大学图书馆"方形蓝色藏书章,加盖时间为民国二十三年(1934)6 月 7 日

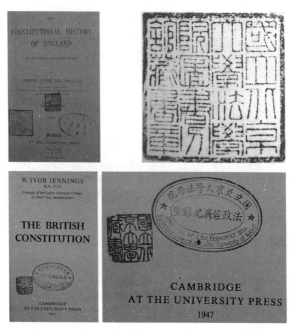

图 1-10   国立北京大学法学院藏书印章两种。第一种,"国立北京大学法学院图书馆藏书章",方形红色。第二种,"国立北京大学法学院法政经济纪录室(Archives of Law, Economics and Political Science, National University of Peking)",椭圆形蓝色,加盖于 1947 年后

第二节　京师法律学堂(1906—1911)

一、京师法律学堂的开办

光绪三十一年三月(1905年4月),修订法律大臣奏请专设法律学堂:"新律修订亟应储备裁判人才,宜在京师设一法律学堂,考取各部属员入堂肄习,毕业后派往各省,为佐理新政分治地方之用。课程比照大学堂奏定学科,酌量损益。"[47]《请在各省课吏馆内添设仕学速成科讲习法律片》称:

> 请在各省已办之课吏馆内添造讲堂,专设仕学速成科,自候补道府以至佐杂,年在四十以内者,均令入学肄业,本地绅士,亦准附学听讲,课程参照大学堂法律学门所列科目及日本现设之政法速成科,以六个月为一学期,三学期毕业,每一学期后由督抚率同教习面试一次,毕业后由督抚将学员职名、考试分数,造册咨送京师政务处、学务处、吏部、刑部,以备察核。[48]

由此可见,其时清廷已经启动了自办法律教育的工作,且沿袭了赴日习法的路径,颇多速成的内容。对于法律学堂直隶于修律大臣的动议,学务大臣孙家鼐并未直接反对,同年七月初三日(1905年8月3日)其回奏称:

> 臣等查奏定章程,大学堂政治专科法律学门所列科目,备详中西法制,原系储备佐理新政之用,惟须俟预备科及各省高等学堂毕业学生升入。现在预备甫设,专科尚未有人,伍廷芳等所请专设法律学堂,实为当务之急,自应准如所请,即由该大臣等详

拟章程,奏明办理。学员就部属考取,是照仕学馆办法,多加授课钟点,缩减毕业年限,是照速成科办法,毕业后应请简派大臣会同学务大臣详加考验,列定等第,分别年限,比照《仕学馆奖励章程》酌量办理……

查各省课吏馆业经遍设,尚无专习法律一门,近日直隶议设政法学堂,所列科目颇为详备,与该大臣等所拟办法相合,于造就已仕人才佐理地方政治深有裨益。拟请饬下政务处通行各省,并查取《直隶政法学堂章程》,参酌地方情形认真办理,随时咨报政务处、学务大臣、吏部、刑部存案备核。[49]

只是其强调开办法律学堂是权宜之计,为维持教育行政体系的一元化,待京师大学堂法律门成立后,应将该校立刻并入大学堂,接受学部的管辖:"惟此项学员原为大学堂政法专科未备急需用人而设,将来专科毕业人才日出,届时酌议归并,以节经费而符定章。"[50]据修律大臣拟定的《京师法律学堂章程》,法律学堂"以造就已仕人员,研精中外法律,各具政治智识,足资应用为宗旨,并养成裁判人材,期收速效。所定课程,斟酌繁简,按期讲授,以冀学员循序渐进,届时毕业"[51]。"全堂事宜由修律大臣督同监督、提调各员……核实办理"。[52]

1906 年法律学堂成立,次年改名为京师法律学堂。沈家本任管理京师法律学堂事务大臣。[53]他后来在给冈田朝太郎《法学通论讲义》所作序言中提道:

余恭膺简命,偕新会伍秩庸侍郎修订法律,并参用欧美科条,开馆编纂。伍侍郎曰:"法律成而无讲求法律之人,施行必多阻阂,非专设学堂培养人才不可"。余与馆中同人,佥韪其议。

于是奏请拨款设立法律学堂,奉旨俞允。择地庀材,克日兴废。
而教习无其人,则讲学乃托空言也,乃赴东瀛,访求知名之士。
群推冈田博士朝太郎为巨擘,重聘来华;松冈科长义正司裁判者
十五年,经验家也,亦应聘而至。于光绪三十二年九月开学。学
员凡数百人,昕夕讲贯,旬经三学期矣。吾中国法律之学,其将
由是而昌明乎![54]

曾在京师法律学堂学习的吴朋寿开列了该学堂的各类人员
名单:

管理京师法律学堂大臣:沈家本、伍廷芳

教务提调:曹汝霖、董康

文案提调:许受衡、王仪通

庶务提调:周绍昌

教员:吉同钧、姚大荣、朱汝珍、钱承志、陈威、陆宗舆、稽镜、
汪有龄、江庸、张孝移、高种、熊垓、廉隅、汪曦芝、薛锡成、马德
润、吕烈煌、何廷式

日本教员:冈田朝太郎、志田钾太郎、小河滋次郎、松冈义
正、岩井尊文

监学:吴尚廉、熙桢、张元节、林冶喆[55]

李贵连教授《20世纪初期的中国法学(续)》文中所引《京师法律
学堂第一次同学录》中开列的职员名单[56]与此稍有差异:(1)管理大
臣仅有沈家本,而无伍廷芳;(2)王仪通作王仪道;(3)监学中无林冶
喆;(4)有"管理员"一项,为章震福(藏书楼管理员);(5)教员中,朱
汝珍、陈威、陆宗舆、稽镜、高种、熊垓、廉隅、汪曦芝、薛锡成、马德润、
吕烈煌、何廷式未见提及,另只有"张孝"而无"张孝移",似有脱漏。

日籍教员中也少了小河滋次郎、志田钾太郎、岩井尊文。据实藤惠秀
1937年在中岛半次郎1909年调查基础上完成的日本在华教习分布
表,日籍教员还包括中村襄。[57]

图1-11 沈家本
(1840.8.19—1913.6.9)

图1-12 伍廷芳
(1842.7.30—1922.6.23)

图1-13 董康
(1878—1960)

图1-14 江庸(1878—1960)

二、课程设置与学生培养

1906 年夏,京师法律学堂开始招生,[58]是年 10 月开学,首届学生 246 人。[59]学堂分速成科与正科两部。速成科学制一年半,科目包括:大清律例及唐明律、现行法制及历代法制沿革、法学通论、宪法大意、刑法、民法要论、商法要论、大清公司律、大清破产律、民刑诉讼法、裁判所编制法、国际法要论、监狱学、诉讼实习等,总计 102 学时。[60]至光绪三十四年(1908)五月,法律学堂速成班即有 49 名学生毕业。[61]

表 1-1 京师法律学堂速成科课程表

第一学期		第二学期		第三学期	
科目	每星期时刻	科目	每星期时刻	科目	每星期时刻
大清律例及唐明律	四	大清律例及唐明律	四	民法要论	四
现行法制及历代法制沿革	四	现行法制及历代法制沿革	四	大清公司律	二
法学通论	四	法学通论	四	大清破产律	二
宪法大意	六	刑法	六	民刑诉讼法	十
刑法	六	民法要论	四	裁判所编制法	三
民法要论	六	商法要论	六	监狱学	三
商法要论	四	民刑诉讼法	六	国际法要论	四
				诉讼实习	六
计	三四	计	三四	计	三四

资料来源:《修律大臣订定法律学堂章程》,载上海商务印书馆编译所编纂:《大清新法令(1901—1911)点校本》(第三卷),韩君玲、王健、闫晓君点校,商务印书馆 2011 年版,第 395—396 页。

正科课程分三年授完。具体科目详见下表。

表 1-2　京师法律学堂正科课程表

第一学年				第二学年				第三学年			
第一学期		第二学期		第一学期		第二学期		第一学期		第二学期	
大清律例及唐明律	四[a]	大清律例及唐明律	三	宪法	三	刑法	三	民法	四	民法	四
现行法制及历代法制沿革	四	现行法制及历代法制沿革	三	刑法	四	民法	四	商法	二	商法	四
法学通论	六	法学通论	四	民法	四	商法	三	大清公司律	一	大清破产律	二
经济通论	四	经济通论	四	商法	三	民事诉讼法	六	民事诉讼法	四	民事诉讼法	六
国法学	四	国法学	四	民事诉讼法	四	刑事诉讼法	三	刑事诉讼法	二	国际私法	四
罗马法	二	罗马法	二	刑事诉讼法	四	国际公法	二	行政法	三	财政通论	四
刑法	六	民法	四	裁判所编制法	二	行政法	二	国际私法	三	诉讼实习	六
外国文	四	刑法	六	国际公法	四	监狱法	三	财政通论	三	外国文	四
体操	二	外国文	四	诉讼实习	四	诉讼实习	四	诉讼实习	六	体操	二
		体操	二	外国文	四	外国文	四	外国文	四	卒业论文	
				体操	二	体操	二	体操	二		
计	三六		三六		三六		三六		三六[b]		三六

资料来源:《修律大臣订定法律学堂章程》,载上海商务印书馆编译所编纂:《大清新法令(1901—1911)点校本》(第三卷),韩君玲、王健、闫晓君点校,商务印书馆 2011 年版,第 393—395 页。

a. 每星期授课时刻,下同。

b. 原文如此。

光绪三十三年,江宁提学使在给两江总督的呈文中提到:

> 案奉宪台札,开准管理京师法律学堂事务大臣沈电,开京师法律学堂,定于十月内添置新班,除在京招考外,请贵省酌送已有实官人员来京肄业。堂舍不敷咨送人数,每省定在十名之内,均由提学司详加考验,不论官绅,以年轻质敏中文素优者为合格。本堂经费异常支绌,拟照学部定章量收学膳费,请将咨送员数或不送员先行电复等因,当经本部堂电询,宁苏学额能否两学使各送十名,复准电复,宁苏各送十名,宁缺勿滥。月收学费二元,膳宿自备等因。前来除咨行外,札司江苏教育总会并札饬各属一体选送,以凭考验,暨现行呈复请先电部照送十员,接奉批开,已如电复管理法律学堂沈大臣查照矣。[62]

宣统元年十二月,法律甲班104名学生毕业。宣统二年十二月,法律乙班毕业363名。[63]宣统二年五月十七日(1910年6月20日),《学部奏法律学堂乙班学生将来毕业办法片》提到:

> 京师法律学堂系于光绪三十一年经修律大臣专案奏设,当时因风气未开,京外官吏通晓法律学者甚少,是以原奏专选有职人员入学肄习,其毕业奖励经前学务大臣议准援照仕学馆章程办理,系为提倡法学鼓励司法人起见。上年十一月该堂甲班毕业又经管理法律学堂大臣奏明,比照仕学馆奖章斟酌办理,奉旨允准在案……[64]

乙班本来也应当按照甲班的成案办理,但业已颁行的《法院编制法(暨法官考试任用章程)》第十二章第一百七条规定:"凡在法政法律学堂三年以上领有毕业文凭者得应第一次考试"。两相抵牾。因此学部建议，"嗣后此项法律学堂毕业学生除考列中等以上者均奖给副贡出身外，悉照法院编制法办理，不再按照原官请奖，其毕业之时亦由臣部派员会同该学堂考试，毋庸请简大臣会考以归一律。"获准。[65]宣统二年八月初五日（1910年9月8日），法部奏称：

> 本年五月十七日，学部具奏"京师法律学堂毕业各生酌拟奖励"一折内称：该学堂设立之宗旨，本以造就司法人才，而此次该生所得奖励仍属行政官居多，似于立学本意不无稍乖，应由法部查照法官考试任用等项章程，于京外审判衙门，分别将该员等改用相当之司法官，庶无用违其才之虑等语。[66]

对此，法部回应称：

> 臣等查上年宪政编查馆奏核《法院编制法》，凡推检官照章经二次考试合格者，始准任用，其得以经第一次考试合格论者，惟法科大学等毕业，而给有进士、举人出身之一项，其得免考试，即作为候补推检官者。惟法科大学等毕业而充教习或律师三年以上之一项，此次学部所请改用法官各员，以法定资格而言之，原未能铢两悉称。惟是道贵因时，法宜通变。现在京师法科大学甫经开办，而外国法政大学等毕业各项人员亦属寥寥，当此审判需才之项，人才绝续之交……臣等窃谓，此次毕业学员业经奏准给予副贡，自与仅毕业而未有出身者不同，虽非进士、举人，而其得有出身则一，既有出身复就原官保奖，又与仅有出身而未有官阶者不同，虽未充教习或律师三年，而资格仍复相等，且会考毕业既经钦派大臣于前合格保奖，又已仰邀恩准于后，自与《法院编制法》所称照章经二次考试合格始准任用一条，尚不相悖……[67]

　　显然,对于学部的主张,法部有条件地同意妥协,还拟定了七条办法,呈报御览。[68]宣统二年十二月,法律大臣又奏请照甲班毕业生成例给予乙班学生出身和奖励,遭学部反对。最终,"凡原官在七品以上者,考列最优等各员,经第二次考试合格后,准其以比原官升一级之法官补用,余悉照上年八月初五日法部复奏乙班毕业办法办理。"[69]

　　宣统三年(1911),丙班开办不久,京师法律学堂即停办,该班学生并入 1907 年设立、隶属于学部的京师法政学堂。同时停办的还有宣统元年由度支部奏设、九月开学的财政学堂,[70]其学生亦归并到了京师法政学堂。[71]1912 年,熊元楷、熊元翰、熊元襄编译的《京师法律学堂笔记》由北京安徽法学社出版,共 22 册。[72]京师法律学堂和财政学堂所在的今北京西城区佟麟阁路 62 号院,于民国初年被辟为国会议场。[73]

图 1-15　京师法律学堂旧址。今北京西城区佟麟阁路 62 号院 7 号楼。董一鸣摄

第三节　京师法政学堂(1907—1912)

一、前传:进士馆与仕学馆

1907 年,学部奏请开办京师法政学堂。陈青之《中国教育史》提道:"《奏定学堂章程》,在大学堂内,有政治一科;其外有进士馆,没有法政专设学堂的名目。自光绪三十二年,学部因给事中陈桂庆的建议,遂有正式的法政学堂的组织。首先设立的为京师法政学堂,即以进士馆的馆舍为堂舍。"[74]由此可知,京师法政学堂的成立部分得益于京师大学堂进士馆的没落。

位于太仆寺街的进士馆于光绪二十九年一月(1903 年 2 月)开学。据《奏定进士馆章程》(光绪二十九年十一月二十六日,1904 年 1月 13 日),法学课目第一年每星期四个点钟,计有:法学通论、各国宪法、各国民法;第二年每星期五个点钟,包括商法、各国刑法、各国诉讼法、警察学、监狱学;第三年每星期六个点钟,包括各国行政法、中国法制考大要。[75]光绪三十年(1904),御史张元奇奏请重新订定《进士馆章程》。政务处奉旨拟定章程八条,其中提到分设内外两班,"内班住馆肄业,外班到馆听讲"。[76]

在进士馆之外,另有一所仕学馆。光绪二十八年(1902 年 12月),筹备复建京师大学堂期间,袁世凯曾奏请特设仕学院,由管学大臣兼理院事:

> 拟请旨饬设仕学院一所,略师昔贤仕优则学遗意,俾已仕而愿学者入焉。不必特建馆舍,亦不必另派专官。应请饬下管学

大臣张百熙妥订章程,择一宏敞公所或宽大庙宇,先行开办。即由该大臣兼理院事。多置各项译成新书及一切图册仪器,并陈列各国机器、车船、军械式样。纵令军机处、政务处、外务部各司员及四品以下京堂、翰林、科道、部曹与夫在京外官,均得身入其中,观览讲习。尤要在仿照外国谈话会规模,附立讲论会。访求外国通儒及致仕闲居人员,务取学识淹贯,在彼国中最知名者,聘定来华,作为讲友。其能通晓中国语言文字者犹善。分政治、交涉、律例、财赋、学校、军队、巡警、邮政、工、农、商等专门,各聘一人或二人,延之入院,按定时刻为院中各员分门讲论。该各员愿听授何门,任其自择。倘各署遇有改革政令,或需采用西法者,均可派遣司员以己意赴院讨论。如遇要政,堂官似亦可前往庭论,以资集益。并于中国官员儒士中详加遴访,如有通晓各项学术者,不拘官阶,亦派入院,作为讲友,以备咨询切磋。此项人员,本已涉猎西学,则期听外人之讲论,领会较易,并可将外人之语意,详细转告各员,以通两家之译寄。其时常到院听讲、虚衷研究、学业日进各员,由管理大臣按月开单奏报一次,按年分门选举一次。该员等陶熔渐久,皆知各国政治之要领及各项学术之节目,一旦临政莅事,斟酌损益,不难举凡所闻知者,取诸其怀而辨之甚精,处之悉当。故其为学业不苦,而其获益者靡穷。迨至成才日多,国家因事择人,亦可按图索骥取之无尽焉。[77]

张百熙主持制定的《钦定京师大学堂章程》规定,京师大学堂包括大学院、专门分科、预备科三部分,附设速成科(仕学馆、师范馆)。专门分科内设政治科一科,科下分政治学和法律学两门。预科分政、艺两门。政科设有法学科目。第一批仕学馆录取学生57名,师范馆录取 79 名。[78]

仕学馆虽然是速成科,但仍试图在三年的时间里比较系统地开设法学课程。据《速成仕学馆考选入学章程》,交涉课目含公法、约章等;法律课目包括刑法(分总论、分论,在第一年学习),民事诉讼法、刑事诉讼法、法制史(以上三门在第二年学习),罗马法、日本法、英吉利法、法兰西法和德意志法(第三年课目);政治课目包括行政法、国法、民法和商法。[79]由此看来,仕学馆并未完全采行袁世凯奏议的仕学院模式。

张百熙、荣庆、张之洞会奏的《重订学堂章程折》明确地解释了仕学馆与进士馆的关系:

> 京师仕学馆,系属暂设,皆系有职人员,不在各学堂统系之内。原订章程,应暂仍其旧,将来体察情形,再为酌定经久章程……其进士馆,系奉特旨令新进士概入学堂肄业,此与仕学馆用意相近,课程与各学堂不同。而仕学馆地狭无可展拓,不得不别设一馆以教之,兹亦酌订章程课目,别为一册。将来仕学馆或归并进士馆,或照进士馆现订课程改同一律,容随时察酌情形办理。[80]

由于在性质和课程设置上并无实质差别,仕学馆于 1904 年 4 月被并入进士馆。1906 年 8 月,34 名从仕学馆并入的学生毕业。1907 年 12 月,进士馆第一批学生(癸卯科进士)106 人肄业。1908 年 6 月,第二届学生(甲辰科进士)毕业。至此,进士馆的使命即告完成,最终被撤销。[81]

二、京师法政学堂大略

光绪三十二年五月初五日（1906 年 6 月 26 日），学部给事中陈庆桂上《推广游学折》，建议"国家造就人才，自宜统筹办法，应由学部设立法政学堂，凡各部院人员情愿肄业者，悉数报名收考，三年毕业"。七月十七日（9 月 5 日），学部在《变通进士馆办法折》中表示，"原有堂舍厅即筹办别项学堂，俟拟定办法另行具奏"。十二月，鉴于进士馆因原来就读的甲辰（光绪三十年，1904）、癸卯（光绪二十九年，1903）两科进士相继赴日速成或考察法政而无学员，学部提出把原设进士馆即将空下的馆舍与教习改为法政学堂：

> 现在进士馆学员年内即已毕业，臣等相度该馆房舍于改设法政学堂最为相宜，拟于明春开办，名曰"京师法政学堂"……其课程拟分为预科、正科及别科。预科两年，毕业后升入正科，分习法律、政治二门，各以三年毕业，俾可专精。别科一项，则专为各部院候补、候选人员及举贡生监年岁较长者在堂肄习，不必由预科升入，俾可速成以应急需。以上各科，均由考取入学。[82]

光绪三十二年十二月二十日（1907 年 2 月 2 日），京师法政学堂在原进士馆基础上改建而成。"本学堂以造就完全法政通才为宗旨，五年毕业，前两年习预科，后三年习正科。正科分两门：一、政治门，一、法律门；俟预科毕业后，再行分门肄业。"[83]正式开学似在三十三年正月。[84]开办之初的京师法政学堂：

> 课程分为二类四种。第一类为正式的，分预科及本科二种；第二类为临时的，分别科及讲习科二种。正式的法政学堂

略高于高等学堂的程度,预科两年毕业,本科三年毕业。招收预科生以中学堂毕业生为合格,两年毕业以后升入本科,本科课程又分法律、政治二门。别科一项,略带速成性质,专为各部院候补候选人员及举贡生监年岁较长者设立的,限以三年毕业,不设预科。讲习科一项,则程度更低,专设[为]各部被裁人员及新任职员设立的,学科及修业年数皆不限定。前三种,皆须经过考试始能取得入学的资格,后一种,只由各衙门咨送,不必经过考试。[85]

正科政治门的法律课程中包括大清律例、宪法、行政法、民法、刑法、商法、国际公法、国际私法等;法律门课程包括:人伦道德、皇朝掌故、大清律例、中国法制史、外国法制史、宪法、行政法、民法、刑法、商法、刑事诉讼法、民事诉讼法、国际公法、国际私法、监狱学、日本语、英语和体操。[86]

有关京师法政学堂的教职员、学生数及经费开支情况详见下表。光绪三十三年(1907),京师法政学堂职员薪金年支出 3960 两,教员薪修 28236 两。[87]两类人员按 10 人和 27 人计,职员年薪平均为 396 两,教员年薪平均为 1045.78 两。法政学堂的学生须每月缴纳学费二至三元。[88]

表1-3　京师法政学堂统计表

年份	职员	教员人数		学生人数	岁入银数	岁出银数	学生每名占银	资料来源
		中国	外国					
光绪三十三年（1907）	22	21	6	286	55204	54482	146.395	《光绪三十三年分第一次教育统计图表》第11页
光绪三十四年（1908）	10	22	7	496	62968	62330	119.373[a]	《光绪三十四年分第二次教育统计图表》
宣统元年（1909）	10	32	10	594	73104	71545	120.446	《宣统元年分第三次教育统计图表》

本表系笔者整理。资料来源：《京师高等以上各学堂统计总表》。引自潘懋元、刘海峰编：《中国近代教育史资料汇编·高等教育》，上海教育出版社2007年版，第355—357页。

a. 学生每名占银数按经常费用平均计算，有特别费用过巨者，酌划出。法政学堂划出营建费银3121两。

学部《京师法政学堂章程》（1907年2月）第二条提出"为造就从政之才以应需要起见，另设别科，三年毕业"。[89]这其实是一种笼统而冠冕的说法。倒是学部在《奏改定法政学堂别科课程片》（光绪三十四年八月初十日，1908年9月5日）中说得更明白：

> 京师法政学堂内设别科一项，三年毕业，专为各部院候补候选人员及举贡生监年岁较长者在堂肄业，不必由预科升入，俾可速成以应急需。奉蒙允准在案。
>
> 兹查原定别科课程，于《大清律例》授课点钟较少，历史、地理尚嫌简略，算学、格致亦未完备。拟于第一、二两年酌加律例、历史、地理点钟，并加算学一科，而于第一年别加格致一科，第三年酌加刑法、国际公法、国际私法、财政学钟点，仍加入律例一

科。至日本文一项,此三年中一律定为每星期六点钟,作为随意科。[90]

表1-4　京师法政学堂课程表(光绪三十二年)

	学科	第一学年每星期点钟	第二学年每星期点钟	第三学年每星期点钟		学科	第一学年每星期点钟	第二学年每星期点钟	第三学年每星期点钟
预科	人伦道德	二	二		正科法律门	人伦道德	一	一	一
	中国文学	三	二			皇朝掌故	二	二	一
	日本语	十七	十四			大清律例	三	二	二
	历史	三	三			中国法制史	二		
	地理	二	二			外国法制史	二		
	算学	四	三			宪法	二		
	理化	二	二			行政法	三	三	
	论理学		一			民法	四	四	四
	法学通论		二			刑法	三	三	四
	理财原论		二			商法	二	三	
	体操		三	三		民事诉讼法		二	四
	合计	三六	三六			刑事诉讼法		二	四
						国际公法		三	三
						国际私法		二	二
						监狱学			二
						日本语	三		
						体操	二	二	二
						合计	三五	三五	三五

续表

学科	第一学年每星期点钟	第二学年每星期点钟	第三学年每星期点钟		学科	第一学年每星期点钟	第二学年每星期点钟	第三学年每星期点钟
人伦道德	一	一	一		人伦道德	二	二	二
皇朝掌故	二	二	一		皇朝掌故	二	二	
大清律例	二	二	一		大清律例	二	二	
政法(治)学	二				政治学	二		
政法史	二	一			法学通论	二		
宪法	二				理财原论	二	二	
行政法	二	三	三		宪法	二		
民法	三	四	四		行政法	二	三	四
刑法	二	三	二		民法		三	五
商法		二	二		刑法	二	三	四
国际公法		三	三		商法		二	三
国际私法		二	二		裁判所构成法		一	
理财学	二	二	二		国际公法		三	三
财政学	二	二	二		国际私法		二	二
社会学	二				财政学		二	三
外交史			二		论理学			二
统计学			二		世界近世史	二		
日本语	三				地理略说	二		
英语	六	六	六		日本文	一二	六	六
体操	二	二	二		体操	二	二	二
合计	三五	三五	三五		合计	三六	三五	三六

左侧表头为"正科政治门"，右侧表头为"别科"。

资料来源:上海商务印书馆编译所编纂:《大清新法令(1901—1911)点校本》(第三卷),韩君玲、王健、闫晓君点校,商务印书馆2011年版,第420—423页。"裁判所构成法"明显是日本的提法。宣统元年十二月二十八日(1910年2月7日)清政府颁布《法院编制法》,共16章、164条。蒲坚主编:《中国法制史》(修订本),光明日报出版社1999年版,第242页。

　　《学部咨各省督抚选送京师法政学堂预科学生简章文》(光绪三十三年八月初九日,1907 年 9 月 16 日)原定每年增招别科一班 100 人,预科两班 200 人,但学堂在招收预科学生时遇到困难,遂请学部"札行各省提学使,饬令每年冬间,挑选合格之中学学生申送来京,由本学堂复试,录取者准令入学"。所附简章更明确"每省选送人数,大省十二名,中省十名,小省八名,其距京较远者,至少亦须送四名"[91]。

　　此外,为安置吏部新分司员笔帖式及裁撤人员,法政学堂内另设讲习科。"此项人员概由咨送,不由考取,恐难绳以一律学科,拟于法政学堂内附设讲习科,所有咨送各员,均在讲习科肄业。"[92]"政法、理财各门,只须讲授大要,故年限从短,一年半毕业。"[93]"凡吏部新分及裁缺人员经学部咨送来堂者,均准其入本科肄业,其有愿入预科及别科者,准照各科专条一律办理。"[94]"其中国文学根柢太浅者,应令专力补习一年,俟其通晓后再行升入。其本科毕业者,拟即比照高等学堂给予奖励。至别科及讲习科应如何分别给奖之处,拟俟将来酌量情形,请旨办理。"[95]光绪三十四年(1908)八月,学部奏《续拟法政学堂别科及讲习科毕业奖励章程》。[96]

　　光绪三十三年夏,沈家本奏请实行改良监狱,"请敕下学部于京外法政学堂,一律增设监狱学专科,选法政高等学生,派入专门研究,年半毕业,考给文凭,专备臣部及各省提司法咨议改良及调查管守之需"。其议于七月初二日(1907 年 8 月 10 日)获准。[97]八月十三日(9 月 23 日),学部向各省法政学堂发咨文,要求增入监狱科:"查奏定章程,法政科大学原有警察监狱学一门,又京师法政学堂课程亦有监狱学,与法部此奏用意相同,应由各该学堂遵照定章,将监狱一科切实讲授,其未设此科者,应遵照此次法部奏案一律增入。"[98]

　　宣统二年十一月十九日（1910 年 12 月 20 日），学部奏请对《法政学堂章程》加以修订，明确提出：凡有本国法律者，相关法律课程应以讲授中国法律为主；将正科年限延长到四年，同时废止讲习科，附条件允许各法政学堂开办别科；明确在法律、政治二门之外增设经济门。

　　从前所定法政学堂章程，其应修改者约有三端：一曰课程。当订章之际，各种新律均未颁布，故除《大清会典》、《大清律例》之外，更无本国法令可供教授。今则《宪法大纲》、《法院编制法》、《地方自治章程》等均经先后颁行，新刑律亦不日议决，奏请钦定施行。此后法政学堂此项功课，自当以中国法律为主。此应改者一。二曰年限。旧章于正科、别科均三年毕业，讲习科仅一年半毕业，因为应急需起见。然法政学科甚繁，正科既以求完全之学问，三年尚嫌其短。至一年半之讲习科，所习无多，断难足用。自非将正科延长一年，讲习科章程废止，不足以收实效。此应改者二。三曰分科。旧章正科仅分法律、政治二门，而财政、经济等学科，仅为政治门所兼修，并未专设。现在中国财政亟需整理，自非专立经济一门，不足以造就此项人才。此应改者三。臣等斟酌现在情形，参考各国学制，拟具改订法政学堂章程三十一条，此后京外官立私立法政学堂凡新开之班，均照此次改订章程办理。其别科一项，系以应一时急需之用，本年臣部议覆浙江巡抚增韫奏请准予私立学堂专习法政折，内曾声明不得专设别科，以趋简易等语。惟现在中学堂毕业生人数过少，各处法政学堂之正科容有难以遽行成立者，自应量予变通，准其先设别科，以应急需。俟将来中学堂毕业生渐多，再将别科章程废止。又，修律大臣设立之法律学堂，其宗旨实与此项章程正科之法律门相同；度支部设立之财政学堂，其宗旨实与此项章程正科之经济门相同。嗣后该学堂添招新班，一切办法，应令分别按照正科之法律门及经济门办理，以归一律。[99]

第四节　其他公私立法政学堂与法政教育机构

一、官办法政学堂的勃兴

（一）直隶法政学堂

光绪三十二年闰四月二十日（1906 年 6 月 11 日），御史乔树枬奏请饬下各省添设法政学堂。[100]事实上，各地掀起开办法政学堂热潮的源头可以追溯到 1905 年。首先是在直隶，1905 年夏，"专为培植行政司法人才起见"，按察使（臬台）陈廉访在署内设立臬署法政学堂，正取、备取各 60 名。课程包括地理学、历史学、教育学、政治学、理财学、交涉学、宪法学、法律学和中国例律学等九门。是年底改为幕僚学堂，又称直隶法律学堂。[101]道员欧阳弁元禀告袁世凯，提道：

> 改课吏馆为法政学堂，会同两司暨课吏馆总理以下人员妥速拟议章程、规约禀办等因……遵即于初三日启程，初四日抵省，住臬署西侧法政学堂，当即谒见两司暨课吏馆总理以下人员，会商一切……今既改课吏馆为法政学堂，自以养成官吏普通政治之知识、模范全国为宗旨……谨将抵省后体察情形、应行改良之处，逐条胪列于左：
> 一、请定名改课吏馆为直隶法政学堂，并请电饬两司赶紧牌

示停课，以便会议。

　　一、请饬臬司将业经禀准开办之法政学堂改名幕僚学堂，仍附属直隶法政学堂，专为教幕之地，毋庸招考候补人员，以归划一……

　　一、直隶法政学堂专教候补各项人员，其附属之幕僚学堂，应归法政学堂监督兼管，以专责成。[102]

　　1905 年 11 月，直隶总督袁世凯根据赴日考察的阎凤阁、梁志宸等人的建议，奏呈《直隶法政学堂章程》，并据以开办直隶法政学堂（又称直隶法政专门学堂或保定法政学堂），分速成与专门两科。速成科每年学额 120 人，课程包括大清律例及唐明律、现行法律及历代法制沿革、法学通论、宪法大意、刑法、民法要论、商法要论、大清公司律、大清破产律、民刑诉讼法、裁判所编制法、国际法、监狱法、诉讼实习等 14 门。[103]专门科分预科与正科。预科学习半年，正科学习一年半，共计二年。正科课程包括大清律例、大清会典、交涉约章、政治学、宪法、行政法、刑法、民法、商法、国际公法、国际私法、刑事诉讼法、民事诉讼法、裁判所构成法、警察学、监狱法、演习裁判等。[104]据汪向荣《日本教习》，1909 年左右，直隶法政学堂的日本教习有：甲斐一之（法学士，后任日本司法省参事官）、中津三省、矢板宽、太田一平（以上均为法学士）、剑持百喜（日本司法省讲习所毕业，还曾任教于直隶师范学堂）、中岛比多吉（通译）。[105]

　　（二）北洋法政学堂

　　1906 年清廷宣布预备立宪后，袁世凯又筹设了北洋法政学堂。北洋法政学堂位于天津新开河西岸（现志成道 33 号），初建时占地 4200 平方米，于 1906 年 12 月 30 日启用学堂钤印，1907 年 8 月开始

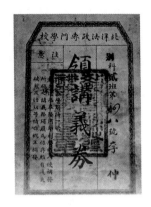

图 1-16 北洋法政专门学校领讲义券(别科贰班第肆八号李仲)

招生,9 月 2 日正式上课。学堂首任监督为黎渊。学堂最初设专门科,学制六年(预科三年,正科三年),正科分法律、政治两门,另设职、绅两班,职班为司法科,绅班为行政科,学制一年半。

民国后该校改称北洋法政专门学校。1914 年,该校与保定法政专门学校合并,改称直隶公立法政专门学校。1917 年 6 月,有资料称:

> 天津法政专门学校,原名北洋法政专门学校,规模颇宏大。日本法学博士吉野作造及今井嘉幸等均尝充该校教授,此外所聘东西教授及留学归国之法学名流于斯校执教鞭者亦复不少。所收学生几于遍各省而有之。清季天津学生之与于请开国会运动、革命运动者以斯校徒为最激烈。卒以是为官僚所疾视,屡谋所以破坏而未遂……民国成立后,以改革之业告成,乃潜心读书,不与闻外事,而斯校亦渐缩小,易名为直隶法政专门学校,非

复襄昔之盛矣!

　　记者去岁归国,曾一寻问母校之近况,则见旧时宏丽之建筑,间有颓废陵塌者,而门前树木,昔时仅能及肩,为吾侪朝夕课暇所赏玩抚摩者,今已蓊郁青葱,深掩重楼矣!……

　　近闻该校有大更动,继校长任者为李君镜湖。李君亦直隶人,前曾在本校充当教习,嗣往日本留学,学问经历颇能胜任……至于教务主任一席,关系至为切要,闻校内外颇望于白君坚武。白君为本校出身,老班中之高才生也。学问道德,素为同学所仰服,前岁又曾于该校担任宪法教席。白君果充斯职,必能佐助李君,整理斯校之教务。闻李君亦颇属意于白君,记者将为母校庆得人矣![106]

图1-17　民国时期北洋法政专门学校本科直隶同学合影

图1-18　河北省立法商学院图书馆藏书。加盖有"河北省立法商学院图书馆图记"椭圆形蓝色藏书章。从其上加盖有"国立北京大学法学院图书馆藏书章"的情形可以推知,河北省立法商学院被解散后,其图书有流入北大者

　　1928年6月,该校更名为河北省立法政专门学校。1929年国民政府试行大学区制,学校改隶北平大学区;3月,改称河北省立法商学院,原有各科改称学系;同年8月,学校升为大学,添设大学部,并且开始招收女生。1937年2月,因学生抗议示威,学校被强行解散。[107]抗战胜利后,于1947年秋复校。1949年,学院被撤销,学生和教职人员分别转入南开大学和新成立的行政干部学校学习。[108]

　　1909年左右,北洋法政学堂的日本教习有:吉野作造(总教习,后来成为法学博士、东京帝国大学教授)、今井嘉幸(法学士,东京地方裁判所推事,后成为法学博士、众议院议员)、小鹿青云(毕业于庆应大学)、浅井周治(教授日语,毕业于东京外国语学校)、桑原信雄(教日语)、中村仲(后为早稻田大学教员)、大石定吉(法学士,后为日本铁道省官吏)、名和刚(法学士,后为日本司法省推事)、石桥哲尔(曾任教于京师大学堂仕学馆及其后的京师法政学堂,后为名古屋

图1-19　北洋法政学堂的日本教习。摄于1908年该校开办典礼时。前排右三为今井嘉幸

高等商业学校、福岛高等商业学校教授）、樋口龙缘（即后藤龙缘，毕业于早稻田大学，曾任教于北洋师范学堂，后为兵库县学务委员）、郭廷献（当时为日籍，教日语兼翻译）、中村纲一（校医）。[109]

1907年，李大钊考入天津北洋法政专门学堂。他在《狱中自述》中写道：

> 钊感于国势之危迫，急思深研政理，求得挽救民族、振奋国群之良策，乃赴天津投考北洋法政专门学校。是校为袁世凯氏所创立，收录全国人士。钊既入校，习法政诸学及英、日语学，随政治知识之日进，而再建中国之志趣亦日益腾高。钊在该校肄业六年，均系自费。[110]

1913年4月，李大钊任北洋法政学会编辑部长，负责出版《言治》月刊。[111]6月赴日。1914年入早稻田大学政治经济学部。1916

年 5 月中旬弃学回国。1918 年初任北京大学图书馆主任。1920 年 7 月任北京大学教授。[112]

图 1-20　李大钊赠弱男同志签名照(1920 年 1 月)

图 1-21　邮票上的法律人李大钊。1989 年 10 月 29 日原邮电部发行纪念李大钊同志诞辰一百周年纪念邮票(J164)

（三）同期各地的官办法政学堂

这一时期其他各省开办的法政学堂计有：奉天法政学堂（1905）、广东法政学堂（1906）、[113] 贵州法政学堂（1906）、湖南官立法政学堂（1906）、[114] 江苏法政学堂（1906）、[115] 江西法政学堂（1906）、山东法政学堂（1906）、[116] 四川法政学堂（1906）、[117] 云南法政学堂（1906）、浙江法政学堂（1906）、[118] 安徽法政学堂（1907）、福建法政学堂（1907）、广西龙州法政学堂（1907）、山西法政学堂（1907）、陕西法政学堂（1907）、新疆法政学堂（1907）、广西法政学堂（1908）、河南法政学堂（1908）、湖北法政学堂（1908）、吉林法政学堂（1908）、两江法政学堂（1908）、[119] 甘肃法政学堂（1909）、黑龙江法政学堂（1910）等。1908 年，学部统计，各省法政学堂为 36 所，学生总数达 9260 人。翌年增至 46 所，学生总数达 11688 人。[120]

在这些法政学堂中自然也少不了日本教习的身影。1909 年前后，山东法政学堂的日本教习有：松野佑裔（法学士）、八田光二（法学士）、宅野洁。[121] 山西法政学堂有横山治一郎（文学士）。[122] 江西

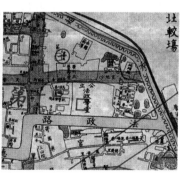

图 1-22　广东法政学堂讲堂旧照及地图

南昌的法政学堂有日下清痴(毕业于早稻田大学,后任营口日本人工商会议所理事)。[123]浙江法政学堂有大石定吉(法学士,后转至天津北洋法政学堂)。[124]上海的"法制(政)学堂"有土井常太郎[毕业于京都私立法制(政)学校]。[125]湖北法政学堂有:作田正一、篠崎正、玉本熏正、野村浩一。[126]新疆迪化的法政学堂有林出贤次郎。[127]两广法政学堂有:松山丰造(法学士,原日本第五高等学校教授)、关山富(法学士)、藤田积造(法学士)、村中清司。[128]云南昆明的法政学堂有岛田俊雄(法学士,后为日本工商大臣)。[129]东三省法政学堂有:末松偕一郎(法学士,后为内务省书记官)、柏田哲男(教日语)、泉廉治(教数学)、大谷宪、朝稻义孝(法学士,原任学务公所译员)。[130]吉林法政馆有木村钦二。[131]

此外,在南京两江师范学堂(三江师范学堂),日本教习中的志田胜民、早濑完二、小川市太郎都是法学士,明确可知早濑教授法学。[132]

(四)其他中央机构举办的法律教育机构

除了学部、法部以及地方督抚积极筹划开办法政学堂以外,其他一些中央机构举办的学堂也有开设法律课程的。如吏部开办有学治馆法政班:

　　　　奏为臣部学治馆拟请延长学期援照学部奏改法政别科章程办理……臣部于宣统元年六月奏请法政班初次毕业续行招考一折,奉旨允准,钦遵在案。嗣于是年七月,由臣部将报名人员择优录取一百名入馆肄习。该学员等自入馆以来,尚能恪守学规,各图精进,至去年年假前,已历三学期。除缘事退学不计外,尚有九十二员之多。伏查法政学科浩繁,义意渊邃,惟臣部学治馆法政班原定一年半毕业,为日无多,可使普通,难期深造。现值筹备宪政期限甚迫,凡官吏、绅民非确有法政知识,不足以应时艰,而该学员等亦以学年苦短,造诣未精,仍愿延长学期,俾臻完善,具呈前来。臣等体察该学员等黾勉好修,其中亦尽多翘楚,若再宽以时日,自可蔚起通材。拟请援照学部奏改法政学堂别科章程,定期三年毕业。其学科即按照别科课程,仍由臣等督饬该承办司员接续办理。将来肄业期满,由臣部咨明学部考试毕业,其取列最优等、优等、中等者,亦即照别科毕业章程,分别给奖,以资鼓励,而符定章。再,臣部前奏学治馆附设宪政研究所,原欲令阖署司员于办公之暇藉广新知,惟宪政仅只法政中之一科,范围较隘,拟添入法律、政治二门,俾资讲习,即以半年为期,俟期满后由臣等督同各教员详加考验,分别给予毕业文凭……[133]

此外,光绪三十二年十二月十三日(1907 年 1 月 26 日),法部还将设立于顺治元年的律例馆改为律学馆,由前监督、右参议善佺,监督、员外郎陈康瑞,提调、郎中刘敦谨和员外郎崇芳等管理,专门培养法部司员学习法律,每半年为一期,四学期即二年毕业。至 1909 年,入馆的第一批学员毕业。是年底又增设各国法律学科,所有法部人员,只要不是法政学堂毕业的,都必须轮流入馆肄业。[134]

二、私立法政学堂的禁与限

与前述官办法政学堂热潮形成鲜明对比的是,私立法政学堂被严格禁止。光绪二十九年(1903),《管学大臣遵旨重订学堂章程折》所附《学务纲要》中即明确规定"私学堂禁专习政治法律":

近来少年躁妄之徒,凡有妄谈民权自由种种悖谬者,皆由并不知西学西政为何事,亦并未多见西书。耳食臆揣,腾为谬说。

其病由不讲西国科学而好谈西国政治法律起。盖科学皆有实艺,政法易涉空谈,崇实戒虚,最为防患正俗要领。日本教育名家,持论亦是如此。此次章程,除京师大学堂、各省城官设之高等学堂外,余均宜注重普通、实业两途。其私设学堂,概不准讲习政治法律专科,以防空谈妄论之流弊。应由学务大臣咨行各省,切实考察禁止。[135]

这种局面直到 1909 年才有所改变。是年初,浙江绍兴东湖通艺学堂[136]率先聘请留日法政毕业生试办法政讲习科。当年招生 50 人,于 3 月开学。下半年,学堂设备与师资大体准备就绪,该校创始人、会稽县举人陶浚宣(心云)遂呈文浙江巡抚报学部审批:

> 吾绍士绅,素喜学律,多以佐治幕府见重于时。际此立宪财[时]代,人人皆思研究法政,以供世用,此实绍兴特别之性质,尤为国家所亟应造就者也。
>
> 凡学生已读律者,再加研究法政,出而佐治,于新政不至扞格;未读律者,先令肄习法政,再诣各官厅联系日行公事,必事半而功倍,故绍郡法政学生出途较他郡为宽,而绍人于法律一门,家学世传,素有心得,其进功亦较他郡为易也。[137]

图 1-23　绍兴东湖通艺学堂

1910 年 1 月 31 日（宣统元年十二月廿七日），浙江巡抚增韫奏交《变通部章准予私立学堂专习法政折》，要求对相关部章进行修改：

> 立宪要义，在予人民以参与政事之权，而亦使知有应尽之义务，非先施以完全教育，安能有不偭越而瞬驰者？若既予以参与政事之权，而又禁其研究政事之实际，无论立宪各国无此政体，即与先皇特许绅民明晰国政之诏旨，隐相抵触。查管学大臣《奏定学堂章程》学务纲要内载"私学堂禁止专习政治法律"一条，其时尚在未预备立宪以前，又切望士子一意科学，戒虚崇实，防患未然。在立法之初，何尝不斟酌尽善，具有苦心。惟政体既更，时势亦异，虚悬此禁而不实行，是谓放任；实行此禁而不变通，是谓拘泥。因时制宜，殆不可缓……拟肯天恩，饬下部臣，将前定《学务纲要》内"禁止私立学堂专习法政"一条全行删去，并由部通行各省准私立法政学堂，一切教授设备用人管理诸事，仍归提学司严行监督，毕业后一体给奖。既以辅官力之不逮，又足养成多数人才，新政繁兴而才无缺乏，似于立宪前途不无裨益。[138]

宣统二年春，浙江提学使司照会陶浚宣，学部同意其申请建立"绍兴私立法政学堂"并嘱"遵章办理"。三月初十日（4 月 19 日）学堂举行建立典礼。是年夏，讲习科首届学生毕业。宣统三年，该校开办法政别科，首届招生 64 人，于三月开学，学制三年，先后开设课程 39 门。其教材多为日本教材的中译本，部分为教员自编。讲习科学生多来自于绍兴府属八县廪贡诸生。别科学生则来自绍兴、衢州、金华、台州、湖州、嘉兴等府及属县，多为已仕人员及廪贡诸生。1912 年，绍兴私立法政学堂迁至府城龙山南麓原龙山书院旧址，更名为绍兴私立龙山法政专门学校，由陈燮枢任校长。1913 年冬，首届别科学生毕业，并报经教育部审准，毕业生可直接参加法官或文官考试，合格者即予录用。1914 年,该校奉命停办。尚在校的学生转入杭州的浙江私立法政专门学校继续修业。开办的六年间,绍兴私立法政学堂(绍兴私立龙山法政专门学校)共培养毕业生 167 名,其中别科 64 名,讲习科 103 名。[139]

很明显,"绍兴私立法政学堂"的设立只是孤立的个案。直至宣统二年四月廿六日(1910 年 6 月 3 日),学部具奏允许在省城设立私立法政学堂:

> 臣部于光绪三十二年间奏定法政学堂章程通行各省,首于京师创立法政学堂一所以树风声,比年以来各省业经一律兴办……该抚所奏变通部章准予私立学堂专习政治法律一节即应照准……惟查日本私立大学讲求法政皆在东西二京,盖都会文明之地通儒硕学荟萃,其中传习既易于取材,课程自较为完备,而近隶政府监督之下便于稽察纠正,更无曲学争鸣生心害政之虞。今特师其意,所有各省私立法政专门学堂应在省会地方,经费充裕课程完备者方准呈请设立。其各科课程学生入学程度均按照官立法政学堂本科章程办理,并暂准其附设别科,惟不得专设别科趋于简易以滋速成之弊。此外,如已设自治讲习所之类皆不得冒称法政学堂以杜混淆……臣部现拟咨取法政、法律两学堂各科讲义慎选委员审定刊行以资研究而端趋向,庶于制宜变通之中仍寓画一整齐之意。[140]

据此,浙江私立法政学堂维持会选举陈敬第为监督,进行招生和筹办开学事宜。八月初一日,浙江私立法政专门学堂开学。该学堂以杭州西大街(今武林路)旧铜元局余屋为校址。设立之初有教员 21 人,职员 6 人。1912 年,该学堂更名为浙江私立法政专门学校。1914 年,宁波公立四明法政专门学校、绍兴私立龙山法政专门学校并入该校。1918 年,浙江私立法政专门学校并入浙江公立法政专门学校。[141]

　　还是在宣统二年,鉴于浙江宁波、绍兴两地都已分别成立私立法政学堂,增韫又提出,希望学部进一步放宽限制。11 月,《学部附奏推广私立法政学堂片》又取消了私立法政学堂必须设在省城的限制。只要是位于"繁盛商埠及交通便利之地",经费充裕、课程完备的私立法政学堂都可以予以立案。12 月 20 日(宣统二年十一月十九日),《学部奏改订法政学堂章程折》进一步提出,鉴于各处法政学堂正科因中学堂毕业生过少难以开办,允许各法政学堂设别科以应急需。改订后的《法政学堂章程》规定:"正科分法律、政治、经济三门,均四年毕业。"(第二条)"别科不分门,三年毕业。"(第三条)京外法政学堂"如因学生过少,正、别两科不能同时并设者,准其先办一科。正科三门不能同时并设者,亦准其先办一、二门"。(第四条)[142]此种情形维系不久,旋改元民国。

　　1912 年 3 月 14 日《临时政府公报》第 38 号刊载《教育部批私立金陵法政学校请立案呈》中提到"查官私立专门学校毕业生之效力不无异同",所呈章程中凡毕业云云应即删改。[143]

　　1912 年 10 月 22 日,教育部公布《专门学校令》(部令第 16 号),法政专门学校即属于其规定的"以教授高等学术、养成专门人才为宗旨"的专门学校之一(第一、二条)。[144]同月 25 日,教育部第 20 号令准许法政专门学校暂设别科(至 1915 年 7 月 31 日止):

　　　　专门学校令现经公布。查旧设法政学堂,多于本科、预科之外,设立别科,并有不设本科而专设别科者,按之专门学校性质,殊属不合。此次专门学校令,已将别科删去。惟现时民国肇建,法政人才需用孔亟,自应量为变通。准于法政专门学校暂设法律别科、政治经济别科,考取年在二十五岁以上具有国学根底者,入校肄业,三年毕业。其学科科目,得由校长按照本科酌量减少。此项考取别科学生事宜,至民国四年七月三十一日一律停止。此令。[145]

稍后公布的《法政专门学校规程》(教育部第 22 号令,1912 年 11 月 2 日)对别科只字未提。其第二条规定:"法政专门学校之修业年限,本科三年,预科一年。"[146]

郭沫若笔下清末民初之际私立法政学堂(校)泛滥的一幕或是导致管制政策收紧的重要原因:

> ……还有不少的私立法政,要算把中国人的投机心理,做官热,表示得更为尽致。周围只有二十二里路的一座成都城,在反正以前我们初到的时候,已经包含有了好几座私立法政学校,在反正以后的头一二年间,有一时竟陡增至四五十座之多。三月速成,六月速成,一年速成,当时的学界制造法政人才真是比花匠造纸花还要脚快手快。因而父子同学、祖孙同学的佳话便处处都有传闻。[147]

类似地,黄炎培在《教育前途危险之现象》一文中也提到:"旧尝授业之生徒,求为介绍入学校,入何校? 则法政学校也。报章募集生徒之广告,则十七八法政学校也。行政机关呈请立案之公文,则十七八法政学校也。"[148] "光复以来,教育事业,凡百废弛,而独有一日千里,足令人瞿然惊者,厥惟法政专门学校教育……悉一国之才智,而群趋于法政之一途,其皆优乎? 供多而求少,已有耗多数人才于何有之乡,而或劣者杂出乎其间。"[149]

鉴于各地私立法政学校过多过滥的情况,教育部的口风渐趋收紧。1913 年 1 月 15 日教育部发布《令各省法政学校遵照部令办理布告》,对"以讲习科及法官养成所毕业者并入别课肄业"的做法进行了批评,申明"不得复以某班毕业补充改为某班",并要求各省法政学校遵照部令。[150]同年 10 月 18 日,教育部下发《限制法政学校招考别科生令》,称"嗣后京外法政专门学校,应注重预科及本科,不得再招考别科新生,是为至要"[151]。这等于提前终止了之前的许可。11 月 22 日,又通咨各省私立法政专门学校酌量停办或改为讲习科。[152]

同时,教育部一面要求"凡一省中有公立法政专门学校二以上者,应由各该民政长酌量归并,以节经费",[153]一面派员察视各地,通过不予立案的方式来实现淘汰不合格的(私立)法政专门学校、限缩法政教育的目的。[154]1915 年 1 月,大总统袁世凯签发的《特定教育纲要》规定:

> 法政学校　每省设一所,由省立或地方公立,以养成自治人才为主,科目偏重自治,程度略逊专门。教授理论之外,兼以多知事实为主。毕业后,不得与以预高等文官考试及充当律师之资格。其各省旧有之专门法政学校,暂勿扩充班次。京师现设之法政专门学校,一仍其旧。[155]

据此,1915 年 7 月 14 日,教育部在《呈拟定各省法政专门学校暂勿扩充班次及另设法政讲习所办法,拟具规程请核示文并批令》(第 52 号)中提出:

> 凡各省及京师经部核准之私立学校,均应一律办理。至法政学校每省设一所,以养成自治人才为主一节,其程度既略逊专门,科目复偏重乎自治,如仍名为法政学校,未免易淆观听。拟定名为法政讲习所,一切科目规程另行拟定,呈请明令公布,俾有遵循……

各省添设公私立法政专门学校，其旧有者暂勿扩充班次，凡旧班未经毕业，不得增招新班。其班数、年级未满四年者，则暂准其招至有衔接之班次为止。[156]

下表开列了民国早期国内法政专门学校的基本数据。不难看出，教育部的禁限政策在减少法政专门学校数量和在校生人数方面发挥了作用。教师职员人数、经费收支数都随学生数的减少而有所下降，但师生比和生均经费数则有较大幅度的增加，这对提升法政教育的水平是有利的。[157]

表1-5　民国早期全国法政专门学校情况表

	民国元年 （1912）	二年 （1913）	三年 （1914）	四年 （1915）	五年 （1916）	七年 (1918)[b]	九年 （1920）[b]
学校数	64	56	44	42[a]	32	35	34
在校学生数	30808	27848	23007	15405	8803	3220	6032
毕业生数	5090	5226	6630	6695	3634	—	—
辍学生数	2365	3319	3553	1560	1086	—	—
教员数	1250	1210	1032	976	708	—	—
职员数	542	463	398	363	280	—	—
岁入数	1238668	1187489	944292	894850	644020	—	—
岁出数	1229229	1143393	1041494	854511	696253	—	—
资产数	1758866	1974592	2036247	1584122	1677199	—	—
生均岁出数	39.9	41.058	45.269	80.606	79.093	—	—

资料来源：《中华民国第五次教育统计图表》，第63—71页。引自潘懋元、刘海峰编：《中国近代教育史资料汇编·高等教育》，上海教育出版社2007年版，第821—829页。

a. 1915年8月至1916年7月，有国立法政专门学校1所，公立法政专门学校24所，私立法政专门学校17所。《中华民国第四次教育统计图表》，第29—34页。引自潘懋元、刘海峰编：《中国近代教育史资料汇编·高等教育》，上海教育出版社2007年版，第831—833页。

b. 1918、1920两年数据来自《第一次中国教育年鉴》丙编（学校教育概况），第145—146页。引自潘懋元、刘海峰编：《中国近代教育史资料汇编·高等教育》，上海教育出版社2007年版，第668—669页，《民国初期专科教育概况表（1912—1920年）》。

表 1-6　民国早期全国大学校法科情况表

	民国元年 （1912）	二年 （1913）	三年 （1914）	四年 （1915）	五年 （1916）
学校数	1	2	—	—	—
在校学生数	81	1059	358	419	638
毕业生数	25	24	—	12	210
辍学生数	20	172	61	48	98
教员数	19	90	47	30	40
职员数	9	9	6	—	—
岁入数	135660	178493	203415	—	—
岁出数	129283	174993	173260	—	—
资产数	21948	42162	824606	—	—
生均岁出数	268.779	165.245	483.966	—	—

资料来源：《中华民国第五次教育统计图表》，第63—71页。引自潘懋元、刘海峰编：《中国近代教育史资料汇编·高等教育》，上海教育出版社2007年版，第821—829页。1915年8月至1916年7月，全国国立大学校法科共有学生298人，辍学4人，死亡3人；教员30人。《中华民国第四次教育统计图表》，第29—30页。同前，第831页。同期，公立大学校法科共有学生121人，毕业12人，辍学44人，死亡2人。《中华民国第四次教育统计图表》，第31—32页。同前，第832页。按各省统计大学校法律本科生，直隶71人，山西50人。《中华民国第四次教育统计图表》，第43—46、59—62页。同前，第834、836页。

第五节　北京法政专门学校及其后续

1912年5月，教育部将京师法政学堂更名为北京法政专门学校，以邵章[158]为校长，分设政治、法律和经济三科，8月25日行始业式。1914年5月，邵章任平政院评事，周兆沅继任校长。7月，筹边高等学校并入，特设边政本科一班。[159]据《四年度校务计划书》（1915年8月30日报教育部），该校当时有教员50余人，曾广源任教务主任（1914年改设）。此外还设有边政本科教务主任一人，惟该职务"俟该班毕业后自应同时裁撤"。王枢担任庶务主任。[160]

1914年,北京法政专门学校预算120498元。1915年3月,财政部核定其全年经费为87000元。6月,该校申请1916年经费109932元,并请追加1915年下半年经费9630元。[161]

1916年10月,王家驹接任校长。[162]1917年暑假后,该校有专任教授1人,兼任教员51人。停办别科之后,该校只有本科、预科两项。其本科划分为法律、经济、政治三科,但预科每年只招收两班学生,导致无法与本科完全对接。1916年秋季学期,预科中只有法律、政治两班,缺经济预科班。1917年春季学期,法律本科有丙丁戊三班,而没有第一年级;政治经济有丙戊两班,而没有第二年级;经济科有丙丁两班,而无第三年级。由于各专业上下年级不尽相连,遇有升级、降级情形非常难办。为此,1917年1月该校添招经济预科一班,9月又添预科新生三班,按法律、经济、政治三科分别教授。至此在校生人数接近700名,编为10班。[163]

表1-7　北京法政专门学校的招生、毕业情况表

时间		别科		预科		正科/本科毕业
		招生	毕业	招生	毕业	
宣统	二年六月		一级别科毕业53名			
	三年七月		二级别科毕业118名			
民国	1912年5月					一级正科法律班毕业26名 一级正科政治班毕业59名

续表

时间		别科		预科		正科/本科毕业
		招生	毕业	招生	毕业	
民国	1912 年 12 月		政治经济别科甲班（原财政学堂甲班别科）毕业 51 名			
	1913 年 2 月		法律别科甲班(前法政学堂三级别科)毕业 79 名	招考法律预科一班		
	1913 年 6 月					法律本科甲班（原法政学堂二级正科法律班）毕业 65 名；政治经济本科甲班（原法政学堂二级正科政治班）毕业 35 名
	1913 年 9 月	招法律、政治经济别科两班	政治经济别科乙班（原财政学堂丙班别科）毕业 62 名	招考法律政治经济合班预科一班		经济本科甲班（原财政学堂高等二年班）毕业 20 名
	1913 年 12 月		法律别科乙班(前法政学堂四级别科)毕业 106 名		法律预科毕业 21 名,三年（1914）1 月升为法律本科丙班	
	1914 年 6 月				法律政治经济合班预科毕业 39 名,8 月升为法律本科丁班一班、政治经济本科丙班一班	政治经济本科乙班（原法政学堂三年级正科）毕业 69 名
	1914 年 7 月					特设边政本科一班

续表

时间		别科		预科		正科/本科毕业
		招生	毕业	招生	毕业	
民国	1914 年 8 月			招考法律政治经济合班预科一班		
	1914 年 9 月					经济本科乙班(原财政学堂高等一年班)毕业 21 名
	1915 年 2 月					法律本科乙班(原法律学堂丙班)举行毕业试验a
	1915 年 暑假			招政治经济预科分德文英文两班		
	1915 年 10 月					边政本科毕业a
	1916 年 秋			开法律、政经预科各一班		
	1917 年 1 月			添经济预科一班		
	1917 年 9 月			补招法律、政治、经济预科三班	旧预科升法律、经济本科各一班	

本表由笔者整理。其中,民国四年以前部分依据《北京法政专门学校沿革志略》,载《教育公报》第十一册(1915 年 4 月),纪载第 11—13 页。转引自潘懋元、刘海峰编:《中国近代教育史资料汇编·高等教育》,上海教育出版社 2007 年版,第 497—499 页。民国五年到六年部分系据《国立北京法政专门学校五一六年度状况报告》,载朱有瓛主编:《中国近代学制史料》(第三辑上册),华东师范大学出版社 1990 年版,第 628 页。

a. 法律本科乙班毕业后,尚余预科一班、法律及政治经济别科二班、法律及政治经济本科三班、附设边政本科一班(其于是年 10 月毕业)等共七班学生。暑期后,新招政治经济预科分为德文、英文两班。《(北京)国立法政专门学校四年度校务计划书》,载《教育公报》第二年(1915 年 11 月)第八期。转引自潘懋元、刘海峰编:《中国近代教育史资料汇编·高等教育》,上海教育出版社 2007 年版,第 499、505 页。

　　北京法政专门学校本科实行三年学制。具体科目见下表。其教学特色在于在第三学年增设拟判课目，"由担任民刑诉讼法之教员假设案例，令各生拟具判词，每月一次，评定优劣"[164]。

表 1-8　北京法政专门学校本科科目授业时间表

科目		第一学年每周时间	第二学年每周时间	第三学年每周时间	科目		第一学年每周时间	第二学年每周时间	第三学年每周时间
法律本科	宪法	3			政治本科	宪法	3		
	行政法		3	3		行政法		3	3
	罗马法	3				国法学	3		
	刑法	4	2		必修科目a	国际公法		3	3
	民法	总则债权6	债权物权4	亲属继承4		刑法总论		4	
	商法	总则商行为4	公司票据4	保险海商4		民法总论	4	4	
必修科目	破产法			2		商法概论		4	4
	刑事诉讼法		4		经济本科	宪法	3		
	民事诉讼法		4			行政法		3	3
	国际公法	3	3		必修科目a	民法概论	4	4	
	国际私法			3		商法	2	4	4
	外国语	8	6	6	选修科目b	国际公法	4		
	实习			拟判每月二次		刑法总论		4	

续表

科目		第一学年每周时间	第二学年每周时间	第三学年每周时间	科目		第一学年每周时间	第二学年每周时间	第三学年每周时间
法律本科	选修科目一种以上	刑事政策			2	政治经济本科	必修科目a	宪法	3		
		法制史	2					行政法		3	3
		比较法制史		2				刑法总论	4		
		财政学			3			国际公法	3		
		法理学			3			民法概论	4	4	
								商法概论		4	4
		合计	33	32	32c		选修科目	国法学	3		

　　资料来源：《（北京）国立法政专门学校四年度校务计划书》，载《教育公报》第二年（1915年11月）第八期。转引自潘懋元、刘海峰编：《中国近代教育史资料汇编·高等教育》，上海教育出版社2007年版，第501—503页。有删节。

　　a. 此表仅开列了有关法律课程。

　　b. 选修科目须在一种以上。此表中仅开列了有关法律课程。

　　c. 原文如此。

表1-9　北京法政专门学校预科科目授业时间表

预科科目	全学年每周时间
法学通论	4
经济原论	4
心理学	2
论理学	2
伦理学	2
国文	4
历史	2
外国语	10
合计	30

资料来源:《(北京)国立法政专门学校四年度校务计划书》,载《教育公报》第二年(1915 年 11 月)第八期。转引自潘懋元、刘海峰编:《中国近代教育史资料汇编·高等教育》,上海教育出版社 2007 年版,第 501—503 页。有删节。

1916 年 10 月,王家驹接任校长后,在教学方面推行了一系列改革,包括洋文分班教授并增加钟点,添设日文研究生班(为期一年,至 1917 年底已有一百五六十人)。他还与教员商酌确定了外国文用书:

> 习英文者,预本科第一二期文法,则用海特氏英文文法及耐氏文法三集。读本则用国学文编二三集及格立姆神异录、戈尔斯密司著威克非尔铎家传。第三期文法,则以耐氏文法口头练习。读本则用国学文编四集及马考莱著伯翰逊传略。本科第一年,则用甄克司政群进化史(社会通诠原本),奥尔斯登近世宪法要论。第二年添购该尔达氏英吉利法略论。第三年则讲授阜氏近世工业之发达组织及工业政策。习德文者,预科用娄鹤德氏德文进阶,伯尔利慈氏读本。本科第一二年,用秦中文著汉译德文文法,王曾撰著德文读本初二集。第三年用教员王荫泰所编法学通论。[165]

为了改变之前本科教学"偏于理论,而略于实习"的状况,1917 年春季学期"先就法律本科学生拟定课外练习办法。于星期余间,藉讲堂假设法庭,仿照法院开庭形式、办事手续,分别民事、刑事一审、二审、三审诸制,举行诉讼实习。计开庭十余次,所有审结各案,尚能合度。业将审判实习简章、暨各项记录副本,呈报大部鉴核在案"。此外,该校还"指导诸生设立辩论会,为之拟定规则,审定辩题,指定辩员。分设正反两组,组员于开会时登台演说,互相辩难,从理论、言词、姿势三方面加以评判,分别奖励。以故一年以来,该生等随时举行,颇饶兴致"[166]。1917 年 11 月该校选派优等毕业生庐鸿垺赴日留学,得教育部试验合格,首启该校学生出国留学之端。[167]

据 1917 年 6 月编定的《北京入学指南》"国立北京法政专门学校"
条,该校当时以"养成法政专门学识"为目标,有在读学生 592 人,分属
法律科、经济科、政治经济科及预科。[168]

1923 年 5 月,北京法政专门学校改组为国立北京法政大学,江庸任
校长。1925 年,顺城街虎坊桥参、众两议院旧址被拨为法政大学校舍,
太仆寺街原址设预科。1926 年,中俄大学解散后,该校学生被收编入法
政大学俄文政法系。[169]

历史上很多名人都曾就读或任教于京师法政学堂及其后身。学生
中有著名国画家溥心畬、[170]河北第一个中共县级党组织创始人弓仲韬
(1916 年考入)、[171]摄影家张印泉(1921 年进入经济系学习)、[172]诗人
柯仲平(1926 年 4 月肄业于法政大学法律系)。[173]教员包括曾于民国
初年兼任法政大学英文教授及教务长的邵裴子、[174]1926 年被委任为
北京法政大学校长的屠孝实[175]等。《民国十五年北京法政大学毕业
同学录》开列的讲师中有郁达夫的简介及照片。

姓名	郁达夫
别号	达夫
籍贯	浙江富阳
资格	日本帝国经济学士
职务	讲师
永久通信处	巡捕厅胡同十八号[176]

商务印书馆 1927 年出版了国立北京法政大学专任教授宁协万所
著《现行国际法》一书。宁协万,字楚禅,号邦和,湖南长沙人,1881 年
12 月 16 日(清光绪七年十一月初三日)出生于长沙城外卯田柳家塘。
六岁上私塾读经史。十二岁离家出走,投奔长沙清道方丈。后经清道

图 1-24 商务印书馆 1927 年出版的国立北京法政大学专任教授宁协
万著《现行国际法》书影

方丈推荐,随长沙学者周道愚先生学习。1897 年(光绪二十三年)考入
长沙岳麓书院。毕业后,在长沙当过教员。其间,拜章太炎先生为师。
1904 年黄兴、宋教仁在湖南创立华兴会,宁协万是最早参加的会员之
一。次年八月赴日,参加了中国同盟会。后受派回湘,准备武装起义。
事泄被迫二次东渡,时在 1907 年。在日期间曾攻修法律。1911 年参加
了武昌起义。[177]后远赴英国。1913 年宁协万完成《西征纪事》一书(商
务印书馆 1914 年出版),1914 年完成《留英政治谭》(中华书局 1915 年
出版,全一册,302 页)。在 1927 年春所作《现行国际法》一书的《例言》
中,宁协万提道:

> 著者曩在欧洲,尝著西征纪事等书,顾游记之作,所谈太广。
> 由是专治国际法与外交史。东还后,或潜居沪滨,或假馆漾江,亦

喜研究此学。及应湖南公立法政专门学校之聘,遂将著者历年来
关于国际法之劄记、杂录、论著、译述及讲演各稿为有系统之整理。
而仿德国黎斯特国际法与英国罗连士国际法之例,分作四部,以成
本书。

　　著者离湘后,被聘为国立北京法政大学专任教授……同时兼
主外交部俄文法政专门学校及中国大学、朝阳大学、中央大学之讲
座,均以本书为讲授之资。[178]

该书由商务印书馆于 1927 年出版。其时,宁协万住在北京西城兴
盛胡同,书房称"宁庐之补读轩"。由这段文字可知,从欧洲回国后宁
协万曾在上海、湖南等地短暂居住,后在湖南公立法政专门学校、国立
北京法政大学(1923 年后)任教,还曾在外交部俄文法政专门学校、中
国大学、朝阳大学、中央大学等校兼课。1946 年 3 月 6 日上海《中央日
报》刊登金宁的文章《宁协万教授的"死罪"》。其中提到"北平华北学

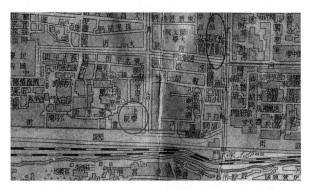

图 1-25　北平大学法商学院二院旧址。1950 年北京地图局
部。由图上"众议院"与人民监察委员会、新闻总署并列,可知该
图是在民国老地图上加注新机构而成的

院前政治系教授宁协万以生活困难,于上月二十日留书自缢身死
……"[179]

　　1928 年,北平大学成立。北京大学法学院、北京法政大学、保定河
北大学法科、[180]天津法政专门学校合并组成北平大学法学院,设法律、
政治、经济三系,谢瀛洲任院长。但此规划并未落实。[181]1934 年,北平
大学的法学院与商学院合并,改组为法商学院,白鹏飞任院长。[182]据余
棨昌著《故都变迁记略》,"北平大学法商学院第一院在象房桥,第二院
在象来街。一院为众议院旧址(清末资政院故址),二院为参议院旧址
(清末法律学堂故址[183])""第三院在李阁老胡同"。[184]1937 年 9 月,教
育部长王世杰签署第 16696 号训令,以北平大学、国立北平师范大学、
国立北洋工学院和北平研究院等为基干组建西安临时大学,于 1937 年
10 月 18 日正式开学,11 月 15 日开始上课。次年春迁往城固,4 月改称
国立西北联合大学。[185]抗战胜利后,北平大学未能复校。工、农、医三
学院并入北大,国会街法商学院旧址上开办了北京大学先修班。[186]

图 1-26　国立北平大学法学院图书馆藏书章

图 1-27　国立北平大学法商学院研究室藏书章

第六节　小　结

总理各国事务衙门下设的同文馆、管学大臣所辖京师大学堂、修律大臣所设京师法律学堂、学部所办京师法政学堂,是中国近代早期几个主要的法律教育机构。同文馆和京师法律学堂后来分别并入京师大学堂和京师法政学堂;京师法政学堂设立时利用了京师大学堂进士馆的馆舍与教习,民国年间先后改为北京法政专门学校和北京法政大学,再后来并入北平大学成为其法(商)学院,抗战期间远涉西北。复院之后其在北平的校舍最终又重归北大。这种分合、迁延,无疑凸显了北大在中国近代法律教育中的中坚地位。

1905 年起,各地陆续开办了法政学堂。从选派管学大臣、学部频频奏报章程、说帖,设计教育项目类型与相关课程结构,到要求各地推荐现任官员应考入学,再到毕业时奏报朝廷请求奖给出身、委派官职,可以看出中国近代法律教育从一开始就打上了政府推动的烙印。相当一部分法政学员在体制内循环的事实说明,清末的法政教育既有培养法政人才的目的,也不乏吸纳、安置因实行新政而遭裁撤的部员的用意。此外,除了学部、法部等直接负责的部门以外,其他部门(如吏部)也在筹划开办自己的法政教育,从而难免会将部门利益夹杂其中。

从师资来看,早期法政学堂非常倚赖外籍教师,其中又尤其以日籍教师为主。何勤华教授《中国法学史》第三卷收录的《中国近代聘请之外国法律教师任职情况表》开列的 78 位外籍教师(在多校兼职或先后任职者已剔除)中有 61 位来自日本。[187]

表1-10　在京师大学堂和京师法律学堂教授法律的日本教师表

	京师大学堂师范馆	京师大学堂仕学馆	京师法律学堂
岩谷孙藏	√	√(总教习)	
杉荣三郎	√	√(副总教习)	
法贵庆次郎	√		
冈田朝太郎	√	√	√
高桥健三		√	
织田万	√		
小河滋次郎		√	
松冈义正			√
岩井尊闻			√
志田钾太郎			√
中村襄			√

资料来源:何勤华:《中国法学史》(第三卷),法律出版社 2006 年版,第 56 页。

在官办法政学堂大量上马的同时,私人开办法政教育的努力却一度受到压制。从法政教育开办得过简过滥,一味追求速成等现象来看,对其适度加以限制确有必要。但时人对法政学堂文凭趋之若鹜的表现、就业市场对法政毕业生的需求旺盛,反射出的其实仍不过是可以据以做官的既有理念。如是,则让此种理念得以变成现实的就业机会的提供者也就难辞其咎。而之后出台的限制政策中,又夹杂着重科学而张扬理工,轻社科而贬抑政法的声音。类似声音在法律教育后来的演进过程中还有一再重现的机会。[188]

第二章　国人早期留洋学法考

第一节　留洋学法肇始

同治十二年十一月,沈葆桢奏陈船工善后事宜,言及"于闽厂前后学堂选派学生分赴英、法两国学习制造、驾驶之方及推陈出新练兵制胜之理"。[1]光绪二年十一月二十九日(1877 年 1 月 13 日),李鸿章在奏折中重提此事。他还转递了《选派船政生徒出洋肄业章程》。[2]光绪三年二月十七日(1877 年 3 月 31 日),[3]驻德大臣李凤苞偕同洋监督日意格、随员马建忠、文案陈季同、翻译罗丰禄率领海军留学生,乘坐木厂"济安"号轮船赴香港。二月二十二日(4 月 5 日),由香港改乘法国邮船前往欧洲。[4]马建忠进入巴黎私立政治学院(L'Ecole Libre des Science Politiques,俗称 Siences po)学习外交学和行政学课程,于 1879 年获得法学学位(Licencié en Droit)。[5]1886 年秋,又有 9 名学生被派往英、法两国学习法律。[6]进入巴黎大学法律系的 6 名学生最终都获得了学位。其中的王寿昌还建议并协助林纾把小仲马的《巴黎茶花女》译成中文,初译名为《椿姬》。[7]

也有中国留学生到英、俄、德等国学习法律。光绪二十九年十一月初三日(1903 年 12 月 21 日),张百熙在奏折中提道:"现就速成科学生,选得……俞同奎、何育杰、周典、潘承福、孙昌炬、薛序镛、林行规、陈祖良、华南圭、邓寿佶、程经邦、左承诒、范绍濂、刘光谦、魏渤、柏山等共十六人,派往西洋各国游学。定于年外起程。"[8]其中学习法政的有林行规、柏山。林行规,1885 年生,字斐成,浙江鄞县人。有资料称,其于光绪二十九年(1903)十一月出洋,到"伦敦大学校",在"法科政科"学习,获法学学士学位。[9]1914 年 1 月至 1916 年 2 月任北大法科学长。[10]而从张百熙的奏折看来,林行规动身去欧洲应在光绪三十年,即 1904 年 2 月以后。柏山入俄国"森彼得堡大学堂""法政专科"学习,光绪三十四年毕业。[11]

由湖广总督端方选派的萧焕烈也于光绪三十年七月入俄国"森(彼得)堡大学"政治科;同批选派往法国的陈箓毕业于"巴黎法学院",杨荫蓁毕业于"巴黎官立法政大学"政治科;派往德国的马德润毕业于"柏林大学堂"法科;派往比利时的王治辉获"比京大学"政治学博士。[12]此外,张瑾于光绪三十一年九月到德国"柏林法政大学堂"学习法律,光绪三十六年九月毕业。[13]《宣统三年冬季职官表》显示,时任外务部英股行走的习作谦曾于英国剑桥大学获文学及法学士,还曾于伦敦密德电蒲法律专门学校[应即 Middle Temple Inn,现多译为中殿律师公会——笔者注。下用方括号夹注者同]学习,获法科进士。[14]

下节拟通过梳理马建忠赴法留学的若干细节,以展示国人早期赴欧学法的情况。

第二节　马建忠赴法留学考

马建忠(1845.2.9—1900.8.14),字眉叔,江苏丹徒人,是洋务运动时期著名的外交人物和学者。[15]而有关其早期出洋留学经历的记述则

图 2-1　马建忠

大多非常简略且谬误频出,有待校正厘清。比如《中国近代史词典》"马建忠"条称其"1876 年(光绪二年),被派赴法国留学,兼任驻法公使郭嵩焘的翻译。1879 年得博士学位后回国"。[16]其中疑点有三:第一,马建忠究竟是在何时出国的? 此前是否有相关学术功底,从而能在短时间内完成学业? 第二,其兼任郭嵩焘翻译是在何时? 其是如何兼顾工作与学习的? 第三,其在法国取得的学位及学习的专业是什么? 本节即就以上问题加以讨论。

一、派学生赴欧洲留学动议始末

关于马建忠于 1876 年赴法国留学的说法显然是不对的。派学生赴欧洲留学,起初是由沈葆桢(字幼丹)提出的。同治十二年十一月初七日(1873 年 12 月 26 日),沈葆桢在《奏陈派前后学堂学生分赴英法

图2-2 沈葆桢

深造折》中称:

> 前学堂习法国语言文字者也,当选其学生之天资颖异,学
> 有根柢者,仍赴法深究其造船之方,及其推陈出新之理。后学
> 堂习英国语言文字者也,当选其学生之天资颖异,学有根柢
> 者,仍赴英深究其驶船之方,及其练兵致胜之理。速则三年,
> 迟则五年,必事半而功倍。[17]

该折由陕甘总督左宗棠、福州将军文煜、闽浙总督李鹤年、福
建巡抚王凯泰联名会奏。恭亲王奕䜣随即表示了赞同,他还提及
了同治十年七月两江总督曾国藩所奏"遴选聪颖子弟前赴泰西各
国肄习技艺,业终奉旨准行"的旧事。[18]稍后,李鸿章也谨慎地表示
了同意:

图 2-3　恭亲王奕䜣

　　至闽厂选派学生赴英、法学习造船、驶船,洵属探本之论。幼丹与日意格坚明约束,未知如何议法,想因日意格管厂多年,与学生言语性情相习,又熟悉外国情形,令其带往分派学习,呼应较灵,收效较速……如幼丹与日意格严定规条,或可由我操纵,钧意以洋人充斯重任,究不如中国委员流弊较小,亦是慎重之道。自应由闽厂内筹派与日意格素习之华员管带同往,较为得力,他处委员更凿枘不入。已缄请幼丹熟筹主持矣。[19]

　　然而由于后来日本侵扰我国台湾地区,此议遂遭搁置。光绪元年三月,沈葆桢奏请选派前学堂魏瀚、陈兆翱、陈季同,后学堂刘步蟾、林泰曾随日意格游历英法,兼采购"机船铁胁新机",[20]获准。[21]光绪二年三月二十六日(1876年4月20日),李鸿章在奏报中提到卞长胜等七

图 2-4　左宗棠于陕甘总督任上

人已于五天前离津赴德国武学院学习水陆军械技艺，并奏请动用海防经费资助报销出洋费用。[22] 八月二十五日（1876 年 10 月 12 日），李鸿章在奏折中重又提及沈葆桢之前的动议。[23] 十一月二十九日（1877 年 1 月 13 日），李鸿章、沈葆桢等会奏《闽厂学生出洋学习折》，最终促成此事。[24] 该折所附《选派船政生徒出洋肄业章程》对留学期限有明确规定："其驻洋之期，以抵英、法都城日起，计满三年为限，未及三年之前四个月，由两监督考验学成者送回供差。其中若有数人将成未成，须续习一年或半年者，届时会同禀候裁夺。"尤其值得注意的是，该章程还明确提到了选派学生学习外交、国际法事宜：

　　制造、驾驶两项学生之内，或此外另有学生愿学矿务、化学及交涉、公法等事者，由两监督会商挑选，就其才质所近，分别安插学习，支给教习修金，仍由两监督随时抽查功课，令将逐日所习详记送核。亦以三年为期,学成后公订专门洋师考验确实,给有的据,送回供差。[25]

现在来看,其中所说的"另有学生"指的正是马建忠。1877 年初,经李鸿章推荐,马建忠以随员身份加入了由福州船政学堂选派的英法留学生使团。中法两监督分别由李凤苞和日意格担任。[26]学生包括:赴英国学习驾驶(即军事指挥)的刘步蟾、[27]林泰曾、[28]蒋超英、方伯谦、严宗光(即严复)、[29]何心川、林永升、[30]叶祖珪、[31]萨镇冰、[32]黄建勋、江懋祉、林颖启等 12 人;赴法国学习制造的郑清濂、罗臻禄、李寿田、吴德章、[33]梁炳年、陈林璋、池贞铨、杨廉臣、林日章、张金生、林怡游、林庆生、魏瀚、[34]陈兆翱等 14 人。另有裴国安、陈可会、郭瑞珪、刘懋勋、王桂芳、张启正、吴学锵、任照、叶殿铄等 9 名艺

图 2-5 李鸿章(19 世纪 70 年代)

徒(船厂技工)。[35]此外,还有李凤苞的助手兼翻译罗丰禄,[36]以及学生兼文案陈季同。陈季同此前曾经到过法国。1875年4月18日(光绪元年三月十三日),沈葆桢在奏折中提道:"因于前学堂内派出魏瀚、陈兆翱、陈季同等三人,后学堂派出刘步蟾、林泰曾等二人,随同日意格前往游历英吉利、法兰西等处……"[37]

图 2-6 陈季同
(1851—1907)

图 2-7 刘步蟾
(1852—1895)

图 2-8 严宗光,即严复
(1854.1.8—1921.10.27)

图 2-9 萨镇冰
(1859—1952)

表 2-1　船政局首届留学生留学经费预算表

项目	华洋人员经费（两）	制造学生膳宿费（两）	外国教师工资（镑）	驾驶学生膳宿费（镑）	外国教师工资（镑）	船上实习费用（镑）	路费（两）	游历费（镑）	小计（两）	总计（两）
第一年	26200	3890	800	2520	400	2088	9930		73565	
第二年	2620	3040	800	2208	400		4965	1740	60519	192649
第三年	26200	3040	800	1920			4965	1140	58567	

注：当时每英镑约合 3.6 两白银。资料来源：光绪二年十一月二十九日李鸿章奏折。转引自林庆元：《福建船政局史稿》（增订本），福建人民出版社 1999 年版，第 191 页。

表 2-2　船政局第一届留洋学生简表

姓名	身份	在学时间	留学国别	学习实习单位	专业	教师姓名及所任职务	
魏瀚		1875—1879.11			造船、造枪	马丹美	水师总监工、官学副监督
陈兆翱					轮机制造	佳杲	水师副监工、官学教师
郑清濂		1877.5.11—1880.8		削浦官学	轮机制造兼造枪	布拉	水师副监工、官学教师
陈林璋	学生	1877.5.11—？	法		轮机制造	比俄	水师副监工、官学教师
吴德章		1877.5.11—1880.8			轮机兼洋炮	奥滨	法国水师副督工、教师
林怡游		1877.5.11—1880.8		多郎官厂（土仑海军造船厂）	轮机、冶炼		
梁炳年		1877.5.11—？（病故法国）					
李寿田		1877.5.11—？					
杨廉臣		1877.5.11—1880.8					

续表

姓名	身份	在学时间	留学国别	学习实习单位	专业	教师姓名及所任职务	
池贞铨	学生	1877.5.11—?	法	科鲁苏民厂	制造理法		
张金生		1877.5.11—?				瑞乃德	督办
林庆昇		1877.5.11—?				拉飞德	副总办
林日章		1877.5.11—?				罗甫	教师、督工
罗臻禄		1877.5.11—?		汕答佃矿务学堂	矿务		
马建忠	随员	1877.5.11—?		政治学堂	律例	福果阿贝	教师
陈季同		1877.5.11—?				福果阿芒	律例师
陈可会	艺徒	1877.5.11—?		腊孙船厂	制造技艺	勒摩奴	总办
张启正		1877.12.8—?					
刘懋勋		1877.5.11—?		马赛铸铁厂	制造专业	腊根	监督
裴国安		1877.5.11—?		马赛木模厂	制造专业	奥塞尔	监督
郭瑞珪		1877.5.11—?					
王桂芳		1877.12.8—?		白代果德铁厂	制造铁甲及绘图		
任照		1877.12.8—?					
吴学蹭		1877.12.8—?					
叶殿烁		1877.12.8—?					
罗丰禄	翻译	1877.5.11—?	英	琴士官学	气学、化学、格致		
刘步蟾	学生	1877.5.11—1879.7		马那杜铁甲船	驾驶		
林泰曾		1877.5.11—1879.7		勃来克珀林铁甲船			
蒋超英		1877.5.11—?		狄芬司铁甲船			

续表

姓名	身份	在学时间	留学国别	学习实习单位	专业	教师姓名及所任职务	
林颖启	学生	1877. 5.11—？	西	爱勤考特兵船（西）	驾驶		
江懋祉		1877. 5.11—1880. 6					
黄建勋		1877. 5.11—？	美	伯里洛芬兵船（美国）			
严宗光		1877. 5.11—1879. 6	英	格林尼次官学（格林威治皇家海军学院）		好士德	总监督
方伯谦		1877. 5.11—1880. 4				蓝博脱	格致教师
何心川		1877. 5.11—1880. 4				尔兰诺得	格致教师
林永升		1877. 5.11—1880. 4				劳敦	格致教师
叶祖珪		1877. 5.11—1880. 4				钦般	天文教师
萨镇冰		1877. 5.11—1880. 4				掌孙	海图教师
						义欧	汽机教师

资料来源:《船政》卷一四、一五、一八。转引自林庆元:《福建船政局史稿》(增订本),福建人民出版社 1999 年版,第 194—195 页。

二、马建忠赴法留学起止时间

宋绍年据蒋文野《马建忠编年事辑》撰写的《马建忠先生学术年表》提到,光绪二年(1876)八月,"使英大臣郭嵩焘前往英国,马建忠随同出洋。十一月,马建忠以随员身份赴法国中国使馆学习洋务"[38]。此间有疑问的是,郭嵩焘虽然在光绪二年八月被任命为出使英国大臣,但因中英尚未就马嘉理案谈判妥当,因此只得延期出使。十一月四日,郭嵩焘署理兵部侍郎,上《请将滇抚岑毓英交部议处疏》,主张弹劾对马嘉理案负有直接责任的云南巡抚岑毓英,要求将其交部严处。至光绪二年(1876)冬,郭嵩焘才率副使刘锡鸿及随员 30 余人启程赴英,在伦敦设立了使馆。光绪四年(1878)兼任驻法公使。马建忠出洋的时间则是在光绪三年。

光绪三年二月十七日（1877 年 3 月 31 日），李凤苞偕同洋监督日意格、随员马建忠、文案陈季同、翻译罗丰禄率领留学生，乘坐木厂"济安"号轮船离开福州。二月二十二日（4 月 5 日），由香港改乘法国邮船前往欧洲，三月底抵达马赛港，[39]"在马赛港登陆后，一行人受到当地长官和干部的欢迎，然后直驶伦敦，十二名留学英国的学生到达目的地……赴法的留法学生们是 1877 年 7 月初抵达巴黎的"[40]。据《郭嵩焘先生年谱》：

> ［光绪三年］二月二十一日凤苞等所率官生共三十二人由香港起程。先至法国，留魏瀚、陈兆翱、郑清濂等十四人学习制造，罗臻禄、林庆昇等四人学习矿冶，马建忠、陈季同二人学习律例。三月二十八日复率学习驾驶之严宗光（复）、何心川、刘步蟾、林泰曾、蒋超英、方伯谦、叶祖珪、林永升、黄建勋、林颖烈、萨镇冰、江懋祉十二人抵英。[41]

到欧洲后，马建忠他们"在英法延请教师补习四个月，然后入学校"[42]。马建忠、陈季同、罗丰禄既是工作人员，又有学习任务。光绪六年六月初三日（1880 年 7 月 9 日），李鸿章在《奏请奖励马建忠片》中提道：

> 本年二月，接据李凤苞咨称："该员马建忠出洋以来，肆习交涉、公法律例、格致、政治、文词，均经考试取中，领有官凭，学已卒业，应即送回供差……"该员于三月间回津谒晤，将在洋先后应考所得五次官凭呈验。臣逐加考询，华学既有根柢，西学又有心得；历试以事，均能折衷剖析，不激不随；凡过津各国公使领事，无不同声引重，实堪胜专对之选。该员出洋三年，勤学好问，周历法、英、德、奥、瑞、比、意等国，闻见博洽，又兼充出使大臣郭

嵩焘、曾纪泽翻译官，历著辛劳，今学成而归，自应照案酌给优奖。相应请旨将候选道马建忠赏加二品衔，并交军机处、总理衙门存记备充出使各国之用，于时局当有裨助。[43]

综上可知，马建忠于光绪三年三月抵欧，六月赴巴黎，光绪六年三月（即 1880 年 4 月）左右学成回国。

三、马建忠在法学习细节

光绪四年二月廿二日（1878 年 3 月 5 日），郭嵩焘在日记中提道："李丹崖出示合淝伯相所寄书，凡分五条，累累数千言。"[44] "第四条……马眉叔、陈季同进巴黎官学，学习交涉切用之律，仍应兼习英国语言文字。"[45] 由此可知，让马建忠、陈季同赴法研读法律其实是李鸿章的意见。

权赫秀称：

> 马建忠于 1877 年抵达巴黎之后，首先是与同行留学的"文案"陈季同一起聘请法国教师学习"各国律例及交涉公法"，大体上可以看作是正式进入法国学校之前的一种预备性教育。随后，马建忠进入巴黎的私立政治学院开始学习……马建忠在上述私立政治学院学习的同时，又正式通过法国中学毕业会考而进入巴黎法科大学学习，至 1879 年正式毕业，全部学习时间仍是两年。简言之，马建忠在留学法国期间利用两年时间，分别就读于巴黎的私立政治学院及巴黎法科大学，并在该两所学校正式毕业。当时马建忠还在法国兼任清政府驻法使馆翻译。[46]

此说疑点颇多。一则，按其所说，聘请法国教师补习似仅在马建忠赴法之初，而后即入政治学校学习，恐与事实仍有出入。二则，马建忠在法国学习时间不过两年左右，何以在政治学校学习之余，又借由考取中学会考证书而入读"法科大学"，再拿法学学士学位，时间上未免太过仓促。且其既已通过政治学校的课业考试，为何不在该校领取文凭，而须另攀高枝？殊值讨论。

（一）所聘法国教师

由巴斯蒂的记载可知，辅导马、陈二人的是富科·德·蒙弟翁（Adalbert Foucault de Mondion，1849—1894.6.14），他后来还编辑出版了陈季同用法语译介中国民间风俗和文学的作品。从巴斯蒂关于"陈季同和马建忠二人注籍巴黎私立政法学校，在新闻记者富科·德·蒙弟翁的指导下，马建忠于 1878 年获得文学和理科学士学位，第二年又获得法学学士学位"[47]的记述来看，马、陈二人并非是先找家庭教师补习之后再进入政治学校的，相反，蒙氏的辅导是和在校学习同步的（甚至可以说贯穿了马建忠在法学习的全过程）。

蒙弟翁出生于法国彭城（Pons），20 岁时担任比利时什迈（Chimay）亲王子女的家庭教师。1876 年来到巴黎，后受邀教授马建忠和陈季同法文。李华川也提道：

> 1877—1878 年，眉叔得到了蒙弟翁的悉心指导，在法国中学会考和政治学堂的考试中取得优异成绩，而陈季同也得到蒙氏的帮助，在法国文坛声誉鹊起。蒙弟翁后又担任中国驻德国使馆的外文秘书。1884 年，中法战争爆发，而蒙弟翁以其特殊身份又为法国政府服务，这引起了中国一方的反感。蒙弟翁与中国使馆的关系最终决裂。[48]

巴斯蒂部分证实了这一说法。他指出 1882 年后，陈季同在巴黎中国驻法公使馆奉职：

因为在法国人中有许多熟人,得以巧妙地辅佐中国公使曾纪泽在法国掀起一场反对舒埃·卢·富尔利的通卡政策的舆论。他也是巴黎文艺沙龙受欢迎的人,他用法语把许多富有魅力的中国民间风俗和文学作品介绍给法国人。这些作品后来由新闻记者富科·德·蒙弟翁编辑出版。富科·德·蒙弟翁在1877年中国留学生抵达法国后,曾担任他们的家庭教师。编辑过程中,陈季同予以大力协助。[49]

蒙弟翁之于陈季同如此,之于马建忠想必亦然。蒙弟翁在其所著《当我还是清朝官员时》(Quand j'étais Mandarin, Paris: Albert Savine, 1890)、《一个官员的日记——未出版的外交文献及中国书信集》(Journal d'un Mandarin, Lettres de Chine et documents diplomatiques inédits, 1887)和《北圻的真相》(La vérité sur le Tonkin, 1889)等三本书中都提到自己曾担任马建忠老师一事。[50]

(二)巴黎私立政治学校

在法国,并存着"大学校"(grands écoles)和大学(universités)两个高等教育系统,而且前者(专业技术学校)比综合大学要好。"凡是名字里有 école、collége、institut 的基本上都属于大学校系统,对法国人来说似乎都比 universités 显得有档次。"[51]巴黎私立政治学校就是这样一所"大学校"。据坂野正高教授考证,该校创立于1872年,学制两年。1931年以前,未参加法国中学毕业会考的学生都可以直接入学。1945年更名为政治学院(Institut des Études Politiques)。[52]另有20世纪30年代的资料显示,巴黎私立政治学院是研究外交、经济及行政的专门学校,在法国私立学校中最负盛名。该校共分五系:外交系、行政系、经济及财政系、经济及社会系、普通系(公法及历史)。其中,尤以外交和经济及财政二系最为著名。除普通系修业三年外,其余各系学制二年。[53]正是其不需要凭借法国中学文凭即可入学和两年的学制使得马建忠取得法学学位成为可能。

权赫秀引述坂野正高教授的研究称,马建忠在巴黎私立政治学校的第一学年始于 1877 年 11 月 19 日,终于 1878 年 6 月 8 日。1878年 6 月,马建忠参加了外交学(section diplomatique)及行政学(section administrative)领域各 4 个科目的考试。第二学年从 1878 年 11 月 19日始,至 1879 年 6 月 8 日止。马建忠于 1879 年 11 月又参加了 4 门外交学领域的考试。[54]但对于马何故在第二学年结束数月后又参加4 门考试,其并未说明。

曾纪泽在光绪四年九月初八日(1878 年 10 月 3 日)的日记中抄录了马建忠《上李伯相言出洋工课书》。文中详细介绍了马建忠于光绪四年五月下旬(1878 年 6 月)参加巴黎政治学校年度考试的情况:

> 有郎中马建忠者,李相派至法国学院讲求学术,其书上略云:

图 2-10 曾纪泽

四月以来，政治学院工课甚紧，考期伊迩，无暇将日记缮录呈上。郭星使于四月下旬至法，五月初呈国书，札忠兼办翻译事务，并承多加薪水。长者之赐，忠何敢辞？惟翻译事少，不致荒功，无负来欧初意。[55]

五月下旬，乃政治学院考期，对策八条：

第一问为《万国公法》，都凡一千八百页，历来各国交涉、兴兵、疑案存焉。

第二问为各类条约，论各国通商、译信、电报、铁路、权量、钱币、佃渔、监犯及领事交涉各事。

第三问为各国商例，论商会汇票之所以持信，于以知近今百年西人之富，不专在机器之创兴，而其要领专在保护商会。善法美政，昭然可举。是以铁路、电线、汽机、矿务，成本至巨，要之以信，不患其众擎不举也。金银有限而用款无穷，以楮代币，约之以信，而一钱可得数百钱之用也。

第四问为各国外史，专论公使、外部密札要函，而后知普之称雄，俄之一统，与夫俄、土之宿怨，英、法之代兴，其故可觊缕而陈也。

第五问为英、美、法三国政术治化之异同，上下相维之道，利弊何如？英能持久而不变，美则不变而多弊，法则屡变而屡坏，其故何在？

第六问为普、比、瑞、奥四国政术治化。普之鲸吞各邦，瑞之联络各部，比为局外之国，奥为新蹶之后，措置庶务，孰为得失？

第七问为各国吏治异同，或为君主，或为民主，或为君民共主之国，其定法、执法、审法之权，分而任之，不责于一身。权不相侵，故其政事纲举目张，粲然可观。催科不由长官，墨吏无所逞其欲；罪名定于乡老，酷吏无所舞其文。人人有自立之权，即人人有自爱之意。

第八问为赋税之科则,国债之多少。西国赋税十倍于中华,而民无怨者,国债贷之于民,而民不疑,其故安在?

此八条者,考试对策凡三日。其书策不下二十本,策问之细目盖百许条。忠逐一详对,俱得学师优奖,刊之新报,谓能洞隐烛微,提纲挈领,非徒钻故纸者可比。[56]

光绪五年五月廿二日,郭嵩焘在日记中也写道:

刘伯固送康侯回自上海,见示曾劼刚日记一本……日记中录马眉叔一信,却甚有见地。述考试政治对策八条……年终考试文词,兼考试格致之学,统西洋今日情势言之……眉叔天分高出一切,于西法初涉其流,便怀易视之心,殆犹中土虚骄之气然也。其欲以所见闻汇为一篇,名曰《闻政》,分列八门,一曰开财源,二曰厚民生,三曰裕国用,四曰端吏治,五曰广言路,六曰严考试,七曰讲军政,八曰联邦交,似欲假西法以附于中土语经济之学;其名近似,而于西洋立国之本,固亦未有当也。[57]

宋绍年《马建忠先生学术年表》称,光绪三年(1877),马建忠"在法国,继续在巴黎政治学院学习外交、律例等学,兼办使馆翻译等事务。参加政治学院考试,获得优异成绩。撰写《上李伯相言出洋工课书》"。光绪五年(1879),"在法国巴黎考取文词科第二等"。光绪六年(1880),"从法国学成回国"。[58]然而,该信断无写于光绪三年(1877)的可能。

郭嵩焘到达伦敦是在1877年1月21日,4月30日补颁国书充任驻英公使,1878年2月22日(光绪四年正月二十一日)兼任驻法公使。他先是于光绪四年二月初十日税务司赫德的电报中得知此事,

正式的任命上谕至三月十八日才递到。[59]三月二十五日（4 月 27 日）
郭嵩焘从英国起程,由法国柏郎（Boulongne）海口上岸,再转巴黎。
四月十三日（5 月 14 日）,郭嵩焘返回伦敦,留参赞黎庶昌等人在巴
黎。之后,郭时常往来于伦敦与巴黎之间。[60]郭嵩焘日记中数次提
到了其初次到法国时马建忠陪同活动的情况:

> （光绪四年）三月廿五日（1878 年 4 月 27 日）　日益格、陈
> 敬如、马眉叔、联春卿并迎于舟次……次第叙谈。留日益格、马
> 眉叔、陈敬如夜宴,罢酒而天大明矣。[61]
>
> 三月廿六日（4 月 28 日）　联春卿交到李壬叔一信,并丁韪
> 良寄《公法便览》三部。日益格、马眉叔、陈敬如早过,相与酌定
> 照会外部文件,逐尽一日之力。[62]
>
> 三月廿九日（5 月 1 日）　为西历五月初一日,于是日开设
> 万国珍奇会。外部瓦定敦致送与会票一纸,因偕李湘甫、姚彦
> 嘉、德在初、联春卿、李丹崖、陈敬如、马眉叔及马格里、日意格、
> 斯恭塞格、高氏亚同往。[63]
>
> 四月初四日（5 月 5 日）　[法外交部负责照料奉引各国使
> 臣的]莫拉来见,并告呈递国书期日,因约陈敬如、马眉叔译交诵
> 词一纸。[64]
>
> 四月初五日（5 月 6 日）　因偕翻译德明、联芳、马建忠、陈季
> 同恭奉国书至宫庭内院下车……德明递交国书。宣读诵辞,马建忠
> 复以法文译诵。其伯理玺天德复宣读答辞。马建忠译言……[65]
>
> 四月初九日（5 月 10 日）　发递……及咨总署四件:一、咨
> 派帮办翻译马眉叔（建忠）、陈敬如（季同）、罗稷臣（丰
> 禄）……[66]

图 2-11 郭嵩焘

张德彝在《随使英俄记》中也有记述:

[光绪四年三月]二十四日甲戌(1878 年 4 月 26 日) 晴。早,经金登幹代雇之马车跟役及洒扫仆到。午后同联春卿乘车,往拜赫乐彬、吉罗福、金登幹、日意格、马眉叔、陈镜如诸君。[67]

二十五日乙亥 阴。早接电信,知星使于当晚亥初抵巴里。戌正,同联春卿、马眉叔、陈镜如乘车至戛得呐火车栈,遇日意格、司恭赛格及华商王承荣、卓兆鼎、马锦章等五六人。亥正,星使偕李观察、马清臣、李湘浦、姚彦嘉到,入寓晚餐,谈至丑正始寝。[68]

二十九日己卯 大雨,为西历五月初一日。未正开赛商会,乃于未初同李观察、日军门、马清臣、高介尔、联春卿、马眉叔、陈镜如、李湘浦、姚彦嘉诸君随星使着公服乘车往观。[69]

[光绪四年四月]初五日甲申 阴。未初,墨勒阿以朝车三辆来接。彝着朝服捧国书,同联春卿、马眉叔、陈镜如随星使乘车,行三四里,走凯歌路,至佛卜三呐蕾街蕾立赛宫,下车入内。立兵一队,作乐迎接。登楼左转,升阶三重,入一小室,伯理玺天

德正立,文武十员侍于后。入门,一鞠躬,距数武,止步立。彝同联春卿立于星使左,马眉叔、陈镜如立于右。星使敬捧国书,宣诵陈词毕,马眉叔翻念法文。递过国书后,法主立答数语,经陈镜如译以汉文。后彼此一鞠躬,退出,下楼。兵复奏乐相送。登车,墨勒阿伴送回寓。少坐。换行装,同联春卿随星使乘车,往谢外部大臣,戌初回寓。[70]

初八日丁亥　晴。亥初,同联春卿、马眉叔、李湘浦随星使乘车入蕾立赛宫,赴伯理玺天德茶会。男女有千馀人,式与官家民家者同。[71]

十三日壬辰　晴暖,始着袷衫。午初,同马清臣、李湘浦随星使乘车至夏得呐火车栈,有李观察、黎莼斋、日[意格]军门、联春卿、马眉叔、陈镜如送行。[72]

马建忠也提道:"郭星使于四月下旬至法,五月初呈国书,札忠兼办翻译事务。并承多加薪水。长者之赐,忠何敢辞!且翻译事少,不致荒功,无负来欧初意。"[73] 两相比照,可知马建忠文中所用日期是公历,且其初次兼任郭嵩焘的翻译是在1878年4至5月间。

日本学者坂野正高教授曾于1976年春赴巴黎,查阅了现存于政治学研究所的马建忠留学档案,并开列了马建忠所学8门功课的法文名称,分别是:Droit des gens; Droit international; Législation commercial; Histoire diplomatique 1830 - 73; Droit constitutionel, Cours; Droit constitutionel, Conférence; Matières administratives; Finances。学者多将其与马建忠《上李伯相言出洋工课书》中开列的"万国公法""各类条约""各国商例""各国外史""英美法三国政术治化之异同""普比瑞奥四国政术治化""各国吏治异同""赋税之科则,国债之多少"等中文试题名目逐一对应。[74]但值得注意的是,其中的 Droit des gens 和 Droit international 分别译为"法学概论"和"国际公法"似更妥当; 而"Droit constitutionel, Cours"和"Droit constitutionel, Conférence"一 为宪法课,一为宪法讨论课,自难以同试题中"英美法三国政术治化 之异同""普比瑞奥四国政术治化"相对应。

权赫秀引述坂野正高教授的著述称,当时该政治学院的考试分 数以 20 分为满分,而据政治学研究所的成绩表档案,马建忠上述各 科的考试成绩,除"各国商例(商法)"为 11 分外,其余均在 16 分至 19 分之间,平均 17 分多。巴黎私立政治学院 1878—1879 年度要览显示, 马建忠获得了该院"特别毕业证书"(un diplôme hors section)。[75]这应 该就是《上李伯相言出洋工课书》中所说的"学师优奖"。

(三)法国中学会考文凭

马建忠在《上李伯相言出洋工课书》中提到了应考"文词科"的 情况:

> ……既应政治试毕,然后应文词科。六月底试第一场,期二 日。第一日以腊丁文拟古罗玛皇贺大将提都征服犹太诏。又以 法文译埃及希腊水战腊丁歌章。次日考问舆图及希腊、腊丁与 法国著名诗文,兼问各国史学。复得宗师优奖,谓愿法人之与考 者,如忠斯可矣。一时在堂听者不下数百人,咸鼓掌称善。而巴 黎新闻纸传扬殆遍。谓日本、波斯、土尔基人负笈巴黎者,固有 考取格致秀才及律例举人,而东土之人独未有考取文词秀才者。 有之,则自忠始也。忠念些须微名而震惊若此,亦见西人好名之 甚也。年终,考文词秀才第二场,兼考格致秀才。来年春夏之 交,可考律例格致举科。[76]

据此可知，"文词科"考试分两场，初场于光绪四年六月底举行，为期两天。从其对试题的描述来看，应属文科范畴（拉丁文、法文、文学、地理、历史）。马建忠通过了考试并再次获得"宗（学）师优奖"，引得当地报纸竞相报道。由"在堂听者不下数百人"一语可知，当时采取的是口试方式。光绪四年底（在 1879 年初），马建忠又参加了第二场"文词秀才"考试，这次同时兼考"格致秀才"科目——可以推定为理科范畴（物理之类）。通过后，便有资格于光绪五年（1879）春夏之交考"律例格致举科"。文词科和格致科，应该就是法国中学会考。[77]

现藏于巴黎国立现代东方语言学校（École Nationale des Langues Vivantes Orientales）图书馆的马建忠的法学学位（即其自己所说的律例举科）论文封面注明："Thése pour la licence par Ma Kié-tchong, bachelier és-lettres et bachelier és-sciences de la Faculté de Paris. En Chine, intendant de circuits（Tao-tai），etc."[78] 其中的"bachelier és-lettres et bachelier és-sciences"应即马建忠通过上述"文词秀才""格致秀才"考试后取得的中学会考文凭。

（四）法学学位

马建忠的学位论文全文 100 余页，1879 年由巴黎的比松（E. Pichon）刊行。论文共分三个部分：罗马法中的"合伙"（societas）、法国民法中的"公司"（société）及法国商法中的"股份有限公司"（société anonyme），"其主旨则基本运用当时成为法国法学界主流之注释法学的理论与方法，表现出典型的概念法学的风格"。答辩于 1879 年 7 月 9 日举行。[79]

李华川也提道："经过两年的苦读，1879 年 7 月 9 日，眉叔获得了该校法学院的学士学位（即律例举科），其毕业论文《律学科卷》也被

Pichon 出版社出版。""在两年多时间中,眉叔通过了法国中学文、理科会考,获得文、理科两个业士称号,又在巴黎政治学堂获得了法律学士学位,如果再考虑到他在这段时间还一直有公务在身(担任出洋肄业局随员和使馆翻译),其取得的成绩尤为难得,在当时的中国留学生中堪称佼佼者。"[80] 显然,其并不认为马建忠的法学学位是另赴他校拿取的。

所谓"业士",即 Bachelier,在法语中指中学毕业会考合格者。取得"业士学位(baccalauréat)"者可直接注册法国大学。[81] 有资料显示:

> 巴黎大学在 20 世纪二三十年代,其法律系分为 Licencié 和 Doctorat 两个级别。在 Licencié 阶段,"法律与经济混合而不分系"。获得 Licencié en Droit 学位的人可以申请进入研究院学习。研究院分设罗马法及法制史系、私法系、公法系(包括行政法、宪法、国际公法、公法史)和经济系。任何一个系的学生,在考试合格后,将被授予该系高等研究证书一张;获得两张高等研究证书的学生(即毕业于两个系的学生),可以提交博士论文 [Thése pour le doctorat]。[82]

更为晚近的资料称,按照法国传统的学制和文凭制度,大学本科阶段(通才教育)前两年不细分专业,学生仅学习一些法律基础课,成绩合格者可获得"大学普通学习证书"(DEUG, diplôme d'études unversitaires générales),之后一年主攻专业,结业可获"大学第三年毕业文凭"(Licence,相当于 180 个欧洲学分),再学一年可获 maîtrise 学位。要从事法学研究的学生需取得"深入学习文凭"(DEA, diplôme d'études approfondies)后方可进入博士研究生的学习。要从事实务的学生可获得"高等专业学习文凭"(DESS, diplôme d'études supérieures spécialisées),之后再通过律师或法官资格考试,才能从业。[83]

在欧洲一体化的背景下,1998 年法国、德国、意大利和英国在巴黎发表《索邦声明》,开启了欧洲教育体制一体化进程。其主要内容就是将各国大学学制统一为"3 年(licence)—5 年(master)—8 年(doctorat)",简称 LMD 学制(我国国内称之为"3—5—8 学制")。[84]改革前,完成前两年大学课程的法国大学学生可获得"大学普通学习证书"(DEUG),之后通过第三年的学习可获得本科文凭。改革后,按原来的法国模式学习的学生本科毕业后再学习 1 年,或者取得高中毕业文凭后完成 4 年高等教育学习,可获得 maîtrise 文凭。取得国家 maîtrise 文凭后再完成 1 年学习或获得高中毕业文凭后完成 5 年高等教育学习(相当于 300 个欧洲学分)可取得"深入学习文凭"(DEA)或"高等专业学习文凭"(DESS)。持有自 1998—1999 学年度起颁发的 DEA 和 DESS 文凭者可被授予硕士学位。在过渡时期,maîtrise、DEA、DESS 和硕士文凭并存。[85]

言归正传,李鸿章《奏请奖励马建忠片》中提到的马建忠"在洋先后应考所得五次官凭"应为:两份法国中学会考文凭(直译为文学业士和科学业士,马自称为"文词秀才"和"格致秀才"文凭)、两份"学师优奖"(un diplôme hors section)证书,以及马称之为"律例举人"的 Licencié en Droit 学位证书。洋务运动时期,清政府对于学成回国并通过相应考试的留学人员,按照其获得的学士或博士学位授予"举人"或"进士"资格。据此,与马建忠所获的"举人"出身相对应的,应该是法学学士学位。

1877 年再度出洋的陈季同,除了学习之外,还担负了许多工作。尤其是在李凤苞被任命为驻德国公使后,他作为翻译于 1878 年 10

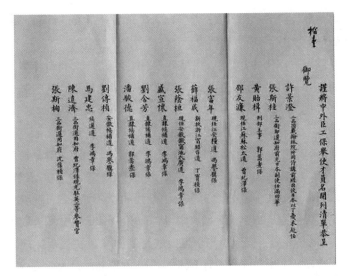

图 2–12　使才记名清单。清单中提到许景澄、邵友濂、薛福成等人。薛福成于光绪十年(1884)初夏出任浙江宁绍道台。据此可知,该记名清单开列于光绪十年左右

月 7 日(光绪四年十一月初一日)一同前往柏林。这或许是其未能像马建忠一样在巴黎私立政治学校完成课业的原因。

据中国第一历史档案馆藏《军机处录副·光绪朝》,陈季同于光绪四年十月任驻德公使随员,并办理法文翻译。光绪六年三月,改充翻译官。[86]1881 年 2 月 17 日(光绪七年正月十九日),李鸿章在奏请给予船政学堂出洋学生奖励的奏折中提道:"都司陈季同,拟请免补本班,以游击仍留原省补用,并赏加副将衔;候选主事罗丰禄,拟请以同知不论单双月归部选用,并赏加四品衔"。[87]据我国台北故宫博物院图书文献处藏《军机处档摺件》(编号 128158),陈季同于光绪十年改派驻法参赞。《申报》1888 年 1 月 26 日(第 9 版)的报道称,其于

光绪十一年六月后任驻德参赞、驻法参赞。据中国第一历史档案馆藏《宫中档朱批奏折》和《军机处录副》，光绪十七年七月，陈季同因擅借巨款，遭薛福成弹劾，革职。[88]另有资料显示，陈季同1891年被召回国内的原因是他曾以公使馆的名义向巴黎宝石商和装饰品商筹款而负债过多。两年后，陈季同以中国留学生使团主席的身份随李鸿章访问比利时。但比方因受到法国政府警告而拒绝其入境。1895年4月，陈季同赴我国台湾地区参与抵抗日本占领运动。1904年他还以中国问题为题材写成了一部轻喜剧《英雄的爱》。1905年病逝于上海。[89]

在马建忠、陈季同等人之后，福州船政局还选派了几批学生留学英法。只是其间少有了像马、陈（当还包括刘步蟾、严宗光、萨镇冰等等）那样难以被历史轻易绕过的人物。

第三节　留学日本法政速成科

一、早期赴日学习法政情况

与赴法国留学相比，国人赴日学习法律要迟得多，但增速却很明显。光绪二十二年三月底（1896年5月），总理衙门选派首批13名学生赴日。[90]其中，唐宝锷、戢翼翚等三人学习法律。1901年9月，清政府命各省选派学生出洋游学，并定游学奖励及管制规程。[91]章宗祥在《日本留学指南》中提到，截至光绪二十六年六月，中国留日法政科学生共12人，其中帝国大学法科大学3人，东京专门学校日语政治科3人、英语政治科6人。另外，九月将入学的法政科留学生中，法科大学1人、东京专门学校日语政治科78人、专修学校法律科2

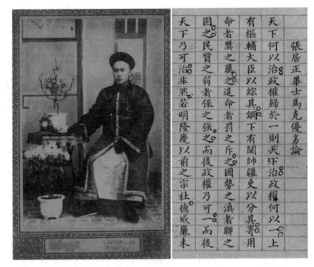

图 2-13　范熙壬(摄于清光绪二十九年,1903)及其京师大学堂入学复试试卷《张居正毕士马克优劣论》节选

人。[92]据《日本留学生调查录》,至 1901 年底,在日留学的 269 名学生中,有 10 余名法科留学生。其中,帝国大学法科 4 人,东京法学院 6 人,日本法律学校 1 人,明治法律学校 1 人。[93]1903 年 12 月 21 日(光绪二十九年十一月初三日),管学大臣张百熙奏请从京师大学堂速成科中选派 31 名官费生留日作为师资培养。[94]其中至少有 15 人学习法政。据程燎原《清末法政人的世界》,这 15 人中,入读日本帝国大学法科的有范熙壬(京都帝大)、[95]黄德章、屠振鹏、朱献文;入读帝国大学法科大学政治科的有陈发檀、陈治安、刘成志、席聘臣、张耀曾、钟赓言;余棨昌、朱深入日本帝国大学法科大学法律科;曾仪进(曾彝进)入日本京都官立法科大学;另有刘冕执入日本法政科(似

有脱漏)、顾德邻入日本法政大学(另说是日本帝国大学)。[96]

曹汝霖在《一生之回忆》一书中提道:

> ……日文稍通,余即入早稻田专门学校,荃士入高等商业学
> 校。荃士为培孙堂弟。余以早稻田太远,后改入东京法学院(后
> 私立学校均改大学,法学院称中央大学)。其时私立法政学校,共
> 有六校,都有名望,教授亦由帝国大学教授兼者为多,故功课亦相
> 差无几,惟少图书参考。[97]

这一时期提供法律教育的日本院校主要有:帝国大学(即东京大
学)、东京专门学校(即早稻田大学)、东京法学院(即中央大学)、专
修学校、日本法律学校、明治法律学校、法政大学等。

东京大学成立于明治十年(1877),是日本第一个被冠以"大学"
的高等教育机构。明治十九年(1886)3月1日,根据敕令《帝国大学
令》,更名为帝国大学。明治三十年(1897)因成立京都帝国大学而改
称东京帝国大学。[98]

东京大学法学部的历史可以追溯到明治四年日本司法省创设的
明法寮,次年制定"法学徒"制度并开始培养学生。其招聘了法国军
人 Albert Charles Du Bousquet(1837—1881)、法学家 Gustave Emile
Boissonade de Fontarabie(1825—1910)等法籍教师,用法语学习法国
法典来培养司法官。学制八年,其中最初四年为预科。明治十年改
为司法省法学校。[99]明治九年,明法寮第一期学生毕业,被授予法律
学士称号,须奉职十五年;然后才招收第二期学生,明治十三年其升
入本科时,第三期才入学。明治十七年(1884)末,该校移交文部省,
次年夏更名为东京法学校,旋即被并入东京大学法学部。明治十八
年底,东京大学文学部的政治学科移到法学部,法学部改为法政学

部。[100]而后,东京大学的法政学部、文学部、理学部、工艺学部、医学部加上工部大学校,改编成五个分科大学,组成帝国大学。帝国大学法政大学下设法律学第一(法国法)、法律学第二(英国法)、政治学三个学科。明治二十年法律学科又改称第一部(英国法)、第二部(法国法)、第三部(德国法)。[101]另有资料称,东京大学的前身是东京开成学校。

> 1873 年,开成学校开设法学科,翌年开成学校更名为东京开成学校,1877 年,东京开成学校改组为东京大学法学部。1885年,政治学科与理财学科从文学部移至法学部,法学部更名为法政学部。1886 年,东京大学法政学部改组为帝国大学法科大学。1897 年,帝国大学更名为东京帝国大学。1919 年,法科大学改组为法学部,同时经济学科与商业学科独立成为经济学部。[102]

东京专门学校,即早稻田大学的前身,明治十五年(1882)由大隈重信(1838.3.11—1922.1.10,是日本第 8 任和第 17 任内阁总理大臣)在东京郊区的一片稻田里创立。[103]当时由于日本国内政治派系纷争,大隈重信不便插手学校的事务,遂由大隈英磨担任校长。

专修学校,由田尻稻次郎、相马永胤等四人于明治十三年(1880)设立。其背后是九个留美归日学人及东京大学法学部四个毕业生结成的法学会。起初借用庆应义塾开办法律科夜校,而后独立开设专修学校,教授法学和经济学。后来学校教育重心由法律转向了经济学。[104]

东京法学院,前身为设立于明治十八年的英吉利法律学校,穗积陈重、[105]土方宁等留英人士充任教授,设有法律、经济学科,明治三十五年有在校生 1260 人。后改为中央大学。[106]曹汝霖读书时的校长为奥田义人博士。

日本法律学校,明治二十三年设立于东京,设法律、经济学科,明治三十五年有在校生 1533 人。[107]

明治法律学校,由司法省法学校的毕业生及留学生于明治十四年创设,带有法国教育印记。岸本辰雄、西园寺公望等曾在校执教。后改为明治大学。明治三十五年有在校生 1784 人。[108]

日本法政大学原名日本和法(和佛)法律(专门)学校,系明治二十三年(1890)在东京法学校和东京法国学校基础上成立的。1903年,和佛法律学校改名为法政大学,下设大学部、专门部、高等研究科,另有大学预科。专门部亦设法律科(简称专法科)、政治科(简称专政科)。[109]东京法学校是明治十四年从上年成立的东京法学社独立出来的。其与同属法国派的明治法律学校存在竞争关系。东京法国学校是明治十八年由古市公威、岸本辰雄、寺尾寿等留法归日人士创立的法语学校。[110]

表 2-3　京师大学堂奏派首批留日攻读法政科学生情况表

姓名	年龄	出国前就读学校	在日最初就读学校	在日就读学校	后来发展
陈发檀			光绪三十三年六月从第一高等学校英语法科毕业	帝国大学法科大学政治科(光绪三十三年六月入学,宣统三年六月毕业)	
陈治安			光绪三十三年六月从第一高等学校英语法科毕业	帝国大学法科大学政治科(光绪三十三年六月入学,宣统三年六月毕业)	

续表

姓名	年龄	出国前就读学校	在日最初就读学校	在日就读学校	后来发展
范熙壬	26(1903年,下同)	京师大学堂仕学馆	东京第一高等学校第一部,统计学	京都帝国大学法科(光绪三十四年六月入学,宣统元年六月毕业)	1907年11调入修订法律馆(因仍赴东京就学未到职),1913年第一届国会议员、宪法起草委员会委员
顾德邻				日本法政大学(另说是日本帝国大学)	
黄德章			东京第一高等学校第一部,私法方向,偏重民法	帝国大学法科	1909年参加游学生廷试
刘成志(江苏)				帝国大学法科大学政治科(光绪三十一年八月入学,光绪三十四年九月毕业)	
刘冕执				日本法政科	
屠振鹏			东京第一高等学校第一部,公法方向	帝国大学法科政治科	
席聘臣(籍贯云南)	23	京师大学堂师范馆	东京第一高等学校毕业	帝国大学法科大学政治科(光绪三十四年七月入学,宣统二年六月毕业)	1910年参加第四届游学生考试,第一届国会议员

续表

姓名	年龄	出国前就读学校	在日最初就读学校	在日就读学校	后来发展
余棨昌	22	京师大学堂仕学馆	东京第一高等学校第一部,私法方向,偏重商法	帝国大学法科大学法律科(光绪三十三年九月入学,宣统三年六月毕业)	1921年任大理院院长
曾仪进(彝进)			东京第一高等学校第一部,交涉学方向,偏重国际公法和国际私法	京都官立法科大学	工部、邮传部主事,袁世凯内史(秘书)副长
张耀曾(云南)	18	京师大学堂师范馆	东京第一高等学校第一部,理财学方向	帝国大学法科大学政治科(1908—1912)	1913年第一届国会议员,天坛宪草主要起草人,段祺瑞内阁司法总长,国民政府国防参议会参议员
钟赓言	22	京师大学堂师范馆		帝国大学法科大学政治科(光绪三十二年九月入学,宣统三年六月毕业)	
朱深(直隶)			东京第一高等学校第一部,民事刑事诉讼法	帝国大学法科大学法律科(第二年)兼修德意志法	1918年任司法总长

续表

姓名	年龄	出国前 就读学校	在日最初 就读学校	在日就读学校	后来发展
朱献文			东京第一高等学校第一部,刑法	帝国大学法科	1907 年 11 月调入修订法律馆,参与起草大清民律草案,亲属编主要撰稿人,1918 年任京师高等审判厅厅长

资料来源:董彦斌:《追寻稳健宪政:民国法律家张耀曾的法政世界》,清华大学出版社 2013 年版,第 16、21 页。程燎原:《清末法政人的世界》,法律出版社 2003 年版,第 40、350、361、365、367、369、375 页。

二、日本法政大学法政速成科始末

(一)从动议到草创

由于上述正规学校须经考试,选择较严,因而时任日本法政大学校长(总理)的梅谦次郎经与留日学习法政科的范源廉和曹汝霖商议,决定专为中国留日学生创设法政大学法政速成科。这一动议获得了日本文部省的认可。中国出使日本大臣兼管游学生总监督杨枢也从旁推动,最终促成了中国政府选派留学生赴日学习速成科。[111]在光绪三十年十二月初四(1905 年 1 月 9 日)的奏折中,杨枢提道:

迩者学务大臣暨各省督抚陆续选派学生来东就学综计人数已逾三千。然其中习普通科者居多,习法政专门者尚少。缘日本各学校授此等专门之学,皆用本邦语言文字,中国学生从事于斯者,须先习东语东文,方能听受讲义。约计毕业之期,总须六七年。夫以六七年之久,非立志坚定者,鲜克成功。

图 2-14 梅谦次郎

所以,多畏其困难而不愿学。甚可惜也。上年日本之公爵近
卫笃麿、子爵长冈护美,因感戴我朝赏赉宝星之荣,曾与总监
督汪大燮会议,欲于日本东京,为中国游历官设速成法政学
院。学章甫拟就,而汪大燮已卸任。近卫笃麿旋身故。事遂
中止。奴才抵任后,思设法续成之。适有东京法政大学校总
理梅谦次郎,亦建斯议。奴才当向长冈护美取得前拟学章,作
为底稿。而梅谦次郎酌中改定。遂于该学校内,特设法政速
成科,专教中国游学官绅。奴才均竭力赞成。日本文部亦经
认可。开学之日,中外士商来观者千有余人。日本各部院大
臣,亦来颂祝,礼甚隆重。奴才一面分咨各省大吏,请选派官
绅资遣来学。现在京师学务处暨直隶、江苏、安徽、福建、浙
江、湖南、广东等省督抚,均经照议选派。统计来学官绅,已有
三百余人。议定六个月为一学期,满三次学期,便可毕业。其
教授大旨约分四科,曰法律、曰政治、曰理财、曰外交。所聘诸

科教习,皆日本最有名之学士博士。每日讲义,各教习以东语口授,而令通译人以华语传述之。此等通译,俱系中国优行生,曾在法政大学毕业学有根柢者。奴才仍恐各学生于听讲时不能一一领会,又与各教习商允,将每日讲义以东文书之于书,而令通译人译出汉文,编印成帙,分授各学生,俾得随时研究。此外尚有实地体验之法。举凡司法行政各衙门,及官私所设物业,有关于政治之学者,俱由各教习随时率领本科学生,前往参观,藉资考证。[112]

1904 年 5 月 7 日(光绪三十年三月廿二日),日本法政大学法政速成科在东京麹町区富士见町六丁目十六番地开设。《政法学报》1904 年第 3 卷第 7、8 期刊载的《法政速成科之成立(开讲式之记事)》配发的按语提道:

爰于阳历五月七日,行法政速成科开讲式。午后正二时临式场。首梅谦次郎博士演开讲辞,次我国杨星使以华语演说,次日本司法大臣波多野敬直氏演说,终以留学生曹汝霖氏以日本语演述答辞。礼成而退,遂于别室馈以酒果,剧谈尽欢而散。是日到会者,中日各大臣及高等官,各官、私立大学校长,教授,校友,不下千人,洵盛会也![113]

(二)学制演变

据《清国留学生法政速成科规则》,该校"以教授清国现代应用必要之学科,速成法律、行政、理财、外交之有用人才为目的"。[114]该科的招生条件非常宽松,凡"清国在官者及候补官员""清国地方之士绅及年龄已满二十岁之有志者",且"汉文均须有根柢者",[115]"获得清国公使之介绍"即可入学,毋须考试。[116]学习期限原定一年,六个月为一学期,共两学期,"第一学期自(公历)四月一日始至九月三十日止,第二学期自十月一日至翌年三月三十一日止"。[117]1904年(明治三十七年)改为三个学期毕业,"各学期自(公历)四月一日始至九月三十日止,或自十月一日至翌年三月三十一日止"。[118]1905年底改为学制一年半,分两个学期授课,"各学期自(公历)四月始至十二月止,自一月始至九月止,(或)自十月始至翌年六月止,或自七月始至翌年三月止"。[119]

一年二学期制下,每学期每周25课时,第一学期课程包括:法学通论及民法、国法学、刑法、国际公法、裁判所构成法、经济学;第二学期课程包括:商法、行政法、民刑诉讼法、国际私法、财政学、监狱学。[120]

表2-4　《法政速成科规则》第四条开列的课程安排表(一年二学期制)

第一学期		第二学期	
学科	每周授业时数	学科	每周授业时数
法学通论及民法	一〇	商法	六
国法学	四	行政法	六
刑法	四	民刑诉讼法	六
国际公法	四	国际私法	二
裁判所构成法	一	财政学	四
经济学	二	监狱学	一
合计	二五	合计	二五

资料来源:日本法政大学大学史料委员会编:《清国留学生法政速成科纪事》,裴敬伟译,李贵连校订,孙家红参订,广西师范大学出版社2015年版,第7—8页,第4条。另见史洪智编:《日本法学博士与近代中国资料辑要(1898—1919)》,上海人民出版社2014年版,第114页,第6条。

一年三学期制下,每学期每周 24 课时,第一学期课程包括:法学通论及民法、国法学、刑法、经济学、西洋史、政治地理;第二学期课程包括:民法、行政法、刑法、国际公法、裁判所构成法及民刑诉讼法、政治学;第三学期课程:民法、商法、国际私法、民刑诉讼法、财政学、警察监狱学。

表 2-5 《法政速成科规则》第四条开列的课程安排表(一年三学期制)

第一学期		第二学期		第三学期	
学科	每周课时数	学科	每周课时数	学科	每周课时数
法学通论及民法	五	民法	四	民法	五
国法学	五	行政法	六	商法	六
刑法	三	刑法	三	国际私法	三
经济学	四	国际公法	四	民刑诉讼法	四
西洋史	五	裁判所构成法及民刑诉讼法	三	财政学	四
政治地理	二	政治学	四	警察监狱学	二
合计	二十四	合计	二十四	合计	二十四

资料来源:日本法政大学大学史料委员会编:《清国留学生法政速成科纪事》,裴敬伟译,李贵连校订,孙家红参订,广西师范大学出版社 2015 年版,第 9 页。

一年半二学期制下,每学期每周仍为 24 课时,但法律部与政治部[121]的课程分开讲授,内容不尽一致。法律部第一学期课程为:法学通论、民法、宪法总论、刑法、国际公法、经济学原论;第二学期:民法、商法、行政法、国际私法、裁判所构成法及民事诉讼法、破产法、刑事诉讼法、监狱学。政治部第一学期课程为:法学通论、民法、宪法总论、国际公法、经济学原论、近代政治史、政治地理;第二学期:民法、比较宪法、行政法、地方制度、刑法、政治学、应用经济学、财政学、警察学。[122]

表 2-6　《法政速成科规则》第四条开列的课程安排表（一年半二学期制）

法政速成科法律部学科课程				法政速成科政治部学科课程			
第一学期		第二学期		第一学期		第二学期	
学科	每周课时数	学科	每周课时数	学科	每周课时数	学科	每周课时数
法学通论	二	民法	二	法学通论	二	民法	二
民法	七	商法	五	民法	七	比较宪法	二
宪法总论	四	行政法	五	宪法总论	四	行政法	五
刑法	四	国际私法	二	国际公法	四	地方制度	一
国际公法	四	裁判所构成法及民事诉讼法	五	经济学原论	三	刑法	四
经济学原论	三	破产法	二	近代政治史	三	政治学	三
		刑事诉讼法	二	政治地理	一	应用经济学	三
		监狱学	一			财政学	三
						警察学	一
合计	二十四	合计	二十四	合计	二十四	合计	二十四

资料来源：日本法政大学大学史料委员会编：《清国留学生法政速成科纪事》，裴敬伟译，李贵连校订，孙家红参订，广西师范大学出版社 2015 年版，第 12—13 页。

法政速成科聘请"日本之法学博士、学士之法学名家，深于学术而富于经历者"为教授。[123]授课时，"教授以日本语口授，更以中国人通译，华语学生得以汉文笔记讲义"[124]"请留学日本之帝国大学、法科大学及私立各大学之清国留学生有根柢者"作为通译。[125]速成科开办之初，翻译工作主要由范源廉、曹汝霖、江庸等先期赴日、有日语基础者承担。学生除了要交纳入学费、授业费外，还需交纳翻译费。[126]如补习科授业费每月三元，翻译费为一元。[127]

1906 年(明治三十九年)，日本法政大学又为已经从法政速成科毕业的中国留学生开设了一年学制的"法政速成科补修科"。也是在这一年的 12 月，经济史学家加藤繁就任法政大学速成科副主任(其后来成为东京大学教授)。[128]

1907 年，日本法政大学又新设清国留学生普通科，"以增强普通学之休养"。开设的科目包括：修身、国语(日语)、外语、历史、地理、数学、博物、理化学、法政经济、图画、歌唱、体操。[129]

除了日本法政大学，东京帝国大学、明治大学、早稻田大学等也先后为中国学生设置了法政速成科。其中，明治大学的速成科设于其刑律科和警务科中，学制从十个月到两年不等。开办六年中，中国留学生入学者达 2862 人，毕业 1384 人。早稻田大学设有"清国留学生部"，招收中国学生。《日本早稻田大学中国留学生章程》规定，"清国留学生部"专为清国留学生教授日本语、普通各学、政法理财学、师范教育及实业教育，设有一年制预科和二年制本科。本科政法理财科于第一年开设国家学原理、各国宪法、经济原论、法学通论、民法、东洋近世史、最近政治史、日本语、英语；第二年开设国法学、行政法、应用经济(农、工、商)、货币论、银行论、外国贸易论、国际公法、国际私法、刑法、岁入论、岁出论、公债论、论理学、英语。[130]

(三)学生情况

光绪二十七年(1901)，朝廷曾下旨以出身奖励留学毕业生："前据江南、湖北、四川等省选派学生出洋肄业，著各省督抚一律仿照办理,务择心术端正、文理明通之士遣往学习,将一切专门艺学认真肄业,竭力讲求。学成领有凭照回华,即由该督抚学政,按其所学分门考验。如学有成效,即行出具切实考语,咨送外务部覆加考验,据实奏请奖励。"自备旅资出洋者,"如果学成得有优等凭照回华,准照派出学生一体考验奖励,候旨分别赏给进士、举人各项出身,以备任用,而资鼓舞"。[131]

1900年,留日法政科学生尚不过百人,而1902年起,赴日留学法政科的学生已明显增多。[132]当时日本的报章对此多有记述:

> 清国来我邦留学者,每船不下百名,上海动辄滞留三四百名留学生,以备乘船赴日。去岁秋末,清国留学生仅有五千,据言现已逾八千。彼等初欲进入专门学校学习,然现之学生年龄较轻,其志愿多在修习普通学科,渐以接受规范教育。[《清国留学生激增》,载《教育时论》七二七号,明治三十八年(1905)六月二十五日。][133]

> 清国留学生近来人数激增,至少七八千人。其间归国者虽不乏人,然每遇客船,便有五六十乃至上百留学生渡海而来。彼留学生中,有出自清国政府或各省督抚,并获清国公使馆或文部省介绍者,其所定学校,皆为文部省直辖,或经其介绍之校。然其数甚少,多数则径入私立学校、私塾等。[《清国人入学规程》,载《教育时论》七四一号,明治三十八年(1905)十一月十五日。][134]

> 目前招收清国留学生之官立学校中,第一高等学校有五六十名,高等师范学校有十数名,而私立学校中,弘文学院有一千五百名,早稻田大学六百名,法政大学六百名,经纬学堂二百名,

与其他合计，共约八千名左右。[《清国留学生同盟罢课事件》，载《教育时论》七四五号，明治三十八年（1905）十二月二十五日。][135]

东京清国留学生已有八千六百余人，分别就读法政大学、东京同文书院、东斌学堂、早稻田大学、大成学馆、经纬学堂、弘文学院、东亚实业学校、成城学校……[《太阳》十二卷一号，明治三十九年（1906）一月一日。][136]

清国留学生一时数量，殆有二万，由于对速成教育之讥，及文部省干涉问题，一时留学生联袂归国，其数锐减。今年一月，根据该国公使馆调查，官私费留学生合计约七千人。目前，除仅招收清国留学生之弘文、同文、东斌、经纬、成城五校外，与日本学生同修之留学生，东京帝国大学有五十四名，京都大学有十余名，早稻田大学有四百二十余名，法政大学有四百名，明治大学有四百八十二名，日本大学有一百五十一名，东洋大学有五名，合计一千五百二十二名。另，早稻田大学留学生部有三百九十四名，明治、法政两大学留学生部约有三四百名，合计二千三四百名。余下主要在前述五校。各校今年卒业约有一千名，此外尚有因种种理由归国者。截至本年九月新学期，通计各校，其数应减少至五千左右。[《清国留学生减少》，载《朝日新闻》，明治四十一年（1908）七月六日。][137]

自 1904 年 5 月正式开学至 1908 年 4 月第五班学生毕业，法政大学法政速成科共招收五班学生（另有一补习科 80 人），毕业 1215 人。

第一班开班于 1904 年 5 月 7 日，招收 94 人。1905 年 6 月 4 日卒业式时毕业 67 人。该班学制为一年两学期。1905 年（明治三十八年)6月20日《法学志林》七卷六号刊载的《法政大学清国留学生法政速成科第一回卒业证书授与式》提道："明治三十八年六月四日午后二时,在本大学讲堂,举行清国留学生法政速成科第一回卒业证书授与式……开场系梅总理进卒业生六十七名,一一授与证书,学生受之"。[138]

第二班开班于1904年10月18日,11月15日开课。该班学制为一年三学期。入学人数为336名,后来16人中途退学,1人转至法政大学专门部。到第三学期尚有学生246人。1906年6月24日卒业式时,230人毕业。后又有11人获准毕业。[139]梅谦次郎在法政速成科第二班卒业证书授予式上的致辞中提道:

第二班始于明治三十七年[1904]十月,当初入学者总计三百三十六名,其中退学者有十六名,转科至专门部者一名。除此十七名以外,尚有仅通过第一、二学期试验,或未参加试验者,以及未通过者,总计七十四名。除去各种原因没有通过此次试验者,剩余二百四十五名。至于本班卒业试验成绩,第一学期及格者二百三十七人,其中特别试验及格者二人,补试及格者十二人;第二学期及格者二百四十八人,其中特别试验及格者十九人,补试及格者三十五人。在此需要说明,第一学期未及格者,依据规则,可同时参加第一、二学期试验。且参加特别试验及补试及格者较多,是以,第二学期之及格者比第一学期及格者多。参加第三学期试验者,总计有二百四十六人,其中及格者二百三十人,不及格者六人,缺席试验者七人,试验归于无效者三人,合计十六人。换言之,在二百四十六人中,因不及格等原因没有通过试验者仅十六人。今天除已接受试验及格者外,尚有第三学期即第三班学生,及现在第一学期之第四班学生。五月末,此两组现在人员,第三学期第三班学生一百六十一人,第一学期第四班学生三百五十七人……[140]

第三班开班于 1905 年 5 月 8 日。学制为一年三学期。1906 年 11 月 23 日举行卒业式。入学时学生数为 201 人,后转入政治科 39 人,转入专门部 1 人,退学 1 人,病故 1 人。1907 年 5 月 5 日举行卒业式时共有 66 人获得卒业证书。清水一郎在第三班卒业证书授予式上代梅谦次郎总理作学务报告时提道:

今日卒业生即第三班学生,于明治三十八年即去年五月初开始授课。最初入学者总计二百零一名,其中转入政治科三十九名,转入专门部一名,退学一名,罹脚气病不幸死亡者一人。参加第一、第二班试验者,有及格者,亦有不及格者。参加第三学期即本次卒业试验者,总计八十一人。除因上述事由及退学者,剩余七十九人。该七十九人经此第三班卒业试验。

至于第三班学生试验之完整经过,第一学期试验及格者八十九人,再作区分,普通学期试验及格者六十七名,特别试验及格者六名,补试及格者十六名。第二学期试验及格者八十名,其中普通试验及格者五十六名,特别试验及格者十六名,补试及格者八名。继述第三学期卒业试验经过。参加卒业实验者七十九名,其中及格并参加今日仪式授予卒业证书者六十六人,不及格者九人,试验无效者二人,由于中途缺席而未经全部试验者二人。

最初二百余名由于种种事故,或不及格而渐少,今日卒业获得名誉者减至六十六人……

于本校法政速成科学习之清国留学生尚有两班,一为第四班,一为第五班,前者有学生三百九十名,后者较多,至有六百余名。第五班又分政治、法律两部,今日正在上课。[141]

第四班开班于 1905 年 11 月,学制为一年半二学期。入学时人数为 388 名,后退学 6 人,遭除名 3 人。1907 年 5 月 5 日举行卒业式时,授予 238 人卒业证书。梅谦次郎总理在学务报告中提道:

此第四班学生,前后接受两次学期试验。自第一学期试验成绩看,明治三十九年七月参加定期试验者二百一十五人,其中及格者一百七十四人,不及格者四十一人。此后于明治四十年一月举行特别试验兼补试,当时参加试验者总数九十六人,及格者七十七人,不及格者十九人。后于明治四十年四月举行第二次特别试验兼补试,当时参加试验者十九人,及格者十八人,不及格者一人。前后参加试验者总数三百三十人,及格者二百六十九人,不及格者一百六十一人。需注意者,此中有参加两次以上之试验者。据本校规则,得有两次以上参加试验机会,将此等合计,致总数有所重复。此为末节,在此不赘。参加第二学期试验者,即参加本年四月试验者二百六十一人,其中及格者二百四十人,不及格者二十一人。根据试验结果,本日授予卒业证书者共计二百三十八人。

……自法政速成科第一班开办以来,至今已满三年。其间,第一班卒业生六十九名,第二班卒业生二百四十一名,第三班卒业生七十六名,总计三百八十六名。若以今之第四班卒业生二百三十八名合计,共六百二十四名。[142]

由此可知,第一班卒业式后,又有 2 人获准毕业。第二班卒业式后,又有 11 人获准毕业。

1906 年 10 月,法政大学还为中国留学生开设了一期"补修科",招收 80 人(法政大学速成科毕业生及翰林院选)。1907 年 11 月 13 日举行卒业式,全部毕业。[143]《法政大学纪要》载:"法政速成科,仅以一年半卒业,无论讲师如何胜任愉快,学生如何奋发励精,固不能即抵于完备之域。若更假以一年之日月,就各科目中,学生之未修者,或已修而未深造者而补足之,庶几可无遗憾。兹特为卒业生设补修一科,以一年修了。"[144]

第五班分为法律部和政治部,分别开班于 1906 年 10 月 12 日和 11 月。该班适用一年半二学期学制。1908 年 4 月 26 日举行卒业证书授予式时,共有 385 人获得卒业证书。梅谦次郎总理在学务报告中提道:

> 本日卒业之第五班学生,分为法律、政治二部。法律部为明治三十九年十月开班,入学者四百零三名,其中退学者二名;政治部同年十一月开班,入学者四百四十六名,其中退学者三名。[145]
>
> [法政速成科]卒业生中第一班六十九名,第二班二百四十一名,第三班七十六名,第四班三百六十四名,补习科八十名,第五班即今日卒业者三百八十五名,总计一千二百一十五名之多。第五班学生总数八百四十四名,减去本次卒业者,余下四百五十九名,即在籍人数。[146]

据此可知,第四班后又有 126 人获准毕业。

表 2-7 法政大学法政速成科各期(班)学生情况统计表

班次	开班时间	入学人数	中途退学人数	卒业式时间	初次毕业人数	最终毕业人数
第一班	1904 年 5 月 7 日	94	26	1905 年 6 月 4 日	67	69
第二班	1904 年 10 月 18 日（11 月 15 日开课）	336	16	1906 年 6 月 24 日	230	241
第三班	1905 年 5 月 8 日	201	1	1906 年 11 月 23 日	66	76
第四班	1905 年 11 月	388	6	1907 年 5 月 5 日	238	364
补习科	1906 年 10 月	80	——	1907 年 11 月 13 日	80	80
第五班法律部	1906 年 10 月 12 日	403	2	1908 年 4 月 26 日	179	385
第五班政治部	1906 年 11 月	446	3	1908 年 4 月 26 日	206	

本书作者整理。资料来源:日本法政大学大学史料委员会编:《清国留学生法政速成科纪事》,裴敬伟译,李贵连校订,孙家红参订,广西师范大学出版社 2015 年版。

注:1904 年(明治三十七年)7 月 15 日《法学志林》第五十八号刊载的总理梅博士致辞(梅谦次郎博士学务报告中训诲演说)提到"另有清国留学生法政速成科学生六十八名"。日本法政大学大学史料委员会编:《清国留学生法政速成科纪事》,裴敬伟译,李贵连校订,孙家红参订,广西师范大学出版社 2015 年版,第 28 页。

日本法政大学速成科各期(班)学生中的代表人物有:

第一期:张知本(湖北官费)。[147]

第二期:孔昭焱(广东,优待生)、汪兆铭(精卫,广东,1883—1944,优待生)、程树德(福建,1877—1944.1.1,优待生)、[148]朱大符(执信,广东,优待生)、郑瓘(优待生)、胡衍鸿(汉民,广东,1879—1936)、[149]古应芬(福建,1873—1931)、陈敬第(叔通,浙江,1876—1966)、[150]邵章(浙江,第一学期优等生,明治三十九年七月追认卒业)。[151]该期于 1906 年(明治三十九年)7 月卒业。

第三期:秦瑞玠(江苏,优等生)。[152]

第四期:汤化龙(湖北,1874—1918,优等生)、[153]沈钧儒(江苏,1875—1963)、[154]张家镇(江苏)、[155]居正(湖北,1876—1951)。[156]

图 2-15 邮票上的法律人朱执信。1932 年 8 月 13 日中华邮政发行的《北平版烈士像邮票》中的两枚

图 2-16 邮票上的法律人陈叔通。1994 年 2 月 25 日原邮电部发行的《爱国民主人士(二)》纪念邮票(199-2)第 2 枚

宋教仁也曾于 1905 年（明治三十八年）6 月在法政大学速成科学习。其在日记中对此有所记载：

> （明治三十八年六月）十一日，雨。辰正（午前八时），至公使馆，晤参赞马廷亮，请其为余咨送入法政大学。马允之，并言明日即可上学云。

> 十二日，雨。巳初（午前九时），至申锦章寓，邀锦章偕至法政大学报名。至其会计室，彼言公使馆信已到。余遂写履历书，交与五月份学费八元，购听讲券。

> 十四日，雨。辰初（午前七时），至法政大学上课。既至，则是日因事停课，遂回。

> 十五日，晴。辰正（午前七时），至法政大学上课。是日所讲为经济学，教师山崎觉次郎也。午初（十一点）毕，回。

> 十六日，雨。辰正（午前七时），至法政大学，因停课而回。

> 十九日，雨。辰初（午前七时），至法政大学上课。是日讲民法，讲师□□□也。

图 2-17　邮票上的法律人宋教仁。1991 年 10 月 10 日原邮电部发行的《辛亥革命时期著名人物》纪念邮票（J182）第 3 枚

> 二十日,雨。辰正(午前八时),至法政大学。自是每日上
> 课,皆不记。[157]

1906 年 2 月 1 日起,宋教仁在早稻田大学清国学生部预科出现。[158]由此可知,宋教仁在法政大学的时间约是 1905 年 6 月至 1906 年 1 月间。从其记述的经济学、民法课程来看,其入读的该是第三班,适用一年二学期制。

1905 年 6 月与宋教仁等创办杂志的陈天华也曾入读法政大学速成科。1903 年 3 月,陈天华由湖南新化求实学堂资助赴日本留学,入东京弘文学院师范科。4 月,与黄兴组织了有 500 人参加的"拒俄义勇队"(后更名为"拒俄学生军"),5 月,又在此基础上成立了"军国民教育会"。是年冬,陈天华作为军国民教育会"运动员"回国。1904 年 2 月,与黄兴、宋教仁等在长沙成立"华兴会",对外称"华兴公司",策划在湖南武装起义,后因消息走漏,于 1904 年 3 月再度赴日。[159]1905 年 12 月 8 日蹈海前,陈天华正是法政速成科的学生。[160]

按平野义太郎的说法,法政大学速成科的学风似乎尚好:

> 法政大学的速成科,学期为一年半,各种讲义都由中国人传
> 译。教师和学生都非常用功,故有连暑假也不休息的学习风气。
> 读速成科的学生,都是在本国有学问基础的人,具有进士出身的
> 人也很多,其中甚至有状元出身的。[161]

然而,当时日本各种学校开办的速成科却是良莠不齐。实藤惠秀就提道:

> 当时,日本学校甚至出现激烈的竞争倾向,如甲校用一年教
> 授完毕,乙校减为八个月,而丙校更缩减成半年。尤有甚者,竟

有数月以至数日的速成科。如肥皂制造法等,通过传译的说明,数日便讲授完毕,并且颁发证书,纯粹是商人经商牟利的作风。[162]

日方如此热衷于接纳和吸引中国留学生,除了经济上(学费收入)的考虑,[163]还有更深层的用意。1898 年 5 月 14 日,日本驻华公使矢野文雄在给外务大臣西德二郎的"机密"信件中写道:

> 为表示超于友谊之实际友谊,提出我接受留学生教育之要求,据观察所得,势必为清政府所欢迎。此举不仅有助于此次要求之成功,而受我感化之人才播布于其古老帝国之中,实为将来在东亚大陆树立我之势力之良策……故而无论从何方考虑,望我政府适应时机接受清之留学生。[164]

1901 年日本《教育时论》第 599 号刊登的《就于清国教育调查会》一文也说:

> 今日之清国渴望教育,机运殆将发展,我国先事而制此权,是不可失之机也。我国教育家苟趁此时容喙于清国教育问题,握其实权,则我他日之在清国,为教育上之主动者,为知识上之母国,此种子一播,确立地步,则将来万种之权,皆由是起焉。[165]

1908 年 3 月,当中国学生赴日留学的热潮开始消退时,日人不乏感慨与反思。其间也道出了招收中国留学生的良苦用心。日本《中央公论》第二十三年第三号刊发的樋口龙峡《对清教育政策之今昔》一文即提道:

> 我日本招收清国留学生,始自小村伯在北京任公使之时,迨

来已有十三年矣。其最盛时，乃在明治三十八年，若含游历之人，殆以万数。即以真正留学生计之，亦有八千。于清国任教习之邦人，垂有千人。然仅阅三年，今日留学生数量殆不及当时一半。我教习被解雇者，亦接踵发生。相反，留美、德之学生独增。我国于清国教育之影响日减月退，是抑何由至此耶？虽固由几多纠纷、误解，以及障碍，然若寻其根本，实我外交及文教当局只知清国政府，而不知清国民众，对清教育之失策也。

　　小村氏于燕京担任公使时，彼与当时政府未必皆能领会，为促清国开发，扶植我国势力，教育其青年，并在清国普及我国语言，为一长远适当之策。对此虽或有疑，而招收学生之功实巨。[166]

日本杂志《实业之日本》1919 年 6 月发行特号，其中一篇题目即为《欢迎留学生为亲善之根本策》。[167] 1925 年，留学东京帝国大学的赵欣伯拼凑成博士论文《刑法过失论》。日人在审议时：

　　多念及王爱痴（赵的妻子）的不幸而死，极力主张对于赵的论文应当从政治意义方面去看，予以通过，授予赵以博士学位，理由是：出身日本各大学的中国留学生还从来没有获得过法学博士称号者，这次使赵欣伯享受日本法学博士的荣誉，一方面既可略酬赵夫妇多年来对于日本的各种贡献，又可以取得中国留日学生的好感，使他们积极亲日，以便归国后为日本作些更多的贡献，对于日本实现"大陆政策"也是有帮助的。[168]

从后来的情形看这个目的似乎是达到了。1926 年 10 月、1927年 1 月和 6 月，任张作霖法律顾问的赵欣伯赴日与日本政要磋商撤废日本在东北领事裁判权问题，得到日方待到东北"司法完善、法学昌明"后方可的空头许诺。1927年9月,张作霖命赵欣伯、莫德惠等在沈阳成立东北法学研究会。1928年皇姑屯事件后,赵欣伯自北京归奉天,任法学研究会会长,办《法学研究》刊物。[169]1931年沈阳沦陷后,赵欣伯协助日军成立奉天自治维持会,后任伪奉天市长、伪满立法院长,1937年任伪华北政务委员会法律顾问。[170]

　　历史上的亲日派往往具有留日经历。比如五四时期的交通总长曹汝霖早年毕业于东京法学院(后改称日本中央大学)法律政治科;[171]驻日公使章宗祥先入东京帝国大学法科,后获明治大学法学学士学位,[172]1942年任伪华北政务委员会咨询委员;[173]货币局总裁陆宗舆于光绪二十五年自费赴日留学,入早稻田大学高等师范部法制经济科(一说政经科),光绪二十八年(1902)归国,[174]抗战时期出任汪伪政权行政院顾问。[175]出任伪临时政府委员、议政委员会常务委员、司法委员会委员、伪华北政务委员会委员的董康早年亦曾留学日本攻读法律。[176]有学者指出:"在学缘关系上,华北汉奸群体最

图2-18 曹汝霖　　　图2-19 章宗祥　　　图2-20 陆宗舆

主要者是留日派学生。侵华日军在扶植傀儡过程中,注重那些曾经留学日本的,受过日本文化熏陶且对日本文化具有认同感的留日派学生。"[177] "华北伪政权的巨奸多系留日派。四位华北伪政权首领都有日籍学缘关系。"[178]

当然,考虑到当时留日的人员数量众多,沦为历史罪人的还只是少数。以法政大学速成科为例,其毕业生中固然有汪兆铭(精卫)之流——但更有陈叔通、戴天仇(季陶)、董必武、[179]胡汉民、居正、沈钧儒等时代精英。[180]

另一方面,一些公派留日学生的表现也着实有难以令人满意的地方。有资料举例说,四川省由于派遣失于选择,不少留日学生"类皆乡间腐儒,未曾稍受教育,形同无赖,不知法律,不重公德",他们到日本后:

图 2-21　胡汉民　　　　　图 2-22　居正(1913 年于日本)

头戴草帽,身穿中国短衫裤,脚着雨天所用之橡皮鞋,背曲如弓,面瘦如瓜者,十之七八,无分昼夜,徘徊于神田一带路上,且有手提小茶壶或水旱烟袋等物,三五成群,聚作一簇,口出大声,立在街心谈话或指手画脚,在店铺中买物……闻所卖之物以送下女之化妆品居多。[181]

由此看来,鲁迅在《藤野先生》文中描写的清国留学生的景状并非无端:

上野的樱花烂熳的时节,望去确也像绯红的轻云,但花下也缺不了成群结队的"清国留学生"的速成班,头顶上盘着大辫子,顶得学生制帽的顶上高高耸起,形成一座富士山。也有解散辫子,盘得平的,除下帽来,油光可鉴,宛如小姑娘的发髻一般,还要将脖子扭几扭。实在标致极了。[182]

(四)《取缔清国留学生规程》事件

1901 年 11 月,日本文部省公布《直辖学校外国人特别入学规定》;1905 年 11 月 2 日又公布《招收清国人入学之公私立学校相关规程》(第十九号文部省令,即留日学生所说的《取缔清国留学生规程》)。[183]该规程规定中国留学生不论入公立、私立学校均须找官厅作保,由清政府驻日公使出具证明;学生无论在校内寄宿或在外租用旅馆,须经日本文部大臣派专人负责监督;留学生在校言行要随时载入学籍簿内;凡因参与政治活动指令退学者不得复入学。同时还制定了"校外监督"方法,对中国留学生强行进行书信检查。此举引发了中国留学生的大规模抗议,东京八千余名留学生罢课,[184]后更有204 人于 12 月 14 日搭乘安菲号邮轮回国。[185]

在罢课和归国问题上留日学生产生了严重分歧，进而分裂成两派。日本报纸趁机冷嘲热讽，[186]令陈天华极为忧虑，决定效法战国时"鲁仲连义不帝秦"和屈原投江殉国行动，以唤醒和激励大家"坚忍奉公，力学爱国"。1905年12月8日，陈天华在东京大森海岸蹈海。[187]

（五）尾声

对速成科的弊端，清政府学部也有所察觉。光绪三十二年二月十九日（1906年3月13日），学部通电各省，发布《限制游学办法》，提出：

> 凡欲入高等专上学校及各专门学校者，须有中学毕业以上之程度，且通晓留学国之语言，方为及格……
>
> 拟习速成科者，不论法政或师范，必须国学与中文俱优，年在二十五岁以上，于学界政界有实际经验者，方为及格。[188]

1906年（光绪三十二年）4月，学部奏定每年8月举行留学毕业生考试。当年举行的留学生毕业考试中，"参加考试的100人之中，大多数是留日毕业生，但留日学生全部落第，及格的前五名全是留美毕业生"。[189]日本《太阳》杂志1906第12月号（12卷第6期）刊文称："今年中国之进士考试，留日学生成绩极劣，竟无一人及第。""此次中国政府举行留学生毕业考试结果，美国留学生之成绩良好，而留学我国者成绩大劣。"[190]《清末法政人的世界》则提到（1906年）："第二次留学毕业生考试，及第者32人……除15人是留日学生，有17人毕业于欧美各国。其中，法政科进士4人，全部为留美生。"[191]

一年前的第一次留学生考试分为两轮，先是1905年6月4日，由学务部主持的"学业考试"，考本科知识，如国际公法、法律诉讼、商业财政、机械学、化学等。7月4日光绪皇帝在故宫保和殿主持殿试，则回归了科举老路。参加考试的 14 人都是留日归国者。经过查验文凭,考试经论、史论各一策,金邦平(早稻田大学政科官派生)、唐宝锷(早稻田大学政法科官派生)、曹汝霖(东京法学院大学法政自费生)、钱承鋕(法科大学)、戢翼翚(早稻田大学政科)等 7 人获进士出身,陆宗舆(早稻田大学政科)、林棨(早稻田大学法科)等为举人出身,同时众人皆被授予官职。[192]金邦平、唐宝锷赏给翰林院检讨;曹汝霖、钱承鋕、戢翼翚按照所习科学以主事分部学习行走;陆宗舆内阁中书用,林棨以知县分省补用。[193]一年之间,情况骤变,反差明显。

表 2-8　归国留学毕业生考试情况表

	1905	1906	1907	1908	1909	1910	1911
参加人数	14	约 100	—	—	—	—	—
及第人数	进士 7 举人 7	32	37	107	255(241 验看)进士 12 举人 229	461(含补行验看 12)进士 60 举人 401	493 进士 57 举人 414
法政科及第者	法政科进士 5 法政科举人 2	法政科进士 4 法政科举人 10	法政科进士 4 法政科举人 8	法政科进士 6 法政科举人 60	法政科进士 1 法政科举人 158	法政科进士 11 法政科举人 274	法政科进士 19 法政科举人 288(含 1 名上届)
留学日本及第者	进士 7 举人 7	15	—	—	—	—	—
留日法政科及第者	法政科进士 5 法政科举人 2	法政科进士 0 法政科举人 7	法政科进士 1 法政科举人 7	—	—	法科进士 4	

本书作者整理。资料来源:程燎原:《清末法政人的世界》,法律出版社 2003 年版,第 133—141 页。

光绪三十二年六月十八日（1906 年 8 月 7 日），学部通电各省停止派遣赴日修习速成教育的学生：“习速成者最占多数，已足以应急需。嗣后此项速成学生，不论官费私费师范法政，应即一律停派。”[194]同年七月初七日（1906 年 8 月 26 日），学部上奏变通进士馆办法，建议派遣学员出洋留学。受此建议影响，很多新进士选择了出国游学。1906 年（明治三十九年）10 月 20 日出版的日本《法学志林》八卷十一号提到：

> 作为清国北京进士馆此次制度改革之结果，其学生（进士）将委诸我法政大学实施法政教育。曩昔日进士馆教头严谷博士与我法政大学交涉，清国学部更与正在清国之梅总理熟议，今回清国公使开始正式签发入学介绍书。进入补休科者三十七人，进入别项记载之第五班五十八人，合计九十五人，皆有学识地位之清国绅士也。[195]

随着国内法政学堂的增设和留学门槛的提高，到 1907 年，赴日学习法政者开始逐渐减少。[196]是年，学部派往日本的 18 名留学生中，有 8 名进士馆毕业生入读日本法政大学速成科第五班；另有 10 名翰林院修撰也入速成科合班学习。[197]方流芳教授介绍：

> 从 1904 年到 1909 年五年里，北京和各省先后建起了 25 所法政学堂，除法政学堂之外，在 6 所相当于综合大学的“大学堂”设有法律系科。据清政府学部总务司编的 3 次教育统计图表计，1909 年全国共有学堂（按指高等教育层次）127 所，学生 23735 人，其中，法政学堂 47 所，学生 12282 人，分别占学堂总数的 37% 和学生总数的 32%。[198]

大规模地赴日学习法政的一个直接后果是,相当一段时间里,中国的法律学校几乎为留日归国学生所把持。何勤华教授《中国法学史》第三卷列举的 1903 年至 1948 年 78 位从事法律教育的归国法科留学者中,31 位具有留日背景。[199] 从《清国留学生法政速成科纪事》来看,日本法政大学速成科卒业的留学生归国后,不乏任教于法政学堂或者创办私立法政学堂者。速成科第一班卒业生中,王家驹(字维白,江苏丹徒人,授法政科举人)民国九年任北京法政专门学校校长;[200] 罗杰(1866 年生,湖南长沙县人)曾任长沙立达师范学堂监督,1912 年创设群治法政专门学校,任校长,1924 年创设上海分校,1925 年与本校分离,开设上海群知大学,后任校长;[201] 刘蕃(1878 年生,字季衍,湖北安陆县人)曾任京师大学校法科法律系主任、国立北平大学法学院讲师;[202] 王尧(1881 年生,浙江奉化人)归国后于杭州设立浙江法政学堂,后任浙江第一中学校长、浙江教育会会长。[203]

速成科第二班卒业生中,古应芬(1873—1931,字襄勤,广东番禺人,留日时加入同盟会)归国后任广东法政学堂教习;[204] 金章(字浩亭,前清举人)归国后任教于法政学堂、警察学堂、自治研究所;[205] 孙松龄(河北人,举人出身)任天津自治局参议、山东调查局科长、法政学堂监督、京兆自治筹备所所长等职;[206] 邵章(1874 年生,字伯絅,浙江杭县人,前清进士,曾任翰林院编修)归国后曾任杭州府中学堂、浙江两级师范学堂、湖北法政学堂及东三省法政学堂监督,法律馆咨议官、奉天提学使、北京法政专门学校校长等职务;[207] 陈彰寿(字仲文)历任江苏法政宣讲所教员、宁波法政学堂教员、奉天提法使总务科员兼奉天法政学堂教员;[208] 程树德(1877 年生,字郁庭,福建闽侯人)曾任北平大学法学院讲师、国立清华大学政治学系讲师、国立北京大学法律系讲师;[209] 陶保晋(1875 年生,江苏宁县人)曾任金陵法政专门学校校长;[210]唐桂馨(字叔襄,贵州铜仁县人,进士出身)曾任河南法政学堂教员;[211]潘承锷(字砚生,江苏吴县人)归国后任苏州法政学堂教习,主讲刑法;[212]费廷璜(字玉如,江苏苏州人)曾任法政学堂教习;[213]叶夏生(1882年生,字竞生,广东番禺人)曾任广东公立法政专门学校校长;[214]陆炳章(字菊裳,江苏苏州人)曾任苏州法政学堂教习。[215]

速成科第三班卒业生中,孔庆馀(字得元,四川华阳人)曾任法政学堂教员;[216]黄毓兰(字子石,云南东川人)曾任四川法政学堂教员。[217]

速成科第四班卒业生中,蒋继伊(1881年生,广西全县人)曾任广西学堂监督;[218]张治祥(字辑五,四川彭县人)曾任共和大学校长。[219]

速成科第五班卒业生中,严东汉(1878年生,奉天昌图人)曾任东省特别区警官高等学校副教务长、东北海军江运处处长、交通部哈尔滨航政局局长;[220]江潘(字岳生,四川巴县人,秀才出身)曾任重庆法政学堂监督(宣统二年)、四川法政学校校长;[221]黄赞元(1880年生,字镜人,湖南长沙人)曾任四川湖南各省法政学堂教员;[222]饶炎(四川金堂人,字伯康)曾任广州国立中山大学法科主任;[223]陈培锟(1874年生,字龙珊,福建闽侯县人,前清进士)历任福建高等学堂监督、农林学堂监督、法政学堂教务长、学务公所议绅、国学专修学校校长(1932);[224]庄陔兰(字心如,山东莒县人,进士出身)曾任山东法政学校校长;[225]李盘(1877年生,字古民,河南光州人)曾任大学教授。[226]

又如,北京法政专门学校拥有700名政治学、经济学和法律学学生(其中学法律者300人)。1923年5月,该校校长讲,学校所用教材的 70% 是从日文翻译过来的,有 60% 的教员是留日学生。在北京的大理院图书室,日本的法律书籍沿墙摆满一排,而美国的法律书籍则置于一旁。[227] 1906 年 10 月、11 月,法政大学速成科第五期法律部与政治部合计招生 840 余名学生,是历史上招生最多的,当然也是最后一期。1907 年 1 月,日本法政大学还发布了速成科招生广告(学制一年半)。同年 3 至 4 月间,又发布了普通科"学生募集"广告。同年 7 月的招生广告中,有清国留学生普通科,但已无速成科。《法政大学百年史》载,明治四十一年(1908)四月五日,"关闭大学分校,将学生迁移至本校,停止法政速成科学生招生"。《法政大学三十年史》关于"专攻科"的记载则称:"……普通科、预科入学者,未达预期数量,而速成科已停止招生,因此不再需要分校校舍。自明治四十一年四月五日关闭分校,将学生迁入本校,并据清国公使请求,设置三年之专攻科。"4 月 26 日,速成科第五期 385 名学生卒业,尚有 459 名在籍。[228]

第四节　小　　结

晚清时期,除了自办法政教育,清政府还大规模向国外派遣留学生学习法律,"走出去"之风颇为兴盛。寻(循)欧访(仿)美者有之,旅(履)日者则更多。与马建忠留法时另聘私人教师全程辅导,"入乡随俗",比照当地学生的要求完成学业的做法不同,赴日留学却是速成与正科并举,且尤以速成为主。待及归国任教,各法政学堂严重效法日本模式,亦成自然。

于是,无论是自办还是留学日本,早期的法政教育似乎都难以绕过"速成"二字。这种迫促,与先前的耽搁有关,也受制于已然锁定了的新政（预备立宪）时间表以及人才缺乏的客观现实："查九年筹备清单内，宣统三年省城、商埠等处各级审判厅成立，六年府、厅、州、县城治各级审判厅成立，八年乡、镇初级审判厅成立，以一省计之，所需审判官、检察员、辩护士等不下数千余人。"[229]然而，狂飙突进式的法政培养模式究竟能造就多少人才，却颇值疑问："方今各处所设养成所、研究所，讲求法政者大都于最短少之时间，授以最简略之科目，一知半解，于学理未能深造，设竟穿凿附会，谬说流传，一旦见诸施行，为害伊于胡底。"[230]这一点，连日人都看得清楚："盖数年以来，清国留学生来此者以千数，此间诸学校争割席待之。然法度未备无以副其意，其卑近者概期速成，轻俊子弟一知半解，小成自安；其高尚者多费岁月，不是急应。"[231]

第三章　北洋大学法科与民国时期的"院系调整"

很长时间里,北大于文史见长,清华则以工科卓群。人们习惯将这归因于 1952 年的高校院系调整。实际上,早在民国时期,北大就曾经历了一次基于行政命令的"院系调整",其工科被调给了北洋大学。后者的法科则划归了北大,从而成为了一所单纯的工学院。

第一节　北洋大学历史回顾

中日甲午战争后,天津海关道盛宣怀通过直隶总督王文绍,奏请设立新式学堂。光绪二十一年八月十四日(1895 年 10 月 2 日),天津中西学堂(亦称北洋西学堂)获准成立。[1]校址初设在海河西岸德租界博文书院旧址。该书院因经费问题未能开办,校舍抵押给了银行。盛宣怀多方筹资将其赎出,用以办学。盛宣怀还亲自出任首任督办,并聘请美国驻津副领事丁家立(Charles Daniel Tenney)为总教习(即教务长,1895—1906 年在任)。[2]光绪二十二年(1896),中西学堂更名为北洋大学堂。[3]依据规划,学堂常年经费需银五万五千两,由津海关道掌控的电报、招商各局筹款支用。学堂仿照美国模式办学,设立头等学堂(大学本科)、二等学堂(预科),学制各为 4 年,同时还资送头等学堂毕业生出国留学。创办之时,头等学堂设专门学(即科系)4门:工程学、矿务学、机器学、律例学。[4]第一批学生于1899年毕业。

光绪二十六年(1900)八国联军入侵,北洋大学堂校址被占,部分校舍被毁,无奈停办。丁家立赴柏林与德国政府据理力争,获得五万两赔偿金,得以在天津西沽北运河畔的清军武器库旧址(今红桥区光荣道河北工业大学校区)重建主楼(因大门上镶嵌有团龙图案,有龙牌大学之称,该楼1929年毁于火灾)。光绪二十九年(1903)四月,北洋大学堂在西沽正式复课,分设法律、土木工程、采矿冶金3个学门。后应外交需要附设法文班、俄文班。光绪三十三年(1907)开办师范科。《学部官报》1907年所列教员表中,法科教员仅有美国律师林文德(Edgar Pierce Allen)[5]和中国人刘国珍两人。学生32名。课程包括:国文国史、英文(兼习法文或德文)、西史、生理、天文、大清律要义、近代外交史、宪法史、宪法、法律总义、法律原理学、罗马法律史、合同律例、刑法、交涉法、罗马法、商法、损害赔偿法、田产法、成案比较、船法、诉讼法则、约章及交涉法参考、理财学、兵学、兵操等。1905年至1911年,法科法律学门仅有9名毕业生。法科毕业学生人数少与学生在学期间即被派赴国外留学有关。[6]1906年法律正科第三班全部34人未及毕业即被公派美国、法国留学;1907年夏,未毕业的11名法科学生被派往美国留学。[7]

另有资料说,北洋大学法律学门在其存续的四分之一世纪里共培养了6届学生,毕业生95名,甲班(宣统三年夏毕业)9人,乙班(1913年毕业)22人,丙班(1915年毕业)12人,丁班(1917年毕业)15人,戊班(1918年毕业)15人,己班(1920年毕业)22人。另有肄业生16名。[8]很明显,其未包括庚子之役前的毕业生(即王宠惠那一届),而只统计了1903年复校后到1920年间的毕业生。

　　《北洋大学—天津大学校史》记录了法科这6届学生入学时的名单。其中,除了甲班、丙班与毕业人数相同外,其余各班人数均有出入。乙班22人,丁班21人(含罗椿林),戊班38人(亦含罗椿林),己班30人。

甲班 1907 年秋季入学生(4 年制)

李成章	胡振禔	何炳麟	苏企田	王恭宽	张务滋	张寿祺
吴大业	钱　俊					

乙班 1910 年春季入学生(4 年制)

李　浦	贾文范	张星泉	孙德贞	张　瑛	王征善	辛正儒
燕世英	王肇春	李廉泉	刘书城	陈永年	薛允中	王瑛珏
卢之垣	张籍桂	刘九经	王纯儒	杨文柄	韩树言	胡鸣皋
张孟麟						

丙班 1912 年春季入学生(4 年制)

金问泗	郭云观	王家梁	燕树棠	龚维城	裘汾龄	林溁庆
黄　琬	刘会德	张崇恩	李　范	裴德麟		

丁班 1914 年春季入学生(4 年制)

杨奎明	徐　谟	孙　毅	李祖训	施肇爕	陈宗晶	康时敏
张席传	桂步骥	苏　基	励　平	李兆侯	朱　愫	吴若星
罗锡洪	张席庆	罗公浩	罗椿林	孙　拯	李中行	李健庵

戊班 1915 年春季入学生(4 年制)

郭定保	郑　攽	鲍志惠	陶公衡	郭洪忠	周宪章	王鸿蕭
张作哲	罗椿林	崔诵芬	杨昌炽	于德矩	张　嵘	张得山
陶一民	李逸群	张　涛	王文斗	刘春官	刘冠卿	张风肃
杨景汶	王　桐	孙毓枬	李延雺	吴　瑢	赵铭鼎	郑代礼

张庭济　赵以文　包寿昌　孙克钜　吴德源　冯宝和　顾　愚
李国璋　王箴三　鲁绍曾[9]

己班 1916 年秋季入学生(4 年制)

张正学　张鉴暄　吴南如　谢　澜　王家驹　郝耀东　刘松年
孙瑞芹　刘簠诒　史振声　马经权　杨集瀛　张曾让　戴鉴哲
解茂成　郭金章　杨信容　齐书堂　林之翰　王同和　王品韩
姒艮成　娄光汉　王攸同　高春台　鲍启元　刘玉璘　张崇仁
王文哲　刘宝智[10]

宣统二年五月初七日(1910 年 6 月 13 日)《学部奏议复直隶奏北洋大学堂预科学生补习期满仍请照章给奖折》提到：

> 查该大学预科毕业学生共一百零二人，除候景飞等十六名奖给举人外，余均令回堂补习，所有胡振禔等三十八名，臣部前因其未入预科补习，是以将奖案议驳。兹据该督[直隶总督陈夔龙]声明该生等虽未在预科补习，而或将分科年限延长一年，或在师范科加习一年，是此项学生与补习原案虽未尽合，而期限既属相符，程度尚无不足，既据该督一再陈请，拟即援照本年二月议准该省大学堂师范班学生齐国梁等毕业成案，比照中学堂给奖。所有复经考试之胡振禔、詹荣锡、吴敏向、赵玉田、卢芳年、安尚敬、戴涛、冯熙敏、王钧豪、黑树铭、钮翔青、周镐川、王瓒、张寿祺、张振海、刘永嘉、徐岳生、赵瑛、陈延楷、邝英杰、钱敬、张世禄、苏企由、冯誉臻、孙亦谦、黄保传、汤定国、王恭宽、郭凤州、水崇庞、萧家麟、程良模、陈奎章、王正辅、王国镇、吕金藻、吴大业、梁朝玉等三十八名，其平均分数皆在八十分以上，拟均奖给拔贡生。该生等前已升入分科大学，将来大学毕业考验合格者，应仍

准其照大学堂奖章给予进士,以资鼓励。[11]

有资料说,复校后至"五四"运动前,北洋大学的教师基本以外籍教授为主,除少数学成归国取得"洋翰林"身份者外,中国教员大多仅为助教。教师中教授法律者不乏其人。校史记载,美国人爱温斯(Richard T. Evans)于1908—1920年在北洋教授法律;美国人陶木森(Yeo.J.Thompson)于1914年11月—1917年7月在北洋讲授英国法;奥地利人孔爱格(E.Kun)于1917年起在北洋教授商法。[12]中国教师中,冯熙运于1914—1920年讲授法律经济;李成章于1914—1921年讲授民法和法律经济;孙大鹏于1915年4月—1923年2月讲授法制史和国文;李浦和匡一分别于1914年1月—1917年8月和1917年9月—1920年9月讲授商法;刘国珍从1905年开始讲授中国律例。[13]与之稍有出入的是,1915年4月出版的《北洋大学校周年概况报告》提到:

> 法律兼理财学教员赵天麟升任校长,聘冯熙运担任英吉利法教员,柯雷因期满回国,自十一月聘陶木森担任民法教员……本年……图书馆中西书籍增至一万余种,中西报章增至一百数十种,法律研究室各项书报亦增至三千六百七十余种。
>
> 民国三年一月,新升并添招法律丁班学生二十九名……招考预科第一部学生五十名、第二部学生五十名……[14]

课程方面,1914年法科法律学门丙班开设有国际公法、罗马法、英吉利法、法制史、比较法制史、国际私法、民事诉讼法和民法等课程。丁班开设有英吉利法、比较法制史、刑法、经济学、法制史、民事诉讼法、刑事诉讼法和民法等课程。详见下表。此外,预科第一部三年班也开设有法学通论,上下学期每周各2个点钟。

表 3-1　1914 年北洋大学法科法律学门丙班、丁班课程表

	丙班	国际公法	罗马法	英吉利法	法制史	比较法制史	国际私法	民事诉讼法	民法
每周钟点	上学期	6	6	10	3	2	无	无	无
	下学期	4	2	2	无	2	4	4	8
	丁班	刑法	经济学	英吉利法	法制史	比较法制史	刑事诉讼法	民事诉讼法	民法
	上学期	4	5	12	无	无	无	无	无
	下学期	3	4	4	3	3	2	2	6

　　资料来源:潘懋元、刘海峰编:《中国近代教育史资料汇编·高等教育》,上海教育出版社 2007 年版,第 419、420 页。

　　北洋大学堂成立之初,沿袭美国学制。光绪末年直到 1917 年,模仿日本帝国大学制度,本科(主要是工科)改为三年制,但法科仍为四年制。民国之后,保定直隶高等学堂并为北洋大学预科(三年制),[15]分为第一部及第二部。预科第一部毕业者升入法科;第二部毕业者升入工科各学门。[16]这种安排与当时的法律规定有关。

　　1912 年 10 月 24 日制定、26 日施行的《大学令》第八条规定:"大学各科之修业年限三年或四年,预科三年,大学院不设年限。"[17] 1913 年 1 月 17 日颁布的《大学规程令》规定,"法科分为法律学、政治学、经济学三门"(第二条)。"大学之修业年限,文科、理科、商科、农科、工科及医科之药学门为三年;法科及医科之医学门为四年"(第三条)。[18]法律学门的科目包括:宪法、行政法、刑法、民法、商法、破产法、刑事诉讼法、民事诉讼法、国际公法、国际私法、罗马法、法制史、法理学、经济学、英吉利法、德意志法、法兰西法(这三门选择一种)、国法学(选修)、财政学(选修)。政治学门的科目中包括了宪法、行政法、刑法总论、民法、商法、法理学、国际公法(各论)、国际私

法等法律课程。经济学门科目中的法律课程有：宪法、民法、商法、经济行政法、刑法总论、国际公法和国际私法（第九条）。[19]

1917 年 9 月 27 日教育部公布《修正大学令》（28 日登于政府公报，即日施行）。其第八条规定："大学本科之修业年限四年，预科二年。"[20]据此，北洋本科亦均增至四年，预科缩为二年。[21]

据《中华民国第四次教育统计图表》，1915 年 8 月至 1916 年 7 月间，北洋大学有预科在校生 175 人，当年毕业 48 人、辍学 55 人、死亡 1 人；法科在校本科生共 71 人，当年毕业 12 人、辍学 23 人、死亡 1 人。同期，北京大学有预科生 718 人，当年毕业 189 人、辍学 19 人、死亡 2 人；法科在校本科生共 298 人，当年毕业人数不详、辍学 4 人、死亡 3 人；法科教员 30 人。[22]

图 3-1　北洋大学堂图书馆藏书票

第二节　蔡元培与北洋大学法科的失去

北洋大学失去法科与蔡元培关系密切。[23]虽然蔡先生身后有"兼容并包"的美名，然而其学科偏见始终顽固，且以"一朝权在手便把令来行"的态度而使其影响更加卓然。沈尹默在1966年初回忆说，蔡元培先生"他一向反对学政治法律，因此主张不办法科（未获通过）；他不重视工科，似乎是受了'形而上者谓之道，形而下者谓之器'的影响"。[24]这并非虚言。蔡先生在《就任北京大学校长之演说》中明确表示："外人每指摘本校之腐败，以求学于此者，皆有做官发财思想，故毕业预科者，多入法科，入文科者甚少，入理科者尤少，盖以法科为干禄之终南捷径也。"[25]足以为证。

1912年10月24日教育部颁布的《大学令》（部令第17号）曾对大学的分科及分科与"大学"命名的关系作出了具体规定。

图3-2　蔡元培及任命状

第二条：大学分为文科、理科、法科、商科、医科、农科、工科。

第三条：大学以文、理二科为主，须合于左列各款之一，方得名为大学：一、文、理二科并设者；二、文科兼法、商二科者；三、理科兼医、农、工三科或二科、一科者。

第八条：大学各科修业年限三年或四年，预科三年，大学院不设年限。[26]

蔡元培显然对这种安排持有不同看法。出任北京大学校长不久，[27]他就在1917年1月27日的国立高等学校校务讨论会上提出大学改制的议案：

> 窃查欧洲各国高等教育之编制，以德意志为最善。其法科、医科，既设于大学，故高等学校中无之。理工科、商科、农科，既有高等专门学校，则不复为大学之一科……我国高等教育之制，规仿日本，既设法、医、农、工、商各科于大学，而又别设此诸科之高等专门学校，虽程度稍别浅深，而科目无多差别。同时并立，义近骈赘。且两种学校之毕业生，服务社会，恒有互相龃龉之点。殷鉴不远。即在日本特我国此制行之未久，其弊尚未著耳。及今改图尚无何等困难，爰参合现行之大学及高等专门学校制而改编大学制如左：
>
> 一、大学专设文理二科。其法、医、农、工、商，五科，别为独立之大学。其名为法科大学、医科大学等。
>
> ……
>
> 二、大学均分为三级：（一）预科一年，（二）本科三年，（三）研究科二年，凡六年。[28]

蔡元培去日就德，按照德国模式改造中国大学的意图溢于纸端。

该议案获得北京高等师范学校、北京法政专门学校、北京医学专门学校、北京农业专门学校、北京工业专门学校等几所国立高等专门学校校长（陈宝泉、[29] 吴家驹、[30] 汤尔和、[31] 路孝植、[32] 洪镕[33]）的一致赞同，于同月 30 日由各校长呈送教育部请求核准。1917 年 2 月 23 日教育部开会，北洋大学校长及上述校长均列会。因在大学预科年限以及不必设研究科等问题上存在分歧，遂交付校务讨论会复议，并于 2 月 25 日议决：大学均分为二级，预科二年，本科四年。3 月 5 日教育部又召开一次会议，各方均无异议。是年 3 月 14 日，教育部遂发布指令："改编大学制年限办法，经本部迭次开会讨论，应定为预科二年，本科四年。"[34] 而《蔡元培年谱长编》1917 年 6 月 28 日条则称：

> 教育部以蔡先生提议为基础，改定大学学制，本日发出布告，云："案据北京大学等校校长呈请改定大学专门学制，并拟具办法请予鉴核等情到部……经本部迭次开会讨论，先行改定大学修业年限，为预科二年，本科四年。除指令北京大学遵照并俟大学规程修改完竣再行公布外，其各大学……欲照改定年限办理者，应将各科详细课程斟酌妥订，呈部核定，再行遵办。"[35]

二者似有出入，但事情起于蔡元培的动议则没有异议。之后，北京大学评议会[36] 据以作出决议，其中提道：

> 北京大学各科以法科为较完备，学生人数亦最多，具有独立的法科大学之资格。唯现在尚为新旧章并行之时，独立之预算案，尚未有机会可以提出，故暂从缓议，唯于暑假后先移设于预科校舍，以为独立之试验……
>
> 北京大学之工科，仅设土木工门及采矿冶金门。北洋大学亦国立大学也，设在天津，去北京甚近，其工科所设之门，与北京

大学同,且皆用英语教授,设备仪器,延聘教员,彼此重复,而受教之学生,合两校之工科计之,不及千人,纳之一校,犹病其寡,徒縻国家之款,以为增设他门之障碍而已。故与教育部及北洋大学商议,以本校预科生毕业生之愿入工科者,送入北洋大学,而本校则俟已有之工科两班毕业后,即停办工科。其北洋大学之法科,亦以毕业之预科生送入本校法科,俟其原有之法科生毕业后,即停办法科,而以其费供扩张工科之用。[37]

1917年9月27日教育部公布《修正大学令》(部令第64号),其中第三条简化为:"设二科以上者,得称为大学。其但设一科者,称为某科大学。"第八条规定:"大学本科之修业年限四年,预科二年。"第十六条规定:"大学预科须附设于大学,不得独立。"[38]

改定学制的动议提出后,《太平洋》杂志第6期曾刊载有大学改制纪事。1917年11月17日,身在苏格兰的周春岳致函该杂志记者,就所载内容进行商榷:

> 记者足下:贵杂志第六期附录载有大学改制纪事。摘其定案,略如下之两层。
>
> 一、大学年限定为预科二年,本科四年。
>
> 二、通常大学,专设文理二科,此外如法医农工商各科,则别为独立之大学。其名为法科大学、医科大学等。[39]

显然,周春岳还不知道《大学令》已经在9月修订的事。因此,1918年4月,蔡元培在回应时指出:

> 周君所引定案二条,为校务讨论会所提出者。其后经教育部改定,而于六年九月二十七日,颁修正之大学令,则第一条虽

如旧（今之第八条），而第二条则更定为左之第二条、第三条。

　　第二条　　大学分为文科、理科、法科、商科、医科、农科、工科。

　　第三条　　设二科以上者，得称为大学；其但设一科者，称为某科大学。[40]

　　只是蔡先生仅仅指出了法律已经变更的事实，却没有讲出反驳周文主张的道理。周文中还指出了综合性大学的优势，以及文理二科与其他各科存在密切关系："一综合体之中，各科同授，便利殊多。""盖学理致用两者之偏重偏轻，文理二科与其他科之间，亦仅有程度之差，而无种类之别，集于同一大学，绝无滞碍。"[41]可惜这些观点未被听取。

　　多年以后，在回顾起这段历史时，蔡元培写道：

　　　　我没有本校与他校的界限，常为之通盘打算，求其合理化。是时北大设文、理、工、法、商五科，而北洋大学亦有工、法两科；北京又有一工业专门学校，都是国立的。我以为无此重复的必要，主张以北大的工科并入北洋，而北洋之法科，刻期停办。得北洋大学校长同意及教育部核准，把土木工与矿冶工并到北洋去了。把工科省下来的经费，用在理科上。我本来想把法科与法专并成一科，专授法律，但没有成功。我觉得那时候的商科，毫无设备，仅有一种普通商业学教课，于是并入法科，使已有的学生毕业后停止。

　　　　我那时候有一个理想，以为文、理两科，是农、工、医、药、法、商等应用科学的基础，而这些应用科学的研究时期，仍然要归到文、理两科来。所以文、理两科，必须设各种的研究所；而此两科的教员与毕业生必有若干人是终身在研究所工作,兼任教员,而不愿往别种机关去的。所以完全的大学,当然各科并设,有互相关联的便利。若无此能力,则不妨有一大学专办文、理两科,名为本科,而其他应用各科,可办专科的高等学校,如德法等国的成例。以表示学与术的区别。因为北大的校舍与经费,决没有兼办各种应用科学的可能。所以想把法律分出去,而编为本科大学;然没有达到目的。[42]

身为一所国立大学的校长,却标榜"没有本校与他校的界限",总要站在教育总长的立场思考顶层设计,这本身就是问题,至少是角色认知和转换有误。而目的未达的原因很多。提议者固然有良好的愿望,但未必与实际操作者的意愿和利益,以及身处其中的师生的利益与情感是一回事。按蔡元培最初的设想,北大法科也是要推出去的,只是由于北大内部的反对声音较大(至少比工科大),故得以保留下来。1917 年 4 月 22 日天津《大公报》报道蔡元培对北大"预科组织之大改革"时即提道:

> 蔡君为实行联络预科、本科关系起见,决定本年暑假后,废止现设预科,另于文、理、法三科分别附设预科,二年毕业,本科则四年毕业,使三科学长各掌所属预科,而校长则总本科、预科之成,以期事权统一。至法科本拟裁去,因多人反对,故仍存留,将来即以现在之预科地方作法科分科大学云。[43]

受此影响,两名才进入北洋大学法科特别班(预科)仅半年的年轻人的人生轨迹也随之发生了改变。1916 年冬,徐志摩和吴经熊参加并通过了在上海举行的北洋大学入学考试。1917 年 2 月,二人进入北洋学习,预备半年后升入本科。但只过了一学期,徐志摩即随北

洋法科预科并入北大法科政治学门。吴经熊则返回上海，入东吴大
学法学院学习。

被分出去的北大工科学生并不愉快。1920 年 5 月 1 日《北京大
学日刊》刊登了一封工科全体学生致蔡元培的信。信中称：

> 顷奉本校四月九日布告，转示教育部第一七六号训令，嘱生
> 等仍回北洋大学等语……惟内中情形复杂，与生等离校初衷殊
> 多不合，实难再回该校，今缕陈节目，幸我校长一垂鉴焉。
>
> （一）天津人把持也……（二）美教员之专横也……（三）校务
> 之废弛也……（四）职员之腐败也……（五）教材之庸劣也……
> （六）课本之不良也……（七）设备之不全也……
>
> 该校虽回复上课，绝无改良之望。生等遭闵荒时，身受其
> 毒。刻下既来本校，方庆求学得所，微论该校已将生等一律除
> 名。即使能准复回，生等亦决不能再返该校，启下乔迁谷之诮，
> 贻一误再误之讥。所有不能复回该校之缘由，谨为详陈，伏乞
> 鉴察。[44]

由此可知，北大工科的学生已赴北洋大学学习有日，[45]在出现
许多矛盾，闹得沸反盈天之后，于 1920 年 4 月前返回北大。教育部
曾就此颁布第 176 号训令。北大亦于 4 月 9 日发布告示，转述教育部
训令，要求上述学生返回北洋大学。学生不肯就范，乃有写信给蔡校
长寻求帮助之举，惟其无异于与虎谋皮矣。有趣的是，一年前的 1919
年，五四学生运动风起，蔡元培先生离京之际曾将校务暂时交给了原
工科学长温宗禹署理。[46]

1920 年 5 月 6 日，教育部发布第 237 号训令，北洋大学法科于是
年暑假即行终结，专办工科，所有法科经费，全部移拨用来扩充工科。

其法科本科学生维持到 1920 年夏毕业,之后不再招生。[47]后来,由于不能满足 1929 年 7 月 26 日国民政府《大学组织法》要求的 3 个学院的建制,[48]北洋大学失去了成为综合大学的可能,只得屈居于独立学院之列。[49]

第三节　北洋大学法科学生举例

直到 1919 年,北洋大学还是中国仅有的 3 所国立大学之一(另外两所是北京大学和山西大学)。[50]北洋大学法科在其存续的 20 多年间培养了很多优秀人才,其中的佼佼者有:曾长期在国民政府中担任外交、司法等部门要职,并担任海牙国际法官 6 年的王宠惠;曾先后出任北京大学、武汉大学、清华大学、西南联合大学法律学系主任的燕树棠;在广州起义中牺牲的中共早期领导人张太雷等。此外,如前所述,吴经熊、徐志摩亦是北洋大学的预科生。

图 3-3　左图,王宠惠。右图,王宠惠 1921 年在华盛顿会议期间;由左至右分别为王宠惠、黄蕙兰女士(顾妻)、顾维钧

1.王宠惠

王宠惠(1881.10.10—1958.3.15),字亮畴,祖籍广东东莞县,1881年出生于香港,1895年入天津北洋大学攻读法律,1900年以头名成绩毕业,为北洋大学第一届毕业生。那一届还被认为是中国自行培养的第一批法科毕业生。其毕业文凭显示,王宠惠在学期间共学习了20门课程,其中专业课12门:英文、几何学、八线学、化学、格致学、身理学、天文学、富国策、通商约章、律法总论、罗马律例、英国合同律、英国罪犯律、万国公法、商务律例、民间词讼律、英国宪章、田产易主律例、船政律例、听讼法则。不过文凭上还注有"查该生前在香港肄业四年于光绪二十一年招取入头等学堂第四班"字样,不知其中是否包括其在香港所学课程。[51]

从北洋大学毕业后,王宠惠被聘为南洋公学[52]英文及地理教

图3-4　北洋大学堂首届毕业生王宠惠的考凭(光绪二十六年正月发)

席,1901 年赴日担任《国民报》编辑,同时继续研究法律,1902 年获南洋大臣资助赴美留学,先入加利福尼亚州立大学,后转入耶鲁大学,1903 年获耶鲁大学法学硕士(LL.M.)学位,1905 年 6 月 28 日获耶鲁大学法学博士(Doctor of Civil Law,D.C.L)学位。其博士论文题目为《住所:一个比较法的研究》(*Domicile*:*A Study in Comparative Law*)。[53] 1906 年赴欧洲,在英国研究国际法学,取得英国律师资格;在德国,当选为柏林比较法学会会员。1907 年其翻译的《德国民法典》英译本在伦敦出版,成为英美大学的通行译本。[54] 此外,他还著有《比较民法概要》等多种法学作品。

2.严锦镕

严锦镕比王宠惠早 14 天于 1905 年 6 月 14 日获得哥伦比亚大学哲学博士(Ph.D.,宪法学专业),论文题目为《第十四修正案下的公民和个人权利》(*Rights of Citizens and Persons under the Fourteenth Amendment*)。[55]

严锦镕(Yen Chin-Yung),广东东莞人,17 岁入北洋大学,1901 年毕业,同年夏与王宠惠、张煜全、陈锦涛、[56] 胡栋朝等作为第一批北洋官费生赴美留学,入哥伦比亚大学政治学院,后又公费赴德国留学,回国后入沈家本主持的修订法律馆。[57]

3.燕树棠

燕树棠(1891—1984.2.20),字召亭,生于河北正定。1912 年春入读北洋大学法科,1916 年毕业,后考取清华公费留学资格,先入哈佛大学,后于 1918 年获哥伦比亚大学法学硕士学位(LL.M.),硕士论文为《治外法权制度在中国》(*The System of Extraterritoriality in China*),1920 年获得耶鲁大学法学博士学位(Doctor of Law,简称为 Jur.D.,研究民法与国际法,没有博士论文),[58] 1921 年回国,在北京

图 3-5　陈锦涛
(1870—1939.6)

大学法律系任教。[59]

当时投考北洋大学法律学门,须应考国文(经义或史论一篇)、英语、西史、理财学和普通学。那一届法律学门共录取 13 人,除了燕树棠,还包括富振、郭云卫、龚维城、徐鼎、何源、郑孝允、王家梁、张观瀑、魏世麟、张崇恩、李范、王金麟。[60]此说与校史记载不符,存疑。

4.张太雷

张太雷(1898.6.17—1927.12.12),江苏武进人。1915 年秋,考入北京大学预科,但他认为北洋大学具有崭新的教学内容,遂于同年 12 月考上北洋大学法科临时预备班,[61]1916 年 1 月入学,9 月升入北洋大学本科法学门己班。在学期间,张太雷使用的名字是张曾让。1918 年,北洋大学法科教授福克斯在天津创办英文报纸《华北明星报》,面向租界外国人发行。福克斯看中张太雷出色的英文功底,张太雷也正需要勤工俭学贴补家用,遂兼职该报英文编辑。1918 年夏,俄共(布)党员鲍利维来到天津,找到兼职编辑张太雷,聘其为英文翻

图 3-6　邮票上的法律人张太雷。2011 年 2 月 21 日国家邮政局发行的《中国共产党早期领导人(三)》纪念邮票(2011-3)第 2 枚

图 3-7　张太雷(张曾让)北洋大学毕业证书

译。张太雷于 1920 年 6 月毕业,是北洋大学法科最后一届毕业生。与其同时入学的 26 名补习学员中有 10 名被淘汰。[62]

5.吴经熊

吴经熊(John C.H.Wu,1899.3.28—1986.2.6),字德生,生于浙江宁波鄞县。在上海沪江大学(Shanghai Baptist College and Theological Seminary)读过科学。吴经熊曾回忆了离沪北上,求学津门法科的经过:

　　在经过了一次化学试验事故后,正当我考虑人生前程时,我的一个同学，徐志摩，跑来告诉我他决定去天津北洋大学学法律。他问我想不想跟他一起去。我一听到"法律"，心就跳了起来。在我看来，法律是社会的科学，正如科学是自然的法律。"好主意！"我说。因此，我们决定参加在上海举行的入学考试，两个人通过。其时为1916年冬天。[63]

1917年2月起，吴经熊在北洋大学预科学习了一学期。之后，因北洋法科将被并入北大，且其不喜北京，遂于1917年9月12日到东吴大学法学院（Comparative Law School）注册。[64]当时的院长是来自美国田纳西州的兰金（Charles W.Rankin）。他也是学院仅有的常任教授，但上海有名的律师甚至美国在华法院（the United States Circuit Court for China）法官罗炳吉（Charles Sumner Lobingier）[65]都在学院兼职授课，因此课程安排在晚上5：00-8：00。除了法律课程，还有宗教课，由兰金主讲。[66]1920年6月1日，吴经熊以连续六学期第一名的成绩毕业，是东吴法科的第三届毕业生。他于1920年秋乘"美国南京号"（S.S.Nanking）赴美，1920年10月5日在密歇根大学法学院注册，1921年6月30日以全优成绩毕业，获得法律博士（J.D.）学位。

图 3-8　兰金

图 3-9 罗炳吉

图 3-10　东吴大学法学院铜制徽章（背面编号 1151）

继而靠国际和平卡内基基金（Carnegie Endowment for International Peace）的奖学金赴欧洲，先后在巴黎大学、柏林大学访问学习。[67]吴经熊于 1924 年 5 月赴加拿大，6 月 5 日从温哥华回国，后迁居上海，在东吴法学院任教。1924 年 12 月 25 日，他在给美国霍姆斯大法官的信中提到："我已教了一个学期的法律了。我教的是财产法（用沃伦［Warren］的案例作为课本）、罗马法（梭伦的书［Sohm's Institutes］）、国际法（用伊文［Evan］的个例），以及司法学（用萨尔蒙［Salmon］）。"[68]

6.徐志摩

徐志摩（1896.1.15—1931.11.19），原名章垿，字槱森，生于浙江海宁县硖石。祖辈世代经商。其父是当时有维新思想的成功商人。徐章垿为长孙独子，4 岁入家塾开蒙，1907 年入硖石开智学堂，1909 年毕业。1910 年进入杭州府学中学（1913 年改称杭州第一中学），1915 年夏以第一名毕业，随后考入北京大学预科学英语，住在北京东城锡拉胡同蒋百里家。1916 年春插班进入上海沪江大学（Shanghai

Baptist College and Theological Seminary）。该校 1918 年 12 月 4 日出具的成绩单称："This is certify that Mr.Hsu Chang-hsu was a student in the college for two years,1915 & 1916,and that he completed here the following courses of study…"[69]

1916 年秋,徐志摩离沪北上,转入国立北洋大学法科预科。在北洋读预科的那个学期,徐志摩学习了 5 门课程,取得了较高分数：英国文学（English Literature）88 分,中国文学（Chinese Literature）90 分,世界历史（World History）98 分,法学纲要（Elements of Law）90 分,名学（逻辑）与心理学（Logic and Psychology）86 分。[70]

1917 年秋,徐志摩以旁听生身份随北洋大学法科并入北京大学法科政治学门。[71]未满一年,即于 1918 年 7 月,离京南下。徐志摩在北京大学法科（the Law School,Governance University）的成绩单称："Chang-Chu Hsu…in Political Science in the Law School, Governance University, Peking, as a listener during the academic year 1917—1918"。[72]8 月 14 日从上海乘南京轮启程赴美。9 月 4 日,在经过横滨、檀香山,航行 21 天后到达旧金山。之后横跨北美大陆,经芝加哥到达马萨诸塞乌斯特（Worcester, Massachusetts）,进克拉克大学（Clerk University）历史系学习,选读社会学、经济学、历史学等课程。1919 年毕业,获一等荣誉奖。[73]同届的中国留学生中还有董晴、李济、[74]张道宏。徐志摩在克拉克大学的成绩单称："This is certify that Chang-hsu Hsu was a student at Clark Univrsity from September 18,1918 to September 1919 and has the following record in the College.Present Status Bachelor of Arts,September 1919"。"Entrance credits"一栏载："granted for completion of a pre-legal course to the Peking Governance Law School and 1 year in the Law School of the Governance University."[75]

1919 年 7 月 5 日至 8 月 15 日,徐志摩参加了康奈尔大学的暑期课程,学习经济学和英语。[76] 9 月入哥伦比亚大学经济学系攻读硕士学位。1920 年 9 月,以题为《中国妇女的地位》的论文年获得文学硕士学位。论文署名"Chang Hsu Hamilton Hsu",译成中文为"章埖·汉密尔顿·徐"。因崇拜英国哲学家罗素,徐志摩放弃在哥大攻读博士的机会,远赴英国,想去剑桥从罗素处学习。在写给其父母的信中,徐志摩提道:"九月廿四日离美,七日后到巴黎小住,即去伦敦上学。"[77] 但到欧后方知罗素已被剑桥三一学院除名,当时正在中国讲学。10 月上旬,徐志摩开始在伦敦政治经济学院攻读博士学位,导师为 Harold J.Laski。[78] 1921 年 3 月经狄更生介绍,徐志摩以特别生身份进入剑桥大学国王学院(Kings College)学习。1922 年上半年,转为正式研究生。[79] 同年 8 月 17 日离开剑桥抵达伦敦,9 月经巴黎到马赛乘船回国。[80] 其在家信中写道:"八月廿四日由欧抵沪"。[81]

1923 年暑期,徐志摩应梁启超之邀,前往南开大学为其暑期学校授课两星期。后任北京大学教授。1925 年 3 月 10 日,起程出国之前,辞去北大教职。1927 年 9 月任上海光华大学[82]教授,讲授英文小说流派等课程。同时在东吴大学法学院教授英文。1928 年 2 月,继续在上海光华大学、东吴大学法学院任教,又在上海大夏大学任教。1929 年 9 月,继续在光华大学任教,同时开始在南京中央大学任教,讲授《西洋诗歌》《西洋名著》。1930 年冬,光华大学国民党学生闹事,徐志摩被赶出学校。同年辞去南京中央大学教职。1931 年 2 月,应北大教务长胡适之邀,赴任英文系教授,薪金三百元,只是任课比中大多;由温宁源介绍,在北平大学女子师范学院兼课,薪金二百八十元。此外还在上海兼任中华书局、大东书局编辑。[83]

图 3-11　王宠惠　　图 3-12　燕树棠　　图 3-13　张太雷

图 3-14　吴经熊　图 3-15　徐志摩(出国护照像)

7.其他

比燕树棠迟一年获得哥伦比亚大学法学学士和耶鲁大学法理学博士的康时敏,获得芝加哥大学法学博士学位(J.D.)的罗泮辉、周宗华、冯熙运、王恩泽,获得巴黎大学法学学位(政治经济学专业)的陈继善,曾作为中国代表出席巴黎和会并拒绝签字的王正廷,曾任海牙国际法庭法官的徐谟,也都是北洋大学法科出身。

康时敏(1895—?,Kang Shih Min),江苏上海人,早年就读于南洋公学,后转入北洋大学,1917 年获北洋大学法学学士学位,1918 年清华留学考试第一名,同年赴美留学,1919 年获得哥伦比亚大学法学硕士学位(LL.M.),1921 年获得耶鲁大学法学博士(Jur.D.,没有博士论文)。[84]

罗泮辉(Lo Pan H,Lo Pan Hui),字芹三,广东人,幼年在旧金山中国浸信会学校(Chinese Bapitist Mission School)学习,后入香港皇仁学院(Queen's Colledge)学习。1906 年获哈佛大学文学学士(B. A.,政治经济学专业)。1908 年入芝加哥大学法学院,同时在芝大政治系学习,1911 年获芝加哥大学法学博士学位(J.D.,没有博士论文)、政治学硕士学位(M.A.)。1911 年回国。[85]

周宗华(Chow Tsung Hua),字三农,浙江临安人。1906 年由北洋大学资助出洋(头年自费,次年改官费)。1912 年获芝加哥大学法学博士学位(J.D.,没有博士论文)。[86]

冯熙敏,生于 1885 年,天津人。入北洋大学堂法科后,与同级 38 人因之前未入预科补习,遂参加考试,平均成绩均在 80 分以上,于宣统二年五月被奖给拔贡生资格。[87]从北洋大学堂毕业时,成绩最优(三名之首),学部奏请赏给进士出身,授职翰林院编修或检讨。[88]

冯熙运(1885—1951,Feng His-Yun),天津人,1901—1904 年在天津官立中学学习,1905 年考入北洋大学法科,1907 年公派赴美,1910 年获哈佛大学文学学士学位(B.A.),1912 年获芝加哥大学法学博士学位(J.D.,没有博士论文),同年回国。1920 年任北洋大学校长。[89]

王恩泽(Wang En Tse),字云亭,河北天津人,曾在北洋大学堂预备班学习。光绪三十四年七月初十日(1908 年 8 月 6 日)《学部奏酌拟北洋大学堂预备班学生奖励折》提道:"西文优等、中文中等之于震、张茂菊、李成章、何林、冯熙运、朱兆莘、马寅初等七名,均拟请作为举人。其西文优等、中文最下等之王恩泽等十四名……均仍应照章补习预科课程一年后,再行考试,分别办理。"[90]王恩泽于 1907 年被北洋大学官费送往美国留学,先在哈佛大学学习,后于 1914 年毕业于芝加哥大学法学院,获法学博士学位(J.D.,没有博士论文)。同年回国,曾任职于北洋政府财政部。[91]

　　陈继善(约 1881—?,Tchen Ki Chan),浙江嵊县人,1907 年在北洋大学法科读二年级时被选派公费出国,入巴黎大学攻读法律,1912 年 6 月获法学博士学位,博士论文为《中国门户开放政策》(*La polique de porte ouverte en Chine*),同年回国。[92]

　　徐谟,1893 年生于江苏吴县,1913 年考入北洋大学法科丁班,1917 年 12 月毕业后,考取外交官,1920 年 6 月任中国驻美公使馆随员,工作之余入乔治华盛顿大学继续学习法律,攻读硕士学位。1946 年 3 月任国际法庭法官,1956 年 6 月 28 日因心脏病逝世于海牙任所。[93]

　　另据陈忠诚回忆,后来任教于东吴大学法学院的马义术、曹杰、张正学也是北洋大学法科毕业生。他们与徐志摩同届而不同专业。张正学曾为东吴大学法学院 1947 届[级]学生讲授《民法通则》。[94]

　　由此可知,北洋大学法科绝非等闲。正因如此,20 世纪 20 年代的这次"院系调整"令北洋人惋惜不已。[95]

图 3-16　赵天麟　　　　　图 3-17　冯熙运

第四节　余　音

后来,仍有教育首长自上而下地推动大学的变革,以期将其基于异域经验获得的大学理想化为现实。

1927年6月,自称安国军大元帅的张作霖入主北京,18日就任中华民国陆海军大元帅,行使大总统职权。20日,任命刘哲为教育总长。8月6日,张下令将北京大学、师范大学、女子师范大学、工业大学、农业大学、法政大学、医科大学、女子大学、艺术专科学校等9所国立学校合并为国立京师大学校,以刘哲兼任校长,下设文、理、法、工、农、医、师范等学院和美术、商业等专科,以胡仁源、张贻惠、毛邦伟、孙柳溪、林修竹等为院长。[96]其中法科分三个院,第二院即原北京大学三院(法律系、经济系、政治系)。

也是在1927年6月,在国民党元老张静江、吴稚晖、李石曾等推动下,南京国民政府仿效法国大学区制,设立"大学院",以蔡元培为院长。7月13日,颁布试行大学区制办法,"全国依现有的省份及特别区定为若干大学区,以所在区域或特别区名之;每大学区设校长一人,综理区内一切学术与教育行政事务",并决定先在浙江、江苏两省试行。[97]

1928年6月初,国民革命军进逼北京,奉系退往关外。8日,蔡元培在国民政府第七十次会议上提议,"北京大学历史悠久,上年北京教育部并入师范等大学,改名为京师大学。现在国府定都南京,北方京师之名不能沿用,拟请改名北京大学,并选任一校长,以责专成",欲以北京大学的义名合并北京国立各校。但大学院大学委员会中易培基、吴稚晖、张静江等事先商定将京师大学改名为"中华大学",得到与会多数人赞同。蔡元培虽本有意兼任校长,但经亨颐、易培基、张乃燕、吴稚晖等皆支持李石曾担任校长。6 月 18 日,大学院任命李石曾为中华大学校长,以李书华副之。[98]

7 月 6 日,时任大学院院长的蔡元培电请李书华、沈尹默、李麟玉、萧瑜等四人会同高鲁等办理接收京师各校事宜。13 日,正式接收京师大学校法科。19 日,国民政府会议决定将北平国立各校合组为国立中华大学。[99]

8 月 16 日,大学院大学委员会通过《北平大学区施行办法》,规定以北平政治分会的管辖区即北平、天津两市和河北、热河两省为北平大学区。高等教育由大学本部掌管,设校长办公处,并设校长、副校长、秘书长各一人,以高等教育处管理行政事务。地方教育在北平设教育行政院,在热河设分院,取消河北、热河两省教育厅,以校长兼任两省省委,设普通教育处和扩充教育处管理行政事务。[100]

图 3-18　郑毓秀与李石曾(1881. 5.29 - 1973. 9.30)。李石曾是晚清重臣李鸿藻第三子,早年留法

9月下旬,国民政府会议同意改国立中华大学为国立北平大学。[101]11月初,国立北平大学正式成立,原定将原北京大学法科(法律、经济、政治三系)并入北平大学法学院,引起北大师生一致反对。11月17日,北大学生宣布停课护校,29日举行游行示威。[102]蔡先生得知后,致电北大学生,称学生以护校为名,举动"有违常规",此乃无畏之风波,甚至将该事件视为共产党所操控,告诫学生"无令空穴来风"。

1927年7月,中央政治会议第109次会议通过《大学院组织法》11条。1928年4月,中央政治会议第136次会议对《大学院组织法》进行修改,修正案共22条。第140次会议增加关于总务处的条文。1928年10月,中央政治会议第165次会议将大学院改组为教育部,隶属行政院,《教育部组织法》于1928年12月8日公布,共21条。[103]

1929年6月19日,国民党二中全会决议由教育部定期停止大学区制试行。教育部通知北平大学教育行政院于6月底结束,取消北平大学区制,恢复河北省教育厅,以沈尹默为厅长。慰留李石曾续任北平大学校长,取消副校长。另设北平研究院,以李石曾、李书华为正副院长。[104]大学区制取消后,8月6日,国民政府正式决定将北大学院脱离北平大学独立设置,恢复为国立北京大学。[105]是为后话。

第五节　小　结

由北洋大学失落法科的故事可以引发讨论的话题仍有很多。针对那种简单地应用算术进行归并相加的荒谬观点,有科学界人士不无讽刺地指出:

如果你将等体积的两份水混合。一份温度为40°F,另一份为 50°F，你并不能得到温度为 90°F 的两份体积的水。一个频率为 100 赫兹和另一个 200 赫兹的单音叠加，得到的并不是频率 300 赫兹的单音，事实上合成音的频率还是 100 赫兹。电路中两个大小分别为 R_1 和 R_2 的电阻并联，它们的等效电阻是 R_1/R_2（R_1+R）。正如勒贝格（Henri Lebesgue）所调侃的，你把一头狮子和一只兔子关在同一个笼子里，最后笼子里绝不会还有两只动物。[106]

如果"加"这个词正是我们平常说话所用的那个意思，那么很显然，交换律并不总是成立的。例如，如果把硫酸加到水中，得到的结果是稀释，而把水加到纯硫酸中则会对实验人员产生灾难性的后果。[107]

那么教育呢？不同的大学拥有同样的专业，究竟是坏事还是好事？将几所大学的相同或近似专业硬性"调整"、归并，能否真地实现（两校）双赢、"强强联合"而不至于"两败俱伤"？[108] 大学，尤其是国立大学及其专业院系的设置，是否应当完全取决于教育行政长官的意志（哪怕其本意是要让教育中立于政治）？中国的近现代高等教育固然移自西方，但是否就一定要唯某国或某几国的教育模式马首是瞻？所有这些都值得后来人深思。

第四章　法律教育在边疆：20 世纪前期的东北

第一节　清末民初东北法政教育述略

一、黑龙江法政学堂

在追溯中国早期的法律教育实践时，不应忽视边疆地区在这方面的努力。光绪三十二年闰四月二十日（1906 年 5 月 11 日），御史乔树枏奏请各省添设法政学堂，获准。[1]虽然黑龙江地处偏远，人员、经费多有匮乏，但黑龙江巡抚程德全仍积极响应，奏请先设立法政肄习所作为过渡。[2]

同日（闰四月二十八日），跪奏：为江省庶务日繁，设立法政肄习所，以广造就，恭折仰祈圣鉴事。

窃维学力必精研而后出，人才经考验而益真。方今朝廷振兴庶务，百度维新，凡属臣工，孰不当体念时艰，力图共济。[臣]自维固隔[陋]，兢兢焉无间夙夜，所以勉勖同僚者，实维吏治之一端。查内地各直省，如课吏馆、仕学馆、法政学堂，均已先后设立。而江省当兵燹之余，处边瘠之地，一切俱多简陋，本非他省可比。第就今日情形而论，分官设治，百端经始，即如钱谷、刑名而外，若学务，若外务，若商务、荒务，若矿务、警务以及兵政、路政暨农业、林业、渔业诸大端，无一事不待人而理，即无一事不由学而来，固非可以滥竽充数也。兹于将军衙门添设法政肄习所一处，饬令本省候补投效人员，不论旗籍民籍，有差无差，均须报名入所，分科肄习，或则认为专门，或则列在普通，每遇朔望，分班而课，严定甲乙，以示优劣。仍于讲求治体之中，隐寓甄别吏才之意。遇有差委，自不难因材器使，以尽所长。现派堂主事松禄、湖北候补知州刘家怡为该所正副监督，仍归学务处兼辖，并由[臣]时加督饬，认真办理，虽事属创始，未能速臻完善，而一切政治进化之源，或基于此矣。但需用款项，一时碍难遽定，应由[臣]随时体察，报部立案。除咨政务处、吏部、户部、学部查照外，所有江省庶务日繁，设立法政肄习所缘由，理合恭折具陈。

　　伏乞皇太后、皇上圣鉴训示。谨奏。

　　同日奉到朱批：该衙门知道。钦此。[3]

图4-1　程德全(1860.7—1930.5.29)及委任状

1907年，黑龙江法政肆习所在齐齐哈尔黑龙江行省公署（即将军衙门）开办。堂主事松禄担任监督，湖北候补知州刘家怡为副监督。该肆习所由学务处兼管，并受巡抚和提法司司使督饬。[4]招收对象为五司八旗各局、处不熟悉法政的协领、佐领、骁骑校等官员，计70人。[5]1907年，程德全在《咨送直隶分科学生片》中提道：

> 再，查江省上年添设民署以来，一切新政无不同时举办，用人多，需才愈亟。兹由[臣]于各城旗及投效人员中选择年岁及格者，考取十五员，先行咨送直隶警察、陆军、师范等学堂，各就其能力所近，分科学习，与本省新设法政肆习所肆习人员表里兼资，务使曩昔锢蔽之风丕然一变。未始非整饬吏治之首基也。所有各员应需川资及入学经费，因无闲款可筹，均由正款项下动支。倘再有愿往者，亦当陆续咨送，以广造就。除分咨外，理合附片具陈。
>
> 伏乞圣鉴训示。谨奏。
>
> 同日奉到朱批：该衙门知道。钦此。[6]

光绪三十二年十二月二十日，程德全在《会奏民刑诉讼法吉江两省尚难通行折》附单中提道："律师须由法律学堂考取入格者，方准充当，吉、江两省实无此种人才。"[7]"吉、江两省，学堂新立，教育尚未普施，无人可胜律师之任，此时自难即设……"[8]

在《各学堂额支折》中，程德全提到了缺乏法政教员之苦：

> 闰四月间，复于高等小学堂内附设同文学社，讲求日本语言文字，专为造就游学之预备。一面考选资格较优之学生三十余名，分派直隶师范、巡警、法政、陆军各学堂肆业。复选已习俄文学生七名，奏明咨送俄国留学后，又添派唐宝书一名，统系筹给

官费,以期学成回江,分任教务。至开办法政学堂,尤为当务之急。江省苦无教员,于闰四月间,先设法政肄习所,藉立基础,俾各员有所研究,业经奏咨在案。[9]

光绪三十三年六月十三日,程德全奏请调仕学馆学员翁廉、周玉柄、邵万和、梁载熊四员来江。

　　再,江省设立法政肄习所,为举行新政之资,业经奏明在案。第边隅僻处,风气未开,候补投效人员中,虽间有粗知门径者,然究以学非专科,不足以研究精深。查有仕学馆学员翁廉、周玉柄、邵万和、梁载熊等四员,在该馆肄业有年,于法政必多心得。合无仰祈天恩,俯念边地需员孔亟,饬下学部拨派该员等迅速来江,俾资前导,辅益新政,当非浅鲜。除咨部外,理合附片具陈。

　　伏乞圣鉴训示。谨奏。

　　同日奉到朱批:学部知道。钦此。[10]

1908 年(光绪三十四年),黑龙江法政肄习所改为黑龙江法政学堂。日本私立法政大学毕业生陈谟任校长,并任兼职教员。招收的89 名新生分为甲乙两班。甲班在善后局,乙班在铁路公司。后因招收学员过滥,学生反对教员而罢课,程德全遂下令解散学堂,学员择优送往奉天法政学堂学习,毕业后回省任职。1910 年(宣统二年)6月,民政、提法、提学三司会奏请准,黑龙江法政学堂得以二次设立。[11]

开办之初,黑龙江法政学堂暂借交涉局侧院做讲堂,原自治研究所为宿舍。[12]高等审判厅厅丞赵偭[一作赵偭葳]被委任为监督,高等检察厅厅长周贞亮为提调。[13]学堂教员共 10 人,均系高等审判厅、检察厅官员兼任,且多有留日背景。[14]

学堂内分政治、法律两科,均设内、外两班。后改为别科,仍分内、外班。内班暂定学额 100 名,住校学习,学员膳宿费由官费支给;外班学员无定额,不收学费,学员到校取讲义听讲,每学期交纳讲义费小洋 5 元、旁听券费小洋 2 元。无论内外班,学制均为三年,毕业时按等第发给毕业文凭。[15]

表 4-1 黑龙江法政学堂第一学年课程表(1911 年 9 月 23 日至 9 月 28 日)

日别	堂别	教员	自八点五十分至九点四十分	教员	自九点五十分至十点四十分	教员	自十点五十分至十一点四十分	教员	自一点十一分至二点十分	教员	自二点十分至三点十八分	教员	自三点十分至四点四分
第一日	第一堂	康	行政法	康	行政法	康	世界近代史	康	世界近代史		国际公法	张	国际公法
第二日	第一堂	俞	民法	俞	民法	王	经济学	王	经济学	刘	法院编制法	刘	法院编制法
第三日	第一堂	匡	法学通论	匡	法学通论	袁	行政法	刘	刑法	刘	刑法	徐	现行刑律
第四日	第一堂	匡	法学通论	俞	民法	俞	民法	刘	法院编制法	刘	法院编制法	邬	人伦道德
第五日	第一堂	匡	法学通论		刑法	康	世界近代史	康	世界近代史	徐	现行刑律	徐	现行刑律
第六日	第一堂	杨	政治学		刑法	王	经济学		经济学	张	国际公法	张	国际公法

资料来源:黑龙江省地方志编纂委员会:《黑龙江省志·司法行政志》(第六十五卷),黑龙江人民出版社 1998 年版,第 382 页。《清末各省级审判厅和检察厅法政出身人员名录》显示,当时黑龙江高等审判厅厅丞为赵偑葳,高等检察厅检察长为周贞亮,龙江府地方审判厅刑庭推事为刘鸿枢,龙江府地方检察厅检察长王镇南,龙江府地方检察厅检察官袁青选。程燎原:《清末法政人的世界》,法律出版社 2003 年版,第 242 页。

　　第一学年开设的课程有：人伦道德、法学通论、比较宪法及宪法大纲、刑法、民法、法院编制法、经济学原论、行政法、国际公法、世界近代史、政治地理、政治学、大清律。第二学年开设的课程有：人伦道德、刑法、民法、商法、行政法、经济学银行货币、财政学、经济政策、民事诉讼法、刑事诉讼法、国际公法、统计学、中国法制史、日文日语。第三学年开设的课程包括：人伦道德、商法、财政学、经济政策、民事诉讼法、刑事诉讼法、国际私法、政治史、统计学、日文日语、练习审判。[16]

　　黑龙江法政学堂开办一年间，受鼠疫、[17]革命等影响，两度中断。1912年，提学使涂凤书到任后，[18]请求以节余中等农工及女子师范加班费复设法政学堂。同年7月，黑龙江省法政专门学校在法政学堂原址开办。原京师仕学馆毕业学员史锡永任校长。招收原法政学堂学生为甲班，另招新生为乙班。共有学生74人，教员10人，设别科及完全科。同时将在公署院内的共和研究所改为法政讲习班以便官绅夜课补习。讲习班于两年后停办。学制方面，讲习班一年，别科三年，完全科五年。[19]1915年2月，该校从省立第一中学迁到北戏园子胡同，同时玉春受命担任校长。[20]1915年8月，黑龙江公立法政专门学校获得教育部正式认可。[21]民国六年后编成的《教育部行政纪要》丙编（专门教育）所列《公立法政专门学校概况表》显示，其时，黑龙江法政专门学校设有法律一科，有本科生117名，已毕业学生中本科29名，别科101名，报告给教育部的近年经费数为18264元。[22]1919年《教育杂志》第十一卷第九号刊文称："据最近调查，（黑龙江）省立各校，有法政专门一处（正科一班，七十余人）。"[23]黑龙江法政专门学校于1929年停办。[24]值得注意的是，与黑龙江法政学堂开设于同一时期的奉天、吉林法政学堂也未能持续很久。

二、奉天法政学堂（东三省法政学堂）

光绪三十一年，奉天仕学馆在沈阳设立。王志修任总办，租城内民房30间，作为讲堂、宿舍、办公之地。该馆分内、外两班，同年十月开馆授课。以六个月为一学期，三学期毕业。光绪三十二年，奉天法政学堂设立。学堂租用大南关二道岗子胡同民房两所，约50间。当年六月即招考新生60名，连同仕学馆原30名学员各编为一个班。七月举行开学典礼。盛京将军赵尔巽奏调京师大学堂毕业生唐宗愈、内阁中书王秉权来任教。[25]

光绪三十三年三月初八日（1907年4月20日），清廷谕令改盛京将军为东三省总督，兼管三省将军事务，增设奉天、吉林、黑龙江三省巡抚，并以徐世昌补授东三省总督。1907年5月，徐世昌到任。他将旗员仕学馆并入法政学堂，并购置新落成的盛京第一旅馆作为新校址。旗员仕学馆设于光绪三十二年七月，专教旗员，以六个月为一学期，四学期毕业。[26]

光绪三十三年十一月，奉天法政学堂改为东三省法政学堂。同年，提学司、民政司根据督抚宪批文，将原由提学司创设、继由民政司管理的自治研究所及一名日本籍教员划归法政学堂管理。光绪三十四年五月初八日，清廷批准了徐世昌等四月十三日关于遵旨设立奉天法政学堂并实行考验办法的奏折，东三省法政学堂遂又改为奉天法政学堂，并依据宪政编查馆会同吏部奏准颁行的考验外官章程，修订了学堂办法及章程，委派奉天右参赞兼署左参赞钱能训为法政学堂正监督，留奉补用道彭谷孙为副监督兼庶务长，调奉补用道唐宗愈为教务长，留奉补用道王秉权为斋务长。法政学堂受奉天提法司与提学司双重管理。钱能训、彭谷孙相继离任后，王秉权升任学堂监督。留奉先前补用知县郭进修为教务长兼教员,留奉补用训导陈泽襄为斋务长兼教员。[27]

法政学堂与仕学馆合并之初,共有官费、自费学生400多名,分为五班。

表4-2　奉天法政学堂员生历年增减表

年制	学年	甲班	乙班	丙班	丁班	戊班	已未毕业	小计
光绪三十二年(第一年)	第一	60	60					120
光绪三十三年(第二年)	第二	60	60					240
	第一	60(新)	60(新)					
光绪三十四年(第三年)	第二	甲乙班及旗员157					毕业	521
	第二	旗员合并55	新甲乙班110					
	第一			自费生72	自费生79	讲习科48		
宣统元年(第四年)	第三	甲乙班请愿,改别科74					未毕业	632
	第二	旗员合并54	31				毕业	
	第一		丁班改80	73			未毕业	
					48	毕业		
					159	73旗务处送40	未毕业	

资料来源:辽宁省地方志编纂委员会办公室主编:《辽宁省志·司法行政志》,辽宁民族出版社2003年版,第68页。

别科学制三年,讲习科学制一年半。讲习科又分为法律讲习科和政治经济讲习科两种。[28]各科的授课内容如下:

别科的授课内容:人伦道德、大清会典要义、大清律例要义、政治学、法学通论、经济通论、宪法、行政法、民法、刑法总(各)论、商法、裁判所构成法、平(战)时国际公法、国际私法、财政学、论理学、世界史、世界地理、算学、理化大意、民(刑)事诉讼法、监狱学、货币学、银行学、中国文学、中外通商史、法制史、统计学、破产法、体操、东文东语等 31 科,计 108 课时。

法律讲习科的授课内容:人伦道德、大清律师["师"字疑为衍文]例要义、法学通论、宪法、行政法、民法、刑法总(各)论、商法总则、平(战)时国际公法、国际私法、算学、中国文学、东文东语、裁判所构成法、民事诉讼法、刑事诉讼法、监狱学等 17 科,计 108 学时。

政治经济讲习科的授课内容:人伦道德、大清律例要义、法学通论、宪法、行政法、民法、刑法总(各)论、商法、平(战)时国际公法、国际私法、算学、中国文学、东文东语、经济通论、财政学、银行学、货币学等 17 科,计 108 学时。[29]

师资方面,先后在该学堂任教的有:郭进修(京师大学堂仕学馆法政科毕业,花翎四品衔留奉尽先前补用知县)、陈泽宸(日本宏文学院教育选科毕业,留奉补用训导)、柏田哲男(日本东京法政学士,上海东亚同文书院政治科毕业生,东京早稻田大学英语政治科毕业生)、大谷宪(日本鹿儿岛县上海东亚同文书院毕业生,法政学士)、南洞孝(日本岩手县东亚文书院商务科毕业生,商务学士)、魏倬(奉天提法司金事)、李金杜(日本法政兼警监毕业生)、廖鸣章(日本大阪高等实业学校毕业生,候选县丞)、刘文宝(日本法政大学毕业生)、刘文钊(日本法政大学毕业生)、陈彰寿(日本法政大学毕业生)、刘蕃(日本法政大学法律专门科毕业生)、海青(京师大学堂毕业生)、梁载熊(京师法政大学毕业,日本东京帝国法科大学生)、史锡绰(京师法政大学肄业,日本东京第一高等学校毕业,帝国大学理科学生,太常寺典簿)、高彤墀(日本东京高等商业学校毕业生)。[30]

由此可知,奉天法政学堂的师资构成以日籍教师和华籍留日学生为主,也有部分教师毕业于京师大学堂和京师法政学堂。此外,该学堂另有文案员、监学员、管课员、检察员、会计员、庶务员等职员。

1912 年 9 月,奉天法政学堂与由方言学堂改设的高等学堂合并,改为奉天官立法政专门学校。[31] 1916 年 11 月 11 日,奉天省长公署发布训令,将奉天法政学堂改办为奉天公立外国语专门学校。[32] 1922 年,该校又更名为奉天公立文学专门学校。[33] 1923 年 4 月东北大学成立时,文学专门学校和沈阳高等师范学校分别改办为其文法科和理工科。[34]

东北大学文法科在法政学堂原址(大西门里)开办,汪兆璠为文法科学长。1923 年 7 月招收新生。10 月 24 日举行开学典礼。1929 年改科为院,文、法分别成院。法学院院长为臧启芳。法学院下设法律学系、政治学系、经济学系。法律系必修课为:第一年设国文、第二外国文、民法总则、刑法总则、宪法、罗马法、法院组织法、中国法制史、经济学原理、群众原理。上学期每周总计 36 学时,下学期每周总计 33 学时。第二学年设第二外国文、民法债编总论、民法物权、刑法分则、公司法、海商法、民事诉讼法、国际公法、外国民法、政治学大纲。各学期每周总计 29 学时。第三学年设民法债编各论、民法亲属、民法继承、票据法、保险法、行政法总论、民事诉讼法、刑事诉讼

法、外国刑法、法律专题研究。上学期每周总计26学时,下学期每周
总计15学时。第四学年设国际私法、行政法各论、法律哲学、劳动
法、破产法、强制执行法、诉讼实习、法律专题研究、党义。上学期每
周总计21学时,下学期每周总计18学时。除必修课外,自第二学年
起,还增设了选修课。[35]

　　据《辽宁省志》的记载,师资方面,东北大学法学院院长为臧启芳
(中国大学经济学士,美国加省、意省大学研究院研究生)。法律学系
教师有:主任教授赵鸿翥(国立北京大学法学士)、教授李正春(国立
北京法政专门学校毕业)、教授梁垿(北京大学法科毕业)、专任教授
杨鹏(北京朝阳大学毕业)、专任教授王治煮(北京大学法学士,法国
巴黎大学法学博士)、讲师孙鸿霖(北京司法讲习所毕业)、讲师洪声
(国立北京大学法科毕业)、讲师蔡景云(北京大学法学士)。经济学
系教师有:主任教授李光忠(国立北京大学商学士,美国伊利诺斯大
学经济系硕士)、专任教授萧纯锦(北京大学经济学士)、经济地理讲
师张旻(国立北京大学经济系毕业)。政治学系教师有:主任教授江
之泳(留美法律学政治学士)、教授邱昌渭(美国哥伦比亚大学政治
系哲学博士)、讲师范垂绅(日本北海道帝国大学毕业)。此外,还有
文理法工学院体育主任马泽民(北京高等师范体育科毕业)、体育教
员耿博威(东亚体育专门毕业)、体育教员孟玉琨以及国术教员李剑
华(新华商专毕业)。[36]

三、吉林法政学堂

　　也是在1906年,吉林将军达桂奏请开办法政馆,获准,遂委派钱
宗昌为总办,考选速成科学员100名,官绅并受,分主要、附设两科,
限二年毕业。1908年,法政馆更名为吉林法政学堂,招考"候补投效官

吏及旗汉各籍举员、生员"。考选完全科学生每年定额 80 名，分预科、正科两级，学生入学先读预科，肄业年满，择其合格者准升入正科。预科加正科共计五年。速成科则于是年冬天既有学生毕业后停办。该校校址先在吉林市德胜门外长公祠，后迁到北山下新建校舍。1909 年，该校试办校外自修科，修业年限三学期，每学期四至六个月。光绪三十三年（1907），吉林法政学堂有学生 105 人，光绪三十四年（1908）学生增至 250 人，宣统元年（1909）有学生 175 人。[37] 1912 年，改为吉林公立法政专门学校。学校总办为李致桢。设有学制一年六个月的讲习科、二年的别科（速成科）和五年的完全科。完全科分预科、正科两级。[38]

　　1914 年 9 月 18 日，教育部在《咨行各省声明本部对于法政教育方针》中点名批评"吉林公立法政专门学校校风不良，教员、学生诸多旷课"。[39] 1917 年后编成的《教育部行政纪要》丙编（专门教育）所列《公立法政专门学校概况表》显示，吉林法政专门学校开办于光绪三十二年（1906），1915 年经教育部认可，设有法律、经济、政治三科，在校本科生 93 名，毕业生中本科 142 名、别科 168 名。近年经费数 14730 元。[40]

　　1921 年，刘凤竹（1889—1981.3.30）从美国密歇根大学获得法律博士学位（J. D.，无博士论文），同年就任吉林法政专门学校校长。1926 年任教育部专门司司长兼民国大学校长。1927 年任东北大学副校长。[41]

　　1929 年 8 月，经吉林省政府批准，吉林法政专门学校并入在其旧址设立的省立吉林大学。[42]

　　民国时期的省立吉林大学与如今的吉林大学没有关系，后者源于 1946 年在哈尔滨成立的东北行政学院（后来先后改称东北科学院、东北人民大学、吉林大学）。[43] 1929 年主政吉林的张作相在省城

吉林市八百垅创办吉林大学。当年5月开始招生,设文法、理工两个
学院及一个专门部。文法学院设教育系、法律系,理工学院设物理
系。两院皆设预科。专门部专辖法律专科。全校当时有教师38名,
学生393人,其中本科91人,专科86人,预科216人。1931年“九·
一八”事变后停办。王希亮的《东北沦陷区殖民教育史》一书称:

> 1929年8月,吉林大学利用原法政专门学校旧址开校招生,
> 由吉林省省长张作相兼任校长,同时拨出专款在吉林市西郊欢
> 喜岭建筑新校址,聘请著名建筑学家梁思成设计,当年破土开
> 工,可惜由于“九·一八”事变爆发,新校舍半途而废。吉林大学
> 采取男女共校制,分设文法、理工两院和教育、法律、采冶三个
> 系……[44]

1934年,伪满政权在其校址设立“吉林高等师范学校”。1938年
改称“吉林师道高等学校”。1942年又更名为“吉林师道大学”,设本
科和预科,学制分别为三年和一年。1946年3月,中共吉林省委派何
锡麟到吉林市八百垅重建吉林大学,招生近400人,分本科和预科,
设文法、理学、艺术、医学等学院。4月24日举行开学典礼,爱国人士
王可耕校长致辞。5月24日深夜,何锡麟接到省委于次日带少数同
学撤退的命令。大部分教职学生则被留下。随即,国民政府派方永
蒸接收了学校,成立了国立长白师范学院。后中共吉林省委决定在
延吉成立吉林民主学院,周保中任校长,何锡麟任教育长。1948年3
月吉林市解放后,撤销吉林民主学院,恢复吉林大学。因王可耕先生
去世,由周保中将军兼任吉林大学校长。6月,东北局决定将吉林大
学与从佳木斯迁来的东北大学合并,称为“东北大学”。1949年7
月,该校由吉林市迁到长春市。1950年,更名为东北师范大学。[45]

由法律学校的兴废,可以窥见边远省份办学之艰辛与曲折。不惟如此,讨论边疆地区近代法学教育时,还应留意那些由外国人在华开办的法律学校。哈尔滨因其特殊的历史和地理位置而成为独具特色的观察窗口。

第二节 "哈尔滨"地望辨析

哈尔滨的开埠与大清东省铁路(民国后改称中国东省铁路,简称中东铁路)[46]的修建密不可分。1896 年 6 月和 1898 年 3 月,沙俄通过《中俄密约》和《旅大租地条约》攫取了在中国东北境内修筑和经营铁路的权利。《中俄密约》(1896 年 6 月 3 日)共 6 款,其中第 4 款规定:"今俄国为将来转运俄兵御敌并接济军火粮食以其妥速起见,中国国家允于中国黑龙江吉林地方接造铁路以达海参崴。惟此项接造铁路之事不得籍端侵占中国土地,亦不得有碍大清国大皇帝应有权利。其事可由中国国家交华俄银行承办经理,至合同条款由中国驻俄使臣与银行就近商定。"第 5 款规定:"俄国于第一款御敌时可用第四款所开之铁路运兵运粮运军械,平常无事,俄国亦可在此铁路运过境之兵粮。除因转运暂停外,不得借他故停留。"[47]沙俄根据《中俄合办东省铁路公司合同》,在修筑和经营铁路过程中任意侵占铁路沿线的土地,形成了"铁路附属地"。[48]

程维荣的《近代东北铁路附属地》一书对此有较为细致的介绍:1898 年(光绪二十四年)初确定的中东铁路公司施工方案将哈尔滨作为全线勘查、设计及组织施工的枢纽站。4 月 28 日,第九工段工程师希德洛夫斯基带领技术人员、气象主任和几十名工人、士兵进入哈尔滨。而他手下的另一批人员已先期进驻田家烧锅(即后来的香坊)。希德洛夫斯基等花8000两银子将香坊一个酒厂的32间房屋全部买下,并盖起了气象站。6月,中东铁路副总工程师伊格纳齐乌斯和总工程师尤戈维奇也先后来到哈尔滨,建立起中东铁路建筑工程局,并根据铁路合同,在松花江南岸征用了江岸铁路码头、木材加工厂、临时总工厂用地和"哈尔滨站"(香坊站)用地,在江北征用了桥梁组装厂用地,共约4平方公里。同年进行了第一次扩占。以修建中东铁路南线、铁路总站(当时叫"松花江站")、铁路总工厂及仓库区为由,将江南北部扩展到南起马家沟,北到江岸,西起车辆厂专用线、西大桥,东至景阳街、承德街,共12平方公里。"哈尔滨站"地区也扩展为1平方公里。1899年,铁路当局以建砖厂为名进行了第二次扩占,向西扩至通达街一带,江南北部占地增至18.1平方公里;南部以建护路队营区为由,扩至1.5平方公里。1900年8月进行第三次扩占,江南向西扩至何家沟,东至阿什河口,南至大房身屯,总面

图4-2 哈尔滨火车站内景。George Warren Swire 摄于1911—1912年。图中右侧墙上可见"秦家岗"字样

积达 75. 32 平方公里。在江北,将上埠及桥梁组装厂以北约 23 平方公里圈为铁路用地。1902 年初,吉林铁路交涉总局与中东铁路公司联合勘界,收回了部分被俄方圈占的土地[主要位于傅家店(1908 年起改称傅家甸)、田家烧锅等地]。至此,哈尔滨松花江南岸铁路用地总面积为 61. 52 平方公里;江北征地被东北地方当局搁置未能建立铁路用地。[49]1903 年 7 月中东铁路竣工通车,作为当初修筑的中心和连接支线枢纽的哈尔滨遂成为东北地区最大的水陆交通枢纽和商埠。

开埠前,今天的哈尔滨市区以松花江为界,江北属黑龙江将军所辖齐齐哈尔副都统下属的呼兰厅,江南为吉林将军所辖阿勒楚副都统属地。[50]

光绪二十五年(1898),吉林将军延茂、黑龙江将军恩泽先后报请朝廷批准,请设铁路交涉总局,各段监工处设铁路交涉分局,由省派员专办中俄铁路交涉事宜。两将军先后派员与俄方铁路方面就设交涉局一事进行谈判,并于同年 5 月 31 日和 10 月 5 日,分别与俄方订立了《吉林铁路交涉总局章程》《黑龙江铁路交涉总局章程》。据之,将在哈尔滨、富拉尔基设立吉、黑两个铁路交涉总局。1899 年 5 月,吉林铁路交涉总局首任总办戴洪钧、会办内贤上任。[51]吉林铁路交涉局初建于秦家岗,后在庚子事件中被毁。1902 年,在道里水道街(现道里兆麟街 123 号)建成交涉局新址,为中式官衙建筑,后在 1918 年被烧毁。1919 年 9 月 22 日中东铁路公司理事会决定重建,1921 年新署舍建成。[52]庚子事件爆发时,富拉尔基的黑龙江铁路交涉总局尚未动工乃告停顿。1901 年 1 月 14 日,黑龙江将军萨保派湖南革职候补道周冕与东清铁路俄方代表达聂尔重新签订《黑龙江铁路交涉总局章程》十条,并将局址改在哈尔滨。[53]同年 7 月 15 日(光绪二十七年六月初三日),《吉林铁路交涉总局章程》亦重新签过。其中条款对中方更为苛刻。[54] 11 月 24 日，萨保奏派周冕为黑龙江铁路交涉总局总办，其于 12 月 26 日到任。总局局址设在吉林铁路交涉总局院内。[55] 成书于 1930 年前的《滨江尘嚣录》称吉林铁路交涉局位于"道里地段街水道二街之间"，而黑龙江铁路交涉局位于"道里买卖街地段二街之间"。[56]

1903 年 8 月 12 日，沙俄政府擅自公布"中东铁路附属地外阿穆尔军区退役军人士兵村、镇条例"，以此作为沙俄在中东铁路界内基层行政机构建设的基础。是年底，中东铁路管理局局长霍尔瓦特下令，凡居住在哈尔滨的俄侨以户为单位，每 20 户选出一人为代表，组成城市公共事业管理委员会，讨论道路修建及敷设路灯事宜。此亦为哈尔滨自治公议会的雏形。[57] 此处所谓的哈尔滨仅包括埠头（今道里）、新市街（今南岗的部分地区），而华埠（傅家甸等）不在其中。[58]

图 4-3 1902 年在哈尔滨道里建成的吉林铁路交涉局（照壁、二门、正厅等）

图 4-4   1919 年重建、1921 年落成的吉林铁路交涉局(临近柳树街一侧)。曾为中共哈尔滨市委 1 号办公楼

　　1906 年 7 月 10 日至 11 月 6 日,沙俄财政部、外交部、陆军部等在彼得堡先后召开了四次特别会议,最终讨论通过了"哈尔滨自治公议会章程草案"和"在中东铁路附属地内建立民政处大纲"十条,规定哈尔滨等地在中东铁路总办(局长)监督下成立公议会,实行自治市制,同时在中东铁路公司设立民政处,直接管辖哈尔滨。4 月 2 日,沙俄政府批准"中东铁路管理局组织大纲",规定该局具有治理沿线地区民政、地亩、交涉、医务、学务、出版等权限,可以建立独立于中国行政系统之外的管理机构。11 月 17 日,希鲍夫、霍尔瓦特等人召集俄商代表,通过了"哈尔滨自治公议会章程草案"。23 日,中东铁路管理局理事会第 3602 号决议通过了"哈尔滨自治公议会章程",并将埠头区 3467344 平方米、新市街 4358090 平方米,计 7825434 平方米的土地规划为市区,归"哈尔滨市公议会"管辖。[59]"公议会"会长自始至终皆为俄人,议员也多为俄人,第三届有一个华人,第四届有五

人,第五、六届华人稍多,也仅占 1/3,且其中很多不懂俄语。[60]

中东铁路系在中国土地上建筑,主权在华,包括附属地在内的区域的控制权(行政管理权)却事实上被俄人攫取。[61] 铁路交涉局人员虽由中方委派,但受俄方牵制颇多,中方有意另设哈尔滨关道削弱铁路交涉局的职权,却又受到条约、合同等的诸多限制,而不得不作出妥协。光绪三十一年九月初五日(1905年10月3日),吉林将军达桂与黑龙江将军程德全联名奏请将吉、黑两省铁路交涉局一并裁撤,仍于哈尔滨地方添设道员一缺,专办两省交涉事宜,并设关征税而免利源外溢。[62]

> (光绪三十一年)九月初七日,跪奏:为时事日艰,亟宜并力抵制,拟请于吉林哈尔滨添设道员,专办吉江两省铁路交涉并督征关税,以期联络而维利权,恭折仰祈圣鉴事。
>
> ……东三省自兴修铁路以来,俄则设立公司,所有三省铁路交涉,悉惟公司总其成。而我则分省立局,各办各事。非特难联一气,即遇事亦不相谋,往往同属一事,此方磋商,彼已许诺,彼方阻驳,此已允行,于是人得施其比例要求之术,我则动辄掣肘莫能抵制,此皆由于交涉不能划一,无提纲挈领之员为之周旋其间故也……拟请将吉林、黑龙江两省铁路交涉局一并裁撤,仍于哈尔滨地方添设道员一缺,专办两省交涉事宜。并设关征税而免利源外溢,所征税款,先收常税,暂济饷需,一面俟洋税议定章程,再行逐渐征收。惟事变之来,间不容发,稍一迟回,即难挽救,用[臣]敢不避冒渎,迫切上陈,如蒙俞允,即拟请以现办哈尔滨吉省铁路交涉吉林候补知府杜学瀛试署斯缺。该员心术纯正,才识阅通,沈毅有为,刚柔互济。当时势万难之会,办理交涉

各事,尚能力持大体,不失邦交。[臣]等知之最深,又可藉资熟手。虽该员系候补知府,资格稍轻,然为地择人,又何敢过拘成例,坐误事机……俟试署一年期满,果能称职,再请实授。其驻扎哈埠,系吉林地方,将来两省各属,何处应归管辖,以一事权,再由[臣]等察酌情形,另行奏明办理……

十一月二十二日奉朱批:著照所请,该部知道。钦此。[63]

由此可知《清史稿·德宗本纪》关于光绪三十一年十月初四日(1905年10月31日),"置吉林哈尔滨道"[64]的记述有误。吉林铁路交涉总局会办、吉林候补知府杜学瀛试署滨江道,稽征关税之外,专办两省铁路交涉事宜。光绪三十二年四月十八日(1906年5月11日),"哈尔滨关道兼吉江交涉事宜关防"启用。[65]杜学瀛仍在铁路交涉局办公,直至1907年6月,才迁往刚竣工的道台府(位于今道外北十八道街)。[66]

图4-5 试署哈尔滨关道道员杜学瀛(前排左五)和中东铁路管理局局长霍尔瓦特(前排左六)

光绪三十二年十二月初十日(1907年1月23日),吉林、黑龙江将军复奏设滨江厅。该厅驻于滨江关道,而隶属于宾州府。三十三年三月初六日(1907年4月18日),滨江厅江防同知启用关防,"开篆任事"。[67]《清史稿·地理志》滨江厅条称,"光绪三十二年,置治傅家甸,为江防同知,驻滨江关道,分隶黑龙江省。宣统元年,划双城东北境隶之,江防改抚民,专属吉林,分巡西北路道驻厅"。[68]宣统元年八月初八日(甲申,1909年9月21日),吉林省滨江道改为西北路兵备道,[69]道员亦改称观察使。[70]

1913年3月,滨江厅改为滨江县,隶属于吉林省。[71]其下分傅家甸、四家子(滨江新市街)、北江沿三区。[72]1914年6月,西北路道改称滨江道,观察使改称道尹,辖滨江、双城、宾县、五常、阿城、同宾(原长寿,今称延寿)六县,后增设珠河、苇河二县,道尹公署驻滨江。[73]

1917年11月底,滨江县知事张曾榘奉北京政府之令,派警备队开入中东铁路附属地(今哈尔滨道里)巡逻。此后中国政府又先后设立了中东铁路警备司令部、中东铁路督办公署和哈尔滨临时警察局。1918年1月3日,大总统令特派吉林省长郭宗熙兼任中东铁路督办。2月5日,郭督办委派滨江县知事张曾榘兼任哈尔滨临时警察总局局长。2月21日,哈尔滨临时警察总局成立。[74]1919年8月,北京政府任命吉林督军鲍贵卿为中东铁路护路军总司令。1920年3月20日,吉林省政府接收了哈尔滨地方政权。[75]"吉林的滨江、长春地方审检厅随着中东铁路附属地内审判权的收回,华洋诉讼日渐增多,也得到司法部的批准,每月由司法收入项下酌情支取公费96元。"[76]

滨江设治之后,并未同时分设法院。凡关于司法事宜,均由县知事兼理。厥后人口日多,商务益盛;诉讼案件,亦递见增加。

滨江既为商埠之地，又按司法独立之义，县知事实无再行兼理之必要。民国六年，吉省当局，遂派专员来哈，筹备建筑法厅及监狱事宜。翌年春，正式设立滨江地方法院。时新厅址甫行着手兴修，临时租赁民房，设施简陋，略具雏形。迨民国八年，移入新法厅内，规模渐大……

现就滨江地方法院审判方面而言，院长下，设民庭庭长一员，推事五六员，刑庭庭长一员，推事三四员，书记官长一员，书记官十余员。滨江地方法院检查[察]方面，设首席检察官一员，检察官五六人，书记官长一员，记录书记官数员，普通书记官五六员。文牍、收发、统计、庶务等部分，各有书记官一员主之。检验员数人，司法警长一人，法警若干人。法院看守所，有所长一员，医士二人。至滨江监狱，依吉林全省成立之先后计之，应为第三，故称吉林第三监狱。设典狱长一人，看守长二人，候补看守长数人，教诲师二人，医士数人。此滨江地方法院之概况也。[77]

滨江地方法院及地方法院检察处位于道外十四道街。吉林第三监狱位于道外十四十五道街之间。[78]

1920年10月31日，北京政府颁布《东省特别区法院编制条例》，首次在官方文件中使用了"东省特别区"字样。[79]

[民国九年]十二月一日，正式成立东省特别区域高等审判厅于哈尔滨，以傅疆（强）为厅长。并于哈埠设地方审判厅一处，校[於]沿线设地方分庭六处。此特别区法院设立之经过情形也。

至就其组织言，凡高等法院、地方法院，及分院内，各设检察所,配置检察官一人至三人,对于审判独立行其职务。若检察官配置二人以上时,以一人为主任检察官。凡高等及地方法院,得酌委外国人为谘议及调查员。地方法院亦如之。地方法院,附设简易庭,审理初级管辖第一审案件。地方分庭之事务管辖,与简易庭同。地方法院,并得采用巡回裁判制度。凡不服地方分庭及简易庭之判决者,得上诉于地方法院。不服地方法院之判决者,得上诉于高等法院。不服高等法院第二审之判决者,以法律上见解者为限,得上告于最高法院。凡关于外国人诉讼案件,得许外国律师出庭。

就现在法庭之职员言,属校[於]高等方面者,院长下分设民、刑二庭,各以庭长一人主之。各庭均有推事二三人,厅内有书记官长一人,书记官华俄共十余人,翻译官六七人,谘议数人。属于高等法院检查[察]所者,计首席检察官一人,检察官数人,书记官、翻译等各数人。属于地方法院者,院长下,设民庭、刑庭。每庭有推事四五人,厅内有书记官长一人,华俄书记官二十余人,翻译官二十余人,谘议数人。属于地方法院检察所者,计首席检察官一人,检察官数人,书记官、翻译官、检验员各数人。至各分庭,每庭有推事一人或二人,书记官、翻译官、调查员各一人或二人。各分庭检察所,每所有检察官一人,书记官、翻译官、检验员一人或二人。特区监狱,设典狱长、副典狱长各一人,书记官、医士各数人,看守若干人。此特别区法院之组织情形也。[80]

傅强,1876年生,字写忱,浙江杭县人,日本法政大学速成科第二班卒业。历任吉林交涉司金事、延吉府知府、吉林府知府、省城商埠局局长、财政部国税厅总筹备处主任、东清铁路督办公署参赞、吉林铁路交涉总局总办、哈尔滨商埠督办、吉林滨江道道尹、交通部特派吉林交涉员、东省特别区高等审判厅厅长（法院院长）等。[81]东省特别区高等法院和高等法院检察处都位于秦家岗（今南岗）大直街。东省特别区地方法院及地方法院检察处分别位于道里地段大街和石头道大街，特区监狱位于道里中央大街。[82]

表4-3　东省特别区法院与其他省份法院实习、候补推事检察官津贴对比表

适用区域	级别	第一级	第二级	第三级	第四级	第五级
其他省份[a]	学习推检	40	35	30	25	20
	候补推检	90	80	70	60	50
东省特区[b]	学习推检	105	100	95	90	—
	候补推检	180	170	160	150	—

资料来源：毕连芳：《北京民国政府司法官制度研究》，中国社会科学出版社2009年版，第214、215页。惜其未给出计价单位。候补推事、检察官系指已通过第二次司法官考试，或在司法讲习所修习期满并获得优良成绩，即将成为正式司法官者。

a.北京政府司法部《学习候补推事检察官津贴规则》（1918年8月17日），载《政府公报》第917号，1918年8月19日。

b.《东省特别区域法院候补学习推事检察官书记官津贴规则》（1924年3月13日），载《司法公报》第190期，1924年4月30日。

　　1921年2月5日，北京政府批准建立东省铁特别区市政管理局，统管中东铁路沿线11公里以内区域的市政。1922年2月8日，中苏签订《中东铁路大纲》，约定中东铁路由中国政府特设机构管理。11月24日，根据鲍贵卿的呈请，主政东北的张作霖及其镇威上将军公署（东三省保安总司令部）宣布："设立东省特别区行政长官，由护路军总司令兼理，所有东省特别区内之军警、外交、行政、司法各机关，均归护路军总司令兼东省特别区行政长官监督节制。"[83]12月2日，

图 4-6　东省特别区首任行政长官朱庆澜(1874—1941)

朱庆澜被任命为首任行政长官。12 月 8 日,《东省特别区行政长官办事条例大纲》发布。1923 年 3 月 1 日,东省特别区行政长官公署在南岗布瓦立街(后改称长官公署街,今民益街)成立。[84] 1924 年 5 月,北京政府批准东省特别区独立于吉林、黑龙江两省区域之外,成为与省并行的特别行政区。[85]

图 4-7　东省特别区行政长官公署旧貌与现状

　　1920 年收回对哈尔滨的行政管理权后,12 月 19 日,吉林省省长公署指派滨江道尹董士恩[86]以交涉员名义筹办哈尔滨铁路界内市政事宜。1922 年 2 月 12 日,根据大总统令,成立了东省特别区市政管理局。1926 年 3 月 30 日,东省特别区市政管理局发布布告,取消

图4-8　东省特别区哈尔滨特别市市政局旧影及该建筑的平面图纸。上右图为日伪时期的照片

图 4-9　东省特别区市政管理局旧影。该局位于秦家岗医院街(今南岗颐园街)。

俄人把持的哈尔滨市公议会和董事会,成立哈尔滨自治临时委员会。
6 月 17 日公布实施的《哈尔滨特别市自治试办章程》将原"哈尔滨董
事会"所辖埠头区、新市街(合 7.8 平方公里区域)划为哈尔滨特别市
管辖区域。11 月 1 日,哈尔滨市自治会成立,同时成立了哈尔滨特别
市政局,隶属于东省特区行政长官公署。原来亦为中东铁附属地的
马家沟、老哈尔滨(即后来的香坊)、新安埠(偏脸子)、八区、顾乡、正
阳河等地,仍归东省特别区市政管理局管辖,称东省特别区市政管理
局哈尔滨市。

　　1919 年 12 月,黑龙江省长公署决定,在哈尔滨江北设置马家船
口市政局。1920 年 1 月 31 日改为松北市政局。1929 年 5 月 1 日,改
为松浦市政管理处,旋又改为松浦市政局。[87]

1927年12月1日，滨江县马路工程局与卫生局合并，改设滨江市政公所。1929年初，东北政务委员会决定裁撤道及其公署。同年5月1日，改滨江市政公所为滨江市政筹备处，划傅家甸、四家子、圈河、太平桥等地归滨江市管辖，隶属吉林省。至此，在今天被称为哈尔滨的地域内出现了多个市、县并存的局面。[88]

第三节　俄控"哈尔滨自治市"及华控哈尔滨特别市时期的法律教育

1931年10月8日，朱自清在伦敦写信给叶圣陶，追忆了他8月下旬在哈尔滨逗留的情形。其中提道：

> 这里虽有很高的文明，却没有文化可言。待一两个礼拜，甚至一个月，大致不会叫你腻味，再多可就要看什么人了。这里没有一爿像样的书店，中国书外国书都很稀罕；有些大洋行的窗户里虽放着几本俄文书，想来也只是给商人们消闲的小说罢。最离奇的是这里市招上的中文，如"你吉达""民娘九尔""阿立古闹如次"等译音，不知出于何人之手。也难怪，中等教育，还在幼稚时期的，已是这里的最高教育了！这样算不算梁漱溟先生所说的整个欧化呢？我想是不能算的。哈尔滨和哈尔滨的白俄一样，这样下去，终于是非驴非马的畸形而已。虽在感着多少新鲜的意味的旅客的我，到底不能不作如此想。[89]

也许是因为滞留的时间太过短暂，佩弦先生无暇进一步了解当地的文化事业，因而其记述看起来和十年前途经哈埠且多有盘桓的瞿秋白的记录相差不大：

哈尔滨生活尤其有沉默静止的特征。全哈中国学校不过三四处，报馆更是大笑话。其中只有《国际协报》好些，我曾见他的主笔张复生，谈起哈尔滨的文化来，据他说，哈尔滨总共识字的人就不多；当真，全哈书铺，买不出一本整本的《庄子》，新书新杂志是少到了极点了。上等人中只有市侩官僚，俄国化的商铺伙计。上上下下都能讲几句"洋泾浜"的俄国话——哈尔滨人叫做毛子话。[90]

从瞿、朱二先生的记述来看，其活动区域主要是在埠头、新市街，即俄控"哈尔滨自治市"及后来华控哈尔滨特别市范围内。

考据起来，10 年里，此间的文教事业其实是有所改善的。譬如中学，民国二十年（1930）出版的《东省特别区十九年度教育年鉴》提到了东省特别区第一中学校的前身、国人在哈建立的最早的中学鲁人旅哈学校：

> 民国元年秋，鲁人士以赠款盈余初立旅哈同乡学校，假道里双合盛房舍为校址，此为初基。四年，改国民学校，程度与今初小相当，因收用地方捐歁[款]取名广义。嗣添高级班，改名广益。十一年，校舍被焚，精华荡然。地方惜之，锯资重建校舍于水道街，即今校舍之西楼。十二年落成。遵新学制增设初中班，定名为广益中学。仍完全属私立性质。上年由市政局接管，遂变而为公立焉。十三年春，朱前长官子樵遴委校长直接管辖，筹款增修北楼，购置仪器，渐具规模。嗣张前长官召棠莅任，又大事扩张，增收高中学生，复添图书、标本、仪器，增建东楼，并修葺旧有西楼作为宿舍，规模益见完备。十五年八月，特区教育局（即今教育厅，后同）成立，乃拨归管辖。初名一区第一中学，后

以中学不宜以学区限之,乃改今名。此沿革之概略也。[91]

1923 年 11 月 23 日,李震瀛等在道外外国二道街 7 号创办了哈尔滨青年学院。其拟定的《东省(特区)哈尔滨青年学院章程》(共 23 条)规定,学院招收学员"不分男女、国籍,以人品端洁为合格",学院"以研究学术,交换知识,宣传文化,改善社会为宗旨"。学院设"政治经济组、文学组、哲学组、社会学组、实业组",还开设了俄文班、英文班、法律班,授课教师分别由李震瀛、陈为人、韩迭声、彭守朴担任。[92]

再来看俄人创办的哈尔滨高等经济法律学校。该校始建于 1920年 3 月 1 日,初建时的校舍位于南岗西大直街与工程师街交角处。[93]据石方等著的《哈尔滨俄侨史》一书介绍:

> 1920 年初,一批俄国教授来到哈尔滨,中东铁路管理局为其提供经费,由他们筹建了哈尔滨高等经济法律学校。该校的首任校长是俄侨 H.B.乌斯特洛亚洛夫,俄国立宪民主党人,路标转换派的思想家。在其手下聚集了一些原俄国法学、哲学、人类学及中国学等著名学者。如 B.A.梁赞诺夫斯基原是蒙古法律和比较法学研究的专家;Г.К.金斯教授是彼特拉日茨基心理法学派的代表人物,曾执教于圣彼得堡大学;B.B.恩格里弗里德教授在圣彼得堡大学曾从事中国国家管理体制分析研究,后来又从事苏维埃俄罗斯管理体制的分析研究,对行政法学有着颇深的造诣;M.H.叶尔绍夫原是喀山神学院教授,到哈尔滨高等经济法律学校后从事俄罗斯哲学史的研究工作;E.M.切普尔科夫原是人类学家,出版过多部人类学和中国学的著作;H.E.埃斯彼洛夫是研究俄国政治思想史和所有制[94]法的青年学者。由于有了这批高质量的师资队伍,哈尔滨高等经济法律学校很快就得到了

海参崴国立远东大学的学历承认,并允许哈尔滨高等经济法律学校的毕业生参加远东大学的入学考试。远东共和国并入俄罗斯联邦后,他们之间的校际关系亦因此而终止,不过远东大学的章程和招生制度仍然适用于哈尔滨高等经济法律学校。

1922年7月,哈尔滨高等经济法律学校改为哈尔滨法政大学,设置了经济、法律两系及一个东方研究部。在法律系开设了"中国法"课程,内容有国家法、行政法、诉讼法、民法、商法、刑法等。同时还开展中国法学研究,《中国法》的学术专著用俄文、英文等多种文字出版。1922年时哈尔滨法政大学在校生为179人,以后逐年增多,1924年达到260人,1928年初便已有学生830人。1929年该校因师资不足、教材匮乏、经费短缺,改由中国政府接办。[95]

关于经费来源,蒋三军的说法与之稍有不同。其提到,哈尔滨高等经济法律(专门)学校开办之初,年经费8000金卢布,由哈尔滨大学促进会(1918年6月2日,以中铁路管理局商校校长 H.B.博罗佐夫为主席)、"哈尔滨市董事会"以及中东铁路管理局共同出资。哈尔滨法政大学(Юридический факулът вХарбине)是按照亚历山大三世1884年颁布的《大学章程》开办的。初期只有法律科,分设法律系和东方法律系。1923年后,增加了中国法律课程。后来还加入了苏联的法律课程。该校负责人为著名学者、路标转换派人士 H.B.乌斯特里亚洛夫和 Н.И.米罗柳博夫(1920年末继任),1924年负责人更换为 B.A.梁赞诺夫斯基。[96]

哈尔滨法政大学设董事会为学校最高决策机关,设博士会(教授会)主管校内一切教务。学校成立之初,招收的学生以俄人为主,兼有日本人和蒙古人。1926年秋,始设中国学生预备班,招收中国学生10人。经博士会商议,公举法学博士雷殷(俄人)为预科负责人。中东铁路局拨给耀景街一栋楼房作为预科校舍。维修期间,预科暂设在中俄工业大学[97]预科内。1927年秋,预科搬入新舍。预科第一学年课程几乎都是俄文,第二年开始教授预科课程。1927年又招收2班新生。1928年秋,第一班预科生毕业,改为本科经济系。又续招2班学生。[98]1928年左右,法大学费为半年交40元哈大洋,外加讲义费30元哈大洋。学校允许学生拖欠学费听课。[99]

也是在1928年,因中东铁路局停止向学校拨款,暂由东省特别区行政长官公署拨借款项。1929年2月,东省特别区教育厅厅长张国忱受命接收该校并代理校长。3月1日,根据东省特别区行政长官公署107号令,哈尔滨法政大学更名为东省特别区法政大学,校内一切组织及课程均按国民政府教育部大学规程办理。[100]东北政务委员会聘任东省特别区行政长官张景惠为校长,委派于世秀为副校长。[101]法政大学设本科5系:法律系、经济系、政治系、东方经济系和铁道运输系。东方经济系及铁道运输系属于俄部,法律系、经济系、政治系及预科属于华部。

1929年7月,国民政府颁布的《大学组织法》规定:大学分文、理、法、教育、农、工、商、医学八个学院。凡具备三学院以上者,始可称为大学,且其中之一必须为理、农、工、医学之一者;否则,只能称为独立学院。[102]据此,经东北政务委员会批准备案,东省特别区法政大学更名为东省特别区区立法学院,[103]但通常仍称为法政大学。1930年该校迁入商业大学内。

图 4-10 哈尔滨商业学校(Харбинъ Коммерческие училища),又称哈尔滨商务学堂,中东铁路所属,校址在南岗西大直街,所在建筑始建于 1903 年

1929 年以前,哈尔滨法政大学的办学经费全由中东铁路局供给。1920 年至 1924 年,每年为 8000 金卢布。1925 年至 1929 年,学校经费正式列入中东铁路局预算,按月拨给,年款不定。1929 年收归中方后,学校全年所需的哈洋 150516 元经费中,100516 元由特区长官公署划拨,其余 50000 元由学校自筹(主要是学费收入)。[104]

1929 年秋,东省特别区区立法学院招收预科新生 3 班,经济系、法律系本科各 1 班。由于校舍狭小,教育厅另拨公司街一栋二层小楼作为办公授课之用。1930 年,该校在校生共 12 班,其中华部 9 班。学生总数 636 人,其中男生 520 人。教职员 124 人,华籍教授 41 人,职员 27 人;俄籍教授 34 人,职员 22 人。[105]1931 年底,华部有教授 6 人(其中 3 人分别兼任华部学监、俄部主任、秘书),讲师 18 人(内兼

职者 14 人），职员 12 人，学生 6 个班（法律系和经济系各 3 班）193
人；俄部教授 23 人，讲师 4 人，职员 2 人，学生 8 个班（法律系和经济
系各 4 个班）143 人。[106]

表 4-4　东省特别区区立法学院教职员及学生情况表（1930—1931）

年份	教授		讲师		职员		学生		
	华部	俄部	华部	俄部	华部	俄部	华部	俄部	总数
1930	41	34			27	22	9 班	3 班	12 班 636 人
1931	6ª	23	18	4	12	2	6 个班b 193 人	8 个班b 143 人	14 个班 336 人

资料来源：1930 年数据见于黑龙江省地方志编纂委员会：《黑龙江省志·教育志》
（第四十五卷），黑龙江人民出版社 1996 年版，第 473 页。其标注时间为 1931 年（民国
二十年）。考虑到"九·一八"事变的影响，该数字可推断为 1930 年的。黑龙江省地方
志编纂委员会：《黑龙江省志·司法行政志》（第六十五卷），黑龙江人民出版社 1998
年版，第 387 页。1931 年数字见《黑龙江省志·司法行政志》（第六十五卷），第
387 页。

a.其中 3 人分别兼任华部学监、俄部主任及秘书。华部讲师 18 人中含兼职者
14 人。

b.法律系、经济系各占一半。

表 4-5　哈尔滨法政大学历年学生情况统计表

学年	学生人数（含旁听生和正式生）	正式毕业生人数		
		法科	经济科	合计
1920	98	0	0	0
1920/21	91	0	0	0
1921/22	179	0	0	0
1922/23	155	6	0	6
1923/24	260	9	1	10
1924/25	512	9	0	9
1925/26	524	12	0	12
1926/27	762	17	0	17

续表

学年	学生人数(含旁听生和正式生)	正式毕业生人数		
		法科	经济科	合计
1927/28	829	15	0	15
1928/29	636	28	15	43
1930	187	18	13	31
1931	183	7	18	25
1932	188	7	8	15
1933	138	6	21	27
1934	140	9	13	22
1935/36	135	缺	缺	缺
1937	70	缺	缺	缺
合计		169	128	297

资料来源:蒋三军:《哈尔滨法政大学溯源》,载《黑龙江史志》2013年第24期,第27页。1936年7月的统计显示,该院共有11个班级,学生210名。《北满特别区立法政大学15年经历》(1935)称,15年中该校学生达2500人。1936年7月,法律四班学生48人、经济三班学生7人毕业。1937年6月,法律五班学生41人、经济四班学生13人、经济五班学生27人毕业。黑龙江省地方志编纂委员会:《黑龙江省志·教育志》(第四十五卷),黑龙江人民出版社1996年版,第480页。从1920年至1935年,哈尔滨法政大学(俄部)共举行12次毕业式。共有232人获得一等及二等毕业证书,其中法律科143人,经济科89人。黑龙江省地方志编纂委员会:《黑龙江省志·司法行政志》(第六十五卷),黑龙江人民出版社1998年版,第387页。

1930年,侯外庐先生曾在东省特别区区立法学院讲授经济思想史。[107]约在1930年秋至1931年3月间,毕业于清华大学政治学系的姜书阁亦在东省特别区区立法学院兼课。姜书阁1907年生于辽宁省凤城县,满族(正白旗),姜佳氏,大学读书时取字文渊,另有笔名舒翮、问源、雯源、长天纾翮等。1926年就读于清华政治学系,1930年毕业后,经高惜冰(凤城县同乡、清华校友)介绍到哈尔滨任东省特别

图4-11 哈尔滨法政大学预科藏书章　　　　**图4-12** 姜书阁

区教育厅秘书。又经人介绍，在东省特别区区立法学院教授政治学。
1931年3月，因高惜冰出任察哈尔省教育厅厅长，姜书阁前往张家
口，任察哈尔教育厅秘书，兼第二科科长、第三科科长。至1933年5
月，高去职，遂回到北平。1934年秋，任北平市社会局督学。20世纪
40年代历任行政院编审、财政部税务署署长（1945）、国税署署长
（1948）、财政部次长（1949年5月，广州）、教育部全国学术审议委员
会委员及教育部顾问（1949年8月，重庆）等职。1949年后任西南军
政委员会财政部参事，创办了中央税务学校西南分校、西南财政干部
学校。1958年任教于青海师范学院，从事中国古典文学的教学和研
究，1974年退休。1979年4月受聘于湖南湘潭大学，1980年复职为
正教授。2000年去世。[108]

　　1927年，东省特别区法政大学出版了黎际涛翻译的雷殷著《国
法学》。[109] 1931年该校又出版了陈克正所著《新刑法总论》。[110] 1930
年，该校创办《法大特刊》，原计划发行月刊，后因经费紧张，改为季

刊,共发行10册。此外,一些俄部教授也发表了不少中国法的研究成果,如金斯教授的《中国商法概论》,喀木阔夫教授的《中国刑法上之对于财产犯罪论》,米罗留伯夫教授的《对于中国新刑法草案的批评》,恩格里斐里德教授的《中国法概论》《中国行政法概论》,埃斯皮罗夫教授的《中国国民大会选举制度》《现代中国宪法》,普里舍扁阔讲师的《中国法上的担保论》《中国新民法论》等。[111]

1929年6月25日初版的《滨江尘嚣录》提道:"至法政大学,则宜于现服务社会之人,因该校之授课钟点,多在下午以迄夜间,昼间做事之人,夜间攻读,一举两得,甚为得计。该校系预科二年,本科四年。现共有本科一班,预科四班。预科中有两班为日课,两班为夜课。"[112]著名作家杨朔早年就曾在哈尔滨法政大学夜校学习过古典文学。当时在法政大学兼课的中东铁路局秘书李仲都(又名李仲子,江苏吴县人)先生是清末的贡生,对他的文学成长帮助很大。[113]

哈尔滨特别市市政局纂编的《哈尔滨特别市市政报告》显示,自治会第二届选举时,候补当选人中,王富和莫松恒即是法政大学的肄业生。二人当时均为25岁,且都是吉林双城人。[114]哈尔滨政法大学的学生还积极投身反日活动。

> 1931年底,杨靖宇被派到哈尔滨工作……"九·一八"后的哈尔滨,反日斗争十分活跃……为了加强反日斗争的领导,满洲省委任命杨靖宇(当时化名张贯一)接替冯仲云担任了东北反日总会会长。当时,哈尔滨反日会遍及工厂、学校。比较活跃的有哈尔滨工业大学、法政大学、哈尔滨医专、商船学校、一中、二中、三中、女一中、扶轮和三十六棚总工厂、老巴夺烟草公司、香坊平民女子工厂,以及胡海路、江北船厂等处。[115]

1931 年 9 月 26 日(中秋节)晚,哈尔滨各界在道外正阳大街举行反日大示威,法政大学的学生走在队伍前面,并齐唱根据岳飞《满江红》改写的抗日歌曲:"怒发冲冠,不抵抗,束手待毙。甲午耻,犹未雪,今日恨,何时灭,驱铁蹄踏平三岛夷穴,壮士[志]饥餐胡虏肉,笑谈渴饮倭奴血!"11 月 17 日晚,反帝大同盟总部决定在法大礼堂召开代表大会,由于有人告密,警察包围了法大,20 余人被捕,其中法大有8 人,史称"法大事件"。[116]

《东北沦陷区殖民教育史》提到,曾就读于哈尔滨法政大学经济系的王学尧"九·一八"事变前在哈尔滨女子二中任教,并在北满翻译社从事俄文翻译工作。1932 年春,经杨一辰、金剑啸介绍,加入中国共产党,后担任道里区委的领导工作。他化名"王道兹",在哈医专、工大及各中学联络进步学生,发展学生地下党团组织。1936 年 4月被捕,10 月遇害,年仅 26 岁。[117]

第四节　日踞初期哈埠的法律教育

1932 年 2 月 5 日,哈尔滨沦陷。伪东省特别区(1933 年改称伪北满特别区)长官公署驻于"哈尔滨特别市"。同年 7 月 11 日,日伪成立"哈尔滨市政筹备所"。1933 年 6 月 30 日,伪满政府决定将原哈尔滨特别市市政局、东省特别区市政管理局所辖哈尔滨市、吉林省所辖滨江市政筹备处、黑龙江省松浦市政局辖区四合为一,并将吉林省滨江县全境、阿城县 31 屯和黑龙江省呼兰县 10 屯划入,成立伪哈尔滨特别市,设立"自治委员会",直隶于伪满国务院。1935 年,日本收买中东铁路后,伪北满特别区被撤销,原管辖区域归属于伪哈尔滨特别市。[118]

哈尔滨沦陷后,特别区法学院仍在开办,学制4年,已沦为汉奸的原东省特区行政长官张景惠继续兼任院长,康梓林受委派担任代理院长,至1932年底因病去职,由教务长李培清代理院长。[119]

1932年春,经济本科第一班,预科第五班均已毕业。秋季开学,经济和法律本科又各招收了一个班。1933年4月《文教月刊》调查显示,该院当时有教员68名,学生675名。1933年7月,伪东省特别区区立法学院改称伪北满特别区区立法学院。1935年,该院院长由伪北满特别区行政长官吕荣寰兼任,仍由李培清代理院长。此时该院有职员17人,在校生280人(华部138人,俄部142人)。1936年3月1日,伪北满特别行政区被撤销后,该学院又更名为伪滨江省省立哈尔滨法学院。[120]哈尔滨法学院原来一直借用伪北满铁路局房舍,1936年当局清理路产,该院遂于3月15日由南岗铁路局官房迁往道里水道街第一中学校院内,时任院长为赵贵。1936年7月,法律四班学生48人、经济三班学生7人毕业。1937年6月,法律五班学生41人、经济四班学生13人、经济五班学生27人毕业。因伪满政府提出撤销方案,该院于同年6月30日停办。[121]经济科的商学系并入是年才成立的伪俄侨事务局高等商学院。1937年10月2日,法学院举行最后一次公开的教授会议。12月11日,在马迭尔宾馆举行最后一届毕业生晚宴。[122]从1920年至1935年,哈尔滨法政大学(俄部)共举行12次毕业式,共有232人获得一等及二等毕业证书,其中法律科143人,经济科89人。在俄部毕业的中国学生有17人。[123]

日踞时期,哈尔滨还有一所伪"国立"大学"哈尔滨学院"。其前身"日露(俄)协会学校"是1920年9月24日日本人井田男孝平在哈尔滨建立的培养研究苏联问题人员的专门学校,学制3年。成立之初,该校采用日本职业技术学校建制,由日本外务省监管下的日俄协

会主持。学校的开办经费共计 30 万日元,由日本政府出 25 万日元,
南满铁道株式会社出 5 万日元。一期工程建设了 7000 坪的校舍,位
于马家沟(今南岗区中宣街 24 号)。[124]该校实行免费教育,招收对象
主要是日本人及少量的中国汉族、蒙古族学生。日本每个县只有一
个学生名额,学生需经严格考试才能录取,每期学生不到 40 人。同
时也接收在日本特务机关、政府和南满铁路株式会社进修俄语的人
员。[125]截至 1925 年 5 月,有学生 120 人。[126]

据《黑龙江省志·教育志》,1933 年 4 月,该校改称"哈尔滨学
院"。[127]1939 年 4 月,又改为伪国立大学哈尔滨学院。其修业年限本
科 4 年,特修科 2 年。开设课程有国民道德、法律学、经济学、商业
学、哲学、俄语、日本精神史、满蒙史、露西亚[俄罗斯]史等。1943 年
9 月,该校有教职员 65 人,其中日本人 46 人,中国人 9 人,其他国籍

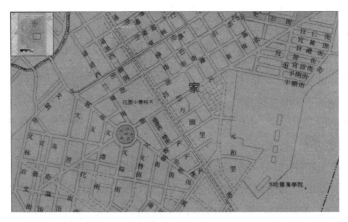

图 4-13 《最新详密哈尔滨市街图》。日信洋行发行(1943 年 5 月 20 日印,5
月 30 日发行)。图中右下角可见"哈尔滨学院"字样

图 4-14 伪满哈尔滨学院旧影

10 人。共有 12 个班级,学生 750 人,其中日本学生 670 人,中国学生 69 人,其他国籍 11 人。学生毕业后 80% 分配到伪满政府和南满铁道株式会社任职,20% 分到关东军和外事部门工作。年经费为伪币 338672 元。[128]

从 1938 年开始,校长改由日本高级军官担任。1940 年 10 月,时任院长为手塚省三;教职员 41 名,其中日籍 31 名,中国籍 3 名,其他国籍 7 名;396 名学生中日籍 346 名,中国学生 50 名。[129]末任院长涩谷三郎于 1944 年就职,其早年毕业于日本陆军士官学校,后入陆军

图4-15　加盖有伪"国立大学哈尔滨学院图书馆"印章的河村又介《选举法》
(1940年版)书影

大学学习,曾担任关东军司令部附、伪满治安部警务司长、伪牡丹江
省省长、伪满治安部次长等军政要职。1945年8月20日,在家中开
枪自杀。[130]

　　笔者曾在孔夫子旧书网上见过一部日本评论社1940年出版的
《新法学全集》(大32开,精装本),包括选举法、外地法、会计法、议
院法等。其中,河村又介所著《选举法》内页上即盖有"国立大学哈
尔滨学院图书馆"印章。[131]

第五节　日踞时期长春的法律教育

　　日踞时期,在长春("新京")还有一所"司法部法学校"。据《长
春老建筑物语——新京法政大学》一文介绍,1934年1月,伪满"司
法总务司"使用伪司法部与伪外交部共用的第二厅舍(后来的伪首都
警察厅,现在的市公安局)的一间办公室创设"司法部法学校",其最

初只是伪司法部内部的人员培训班。1934年10月,公开招收了第一期50名学生,并正式开课。1935年,迁往长春南岭伪"大同学院"[132]北边的新校舍(北段),南段归伪"中央师道训练所"。[133]

伪满司法部法学校的学生分第一、二部。第一部又分为甲、乙两班。甲班共招五期,每期学员60名(实际各期不等),春季开学,报考者须有"国民高等学校"(高中)文凭或同等学力,学制三年。起初,学生毕业后即获任为"学习法官"(委任一级,相当于日本的司法官补试),月俸伪币180元。后来改为"高等官试补",月俸伪币150元。在伪地方法院或伪检察厅实习一年后,参加"高等官合格考试"合格后,可出任"后补法官"(审判官、检察官),月俸180元。1934年和1935年又招收过两期2年制学生,共120名,称为乙班。乙班生源为专门学校以上的法政学校毕业者及受推荐的在职伪司法部属官或伪法院检察厅书记官,后因乙班成绩不良,停止了招生。[134]课程方面,伪满司法部法学校明显模仿了日本的做法。[135]第二部是对受推荐的在职审判官、检察官进行培训,为期六个月。

表4-6 1937年伪满司法部法学校第一部甲班学习科目及学时表

第一学年		第二学年		第三学年	
学科目	每周教授时数	学科目	每周教授时数	学科目	每周教授时数
训育	2	训育	2	训育	2
组织法	2	商法(总则票据)	8	商法(公司法、海商法)	8
刑法(总论)	4	刑法(各论)	4	国际私法	2
民法(总则物权)	8	民法(债权总则契约)	8	民法(债权各编亲属继承)	8

续表

第一学年		第二学年		第三学年	
学科目	每周教授时数	学科目	每周教授时数	学科目	每周教授时数
刑事诉讼法（总则）	4	刑事诉讼法（各论）	2	法理学	2
行政法	2	民事诉讼法（总则）	4	民事诉讼法（各论）	4
国际公法	2	法医学	2	比较法制	4
伦理学	2	日本语	10	日本语	10
经济原论	2	英语	2	英语	2
日本语	12				
英语	2				
合计	42	合计	42	合计	42

资料来源：吉林省地方志编纂委员会：《吉林省志·司法公安志》（卷十二，司法行政），吉林人民出版社2000年版，第337页。

表4-7　伪满司法部法学校第一部甲班学员统计表

		报名者	合格者	比率（%）
第一年		1635	60	3.7
第二年	三月入学	580	60	10.3
	八月入学	865	40	4.6
第三年		901	31	3.4
总计		3981	181	4.8

资料来源：钟放：《伪满洲国的法治幻象》，商务印书馆2015年版，第34页。

表4-8 伪满司法部法学校第一部乙班学习科目及学时表

第一学年		第二学年	
学科目	每周教授时数	学科目	每周教授时数
训育	2	训育	2
组织法	2	法医学	2
行政法	2	法理学	2
商法(总则票据)	4	商法(公司法海商法)	6
刑法(总论各论)	6	比较法制	2
刑事诉讼法(总则)	2	刑事诉讼法(各论)	2
民事诉讼法(总则)	3	民事诉讼法(各论)	4
民法(总则物权债权总则)	7	民法(债权契约债权各论亲属继承)	9
国际公法	2	国际私法	2
日本语	12	日本语	11
合计	42	合计	42

资料来源:吉林省地方志编纂委员会:《吉林省志·司法公安志》(卷十二,司法行政),吉林人民出版社2000年版,第337、338页。

表4-9 1937年伪满司法部法学校第二部学习科目及学时表

学科目	每周教授时数
训育	2
组织法	2
民事演习	12
刑事演习	8
国际私法	2
比较法制	2

续表

学科目	每周教授时数
法理学	2
日本语	12
合计	42

资料来源:吉林省地方志编纂委员会:《吉林省志·司法公安志》(卷十二,司法行政),吉林人民出版社 2000 年版,第 338 页。

按照《长春老建筑物语——新京法政大学》一文的说法:

> 1938 年,"满洲国"的文教制度已经基本确立,在 1 月,[伪]司法部法学校被撤销,校舍成为"法学校"撤销后新设的"地方司法职员训练所"。在 12 月,根据[伪]国务院颁布的大学官制,在以往"司法部法学校"的基础上,1939 年 1 月成立了"新京法政大学",改由[伪]文教部管辖。这样,司法教育分成两部分,"法政大学"主要培养司法的未来人才,而在职人员的短期培训,由"训练所"进行,形成了比较完善的法律教育和培训体系。1939 年 1 月后,"新京法政大学"在原"司法部法学校"以西,紧邻大同大街的路东、繁荣路以北的地方,修建了新的校舍。[136]

而《吉林省志·司法公安志》(卷十二,司法行政)则称:"1939 年 6 月,伪满司法部学校改为新京法政大学,新设'中央司法职员训练所''地方司法职员训练所''中央刑务官训练所''地方刑务官训练所'等机构。各训练所均设置甲班和乙班。各训练所训练时间为 4 个月或 6 个月。"[137]

长春市规划局的网站显示,伪满"新京法政大学"的校舍建成于 1938 年。[138]该建筑为两层,砖混结构,平面呈"L"型,坐东朝西,大门紧邻大同大街(今人民大街),内部有食堂、厕所、盥洗室等,室外有个规模不大的运动场。[139]1946年10月,该校舍被国民政府接收,组建了国立长春大学。1955年,中国科学院长春光学精密机械研究所的前身中科院长春仪器馆在此设立子弟小学。"文革"期间武斗时该楼被烧毁,"文革"后在原来基础上扩建为三层。[140]

给伪满"新京法政大学"授课的教员多为日本人,少数为中国人。藤崎朋(彭)清教授讲授组织法和行政法,法学博士泷川政次郎教授讲授法制史和伦理学,西村义太郎教授讲授民法,尾坂俊夫讲师(系伪满司法部属官)和岩崎二郎副教授分担刑法,商法由伪满司法部理事官担任讲师,伪满新京地方法院次长森哲三和审判官米内担任讲授民事诉讼法的讲师,教授程光明讲授刑事诉讼法,副教授林保太讲授国际公法,副教授陈明德讲授国际私法,教授中根布羁雄讲授经济学,讲师、伪满外交部属官丁文蔚讲授英语,日语由翻译官石川、高木等人担任,翻译由石川、高木、康成九、董滨淮等人担任,体育由日本退伍大佐神公司担任。[141]

伪满"新京法政大学"下设法学部、经济学部及特修科。法、经部预科修业年限一年,本科三年,共计四年。特修科前身为1940年设立的伪满"新京法政大学"夜间部,1942年改为特修科,分法学系及经济系,修业年限三年,毕业后与该校法、经学部享受同等待遇。该校"每年招生定额400名,其中日籍学生约占60%强,鲜籍者占20%,余则为中、蒙籍者"。[142]1940年10月,时任校长为田所耕耘。日籍教职员42人,中国教职员7人;日籍学生225人,中国学生637人。[143]该校毕业的中国学生中不乏抗日先锋。

在哈尔滨教育界,国民党地下组织的活动也十分活跃,其中著名人士有张涛、韦仲达、王乃正、肖达三、李子木、罗明哲等人,这些人均是青年知识分子，其中张涛毕业于北京大学，韦仲达毕业于齐鲁大学，曾任吉林毓文中学的英文教员，王乃正就学于吉林省军官教练处，李子木是长春法政大学毕业生，在校学习期间秘密加入了国民党，罗明哲为哈尔滨第一国民高等学校的国文教员……张涛、韦仲达等人以哈尔滨道外的"北池医院"和"大陆旅馆"为联络活动据点，李子木、罗明哲则侧重在哈尔滨医大、农大、军医学校等教育部门发展党员，建立地下组织，同时在各学校里印刷散发《抗战建国纲领》《中国之命运》《三民主义》等国民党宣传品。李子木等人还在上级组织的领导下，在哈尔滨学校系统建立了一个 72 区分部，发展爱国青年十几人，形成了一支学生反满抗日的骨干力量。1943 年前后，哈尔滨国民党地下组织遭到严重破坏，上述国民党爱国人士先后被捕，众志士坚贞不屈，保守机密，最后，张涛、韦仲达、王乃正、肖达三等人壮烈殉国，李子木、罗明哲被判处十五年以上重刑，幸而东北光复才免遭不测。[144]

李子木、罗明哲二人后来参加了中国共产党领导的民主革命。罗明哲还加入了中国共产党。[145]

第六节　小　结

回首往事，不由唏嘘。狂澜危厦之际，纵有能臣弼士苦苦支撑，惜边疆僻远，需用人而乏人可用。地方当局乃生自创学堂而培养之意。其间筚路蓝缕，折冲樽俎，捉襟见肘，几度断续，斯诚不易。然殊不知，此种长官意志、政令安排，恐与教育本真有违。

　　夫边陲之地,早引外人觊觎垂涎。先有俄人筑路,流侨寓居,兴办学校以图续存。而后东邻仇寇欲借教化而施奴役。殆及东省沦丧,既有国人所办法政教育机构悉数凋零。此中深意,尤值检省。金瓯既缺,主权难维。法律教育遂无从自立自主。任人鱼肉,更不待言。[146]

　　独立自由,此昔日前贤所欲而不可得者。转观目下,每有于他国律令成例念念在兹者。或谓之"自我殖民地化"者也。唯其何以直面前述过往历史,不无疑虑。

第五章　没有法律系的法学院？*

　　没有法律系的法学院？这个题目似乎有点让人惶惑。因为在很多人看来"法律系"与"法学院"原本就是一回事。从20世纪80年代开始，内地的综合性大学纷纷开始在原有的"法律系"基础上设立法学院，其下再分为法学、经济法学、国际（经济）法学之类的系别。[1]直到近些年法学院取消内部的系别划分才又逐渐成为趋势。[2]因此，"没有法律系的法学院"（或没有法律专业的法学院）看上去就是个伪命题。其实误会一定程度上源自人们对法学院的理解。近40年来，中国内地的法学院多半是所谓"小法学院"，即仅仅提供法律教育，而不涉及诸如政治学、社会学、经济学等学科。[3]可是在民国时期，国内大学的法学院多半是包容了政治学、经济学、社会学、商学等诸多现在人们称之为"社会科学"的学科的"大法学院"。[4]比如，按照当时的《大学组织法》，北京大学于1930年改法律学系为法学院，下设政治、经济、法律三系；[5]1937年的武汉大学法学院之下亦设有法律系，院长和系主任分别为皮宗石和周鲠生。[6]不过有时，在"大法学院"之下还真就没有专门提供法律教育的"法律系"。燕京大学[7]

　　＊　本章初稿曾提交清华大学法学院"科技创新之法律应对与法学教育革新"研讨会（两岸清华法学论坛，2009年11月7日），后有大幅修改。

即是一例。

第一节　燕京大学法律学系

很长时间里,燕京大学一直给人以没有法律系的印象。燕京大学校友校史编写委员会编的《燕京大学史稿(1919—1952)》在介绍燕大法学院时就没有提及其下的法律系:

> 燕大 1918 年创建之初,就有社会科学课程。当时英国人戴乐仁(J.B.Taylor)开经济学课;青年会干事英国人步济时(J.S.Burgess)兼授社会学。1922 年聘北洋政府外交部参事欧阳心农担任政治学讲师。1923 年徐淑希来校,始有专任教授。翌年郭云观任兼任讲师,增设法律课程。此时因经费缺乏,尚无院系设置。到 1928 年,由于得到美国"罗氏基金"及"燕普基金(Yenching-Prinston Foundation)"的资助,政治、经济、社会三个学系成立并合组为社会科学院。至 1929 年因向当时国民政府教育部立案,又定名为法学院,其英文名称是 College of Public Affairs。1937 年得到英庚款的帮助,增设了新兴的导师制,聘英人林迈可(M.Lindsay)来院主持⋯⋯
> 1934 年成立了[法学]院图书室,其后数年间平均每年有 1500 美元的购书预算。据 1940 年末统计,中外文藏书约有 9000 余册,杂志 100 余种⋯⋯
> 法学院正式建制后,学生人数逐年增加。到 1938 年秋季注册人数达到 322 人,其中政治系 47 人,经济系 202 人,社会系 65 人,导师制 8 人,比战前的 1936 年超过三分之一⋯⋯[8]

[历任]法学院院长：1929—1936 年是徐淑希，1937—1941
年是陈其田；1942 年 2 月成都复课后，1945 年是吴其玉（兼政治
系主任）；1946 年北平复校后是赵承信（赵承信任法学院院长
后，不兼任社会系主任，系主任为林耀华）；1947 年由严景耀代
理，直至 1952 年燕大撤销建制止。[9]

韩迪厚也写道：

燕京大学法学院以社会学系最见称。这个学系的课程以社
会调查与个案研究为主体，是普林斯顿大学毕业生奠定的基础，
可以说是在中国最早的洋派社会学，纵然这种调查统计有很多
不尽不实之处，不在话下。一九三○年"普林斯顿—燕京基金
会"正式成立，用洛克菲勒基金会的经费，发展燕大的社会学系，
有名的清河实验区便是燕大社会学系的成绩。[10]

《燕京大学史稿（1919—1952）》还提到，政治学系所授课程重点
在中国与各国政府、国际法与外交、中国国内法律三方面。[11]从书中
引述的《燕京周报》（Peking University Bulletin）所载的燕大政治系的
课程设置情况可知，1923 年徐淑希受聘于燕大，并开设了政府原理
（Principles of Government）与国际法课程。[12]当年其他法律课程的师
资与教学安排为：

本校社会系许仕廉先生兼授政治学基础（Elements of
Political Science），英语系教授谢迪克（Harold E.Shadick）先生兼
授西洋政治思想史，北洋政府外交部参事习敏谦博士讲授条约
论，旧海关服务多年的澳籍人士毕善功先生（Louis R.O.Bevan）
讲授政治学概论与法学通论，国家的性质、范围、功能与组织机

构等课程。[13]

[1924 年]先后延聘郭闵畴[即郭云观]教授(北洋政府最高法院法官[大理院推事])先后讲授中国法律制度、地方法原理、中国家庭法、刑法原理、行政法、欧洲大陆法与国际私法间的矛盾[冲突]等课程,毕善功先生讲授英美法律制度与罗马法。[14]

1925 年以后,[政治]学系又先后增聘吕复教授讲授宪法与比较政治,萧公权教授讲授中国及西方政治思想史,郭云观先生讲授法学通论、民法,李祖荫先生讲授行政法,潘昌煦教授讲授刑法原理(潘先生早期留日,曾任大理院院长),梁仲华先生讲授地方政府(梁先生系梁漱溟先生至交,为当时研究地方政府专家)。还聘请钱鸣业、许智运、杨宗翰、王德斋诸先生来系兼职。

此外,还邀请一些外国学者来系任教,二十年代末三十年代初曾任美国政治学会会长的宪法权威柯而温教授(Prof. Edward S. Corwin)于休假期间来系讲学。还有休斯敦教授邓肯博士(Dr. Robert Duncan)应邀来燕大任教三年,从而更加强[了]燕大与普林斯顿大学的学术联系。[15]

以上记述似乎表明,燕京大学的法律教育被吸纳在政治系的课程中,而没有独立的法律系建制。不过,2004 年夏,笔者在北大法学院图书馆外文室偶然翻检到一本 1907 年出版的 Ernest J. Schuster 著的 *The Principles of German Civil Law*,[16]书上加盖有“燕京大学法律学系(Department of Jurisprudence, Yenching University)”和“北平燕京大学图书馆(Yenching University Library, Peking China)”两枚蓝色印章。这是燕京大学曾设立法律系的实物证据。燕京大学启用 Yenching University 这一英文名称是在 1925 年;法学院成立于 1929 年,法律系

的设立不早于法学院的建立；"北平"的称谓则始于 1928 年、止于
1949 年。由此可知，上述燕京大学法律系的印章应加盖于 1929 年至
1949 年间（即南京国民政府时期，还要除去 1941 年 12 月至 1945 年 8
月的一段）。[17]辅助的证据还有一些。

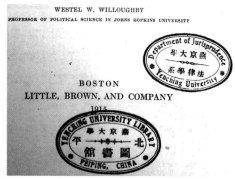

图 5-1　燕京大学法律学系藏书两种，加盖有"燕京大学法律学系（Department of
Jurisprudence，Yenching University）"和"北平燕京大学图书馆（Yenching University
Library，Peking China）"蓝色印章（右侧为细部）

图 5-2　燕京大学法律学系藏书两种。"燕京大学法律学系（Department of Jurisprudence，Yenching University）"印章为黑色（右侧为细部）

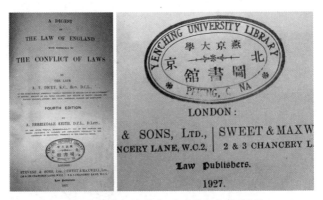

图 5-3   燕京大学图书馆藏书,加盖有"北京燕京大学图书馆(Yenching University Library,Peking China)"蓝色印章(右侧为细部),中文文字由右向左读

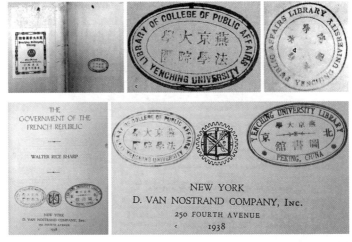

图 5-4   燕京大学法学院藏书两种。前者系"中英庚款社会研究藏书",仅加盖有"燕京大学法学院图(Library of College of Public Affairs,Yenching University)"蓝色印章。后者还加盖有"北京燕京大学图书馆(Yenching University Library,Peking China)"蓝色印章,从该书版本判断,加盖时间应在 1938 年以后

图5-5 燕京大学政治学系藏书一种。加盖有"燕京大学政治学系（Department of Political Science，Yenching University）"和"北京燕京大学图书馆（Yenching University Library，Peking China）"蓝色印章

图 5-6　燕京大学图书馆藏书两种。均加盖有"燕京大学图书馆（Peking University Yenching College Library）"蓝色印章。从该书版本判断，加盖时间应在 20 世纪 20 年代以后

图 5-7　燕京大学图书馆藏书三种。前者加盖有"燕京大学图书馆北平（Yenching University Library,Peiping China）"字样的蓝色带齿状（较圆润）边纹印章。后两者加盖有两种"燕京大学图书馆北京"字样的蓝色印章，外圈无英文，边纹锯齿较尖锐。印章文字均由左向右读

图 5-8　燕京大学图书馆藏书票九种

图5-9　燕京大学图书馆藏书凭条插袋四种

其一，《燕京大学史稿(1919—1952)》附录五《燕京大学教职员
名单(1918—1952)》开列了法学院法律系的教师名录。其中，有两名
教授：郭云观(系主任)、潘昌煦；两名专任讲师：彭时、李祖荫；三名兼
任讲师：毕善功、李怀亮、吴奉璋。上述教师的任职期限均为1931—
1932年。该表还提示说后来法律系并入了政治系，[18]可惜其没有明
确并入的具体时间。而该书在介绍潘昌煦时称，潘昌煦于1928年受
聘讲授刑法原理，在燕大任教达五年之久，1933年因年事已高，不再
继续任教，返回故里。[19]郭云观于1932年10月出任南京国民政府司
法行政部参事。同年11月至1941年12月中旬任江苏上海第一特区

地方法院院长,1941 年 3 月至 12 月中旬兼任江苏高等法院第二分院院长。[20]

其二,邓云乡称,"文化古城时期[指 1928—1937 年北平时期]燕大,本科有三个学院,十八个学系……法学院有法律学系、政治学系、经济学系"。[21]

其三,燕大毕业生沈膺写道:

> 徐淑希:法学院院长兼政治系主任,是位彬彬饱学之士,完全洋派儿教授;也是当年"太平洋学会"会员,学有专长。他自己驾驶汽车来授课;用英语讲课,采用也是大本头英文课本……
>
> 郭闳畤:法律系主任教授,平易近人,福建世家,对民法、刑法、国际公、私法诸课门研究精深。讲每门课皆集中要点,轻松而易解,由浅入深,使学生不难解。自"大二"起每年皆选修他的课程。上海租界上的法院收归政府,郭师任上海特一区法院院长,专门处理华洋纠纷案件得心应手。[22]

沈膺还提道:

> 那年投考燕京正因为向教育部立案关系,新生考试课门除中、英文与智力测验外,还有一门数学和再选考物理、化学或生物三种任何一门。我因奉亲命就业,中断三年学业,对数、理、化两项考试如何能通过,开榜幸运列名为"试读生"入学,刘师[廷芳]不无照顾。[23]
>
> 入燕京时他[指吴雷川]正任校长,为"燕大"在教育部立案出过力。他是挂冠辞退教育部次长而来就任校长的清高学者……某次又去朗润园专诚拜谒吴老师,那时,我正在天津市主办"河北省新生活运动"工作,因"何梅协定"情势全非,精神沮丧

而彷徨无计,请他写封荐函致陈布雷……[24]

燕京大学向南京国民政府教育部立案是 1929 年的事。1929—1934 年吴雷川代理燕京大学校长。《何梅协定》事发于 1935 年 6 至 7 月间;而当时沈膺显然已经毕业有些时间了。因此推算起来,沈膺当于 1929 年进入燕京大学法学院学习。且其在燕大读书期间,正是法律系建制尚在之时。

其四,陈远也说:

　　担任应用社会科学学院院长的是徐淑希,学院下辖三个系:经济学、政治学、社会学和社会工作[服务]。

　　按当时教育部的规定,社会学应该归属文学院,但如果将社会学划归文学院,仅仅靠经济学和政治学系就不能组成第三个学院,燕京也就不能称为大学。后来燕大找到了一个摆脱困境的办法——新增加了法律系,学院也随之更名,英文为公共事务学院,中文为法学院,这一次改变是普林斯顿方面可以接受的。燕大希望,只要教育部持宽容态度,社会学和社会工作系转到文学院的事情就尽可能长久地拖下去。1930 年至 1932 年这个系属于法学院,但 1932 年至 1935 年又被从法学院划走。1936 年,燕大终于说服教育部批准将社会学和社会工作重新划归法学院,法律系则被取消。[25]

看上去,法律系似乎是在 1936 年才被取消的,其实并不确切。

其五,王健教授在《中国近代的法律教育》一书中则谈到,1929 年燕大立案后遵照部章分设三院,其中之一即应用社会科学院,内设政治、经济和社会学系。[26]嗣后不久,根据《大学组织法》制定的《大学规程》规定,大学法学院或独立学院法科分法律、政治、经济三学系,"但得专设法律学系"。于是,燕大遂改设法学院,添设法律学系,以符合部章的规定。当时,燕京大学法学院院长由政治系教授兼系主任徐淑希兼任。法律系教师有 6 人,其中郭云观和潘昌煦是教授,李祖荫为讲师,毕善功、李怀亮、钱鸿业为兼职讲师。[27]但法律学系设置时间不长,1934 年就停办了。[28]

图 5-10 燕京大学校园图。法学院位于穆楼,进西门左手(北侧)第一楼,现为北京大学外文楼

图 5-11 兴建中的穆楼

关于燕京大学法律学系的设立与取消，更权威的说法来自 1937 年刊行的《燕京大学一览》中有关校史的记述：

> ……[民国十八年，1929]是年遵照政府定章分设三学院。
>
> 　　一、文学院，内设国文、英文、欧洲文、历史、哲学、教育、心理、音乐、宗教九学系。
>
> 　　二、自然科学院，内设化学、生物、物理、地理及地质、数学、家事六学系。
>
> 　　三、应用社会科学院，内设政治、经济、社会三学系。嗣又于文学院添设新闻、体育两学系，改自然科学院为理学院，移心理学系属于理学院，改应用社会科学院为法学院，并添设法律学系。迨二十一年秋复呈准教育部，裁撤宗教学系及体育学系，二十三年裁撤地理及地质学系，合并英文及欧洲文两学系为外国文学系，心理学系重移属于文学院，并暂行停办法律学系，是为大学本科编制沿革之大略。[29]

由此可知，燕京大学先于 1929 年根据国民政府的要求设立法学院，起初其下只有政治、经济、社会三个学系，法律系的建制是稍后添设的，到 1934 年即"暂停办理"。这和潘昌煦 1933 年聘期届满后即不再任教的资料正好可以契合起来。

司徒雷登在《在华五十年》中回忆了燕京大学法学院的设立情况：

> 我们的法学院是根据普林斯顿[大学]公共国际事务学院的名字取的，其主要资助者是那所大学的毕业生组织的一个校友会，称作普林斯顿—燕京基金会，但它的意义远远超过了单纯的经费补助。普林斯顿的教授或刚毕业的学生常到燕京讲学一年或数年。我们的高材生也常去普林斯顿攻读博士学位，然后再

返回我们的大学。这种情况是经常的。法学院包括政治系、经济系和社会学系，所有这些系科对中国的现代化都是极其有用的。也许私人和政府机构最需要的是那些主修社会学课程的毕业生。[30]

司徒雷登没有提及法律系。且从其叙述中可以看出，燕京大学法学院很大程度上模仿了普林斯顿的模式，而普林斯顿是没有纯粹的法学院和法律教育的。[31] 结合前面陈远提到的情形，可知燕京之所以增设法律系，主要是为了满足国民政府部章中关于大学须有三个学院的条件。但增设法律系又未必合于资助人的意思——司徒雷登在谈到燕京大学增设新闻系时曾说："我自己的特殊爱好也许是新闻。燕京托事部的理事们曾授权我增设新闻系，但是有言在先，他们没有为它提供经费的义务。后来尽管这个系的成立有些贸然，可它

图 5-12　1939 年燕京大学法学院经济学系孔庆云毕业暨学士学位证明书

图 5-13 《教职员一览表》(1936 年)

很合我的心意。"[32]——也许正是因为缺乏资金支持,才会有 1934 年停办法律系之举。[33]只是,这还仅仅是种猜测,尚需有力的佐证。法律系停办后,燕京大学研究院下仍设有法科研究所,其主任徐淑希亦兼任政治学研究所主任。[34]

第二节 清华大学法律学系

历史上,类似于燕京大学长期只有法学院而没有法律学系的大学还有不少。民国时期的清华即为其一。

一、法律课程的开设

1925 年 5 月,曹云祥[35]校长在任期间,清华学校设大学部、留美预备部、研究院三部分。次年,设立十七个学系,学制四年,"纯以在国内造就今日需用之人才为目的,不为出洋游学之预备"。[36]其中,政治学系开设有法律课程。1927 年 4 月 29 日出版的《清华周刊》介绍政治学系的教授和课程时提到,该系开设的"法律"类课程包括法律概论、宪法、民法、刑法、商法、行政法。此外,"国际"类课程中还有国际公法。[37] 1928 年 4 月,政治学系再次修订了课程大纲,调整了部分课程的学分与授课时间,1928—1929 学年拟开设的课程中增加了国际公法案例。不过这个方案最终没有实施。[38]

1928 年,吴之椿[39] 出任政治系主任后,对课程作了较大调整。1928 年下学期,清华课程大纲中政治学系科目第五项为政法科目,包括:宪法、行政法、行政管理、法学通论、民法、商法、国际私法、刑法、法制史。此外,国际公法被列在第二项国际科目之下。[40] 1928 年 10 月,清华大学政治系聘请胡元义为法学教授,讲授民法、行政法、商法和国际私法课程。但胡不久就辞职了。[41] 而后,法国里昂大学法学博士、北平大学法学院经济系主任刘懋初担任行政法,并讲授由吴之椿所教的宪法。民法及国际私法由黄右昌[42] 担任,商法由何基鸿[43]担任。黄、何皆为兼职。[44]

1929 年 9 月 15 日,吴之椿在接受《校刊》采访时表示政治学系决定开班课程有:法学通论、民法一(由讲师郭闵畴担任)、民法二(人选未定)、法制史(由讲师程郁庭担任)、商法(由何基鸿担任)、国际公法(由王化成[45] 担任)。此外,学校希望 Quincy Wright 能担任国际公法案例,但 Wright 教授尚未表态。[46] 1930 年《国立清华大学一览》中《教职员名录》显示当时政治学系涉及法律课程的教师包括:

> 王化成,教授,江苏丹徒人,时年 28 岁,清华学校毕业,美国明尼苏达大学学士,芝加哥大学博士,1927 年至 1928 年在哈佛

大学专修国际公法。

郭闵畤,讲师,浙江温州人,其时年龄不详,法学士,曾留学美国哥伦比亚大学研究院,曾任燕京大学法学教授、前大理院推事。[47]

潘昌煦,讲师,江苏苏州人,时年57岁,前大理院庭长,现任燕京大学教授。

何基鸿,讲师,河北人,时年43岁,曾任北[京]大学院教授。

程树德,讲师,福建闽侯人,时年54岁,前清翰林院编修,日本法政大学法科卒业,历任参政院参政法制局参事。[48]

此外,程郁庭系清华聘任委员会1929年8月7日新聘的政治学系讲师。

二、法律学系的设立与撤销

1928年8月17日,南京国民政府决定将清华学校改为国立清华大学。9月3日,国民政府大学院公布《国立清华大学条例》七章三十一条。清华在原大学部基础上设立了包括政治学系和经济学系在内的14个学系。

虽然不及燕京大学,但清华与美国的渊源也堪称深厚,其教学模式与学科设置自然也带有美国高等教育模式的某些印记。美国的大学设立学科单一的法学院,与文学院、理学院并立,而当时政治、经济二学科则在文学院之内。与此不同,在大陆法系国家,法律与政治学科的距离要近得多。在日本有法政大学。在法国,"法学[院]非仅研究法律问题之学术机关,如社会经济政治亦均在其中,故亦有名法学院为社会学院者"。[49]相应地,法国的法学博士学位涵盖了法学、政治学和经济学三种专业，三种专业的学生最终获得的都是法学博士学位。[50]

　　然而，办学理念上的传承与渊源毕竟不能同有关教育法的强制性要求抗衡。民国时期的立法深受所谓大陆法系国家的影响。1929年《大学组织法》关于法学院设法律、政治、经济三系的规定就脱胎于法国，尽管又不是纯粹的法国模式——法国人更偏重社会学。1929年5月郭岚畴在一篇题为《清华与法学》的演讲中注意到了这种转变：

　　　　从前清华没有法学的课程，现在已次第地添增了。这个情形和燕京大学恰恰相符，在以往燕大也是没有法学的，最近已更改过来。这可以说是政治学系的性质改变了，从前清华燕大所采的是美国式的，在美国学校里的政治系是没有法学课程的。现在我们所采的是大陆式，法学的课程归并在政治系。到底是哪一种好？……没有疑问，采用英美式在中国是不适用的。[51]

　　不过，清华大学法学院未设法律学系，起初却与学校自己的选择有关。一个常见的说法是因财政经费局促，清华主动向教育部申请暂缓设立法律学系。陈岱孙老在1936年6月27日的《清华周刊·向导专号》上即撰文记述了(1929年)清华因资金紧凑而申请缓办的情况：

　　　　本校自民国十四年秋开办大学，是时学制未定，以学系为单位，未有院之组织也。十八年，始根据新颁之《大学组织法》，分为文、理、法三院，以已有之政治、经济二系，划归法学院，是为本学院之始期。依照《大学组织法》，法学院应有法律、政治、经济三系，而十八年分院以前，本校未有法学系，其政治、经济二系学生所需要之法律课程，皆附设于政治系之内，故于分院之后，即有添设法系以完全法学院组织之议；惟是时本校经费未充，而已有之各院系急待发展,故特呈请教育部,于短期内暂缓设立法学系。至是时政治、经济二系,虽大学四年之课程粗备,而较为高深之课目尚待设立。十八年后,本院之主要工作即在于添设及充实此已有二系之课程。十九年,乃呈准教育部,添设政治、经济二研究所,以为大学毕业生中成绩优美、富有研究兴趣者,研修之所。[52]

罗家伦校长在就职演讲中提出:

　　我动身来以前,便和大学院院长蔡先生商量好如何调整和组织清华的院系。我们决定先成立文、理、法三个学院……法学院则仅设政治经济两系,法律系不拟添设,因为北平的法律学校太多了,我们不必叠床架屋。我们的发展,应先以文、理为中心,再把文、理的成就,滋长其他的部门。[53]

　　而罗家伦在《整理校务之经过及计划》中更明确指出:“政治经济二系的学科与国家政治社会生活的改造关系最为重要,现在党治之下,应以中国国民党的原则为归宿,养成实际的行政人才。”[54]

　　蔡先生早年主政北京大学时,曾欲操刀割除北大法科未果,只革去了北洋大学法科。此番就任南京国民政府大学院院长,再作冯妇,又借学生之手,故伎重演,施法清华。其实仍不过是将个人偏好与公共权力叠加并借势放大。而罗校长就任之前即问教于教育行政长官(大学院院长),却不征询大学相关学科同仁意见,显与大学自治、教授治校理念不符。至于所谓北平法律学校太多,不必叠床架屋亦属冠冕之词,且其中不乏对法律学科认知上的偏见与洞识:其或者认为法律教育不够实用,或者认为法律教育会与党治抵牾。总之,“缓办”为虚,而不设是实。

1929 年 6 月 12 日,国民政府教育部下发第七九四号训令,批转了经国民政府行政院核准的《国立清华大学规程》。规程明确规定清华大学本科设文理法三学院,其中法学院包括法律学系、政治学系、经济学系。同时,该训令也认可了清华缓办法律学系的请求:

> 令国立清华大学
> 为令发该大学规程自十八年度施行由
> 中华民国十八年六月十二日
> 为令饬事:查该大学规程前经本部拟定呈请国府鉴核。兹奉行政院第一四五六号指令开"呈暨规程均悉,准予备案。并已转呈国府鉴核,仰即知照。规程存"等因;合将规程抄发,令仰遵照,即自十八年度实行。惟法律学系暂从缓设,另行筹备可也。此令。[55]

法律课程于是继续附设于政治学系内。这些课程包括法学原理、国际公法、宪法、行政法、民法通论、刑法通论、中国法制史、国际公法、国际私法、国际组织等。这一时期的主要法学教员有赵凤喈、[56]陈之迈、王化成、程树德、燕树棠[57]等。当时还有曾先后执教于美国哈佛、芝加哥大学的莱特博士(Dr.Quincy Wright)教授国际法课程。1929 年 7 月 18 日,清华大学开办研究院。1930 年秋季开办的政治研究所招收国际法方向的研究生。当时招考非常严格,每年仅取一两名。开设的法律类必修和选修课程有:中国法制史、国际公法判例、国际私法、国际组织、公法(宪法或国际公法)专门选读与研究、英国宪法史、条约论等。[58]

然而,法律课程与教员长期附设于政治学系毕竟不妥,"惜因当时须兼顾法律课程,人力经济,皆嫌有不集中之感,适学校亦有筹办法律系之计划焉".[59]1932 年 1 月 7 日,法学院长陈岱孙致函梅贻琦校长请求添设法律学系之议。[60]只可惜选择的时机不对。1931 年全国大学在校生中实类学生仅占 25%,文类学生占 74%,其中学法政者达 37.2%。[61]是年,受国民政府邀请来华访问的国联教育考察团在报告中指出,学习自然科学的人数太少,学习法律的人数太多,建议减少法学、政治学等人文学科数量。[62]1930 年后,上海 20 多所法律院校中约有 2/3 被停办。其中 1931 年 1 月被勒令停办的有 9 所院校:"其认为班里不少勒令停闭计有九校,内大学七、学院二,又另停止招生者一校,其校名如下,大学:上海东亚大学、华国大学、光明大学、新民大学、建设大学、艺术大学、群治大学;学院:上海文法学院、南京待旦学院(以上停闭);专门学校:湖南建国法政专门学校(以上停止招生)。"[63]在此大背景下,清华添设法律系的计划受挫亦不难理解。

政治系教授王化成提到:"二十一年秋,本校添设工学院,兼于法学院中置法律学系,惟嗣因部令暂行缓设。是以自二十一年以后,为政治学系自身发展时期。"[64]陈岱孙老后来在《清华周刊·向导专号》上的文章回顾了这段申办(1932)乃至最终于停办法律学系(1934)的经过:

> 民国廿年廿一年之间,本校收入因金贵银贱稍为充裕,而同时已有各系亦相当之发展,故于廿一年春呈请教育部于是年秋季始业时,正式添设法学系,以政治系附设之法学课程归并之。一以完成本院组织,再则以减轻政治系之负担,以谋该系自身之发展。得教育部批准后,本院乃着手组织法学系,添聘教授,购置图书,招考新生等事项于廿一年夏间积极进行。不幸是年秋间,教育部忽有本大学法学系此后暂停收生之指令,此新创之法

学系乃受意外之挫折。惟是时尚冀此暂停收生指令有效之期为时较暂，则法学系虽一时未能发展，尚无大碍。廿一、廿二年间，历由学校向教育部呈陈设法学系之经过与理由，俱未蒙谅解；廿三年学校乃议决法学系于是年起暂行停办，所有政治系、经济系学生所需要的法律课程，仍附设于政治系内，此为法学院在过去数年内组织上较大之变更。[65]

这只是大致经过，其间细节还要曲折复杂得多。1932 年 2 月 3 日，梅贻琦校长向南京国民政府教育部呈送公函，请求增设法律学系。同月 22 日，国民政府教育部下发《教育部指令》(字第一二一五号)，称：

> 令国立清华大学
> 　呈一件——为下学年增设工学院暨成立法律学系仰乞鉴核备案由。呈悉。准予备案。此令。[66]

法学院遂正式添设法律学系，由燕树棠主持系务。[67]不料，教育部又出尔反尔，节外生枝。1932 年 5 月 7 日，教育部下发第三〇四六号训令，命清华大学法律系暂缓招生：

> 令国立清华大学
> 　前据该校呈报，拟自下学年增设工学院暨成立法律学系，当经本部第一二一五号指令准予备案在案。惟查工科人才之培植本为我国急要，值兹国难迫切，物力维艰，该校应就现时财力所能及，力谋工学院之扩充，至前准备案之法律学系，应暂缓招生。合行令仰遵照。此令。[68]

梅贻琦校长乃于 6 月 4 日呈文教育部请求维持第一二一五号

令，准予法律学系备案，[69]但于事无补。11日，教育部第四一八一号指令仍然坚持其立场，不肯松口：

> 令国立清华大学
>
> 呈一件——为呈复该校下学年增设工学院暨成立法律学系，拟请维持原案，仰乞鉴核示遵由。呈悉。仍仰遵照本部第三〇四六号训令办理。此令。[70]

其后，梅校长一方面于11月30日继续向教育部呈文解释招收法律学生缘由及苦衷，请求允予备案，[71]另一方面则于12月2日同时致信教育部次长钱昌照（字乙藜）、高等教育司司长沈鹏飞（字云程），以及杨公兆（杨度次子）等代为斡旋。[72]12月9日，教育部下发第一〇三三五号指令，提道：

> 令国立清华大学
>
> 案奉
>
> 行政院第三六八零号训令以奉
>
> 国民政府训令以准。
>
> 中央政治会议函准陈委员果夫拟订改革教育初步方案，经教育组审查，决议照审查意见通过，令仰遵办等因，并附抄件；奉此，查原审查意见内有"全国各大学及专门学院之文法等科，可由教育部派员视察，如有办理不善者，限令停止招生或取消立案分年结束，嗣后遇有请设文法等科者，除边远省份为养成法官及教师，准设文法等科外，一律饬令暂不设置。又在大学中，有停招文法等科学生者，其节余之费，应移作扩充或改设理农工医药等科之用"等因，除分行外，合行令仰该大学知遵。此令。[73]

十天后的 1932 年 12 月 19 日，教育部再发第一〇六〇八号指令，除了重申前一指令中引述的行政院训令转述的中央政治会议决议以外，也做了一点妥协：

> 据称该大学法学院一年级向不分系，本年度所招新生之拟入法律者人数并亦不多，应饬改认该大学其他学者，其不愿改系者，得与已招之二年级转学生，办至本年度终了时结束，再行分送北京大学或北平大学肄业，至一年级转学生仅有政治系改入二三人及校外招收一人，该项新生及转学生之入学资格姑予承认。[74]

早在 1932 年 3 月 28 日，冯友兰、燕树棠联署给梅贻琦校长的函件即显示，教育部长朱家骅在此事上颇为消极：

> 段（书贻）谓……法律系事，部中因恐北平各大学重复，故不准添设非有他意……段谓：庚款事再问朱部长，法律系事部中仍认为清华不必办。今日上午见朱部长……法律系事，因各方援以责难部中者太多，以前公事又已做死，实难特图。弟等告以校中财政状况，谓庚款若停而财部仍照上年办法则学校必停办。彼初闻此言似甚惊异，后经说明彼始了然，但云庚款尚未定停，可以后再定办法。[此处页眉添有：朱谓，清华仅可有法律功课，但另设系实难办到。]弟等来时在火车上遇李仲揆，即托其向朱疏通法律系事。昨晚李言已向朱说，朱甚不以清华为然。今日见其言及法律系事意甚坚决，知办亦无益。综观各方面情形，法律系似无可挽回。[75]

朱家骅态度消极其实事出有因。早在 1929 年，《中华民国教育

图 5-14　朱家骅(1893—1963)　　图 5-15　王世杰(1891.3.10—1981.4.21)

宗旨及其实施方针》即规定:"大学及专门教育,必须注重实用科学,充实学科内容,养成专门知识技能。"[76] 1933 年,国民政府又颁布《三民主义教育实施原则》,把"学生应切实把理解三民主义的真谛,并且有实用科学的知能"作为高等教育培养目标。"国民政府的一个主要教育目标,是使各大学的教学计划标准化。从 1933 年开始,政府发布法令以管理必修课、选修课和大学入学考试程序等事宜。最后,还限制文科的招生人数,以鼓励更多的学生学习自然科学和工科。"[77]

　　其后接替朱家骅担任教育部长的王世杰继续秉承前述抑制政策,严格限制文科院校和专业招生数量,在增设实科的同时,裁并或停止招生了一批文法院系。[78]在这种大背景下,1934 年 8 月 13日,清华评议会决定遵照教育部第一〇八九八号指令自当年起裁撤法学院法律学系。[79]当月初,梅贻琦校长即已呈文教育部,称:"本校法律学系亦经评议会并案议决:自本学年起,即行结束。"教

图5-16　国立清华大学聘请钱端升担任政治学系教授的聘书（1932年6月）

育部旋即以教字第一〇八九八号指令予以认可："呈悉，准如所陈办理。"[80]清华筹设法律学系一事遂告终结，所有政治学系、经济学系学生所需要的法律课程，仍附设于政治学系内。故是年政治学系的教师名录中仍可以见到赵凤喈（教授）、燕树棠（讲师）、龚祥瑞（助教）的名字。[81]

　　清华大学档案馆藏1937年编成的法学院教师目录显示，法律学系教师的任职均到1934年6月底或7月底（详见下表），其后或离校或转入政治学系。这也印证了法律学系在1934年8月结束的事实。

表 5-1　国立清华大学法学院教师名录(节录,1937 年编成)

教师	法律学系	系主任	燕树棠　20-8-1—23-7-31
		专任讲师	赵凤喈　22-8-1—23-7-31
		讲师	王　颧　21-9-1—23-6-30
			戴修瓒　21-9-1—23-6-30
			邰　勳　21-9-1—23-6-30
			张映南　21-9-1—23-6-30
			郁宪章　22-9-1—23-6-30
			李　浦　22-9-1—23-6-30
	政治学系	系主任	浦薛凤　21-8-1—25-7-31
		教授	王化成　21-8-1—25-7-31
			张奚若　21-8-1—25-7-31
			钱端升　21-8-1—25-7-31
			萧公权　21-8-1—25-7-31
			沈乃正　22-8-1—25-7-31
			﹡燕树棠　23-8-1—25-7-31
			﹡赵凤喈　23-8-1—24-7-31
			陈之迈　23-8-1—25-7-31
		专任讲师	柳哲铭
		讲师	程树德　21-9-1—25-6-30
			唐悦良　21-8-1—22-6-30
			杨沃特　23-2-1—25-6-30
			﹡张映南　21-9-1—25-6-30

续表

教师	政治学系	助教	邹文海	22-8-1—23-7-31
			赵德洁	22-8-1—23-7-31
			龚祥瑞	24-9-1—25-7-31
			王彦美	24-9-1—26-7-31
			曹保颐	24-9-1—26-7-31

资料来源:陈俊豪:《生不逢时的法律学系——20世纪二三十年代清华法律学系设立之周折》,载许章润主编:《清华法学》(第九辑),清华大学出版社2006年版,第52页。星号系笔者所加,指从原法律系转入者。上述年份为民国纪年。

回顾事件始末,南京国民政府教育部的做法确有任意专断、不讲道理的地方。除了对陈岱孙老在给梅校长并转评议会的信函中提到的诸多理由无一采用又未做任何回应外,其还有以下三点谬误:其一,1929年规程获准后,清华已可设法律系,不过因受制于经费情况而申请缓办法律学系,因此事后其自可酌情开办,而教育部竟以初设新办视之。其二,教育部第一二一五号指令已核准清华添设法律学

图5-17　陈岱孙(1900.10.20—1997.7.27),　图5-18　赵凤喈(1896—1969)
原名陈总

系,但第三〇四六号训令旋又命清华大学法律系暂缓招生,朝令夕改,全然不顾政府公信力,且教育部令中虽用的是"备案"之词,其所行却是"审批"之实,不无越权嫌疑。其三,教育部第一〇三三五号指令提到的"除边远省份为养成法官及教师,准设文法等科外,一律饬令暂不设置"更是不通:就办学条件、实际效果与影响力而言,清华与东省特别区法政大学之辈,相差岂止天渊,唯因后者地处偏远且开办较早即可继续,而清华因出手稍迟乃无机缘,实在是劣币驱逐良币之选。

清华大学法律系学生中,有据可查的有郑秀(1912—1989.8),即曹禺第一任妻子。1932年曹禺导演高尔斯华绥的《罪》[又名《最先的与最后的》(The First and the Last)]。

剧中的吉斯由孙毓棠扮演,拉里由曹禺本人扮演。女主角汪达由法律系的郑秀来演。由这次演出,曹禺结识了郑秀,并开始他充满罗曼蒂克的恋爱。

郑秀是1932年由北平贝满女子中学考入清华大学法律系

图5-19 郑秀的大学毕业照(1936)及清华大学法学院经济学系1933届毕业生沈胜的毕业证书

的。她出身一个官宦家庭，父亲郑烈是南京最高法院的法官。[82]

曹禺先生的原配夫人郑秀是清华法学系八级毕业生。1933年春，郑秀与曹禺在清华园相识、相知、相爱，1936年结为连理。[83]

1936年，郑秀从清华大学政治系毕业，获法学士学位。

三、法律课程重归政治学系

1932年至1933年度的《国立清华大学法学院政治学系》年册显示，当时政治学系的教师包括：

教授：浦薛凤（系主任）、王化成、张奚若、钱端升、萧公权
讲师：程树德、唐悦良、吕復
专任讲师：柳哲铭
助教：邹文海、赵德洁[84]

该年册收录的从1931年秋季开始执行的政治学系本科学程显示，政治学系本科生二年级须学习法律原理和宪法，三年级须学习国际公法等必修法律课程。[85]其中，法学原理（政151—152）由燕树棠讲授，每周2小时，全学年共4学分；宪法（政153—154）由钱端升讲授，每周3小时，全年上课，6学分；国际公法（政161—162）由王化成讲授，每周4小时，全年，8学分。[86]此外，该系还开设有法律类选修课。中国法制史（政251—252），程树德讲授，每周2小时，全学年4学分；行政法（政253—254），张映南讲授，每周3小时，全年6学分；国际公法判例（政261—262），王化成讲授，每周2小时，全年4学分，限修过国际公法者选；国际私法（政263—264），燕树棠讲授，每周2

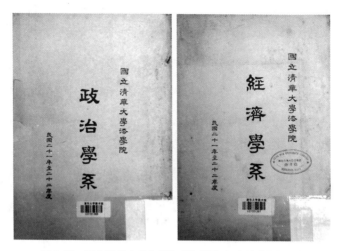

图 5-20　国立清华大学法学院政治学系、经济学系年册(1932 年至 1933 年度)

小时,全年,4 学分;国际联盟(政 257),王化成讲授,每周 2 小时,全年,2 学分。以上课程属本科与研究院课目。[87]公法(宪法或国际公法)专门选读与研究(政 301—202 甲),王化成、钱端升讲授,全年 6 学分;英国宪法史(政 351),钱端升讲授,每周 3 小时,上学期,3 学分;条约论(政 362),王化成讲授,每周 2 小时,下学期,2 学分,选修者须先修国际公法。[88]以上为研究院课目。

　　1933 年秋季开始实行的清华大学法学院政治学系学程要求该系学生(本科)须修满 132 学分并毕业论文及格方能毕业。其中,大学本科共同必修 36 学分(大一必修),本系学程 48 学分(内必修 26 学分选修 22 学分),经济、历史及外国语三系必修 40 学分(内经济学概论,财政学,中国外交史或欧洲 19 世纪史,第二年英文,及第二外国语两年）；本系或别系学程选修 8 学分。[89]在政治系 1936—1937 年度的分年课程表中，笔者见到第三、四年的课程中有国际公法（8 学分）。课程附表《各类必修学程》中国际公法属第二类。《学程说明》中提到的课程有：赵凤喈开设的行政法（政 115—116）选修课、[90]民法通论（政 155—156）、[91]刑法通论（政 159—160）选修课；[92]王化成开设的国际公法（政 161—162）；[93]燕树棠开设的国际私法（政 263—264）选修课、[94]王化成开设的国际组织（政 275—276）选修课。[95]此外，尚有该年度不开班的法学原理（政 151—152）、[96]宪法（政 153—154）、[97]程树德的中国法制史（政 251—252）、[98]王化成的国际公法判例（政 261—262）；[99]以及面向研究生开设的英国宪法史（政 351）、王化成的条约论（政 362）。[100]再有，经济系会计门的学生第二年的课程中包含一门民法。[101]

1937 年 10 月至 1938 年 8 月，谢怀栻先生在清华大学机械系学习。[102]据谢老的后人回忆：

> 父亲 1937 年高中毕业后，考入清华大学机械系。当时正值抗日战争爆发，作为一个 18 岁的热血青年，父亲崇尚"从文报国"的思想。他去问老师，文科中哪个专业最有用，老师告诉他文科中法律专业最有学问。于是第二年他从清华大学退学，考入中央政治学校大学部，选择了法律专业。[103]

严格来讲，谢老考入的应是长沙临时大学。不过，倘使当时的清华有法律系，也许谢老就不必退学次年再投考中央政治学校大学部了。

四、西南联大时期的法律教育

抗日战争时期，清华大学和北京大学、南开大学在 1938—1946

年共同组成国立西南联合大学,三校共建法商学院,下设法律、政治、经济、商学四系,院长为陈序经。[104]因清华、南开当时均没有法律系,故联大法律系实为北京大学法律学系的继续。长沙临时大学时期,戴修瓒[105]被推为系教授会主席。入滇后,法商学院和文学院先在蒙自分校上课,三个月后即迁昆明。起初,法律学系教授只有陈瑾昆和蔡枢衡二位。1938 年秋,燕树棠到任主持系务。[106]不过,清华保持了自己的研究院和法科研究所,研究所所长为陈岱孙,下设政治学、经济学、社会学三部,政治学部下设国际法组,教授主要有张奚若、钱端升、王化成、赵凤喈、邵循恪等。[107]

1938 年至 1941 年,清华法科研究所政治学部培养的研究生(有清华学籍)共 26 人毕业。[108]1943 年端木正入清华法科研究所政治学部读研究生。[109]

赵凤喈在《民法亲属编》序言中提到:"着手编此书,在二十八年之秋,盖是年得国立清华大学国内研究机会,除调查云南一部分法律习惯外,有余暇则整理讲稿,迄二十九年夏,方完成此编。三十年八月应教育部大学用书编辑委员会之聘约,以编民法亲属继承两编,乃依部定大学用书体例,先将此编酌加修改,以答盛意。"落款处题:"民国三十一年五月赵凤喈叙于云南呈贡县三台小学并记抗战四年又十月。"[110]

五、清华复校后法律系的复建

1946 年 10 月清华大学在北平复校。[111]南京国民政府教育部在 1947 年 2 月发给国立清华大学准予其院系设置的部令中明确提到法学院下设法律学系、政治学系、经济学系和社会学系。[112]法律学系主任由赵凤喈担任,同时政治学系仍开设国际公法等法律课程。清华研究院法科研究所也一并恢复,由陈岱孙任所长,赵凤喈兼任政治学部主任。是时法律学系有一、二年级本科生,并招收转系学生。法律学系开设的法律课程已相当齐全,计有 25 种,几乎包含了当时所有的法律学科门类,还为其他院系开设法学通论等全校性选修课。[113]

据苏雪峰编撰的《清华大学师生名录资料汇编(1927—1949)》,这一时期,国立清华大学法学院法律系的教师有:

李声庭,1918 年生,湖南湘乡人,西南联合大学毕业,历任航委会外事局译员、励志社干事,1946 年 8 月起任法律系助教。[114]

童介凡,1923 年生,湖南平江人,北大毕业,1946 年 8 月起任法律系助教。[115]

陈麟,1907 年生,广东人,法国里昂大学法学博士,曾任中法大学法国文学系教授兼主任,云南大学法律系教授,1947 年 8 月起任清华法律系教授。[116]

于振鹏,1909 年生,山东文登人,法国国家法学博士,曾任日内瓦国际联盟秘书厅中国秘书,云南大学法律系教授,1947 年 8 月起任清华大学法律系教授。[117]

六、院系调整中清华法律系与法学院的取消

1949 年初,清华大学被接管后,立即组织了校制商讨委员会,讨论学制及课程改革问题。课程大部分承接上学期,新添辩证唯物论、哲学问题讨论、历史哲学、社会法理、社会主义名著选读、毛泽东思想、中国财政问题、马克思经济、组织与管理、农村社会学、资本问题等课程。[118]

1949 年 3 月,中共中央开始考虑北平各大学的院系合并调整问

题。《中央关于北平各大学的几个方针问题的指示》(1949 年 3 月 17 日)提道：

> 华[北]大[学]与北大及各校文法院系合并,今年暑假前后实行恐属过早,因华大仍需担负短期政治训练班大量训练知识分子与工人的任务,与北大性质不同,故以暂不合并为好。各校法律、政治、经济、文学等院系,经有关各方同意合并者可逐一合并之。华大可吸收一批社会科学、文学的进步教授,先打些底子,以便将来合并时能占优势,而不是旧的北大的底子占优势。各校法律系的学生和教授应请华北政府司法部负责集合一批来训练,作为我们的司法干部。
>
> 清华教授中门户之见甚深。该校进步教授虽然主张调整合并,但他们占少数。将该校理工以外各院系并入他校,及将他校理工院系并入该校,都要审慎地取得多数同意之后来办理。[119]

1949 年 6 月,华北高等教育委员会召开常务委员会第二次会议讨论了各大学院系调整问题,27 日公布了《华北高等教育委员会关于南开、北大、清华、北洋、师大等校院系调整的决定》:"取消下列各校中之各系:南开哲教系,北大教育系,清华法律系、人类学系。南开哲教系、北大教育系三年级生提前毕业,二年级以下转系,清华法律系学生可转入该校各系或北大法律系或政法学院,人类学系并入该校社会学系。取消各系教授之工作,在征得本人同意后尽各校先分配,亦得由高教会分配。"根据该决定,清华文学院人类学系并入法学院社会学系,并在该系设立"边疆社会组"(次年改为"少数民族组"),取消法律学系,13 名学生转入北大。[120]

1949 年 7 月 28 日,国立清华大学致国立北京大学的公函显示,由清华大学法律学系转入北大的学生共九人：

> 案奉华北高等教育委员会三十八年六月廿七日发"高教秘字第二三四号"训令，关于各大学院系调整，决定本校法律系应予取消，该系学生可转入本校各系或北大法律系或政法学院。又规定："取消各系教授之工作，在征得本人同意后，尽各校先分配，亦得由高教会分配。"余立即着手筹备，自下学期起实行……查本校法律系奉令取消后，该系学生廿七人，志愿转入贵校法律系肄业者，经登记后，计二年级有夏长祥等三人，三年级有许慈耀等六人。教师同人亦希望转往贵校继续任教。兹将待转学生名单及成绩单随函送上，即希贵校同意接受。并希查照见覆，是为至荷。又尚有离校未及申请者，为荷保留空额数名……[121]

九名学生分别是：二年级夏长祥、李海波、王耀卿；三年级许慈耀、章志贤、王孝慈、张悦文、高林、萧谟铎。8月8日，北京大学复函表示对上述学生予以接收，免试编入相当年级就读。9月8日，清华大学再次致函北大，续送转入学生四名：

> 案查关于本校法律学系各年级学生转入贵校肄业事，前经函准。贵校卅八年八月八日发京字第五三七号公函，复见接受夏长祥等九名，准予免试编入相当年级就学，至感。兹又有邓永堃、张静宇、叶履中、沈承运等四名□□，近日返校。学生补行申请转入贵校法律系肄业者。本校于前次函中，曾经谓予保留空额数名，以备。此返校学生之补行申请，谅荷查及。兹据呈请，相应照抄四人名单一纸、成绩单三份。又本校法学院院长陈岱孙先生为叶履中所出之证明一件，一并备函送上。函希查照。

惠允编入贵校法律系相当年级肄业,并希见覆,是为至荷。[122]

四名学生中,邓永堃、张静宇为一年级,叶履中为二年级,沈承运为三年级。清华大学法学院再次失去了法律系。

1949 年 10 月,华北高等教育委员会公布《各大学专科学校文法学院各系课程暂行规定》。清华即按此规定实施课程改革。据 1950 年考入清华大学法学院经济系的黄延复回忆,"刚解放时,法学院所设课程是清一色的马克思列宁主义、毛泽东思想知识或理论课程"。[123]

1952 年全国进行大学院系调整,清华大学成为一所以工科为主的大学,其中法学院经济系的财经部分转入了新成立的中央财政经济学院,[124]理论部分转入了北京大学,政治系转入了新设的北京政法学院,社会学系被取消,部分合入北京政法学院。[125]直到 1984 年

图5-21　1950 年初,清华大学组织文、法学院 328 名师生参加京郊的土地改革。理、工学院全体同学敬赠文、法学院参加土改同学"为人民服务 向人民学习"锦旗

成立清华大学经济管理学院时，才在其下设立了经济法教研组。[126]
该教研组在1995年9月8日清华大学法律学系（1999年4月25日
改为法学院）复建后也未中断，至2013年1月被撤销。[127]

第三节　小　　结

掐指算来，燕京大学法律系在该校33年的历史中只占据一个零
头；而清华大学在84年间（1911—1995）独立拥有法律系的时间也仅
有五年（1932年3月—1934年7月，1947年2月—1949年9月）光
景，即使加上抗战期间与北大、南开的联合办学，也不过十几年而已。
这种分合接续现象的背后，隐含着非常复杂的历史缘由。

燕京大学起初不设法律系，自然与其教会学校的特质有关——
开办该校的美国教会方面本不赞成大学在世俗目标上用力过多，当
然后来燕京大学的办学已经走出很远。[128]此外，燕京大学法学院和
美国普林斯顿大学的学术渊源很深很深。邓云乡即提道："燕大和美
国学术界的关系极为密切，燕京法学院和普林斯顿大学有协作关系，
得到经济援助，可以互换教师。以文学院为主与哈佛大学有协约，得
到经济上的大力支持。其他如和纽约协和神学院、哥伦比亚大学等美
国大学都有关系。"[129]而普林斯顿大学基于自身的教育理念不设法学
院的事实容易让人生发出许多联想。至于增设法律系，原只是燕京大
学为了应对南京国民政府大学法令的硬性要求而作出的权宜选择。

再来看清华大学法律系的筹设过程。清华不过是要在法学院下
增设一系而已，竟要预先获得主管当局批准。其间，长官意志至关重
要，而长官复又以其长官意志为转移。于是，教育部虽已核准备案在
先，但因部长抱有成见，便可全不作数，更因上峰下达了教育改革的

最新指令而强令所属大学必须改弦更张。政府有形之手的作用与表现，堪与北洋大学失却法科事件[130]相提并论；对于后来的院系调整亦有承上启下的功效。其间一以贯之的，还有对理工农医等实科的推重和对法科的轻看与贬抑。[131]

回到本章开头的话题，经历了"文革"的波折，许多大学复建了法律系，后来又在此基础上建立了学科单一的法学院。然而同时，中国内地还有多所政法[132]院校（其如今已然大步地向综合性大学迈进）。在学科分类上，民国时期法学院"有名无实"的做法[133]却得到了沿袭，政治学、社会学、国际关系等均被纳入"法学"之列，获颁法学学位。这就导致法律系、法学院、法学系、法律学系等用以标识机构的称谓中的"法（律、学）"和作为专业的"法学"之间存在语义差异。[134]尽管若将这些中文名称直译为英文，则不外乎 Department of Law、Department of Jurisprudence，或者 Law School 之类，其中的差别并没有中文那么大。

另一方面，内地的立法从未言明以继受大陆法系国家法律为目标，法学研究和立法层面实际进行的是多重继受。这就使得当下的法学体系杂糅了来自美国、英国和来自德国、日本的法律知识。比如，证券立法受美国法影响显著，而在公司法上，美国的影响虽然也很大，但德国式的职工参与制明显渗透其中；合同法、侵权法中不乏美国经验的影子，但二者却都被吸纳在源自德国的"债法"概念之下……于是，分歧不再表现为法式或美式的大小法学院之争，抑或法学院（或社会科学院）是否一定要设法律系，而是深入到了各个子学科内部。

第六章　中国新法学研究院考

第一节　中国新法学研究院的设立及其使命

一、设立时间考

王健教授《论中国的法律教育》一文称,中国新法学研究院于1950年初创办于北京,[1]主要依据是董必武1950年1月4日在新法学研究院开学典礼上发表的《旧司法人员的改造问题》的讲话。[2]而梁慧星教授在《谢怀栻先生从事民法50周年贺辞》一文中则提到,谢怀栻先生曾于1949年12月进入中国新法学研究院学习,1951年2月担任新法学研究院辅导员。同年12月至1958年3月担任中央政法干部学校教员。[3]二者虽然不尽一致,却又都不错。

图 6-1　谢怀栻(1919.8.15—2003.5.3)

《谢觉哉日记》中多处记载了 1949 年筹划新法学研究会的情形：

> 4 月 10 日　……写废除六法全书通令……王明及法委同志来谈：一搞新法学研究会，二办法律学校，三出法律刊物。限期写出计划。
>
> 5 月 9 日　开中央法委会，讨论写训练计划及法学研究会办法。
>
> 5 月 27 日　王明病，代为主持法委开会，讨论新法学会章程。
>
> 7 月 28 日　……下午至孟公府二号开新法学研究会筹备会常务委员会。[4]

穆中杰提道："1949 年 6 月，董必武、林伯渠、沈钧儒、谢觉哉等 90 余位社会知名人士发起成立了新法学研究会筹委会，并与新政治学研究会筹委会、社会科学联合会共同成为发起成立全国政协的单位之一。"[5]

而根据《中国新法学研究院院刊》所刊《本院纪事辑要》，1949 年 7 月 29 日中国新法学研究会筹委会常务委员会第一次会议决定，创办中国新法学研究院，并推王明、[6]沈钧儒、[7]谢觉哉、史良、[8]李达、[9]张志让、孟庆树、[10]徐平、吴昱恒、钱端升、庞荩青、冀贡泉、王之相等为筹备委员。8 月 9 日，筹委会常务委员会第二次会议推定沈钧儒为院长，谢觉哉、李达为副院长，李达兼任研究指导委员会主任委员，徐平、[11]陈传纲为副主任委员，史良、贾潜、孟庆树、周新民、闵刚候、吴传颐为委员，并推吴昱恒为总干事。同时还通过了招收研究员简章。8 月 20 日，招考委员会成立，吴昱恒驻院办理招考事宜。9 月 1 日报名开始，15 日招考委决定设立上海

图 6-2　邮票上的法律人沈钧儒。1993 年 7 月 25 日原邮电部发行的
《爱国民主人士(一)》纪念邮票(1993-8)第 3 枚

考试分处。徐平驻院主持教学筹备工作。9 月 25 日、10 月 15 日、
11 月 15 日先后举行了三次入学考试。9 月 29 日,各课室开始办
公。10 月 18 日上海考试分处举行考试。11 月 13 日,院务会议通
过教学计划大纲。12 月 7 日,开始注册,研究员陆续入院,编组学
习(此后的 1950 年 1 月 2 日研究员重新编组)。1950 年 1 月 4 日,
中国新法学研究院举行开学典礼。[12]

　　关于上海分会,中共中央《关于改革律师制度的指示》(1949 年 9
月 2 日)提道:"请考虑可否在南京、上海等地设立改造[旧]司法人
员及培养新法学干部的司法训练班或政法学校等?"[13]另有资料称:

　　　　1949 年初,上海解放,上海律师公会全体会员进入中国新法
　　学研究会组织的学习班,进行学习和思想改造。

　　　　1950 年 1 月 12 日,上海军事管制委员会主任陈毅在一份文
　　件上批示道:"悉查,旧上海律师公会和国民党反动政府的司法
　　制度有不可分离之关系,依照共同纲领第十七条规定,反动政府

司法制度既经废除，该律师公会的社员资格亦随之消灭……"随后，那栋3层楼高的 Art Deco 建筑风格的大楼，连同一些集体财产，被正式移交给中国新法学研究会上海分会。[14]

只是上海解放是在1949年5月27日，而非资料所说的1949年初。

1950年1月7日，中国新法学研究院改属中央人民政府司法部领导。设立之初，中国新法学研究院借用在朝阳学院基础上改建的政法学院（后更名为"中国政法大学"）的校址办学。1950年3月10日，第三宿舍由东四老君堂迁移至北沟沿十三号新址。3月12日，院部开始迁往王驸马胡同三号办公。[15]

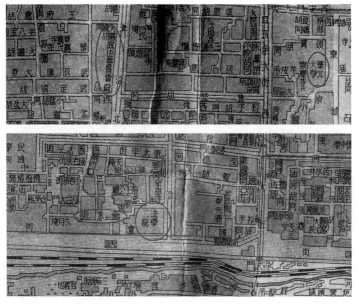

图6-3 1950年北京地图局部。上图左圈内为政法委员会，右圈内为华北大学；下图圈内为法学二院

二、使　命

1949 年 1 月 21 日,中共中央《关于接管平津司法机关之建议》第四(2)条指出:

> 原推事、检察官、书记官长等一律停止原来职务,因这些人一般地在思想上充满了反革命反人民的法律观念,即封建阶级与官僚垄断资产阶级以武力强制执行的关于经济制度、社会生活和国家秩序的观念形态;在行为上专门充当镇压革命运动和惩处、敲诈劳动人民的直接工具。在打碎旧的反动的国家机器时,这部分人必须去掉(其中非反革命分子和非劣迹昭著分子,如欲参加人民民主国家之司法工作,必须经过思想改造与作风改造,方可甄别录用),同时,执达吏、法警等专门以压迫和敲诈人民为生者,须立即收缴其武装,加以遣散。[16]

稍后不久,1949 年 2 月,中共中央《关于废除国民党的六法全书与确定解放区的司法原则的指示》强调:

> 在人民新的法律还没有系统地发布以前,应该以共产党政策以及人民政府与人民解放军所已发布的各种纲领、法律、条例、决议作依据。目前,在人民的法律还不完备的情况下,司法机关的办事原则,应该是:有纲领、法律、命令、条例、决议者,从纲领、法律、命令、条例、决议之规定;无纲领、法律、命令、条例、决议规定者,从新民主主义的政策。同时,司法机关应该经常以蔑视和批判六法全书及国民党其他一切反动的法律法令的精神,以蔑视和批判欧美日本资本主义国家一切反人民法律法令的精神,以学习和掌握马列主义——毛泽东思想的国家观、法律

观及新民主主义的政策、纲领、法律、命令、条例、决议的办法,来
教育和改造司法干部。

只有这样做,才能彻底粉碎那些学过旧法律而食古不化的
人的错误的和有害的思想,使他们丢下旧包袱,放下臭架子,甘
当小学生,从新从马列主义——毛泽东思想及我们的政策、纲
领、命令、条例、决议学起,把自己改造成为新民主主义政权下的
人民的司法干部。[17]

改造旧法分子的方向既已明确,接下来就是如何改造的问题了。
1949 年北平解放后,北平市公安局于 2 月 25 日在北新桥附近炮局胡同
17 号设立了"清河训练大队",专门集中教育比较重要的国民党特务分
子以及一些旧法人员。"定名为'清河'是昭示他们要通过清清的河
水,洗涤前非、重新做人。"据不完全统计,清河训练大队前后共集训
2000 多人。后来,北京市公安局成立了劳改工作管理处(开始一段时
间叫管训处),这项工作即转归该处继续进行。[18]另据北平解放前打入
北平地方法院的中共地下党员,后任北平市人民法院人事组工作人员、

图 6-4　清河农场印迹

党支部统战委员的郑孟平回忆,当时对法院旧司法人员的政策是推事、检察官以上人员一律不用;执达员、法警,原则上不用;一般工作人员则全包下来,经过学习审查予以量才录用。对不宜留用或本人愿意回老家的,予以资遣处理。对少数有罪行的反动分子,送往公安局清河大队进行审查处理。[19]据接收北平法院的军管会干部科负责人范平回忆:

> 我们一进法院,就宣布原有的司法人员一律解职,停止行使职权,对所有的人员进行清理。
>
> 市行政干校成立后,我们将其中的一部分人送去学习,学习结束后,根据不同情况,或转业,或回法院工作。另外法院当时还有学[习]委员会(我任学委会主任),专门负责组织他们的日常学习。[20]

这是北京(平)改造本地旧法人员的情况。从中亦可看出,当时中央文件得到了很好的贯彻。而前面提到的中国新法学研究院则是一个比北京(平)市设立的改造机构级别更高、涉及对象范围更广的,以对旧司法工作人员、律师、法律教师等进行思想改造,从而以解决其出路问题为使命的再教育机构。1949 年 11 月 13 日中国新法学研究院院务会议通过的教学计划大纲非常明确地指出,"本院为新法学的研究机关,以学习马列主义与毛泽东思想的理论知识,学习新民主主义的政策知识,新中国的法律知识与司法工作为方针,以确立研究员为人民服务的新人生观及为人民民主专政服务的新法律观为教育目的",[21]亦即以改造旧知识分子,尤其是旧法人员为己任。新法学研究院院长沈钧儒在 1950 年 1 月 4 日的开学典礼上强调说:

> 培养新的司法人才,需要从三方面着手:第一是提高革命政权中工作的司法干部,第二是改造曾在旧社会中法律界工作过的人

员,以及在反动政权的司法机构里面工作过的司法人员,第三是培养尚未担任过司法工作的青年智识分子作为未来的司法干部。

新法学研究院担任了其中一部分的任务,就是改造原在旧社会中工作的法律界及司法界的人员。[22]

在该典礼大会上,董必武也提道,"本院的任务,是在改造过去旧的司法工作人员、律师,以及在学校教授法律的教员","知识份子的改造是困难的、痛苦的,但是必须的、可能的"。[23]

图6-5　邮票上的法律人董必武。1986年3月5日原邮电部发行的《董必武同志诞辰一百周年》纪念邮票(J129)两枚

图6-6　出席旧金山会议期间的董必武。左图,签字者为董必武。右图,左三为董必武

第二节　中国新法学研究院的"研究员"

一、"研究员"的构成及其管理

然而,一些入读的"研究员"起初还不明就里。沈宗灵教授1948年获得美国宾夕法尼亚大学政治学硕士后回国,在复旦大学当讲师。1950年到了北京。

> 因为北京有了个中国新法学研究院,让法官、教授、律师到北京学习,复旦大学法律系的主任当时征求了我的意见,我同意去北京学习。我觉得新法学研究院这个名称很好听,但对它的具体的情况我并不了解。那时我只有二十六七岁,尚未结婚,也没有什么家庭负担。来了之后,研究院的负责人说,"这儿不是

图6-7　沈宗灵1946年从复旦大学法律学系毕业时的学位照

你们所想像的哈佛大学之类的研究生院",我才知道是怎么回事。[24]

《沈宗灵教授生平》提到,其于"1950年1月进司法部主办的中国新法学研究院学习,同年底结业留院工作,任研究员,后该院与刚成立的中央政法干部学校合并"。[25]其中所说"结业留院工作,任研究员",有误,概因入院学习时即已经被称为"研究员"了。而从谢怀栻老的经历来看,结业后留院担任辅导员则是可信的。

1951年5月,新法学研究院共有318名"研究员"。其中,25—30岁20人,占6.3%;31—40岁91人,占28.6%;41—50岁134人,占42.1%;51—60岁59人,占18.6%;61岁以上14人,占4.4%。[26]从入院前主要职业来看,从事法律教育的78人(其中教授、副教授65人,讲师13人),占24.5%;司法人员115人(其中简任30人、荐任81人、委任4人),占36.2%;律师95人,占29.9%;行政人员20人(其中简任6人、荐任12人、委任2人),占6.3%;普通教育工作者8人,占2.5%;其他2人,占0.6%。[27]

研究指导委员会为领导实施全院教育计划的最高组织。"研究员"每十人至十五人编为一小组,小组长(学习组长与生活组长)由"研究员"推选产生。每三至四小组为一大组,设有辅导员一人至二人,负责领导组织推动本大组的学习与生活,并酌设学习干事一人至二人,协助辅导员进行工作。小组为学习与生活的基层组织,大组为具体组织学习生活的领导核心。每一宿舍由干事室配备生活干事一人至二人,负责协助"研究员"解决生活上有关问题,生活干事既受总干事领导,同时也要接受有关辅导员的指导。[28]

二、"研究员"的学习内容

与此相关,该院教学计划大纲确定了如下的学习方法指导原则:"群众路线的教学原则;理论与实际结合的原则;自学与集体学习相结合的原则;发挥自由思想,坚持真理,修正错误的原则;批评与自我批评的学习原则。"具体的学习方法则是采取报告、自学(包括阅读、思考、写笔记、漫谈),讨论、总结、测验三者结合的方法。其中的报告,指在每一门课程学习开始时,由院方聘人作报告,其作用相当于引言,开门引路,以帮助"研究员"掌握课程精神与实质。[29]其课程设置分为三个单元。

第一单元,以学习理论为主要任务,其目的在于以马列主义理论、毛泽东思想,改造非马列主义观点。具体学习内容为社会发展史、辩证唯物论与历史唯物论、共产党宣言、家族私有财产与国家之起源、国家与革命、论国家、中国革命与中国共产党,并适当地进行有关思想、意识、作风之讲座。

第二单元,以学习毛[泽东]著[作]及政策为主要任务,其目的在于提高研究员政策水平。具体学习内容为新民主主义论,论联合政府,论人民民主专政,政协文件,政策汇编及各种具体政策。

第三单元,以学习新法律批判旧法律为主要任务,其目的在于肃清旧法律思想以便能为人民民主专政服务。具体学习内容为苏联法律、解放区司法经验,新民法原理及对旧民法批判,新刑法原理及对旧刑法批判,比较宪法,同时根据研究员情况,分别选修有关商、外、执行、程序等法律,进行研究。[30]

在时间分配上，三个单元的计划分别历时五、三、四个月。[31]

从实际运行来看，开学第一周，徐平先后于 1950 年 1 月 6 日、11 日做了《本院教学计划及如何树立新的学习观点》和《关于小组领导方法问题》的报告。"研究员"则被要求讨论校首长报告及教学计划，以端正学习态度、明确学习任务。13 日开始学习社会发展史。16 日、23 日、30 日及 2 月 13 日艾思奇来讲"社会发展史"。[32]此外，新法学研究院还经常参加其他大学（尤其是政法大学[33]）的活动。1949 年 12 月 8 日苏联法学专家贝可夫在政法大学讲"已经胜利了的社会主义宪法"，1950 年 1 月 18 日、2 月 6 日、11 日谢觉哉先后在政法大学讲"立法基本精神""土地政策问题""婚姻政策问题"，3 月 18 日安子文[34]在人民大学讲"关于党与非党干部的关系问题"，新法学研究院的学工人员都出席听讲。1949 年 12 月 19 日、1950 年 2 月 7 日，新法学研究院的"研究员"还到政法大学参观"从猿到人"科学展览会，观看法大文工团演出的《思想问题》一剧。[35]3 月 2 日社会发展史学习总结典型示范，徐平做《关于社会发展史学习总结的动员报告》。17 日，徐平又做《关于社会发展史学习总结的总结报告》。[36]

在学习完社会发展史之后，增加了 7 天"中苏盟约与国际主义"的学习（徐平和胡华分别于 2 月 23 日和 27 日做《中苏盟约》和《关于中苏盟约》的报告），又以 14 天做学习小结，接着以 5 天进行民主评定研究津贴运动。自开始社会发展史学习之日起，迄民主评津运动结束时止（1950 年 2 月 15 日至 22 日春节假期及星期日例假不计）共费时 56 天，较原计划多 26 天。而后又将共产党宣言提至辩证唯物主义与历史唯物主义前讲授，学习日数共计 24 天，较原计划多 14 天。[37]

从第二期起，中国新法学研究院开始培训在职干部。该期的教学方针为："结合当前人民司法的实际,学习阶级、国家法律理论以及新民主主义的基本政策,以提高与改造在职干部(特别是骨干干部),并以改造与培养能从事人民司法与师资工作之干部。"[38]

1950 年 8 月 23 日,董必武"主持新法学研究院教学领导问题座谈会。会议肯定了过去的成绩,对今后的新法学研究院的领导、教学方针、机构、人员、学员的安置等问题进行讨论。"[39]

1951 年 2 月,新法学研究院第一期"研究员"完成了学习。周枏先生的子女提道:

> ……1951 年 2 月,父亲在北京新法研究院的学习结束了,面临着工作分配。原定他去中央司法部工作……而筹建中的西南大区司法部和西南高分院急需大批干部,张曙时向陶希晋要人,陶就推荐了父亲……北京新法研究院第一期结业的 20 名学员,由父亲任队长,陈彦(武汉大学法律系毕业)任副队长,带队去了重庆。队员中有:罗时济(法学博士,教授)、彭文凯(中央大学教授)、宗霖(律师)、谢琦(律师)和周鸿山等人。[40]

周枏是 1949 年 12 月经马寅初和沈钧儒先生的推荐到中国新法学研究院的。其间还担任了学习组长。该文还引述了孙家平先生的回忆:"司改运动后期的组织处理,由各单位党委按干部管理规定办理。西南司法部原先就没有旧法人员,后来北京新法学研究院派来几个旧律师在司法部等待分配工作,就在司法改革后期将他们改行分配出去,也算是司改运动后期的组织处理吧。"[41]

三、出版物

中国新法学研究院在不长的时间里编印了多种出版物。其中首

推其研究指导委员会编辑、1950 年 5 月出版的《中国新法学研究院院
刊》第 1 辑。封二刊载了该期的目录（加重字体为原文已有）：

毛主席像（三）

沈钧儒：新法学研究院的任务——代发刊词（六）

董必武：旧司法工作人员的改造问题（七）

苏联法学专家贝可夫同志在本院开学典礼上的讲话（一〇）

安子文：党与非党干部的关系问题（一一）

本院教学计划大纲（一五）

徐平：如何树立新的学习观点（一七）

艾思奇：学习社会发展史的目的和方法（二一）

艾思奇：从社会发展史学习中引起的若干问题（二七）

学习经验［专栏］

图 6-8　《中国新法学研究院院刊》第 1 期封面及封二

　　其中，第四、五页的十二幅学院照片涉及院领导、外国专家、开学典礼、学员听报告情形、建筑、墙报等内容。

　　院刊首期封底上刊载的一则书讯广告介绍了该研究院出版的一系列小册子。其中，第一种《改造我们的学习》（出版于1949年11月25日），第二种《社会发展史名词解释》（出版于1949年12月1日），第三种《"辩证唯物主义与历史唯物主义"名词解释》（出版于1950年1月7日），第四种《共产主义纲领性的文件（附"共产党宣言"名词解释）》（出版于1950年2月15日），第五种《为无产阶级政党的革命路线而斗争》，第六种《学习马列主义的国家学说（附"国家与革命"名词解

图 6-9　中国新法学研究院研究指导委员会印《学习参考资料》两种

释)》,第七种《中国人民政治协商会议第一届全体会议重要文献》(出版于 1950 年 1 月 15 日)。[42]从实物来看,该系列即《学习参考资料》,由中国新法学研究院研究指导委员会印,至少出版了 8 种。其中,第一种《改造我们的学习》出版于 1949 年 11 月,第八种《知识分子改造问题》出版于 1950 年 6 月。[43]

中国新法学研究院还编印了《司法业务学习参考资料》系列小册子:第一种《马列主义国家观与法律观》(1950 年编印,102 页),第三种《苏维埃民法及民事诉讼程序》(1950 年 10 月编印,38 页),第四种《苏联司法介绍》(1950 年编印,52 页),第五种《土地改革法及其有关文件》(1950 年 12 月编印,99 页)。[44]

此外,新法学研究院还编印了对内刊物《学习参考资料》,其一为《从头学起》(1951 年编印,29 页),其二为《阶级论参考资料》(1951 年 4 月编印,73 页),其五为《司法工作概论参考资料》(1951 年编印)。[45]

图 6-10　中国新法学研究院编印的《司法业务学习资料》系列

第三节　中国新法学研究院的归宿

1951 年 3 月 1 日，董必武就筹备政法干校问题致函周恩来总理。接着，政务院政治法律委员会[46]在《关于政法工作的民政部和目前任务的报告》[原文如此]中，将加强政法干部的培训工作列为当前的主要任务之一。5 月 21 日，政务院批准了该报告并公布实施。[47]

1951 年 4 月，经政务院批准，中国新法学研究院并入由中国政法大学（定名于 1949 年 7 月 22 日，前身为朝阳学院）第一学员部改建的中央司法干部轮训班，由司法部领导。同年 7 月 20 日，董必武主持政务院第 94 次政务会，并做《关于筹设中央政法干部学校方案的说明》。[48]会议审议批准了《中央人民政府政务院政治法律委员会关于筹设中央政法干部学校方案》。8 月 2 日，政务院发布了这个方案。[49]根据该方案，中央政法干部学校受政务院政治法律委员会直接领导。政法委推荐彭真为校长，张奚若、谢觉哉、史良、陶希晋为副校长，陶希晋兼任教务长；另设校务委员会，除校长、副校长为当然委员外，另拟请吴玉章、[50]沈钧儒、谭平山、李六如、罗瑞卿、许德珩、曾昭抡、[51]陈垣、艾思奇等为委员（上述人事安排还须提请政务院任命）。该校主要负责训练县人民政府主要干部及县市法院、检察署、监察委员会和公安局等负责人；轮训专署以上政府部门的在职干部；培养政法教育工作者与宣传工作者。此外，还适当分期招收一些有一定条件的工农干部、旧司法人员和新知识分子加以训练。训练时间定为 6 至 8 个月。教学课程包括阶级论、国家论、国家法、行政工作概论、司法工作概论及各项政策法令，同时辅以配合政治任务的报告和专题演讲。

1951 年底,中央政法干部学校成立。[52]1952 年 1 月 8 日,学校正式开学。5 月 5 日,中央政法干部学校内部刊物《学习简报》创刊。[53]1954 年政务院政治法律委员会被撤销,10 月国务院国务会议确定由高等教育部接管该校及其东北、西北分校。[54]1956 年 4 月 5 日,中央政法干校转归司法部领导。1959 年司法部撤销后,[55]中共中央批准中央政法小组报告,决定将该校与中央人民公安学院合并,仍沿用中央政法干部学校名称。学校重大方针和原则问题由中央政法小组决定,日常工作则由公安部党组领导。[56]"文革"开始后停止招生。[57]

中央人民公安学院的前身是 1948 年 7 月 6 日中共中央华北局社会部在河北平山县西冶村、东冶村开办的华北保卫干部培训班。同年 10 月干训班迁至河北省井陉县威州镇。1949 年 1 月,经中共中央华北局批准,扩建为华北公安干部学校。2 月迁入北平,先后在汪家胡同、方家胡同和白云观办学。1950 年 1 月 11 日,政务院批准其更名为中央公安干部学校,1952 年 10 月迁入木樨地新址。1953 年 1 月,扩建为中央人民公安学院,培训对象由初创时期以培养新民警为主变为轮训在职的领导干部为主。[58]

"文革"开始后,中央政法干校被军管,教职工被下放到湖北沙洋劳教农场"五七"干校。校园成为北京卫戍区的监狱。直至 1977 年 10 月,公安部党委决定筹备恢复中央政法干部学校,1979 年司法部复设后,[59]改隶属于司法部。1978 年 6 月,公安部党组研究决定在中央政法干校大专班基础上成立政法专科学校。1979 年,学校更名为国际政治学院,升格为本科高校。为保密起见,在北京南郊大兴公安部团河农场兴建新校区。1981 年团河主楼竣工。1984 年 5 月 18 日,经国务院批准,国际政治学院更名为中国人民警官大学。学校由

图 6-11　中央政法干部学校 1952 年 5 月 5 日出版的《学习简报》及《学习简报》合订本书影

保密转为公开。[60]

1982 年 1 月,经国务院批准,中央人民公安学院又在中央政法干部学校基础上得以恢复。1984 年 1 月,改建为全日制的中国人民公安大学。[61]1984 年 10 月 12 日,中国人民公安大学和中国人民警官大学联合举行成立和首届开学典礼大会。邓小平和彭真分别给两校题写了校名。习仲勋到会祝贺。[62]1998 年 2 月,两所警校合并,组成新的中国人民公安大学。[63]

而中央政法干部学校则因未能就木樨地校舍分割问题与公安大学达成协议,于 1984 年 7 月迁往昌平,由中国政法大学代管,旋又独立办学。1985 年初,更名为中央政法管理干部学院。直至 1997 年再度并入中国政法大学。1951 年中央政法干校由原中国政法大学分出

（第一学员部改成中央司法干部轮训班），经历几十年的断续分合，最终又回归了另一同名的"中国政法大学"，其间故事足资写就一部"政法演义"。[64]

　　至于新法学研究会，在1951年1至2月间召开的社会科学学会负责人座谈会上，林伯渠建议将新法学研究会和新政治学研究会合并，得到了与会多数人的赞同。同年11月，董必武和林伯渠邀请沈钧儒、王昆仑等人再次协商将两会合并成立中国政治法律学会。11月底、12月初，两会筹委会分别开会通过了合并成立中国政治法律学会的决定。1952年2月23日，董必武致函周恩来，并转毛泽东和中共中央，报告将新政治学研究会与新法学研究会合组为中国政治法律学会，现已成立筹备会。[65]同年7月15日，董必武主持政务院政法委分党组干事会第17次会议，提出在第二次全国司法会议后接着召

图6-12　小组同学毕业留影（1950年2月28日）。图中左侧为"中国新法学研究院"院牌，右侧为"中国政法大学"院牌

开中国政治法律学会成立大会。1953 年 4 月 3 日董必武致函彭真,
建议政法委分党组近期讨论成立中国政治法律学会事宜,并报告中
央。4 月 11—25 日,第二届全国司法会议在京召开。4 月 22 日,新政
治研究会和新法学研究会合并,成立中国政治法律学会。成立大会
通过了《中国政治法律学会章程》和《成立宣言》,选举董必武为学会
会长。[66]

图 6-13 《中国政法大学图 征求图书资料启事》

第七章　两所"中国政法大学"*

第一节　从朝阳学院到北平政法大学(筹)和中国政法大学
(1949.7—1950.3)

与主要以改造旧法人员、解决其出路问题为最初使命的中国新法学研究院[1]不同,同一时期创建的中国政法大学则主要是为了训练人民司法和公安干部。对此,中共中央《关于改革律师制度的指示》(1949 年 9 月 2 日)有非常清楚的表述:"为培养新法学干部及改造旧司法人员,中央已在北平设立政法大学及新法学研究院;惟因物质条件限制,每期不能招收很多人员。"[2]

《辞海》"谢觉哉"条称谢老曾在"解放战争时期,任华北人民政府司法部长兼政法大学校长"。[3]2005 年 4 月 27 日,笔者在北大法学院图书馆里翻检旧书时,见到了一本题为《废除伪法统建设新法制》的小册子,该书系《司法业务参考材料》第二辑,为中国政法大学教务

　　* 本章初稿曾提交中国法学教育研究会、中国人民大学法学院、朝阳大学校友会主办的"朝阳百年——近代中国法学教育与法律文化"学术研讨会(2012 年 11 月 28 日)。有修改。

处 1949 年 10 月印。右侧装订竖排本,正文 36 页。这是"中国政法大学"存在的实物证据。据此可以推知,这所"中国政法大学"应成立于 1949 年 10 月之前。杨振山教授关于"中国政法大学"成立于 1949 年 8 月,撤销于 1950 年 10 月的说法[4]也部分证实了上述推测。《谢觉哉日记》则提供了更多的细节:

1949 年

1 月 7 日　　夜[陈]守一、夕秋来谈训练班事。[5]

1 月 8 日　　开法制委员会[会议],讨论刑诉暂行条例。[6]

1 月 14 日　　……参加训练班预备会,解释训练计划。勉学生:一、不要以为你们是空着手来的,你们的经验里有马克思主义法律观,有待整理的材料。我们是互为先生,互为学生。二、不要说没学过法律不懂,新法不是学来的,而是自己创出来的。三、不要认为司法工作无前途,领导上不注重,这是错觉……[7]

1 月 15 日　　司法训练班开学……[8]

1 月 23 日　　十七日起,为训练班讲课,每天三小时,共讲五天,并为修改纪录。昨天讲完。
　　　　　　闻北平于二十一日解放,大喜……[9]

2 月 28 日　　上午参加联合办公。整理民主建设计划一件。看东北司法工作册一本。嫩江省报告很好,可作业务学习资料。修改对训练班讲话记录。部门会议决定编小册了。[10]

3 月 27 日　　这一周写了一篇《废除旧法律,建设新法律》的社论。

在联合办公会上,提出要再讨论废除六法全书文件,注重于基本问题——阶级立场及辩证唯物论——的了解。此点不解决,要彻底废弃旧的东西及建设新的东西,不能达到……[11]

4月10日 这两周,觉得忙。写废除六法全书通令,再替[杨]秀峰同志复某律师信。修改《审判刑事案件应注意的方法与程序》,算定稿了。

王明及法委同志来谈:一搞新法学研究会,二办法律学校,三出法律刊物。限期写出计划。[12]

4月28日 参加[华北人民政府司法]部里废除六法全书讨论。[13]

4月29日 联合办公,决定接收朝阳[学院]。[14]

4月30日 ……[杨]绍萱同志来谈,愿到法校工作。左宗纶先生来,请发兼职教员薪。[15]

5月9日 开中央法委会,讨论写训练计划及法学研究会办法。[16]

5月10日 未去部,写关于训练司法干部的决定……[17]

5月15日 前几天开了一次中央法委会,今天又开了一次。近来越感人之相处不容易……[18]

5月25日 ……前天[23日]去朝阳[学院]为学生讲话。[19]

5月27日 王明病,代为主持法委开会,讨论新法学会章程。[20]

6月1日 参加中央法委会。[21]

6月4日 在华北人民政府召开法律问题座谈会。[22]

6月5日   上午至北大讲话。学生很少，只百余。六时为华北人民政府行政人员训练班开学讲话，到约四千人。[23]

6月6日   上午联合办公，任之报告天津市[法]院、王笑一汇报、[王]斐然报告北平市[法]院概况。晚至荣臻学校看看。[24]

7月9日   上午至政法学院开第二次筹备会，通过组织大纲、招生简章、教育计划大纲等草案……[25]

7月10日   中法会开会，听六如同志报告。午前十一时至午后三时半。

7月11日   ……晚参加宪法研究会。[26]

7月22日   上午联合办公，通过政法学院为政法大学校，谢觉哉为校长，李达为第一副校长，左宗纶为第二副校长。下午为法院留用人员讲人民民主专政问题。晚开党组会。[27]

7月28日   ……下午至孟公府二号开新法学研究会筹备会常务委员会。[28]

9月14日   上午法学会开常会，下午参加讨论共同纲领小组会。[29]

9月17日   上午到部。下午往大学，适逢开节约救灾及筹中苏友好支会，为讲话。[30]

其中所说政法学院即原朝阳学院。1949年4月，华北人民政府司法部派出由陈传纲、[31]李化南、王哲等人组成的接管工作组进驻朝阳学院。[32]当时，朝阳学院处于无人管理状态，留校人员成立了

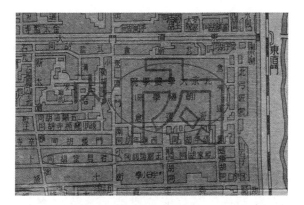

图 7-1　1950 年北京地图中的朝阳学院(北京大学农学院)。圈内为朝阳学院旧址(其时标为北京大学农学院)

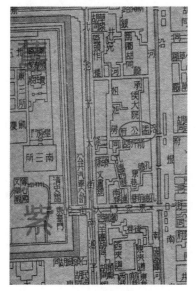

图 7-2　1950 年北京地图局部。圈内为孟公府

"朝阳学院校务委员会",推举左宗纶为主任,关世雄为副主任,负责办理交接事宜。[33]接管工作组召开留校人员大会,成立学习队,组织学员学习,开展"三查"(查思想、查立场、查社会关系)等活动。[34]5月20日,北平市军事管制委员会文化接管委员会文教部长张宗麟到校宣布接管,应届毕业生提前毕业,其余学生则转入新校继续学习。24日召开接管工作座谈会。6月7日华北人民政府发布命令:"为培养司法人才,决定创办北平政法学院。兹派谢觉哉为北平政法学院筹备委员会主任委员;沈钧儒、张志让、[35]王之相、李达、陈谨昆、何思敬、[36]李木庵、杨绍萱、左宗纶、关世雄、许涤新、吴煜恒、陈传纲、吕复、贾潜、[37]王斐然、[38]王笑一、陈守一、[39]于烈辰为北平政法学院筹备委员会委员。"谢觉哉、左宗纶、关世雄、陈传纲、陈守一、于烈辰为常务委员。[40]6月20日,北平政法学院筹委会召开成立大

图7-3 北平朝阳大学图书馆藏日本法学博士平井彦三郎著《刑法论纲·各论》(布面皮脊烫金)及藏书印

会。7月9日筹委会召开第二次会议,讨论成立4个部等事宜,通过组织大纲、招生简章、教育计划大纲等草案。[41]取名"政法学院"而不用旧时的"法政学院",据说是时任华北人民法院审判长贾潜的建议。[42]不过,筹划已久的"北平政法学院"最终却定名为"中国政法大学",个中缘由则还有待细察。

7月22日,中央决定将北平政法学院改为中国政法大学,由谢觉哉任校长。[43]8月2日,各科开始办公。4日根据中央批示,华北人民政府主席董必武和副主席薄一波、蓝公武、杨秀峰等联名签署了《华北人民政府关于北平政法学院改为政法大学的决定》,将北平政法学院正式定名为"中国政法大学",任命华北人民政府司法部部长谢觉哉兼任校长。

> 通知本府各部门、各直属机关、华北级各机关:
>
> 北平政法学院业经本府决定改为中国政法大学,并任命谢觉哉兼任校长,李达、左宗纶为副校长。校址设北平东城海运仓前朝阳学院旧址。
>
> 该校由本府司法部领导,业经开始办公。经费(包括开办费、经常费、临时费等)由本府财政部审核支拨。[44]

8月6日召开的筹委会第三次会议上,谢老宣布了该决定。会后,筹委会全体成员在原朝大教授休息室前合影留念。[45]

"中国政法大学"全校学生1412人,教职工仅122人,其中包括40名由学生兼任的干部。[46]下设校部及第一、二、三学员部。第一部为研究部,负责短期轮训在职司法干部(即从解放区政法机关调来的老干部),学员411人,学习时间暂定4个月,校址位于东四十二条老君堂,主任是陈守一;第二部为法律专修科,学生599人,学习时间暂定

图7-4   1949年8月6日，中国政法大学筹备委员会全体委员摄影纪念。
前排右四沈钧儒、右五陈谨昆、右六谢觉哉、右七左宗纶、右九李木庵；后排右一
陈传纲、右四贾潜、右七陈守一

为10个月，[47]学员多为旧律师、司法工作人员及法科大学毕业生，主任是从延安来的王汝琪；[48]第三部为法律系本科，学生442人，且多为高中毕业生及法科大学生，[49]学制暂定3年，冀贡泉[50]任主任，马纪孔为副主任。8月15日政法大学第一部学员到校，第二、三部开始招生。8月27日举行第一次行政会议。[51]9月3日及20—22日，两次举行新生入学考试。[52]后因国家领导人忙于开国大典，学生先行上课，开学典礼推迟至11月6日举行。朱德、董必武、沈钧儒等到会讲话。[53]

1949年12月8日，中国政法大学校刊《政法大学》创刊，由罗青、

陈传纲、陈守一、王汝琪、关世雄任编委,熊先觉负责编辑工作,由中国政法大学教务处出版,每周一期。其间,1950 年 1 月 12 日出版第 5 期,[54]1 月 21 日出版第 6 期,[55]2 月 4 日出版第 8 期。[56]1950 年 2 月,出版第 10 期后停刊。[57]

第一学员部的课程包括三部分,第一部分是基本理论,包括马克思主义社会观、国家观、民族观、法律观;第二部分是政策法令,包括新民主主义各种政策法规研究;第三部分是司法业务技术,包括审判实务、监所组织管理、法医常识、侦讯技术、强制执行以及典型案例等。[58]

第三学员部也以学习政策文件为主,据赵中孚教授后来回忆,"中国政法大学建立以后,我们主要学习三大文件,《中央人民政府组织法》《人民政协组织法》[疑为人民政协章程]和《共同纲领》,也学习一些社会发展史……当时一部学制是半年,二部是一年,都是短训班,三部是长期学习,但究竟是三年还是四年没有明确……我所在的中国政法大学三部,到人民大学后分成六个小班,全在本科,这样我又来到了人民大学"。[59]

第二节　从中国政法大学(1949.7—1950.3)到中国人民大学

1949 年 9 月,中共中央批准成立了以陆定一为首的中国人民大学筹备委员会。11 月 12 日,刘少奇写信给毛泽东和中央政治局,报告创立中国人民大学的筹备经过及建校的具体计划。信中提道:"以原华北大学、革命大学及王明、谢老之政法大学三校合并为基础来成立人民大学。另由人民大学附设一部政治训练班,即保留原革命大学一部分(约收学生三四千人)机构,照过去一样继续招收学生进行四个月的政治教育,以继续改造知识分子,但这个任务不久即可完结。人民大学拟由中央人民政府设立,任命中国人作校长,聘苏联同志为顾问。"[60]同年12月16日,根据中共中央政治局的建议,政务院第11次政务会议通过了《关于成立中国人民大学的决定》。不过,有资料显示,该决定还要于1950年1月23日经刘少奇签发方才生效。[61]

华北大学是经中共中央批准,由晋察冀边区的华北联合大学和晋冀鲁豫的北方大学于1948年6月合并而成的。校址在河北省正定县(校部位于县城新南街)。吴玉章任校长,范文澜(原北方大学校长)、成仿吾(原华北联合大学校长)任副校长,钱俊瑞任教务长。1948年8月24日举行成立(暨开学)典礼。大会共开了4天。[62]当时共有学生1300余人,教师干部400人,工勤人员几百人。学校设四部二学院。其中,第四部为研究部,范文澜兼主任,艾思奇为副主任。其下有包括国际法、政治在内的8个研究室。何思敬为国际法研究室主任,钱俊瑞兼任政治研究室主任。该部人员分研究员及研究生两种。凡教授、讲师、教员皆参加一种研究工作,为研究员;研究生则帮助研究员进行研究工作。[63]这种研究员的设计或许正是后来中国新法学研究院采取研究员制的源头。

再向前追溯,1937年8月,陕北公学在延安创建。[64]1939年7月,经中共中央批准,陕北公学和延安鲁迅艺术学院、延安工人学校、安吴堡青年训练班合并,组建华北联合大学。其后转战于晋察冀地区。

北方大学创建于1946年,校址在河北省邢台县。1949年4月4日,华北大学迁入北平,校部在东四六条38号。8月,最后一批学生毕业。[65]

华北人民革命大学设立于1949年2月,3月25日在北京西苑[66]开学,学制半年。1949年7月21日,第一期学员毕业。校长为刘澜涛,副校长是胡锡奎。

图7-5 华北人民革命大学毕业证书(革字第〇〇一五号),证书的主人夏辰是该校第一期第二十二班学生

1950年2月13日,中国政法大学召开全校大会,谢觉哉宣布中共中央关于将中国政法大学和华北大学合并成立中国人民大学的决定。人大校长吴玉章、司法部副部长李木庵、教育部副部长韦悫[67]等与会并讲话。3月1日,中国政法大学第一学员部首批300多名学员在学习了半年多后毕业,谢觉哉校长主持了毕业典礼。[68]3月18日,中国政法大学向中央人民政府司法部呈送印信档案资料清册。[69]其实,并入人大的只是"中国政法大学"第二、三学员部。[70]第一学员部则改为了中央司法干部轮训班。1951年4月,轮训班与中国新法学研究院合并。[71]

有人收藏了两本《新华月报(开国纪念号)》,封面均印有"一九四九年十一月十五日出版新华书店发行"字样。但一本是初版,印于"一九四九年十一月十五日";一本则再版于"一九四九年十二月二十五日"。初版本的封面右上角盖有一枚蓝色长正方形印章,上书"中央政法干部学校资料字009号",在封面图片右上角还盖有一枚正方形"中国政法大学图书馆藏书章"。再版本的封四右下角盖有一枚扁圆形红色印章,印文为"中共平原省秘书处收发处"。[72]这份初

图 7-6　中国政法大学与华北大学合并成立中国人民大学时在原朝大图书馆前的合影。前排左起:左宗纶、成仿吾、冀贡泉、谢觉哉、吴玉章、李木庵、李达、韦悫、王怀安。后排左起:马纪孔、于烈泉、罗青、陈守一、陈传纲、王汝琪、关世雄

版的《新华月报(开国纪念号)》或可作为印证"中国政法大学"与中央政法干部学校关系的实物证据。分析起来,有两种可能:一种是该初版封面上先加盖了中国政法大学图书馆的藏书章,而后改为中央政法干校后又加盖了第二个印章。另一种可能是反过来,该刊本是中央政法干校藏书,后因中央政法干校并入 1983 年成立的中国政法大学,遂加盖了相应的印章。但后者的可能性其实不大。这是因为,《新华月报(开国纪念号)》初版发行数量有限,若不是在其发行时即入藏的话,后来再补藏初版(不是从二手市场)的可能不大。这从中共平原省秘书处收发处入藏的只是再版本可以窥见一斑。鉴于此,合理的解释只能是原谢觉哉等筹办的中国政法大学在分拆并入中国人民大学和中央司法干部轮训班时,一部分图书流向了后者,而后者

并未在书上加盖自己的印章,直到更晚一些时候,更名为中央政法干校,才第二次加盖了藏书章。

中国人民大学自 1950 年 2 月起已开始招生、上课。其中,法律系一部在张自忠路校址,二部法律专修科在海运仓朝阳学院原址,直到 1951 年西郊校舍建成。[73] 1950 年 8 月 25 日上午 9 时,中国人民大学法律系专修科学员毕业典礼举行,吴玉章、成仿吾、谢觉哉、史良、沈钧儒等出席。新学期自 9 月 1 日正式上课。1950 年 10 月 3 日下午,中国人民大学开学典礼在铁狮子胡同 2 号大操场举行。[74]刘少奇、朱德到会讲话。刘少奇指出:

> 我们是以为工农服务为目的的,我们国家的教育也应该是为这一目的,我们的大学要教育出为人民服务的干部。我们不只是破坏旧中国,而且还要建设新中国的经济、政治、文化,因此要

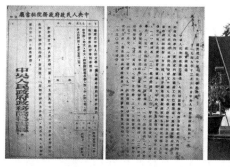

图 7-7 中央人民政府政务院《关于成立中国人民大学的决定》及刘少奇在中国人民大学开学典礼上讲话

培养建设新中国的干部。为了培养建设新中国的干部,创办了中国人民大学。[75]

(人民大学)与过去旧大学有本质的不同,是为工农服务,要教育出为工农服务的干部;只有用马克思列宁主义的观点,实事求是的精神,才能把工作做好,学习搞好,学校办好。[76]

综上可知,"中国政法大学"成立的大致经过是:1949 年 4—5 月间决定并接收朝阳大学(设立新法学研究会被提上议事日程亦是在 1949 年 4、5 月间),6 月决定将其改为北平政法学院,7 月 22 日定名"中国政法大学",8 月 5 日始有学员入校,11 月 6 日举行开学典礼,至 1950 年 2 月停办,第一学员部改为中央司法干部轮训班(3 月 1 日第一学员部首批学员毕业),第二、三部并入中国人民大学,"中国政法大学"遂宣告终结。其后,1951 年 4 月,轮训班与中国新法学研究院合并,8 月 2 日,政务院发布《中央人民政府政务院政法委员会关于筹建中央政法干部学校方案》。1952 年 1 月 8 日,中央政法干部学校开学。[77]

第三节　从北京政法学院到中国政法大学

一、北京政法学院

如今的中国政法大学是 1983 年 5 月在北京政法学院的基础上成立的。而北京政法学院的历史则要追溯到 1952 年院系调整时。

1952 年 8 月 23 日,北京政法学院筹备委员会成立并举行了第一次会议。筹委会委员共 11 位:于振鹏、刘昂、朱婴、严景耀、陈传

图 7-8 费氏三兄弟。由左至右依次为费青、费振东、费孝通

纲、夏吉生、程筱鹤、费青、钱端升、戴镕、韩幽桐,分别来自中央政法委、华北行政委员会、最高人民法院华北分院,以及北京大学、清华大学、燕京大学的政治系、法律系和社会系。钱端升任主任委员,韩幽桐任副主任委员。[78] 此后,8 月 25 日、9 月 17 日、11 月 11 日,筹委会又先后举行了三次会议。9 月 16 日,教育部向中央人民政府政务院文化教育委员会呈报成立"北京政法学院"。27 日,政务院文教委批复"拟予同意"。1953 年 1 月 14 日,中央人民政府主席毛泽东签发《任命通知书》,提到"中央人民政府委员会第二十一次会议通过任命钱端升为北京政法学院院长"。

北京政法学院是由北京大学的法学、政治学、社会学,[79]燕京大学的政治学、社会学,辅仁大学社会学系内务组,[80]清华大学法学院的政治学、社会学[81]等学科合并组建而成的。首任院长为钱

图 7-9　毛泽东签发的关于任命钱端升为北京政法学院院长的《任命通知书》

端升,[82]刘昂任教务长,雷洁琼、费青任副教务长。[83]合并时来自四校的政治、法律专职教师共计 45 人,[84]学院各级负责人多由华北行政委员会从华北人民革命大学调来。[85]

来自北京大学的教师有,教授:钱端升、张奚若、张志让、费青、芮沐、楼邦彦、[86]龚祥瑞、吴恩裕、吴之椿、黄觉非;副教授:汪瑄、杨翼骧、阴法鲁、王利器;讲师:潘汉典、朱奇武、程筱鹤、金德耀;助教:李由义、罗典荣、周仁、宁汉林、张国华、余叔通、张鑫、欧阳本先、陈光中、潘华仿、张文镇、林道濂。

来自清华大学的教师有,教授:于振鹏、曾炳钧、[87]赵德洁、邵循恪;讲师:杜汝楫。[88]

来自燕京大学的教师有,教授:严景耀、雷洁琼、张锡彤、徐敦章、张雁深;助教:夏吉生、赵宗乾。

来自辅仁大学的教师有,教授:李景汉、戴克光、洪鼎钟。

图7-10 1950年10月21日,中央人民政府接办辅仁大学

1952年11月13日,北京政法学院开始上课。11月23日,毛泽东题写了北京政法学院的校名。24日,北京政法学院成立典礼在北京大学礼堂举行,校址设在东城区沙滩北京大学旧址。[89]建院初期,学校只招收两年制专修生和培训在职政法干部,当时共有各类学生693人,教职员工192人(一说共863人[90])。海淀区学院路41号(即现今的西土城路25号)的校舍于1953年7月开始兴建,到是年底初步建成,占地面积约190亩,计有一、二、三号楼(当时称北楼、中楼、南楼)、联合楼、礼堂、学生食堂、教工食堂、家属宿舍、工棚等建筑。师生员工陆续由沙滩迁往学院路校址,到1954年2月12日搬迁完成。[91]1954年,学院改由司法部领导,[92]才开始招收四年制本科生。据1955年入学的魏平雄回忆:

图 7-11 冯淑燕的北京政法学院毕业证书(1954 年 7 月),学制 3 年

我们学校从 1954 年开始招收第一届本科生,我是第二届本科生……当时,我们本科生就住三幢楼,一号楼、二号楼、三号楼,生活很简朴。我们当时教学设备很简单,没有教学楼,上课就在礼堂那儿的一排平房里。也没教材,只有一点讲义,全是靠我们这双手记笔记。我们当时流行这个说法:"上课记笔记,下课对笔记,考试背笔记。"[93]

1956 年,为解决学生宿舍紧张问题,在南楼南面新建一座宿舍楼,称新南楼(即四号楼,现已拆除),后又盖了五号楼,六号楼则是在 1962 年分两次建成的。1956 年底,钱端升、李进宝、雷洁琼等借在紫光阁参加北京高校负责人会议的机会,向周恩来提出校舍紧张的问题。周恩来当即答应责成有关部门抓紧解决。1957 年,在校园东侧空地上兴建的教学楼主楼基本建成。[94]

1957 年到 1958 年的教学受"反右"和"大跃进"运动的影响较大,本科生 31 门课大幅压缩,1955 级的民法就只讲了几个专题。

1959年,学院开始搞"教学改革",一些课程没有讲完即开始社会实践,如参加《北京志·政法篇》的编纂,一些文笔较好的高年级学生还被抽调到教研室和老师一起编写教材。[95]

1960年初,北京政法学院仅有政法系和政教系两个系,师生员工2000余人。各教研室的办公地点在6号楼。那里同时也是教师宿

图7-12 原北京政法学院(今中国政法大学学院路校区)老宿舍楼现状。上左至右下依次为:1号楼南侧,1号楼东面正门,2号楼南侧,2号楼东面正门,3号楼南侧

舍。[96]1959 年毕业留校的魏平雄提道:

> 刚开始,我在刑事侦查教研室,整个教学楼四楼都是,是个大教研室;不久就把刑法、民法、婚姻法、诉讼法都合并了,叫业务教研室;还有一个阶段,叫政策法律教研室,没有法律光讲政策了;后来又把它分出去,分为民法、刑法和刑事侦查法教研室。[97]

　　1961 年,北京政法学院首次公开招收高中毕业生。之前的生源主要是"调干生",即政府、司法部门推荐优秀干部入学。1961 级政法系共招生 360 名,分成 12 个班。当时学制为 5 年,1961 级因响应毛主席"学制要缩短"的号召,提前十个月离校。[98]

　　文革开始时,北京政法学院隶属于最高人民法院,而党组织关系则在北京市委。1967 年下半年开始,工人毛泽东思想宣传队和解放军毛泽东思想宣传队先后进驻。1968 年,北京政法学院被下放到北京市代管。1969 年 10 月,被疏散到延庆,至 1970 年 6 月被解散。大部分教职工于 1971 年初迁往安徽濉溪县五铺农场办"五·七干校"。干校于 1972 年 4 月结束。1978 年 4 月 24 日至 5 月 22 日,最高人民法院召开了第八次全国人民司法工作会议。会议通过了《第八次全国人民司法工作会议纪要》。中共中央在批转该纪要时(中共中央〔1978〕第 32 号文件)决定"恢复政法院系,培养司法人才"。1978 年7 月 6 日,在征得北京市委同意后,最高人民法院、最高人民检察院、公安部、教育部联合向国务院提交了《关于恢复北京、西北政法学院的请示报告》。8 月 5 日,国务院批准了该报告。同日,最高人民法院、最高人民检察院、公安部、教育部联合下发《关于国务院批准恢复北京、西北政法学院的通知》(〔78〕法司字第 82 号),北京政法学院得以复校,1979 年夏开始恢复招生。[99]

图 7-13　最高人民法院、最高人民检察院、公安部、教育部《关于国务院批准恢复北京、西北政法学院的通知》(〔78〕法司字第 82 号)

二、中国政法大学

1980 年,彭真提议创办中国政法大学,得到胡乔木的支持。8 月21 日,司法部党组、最高人民法院党组、最高人民检察院党组、公安部党组、民政部党组联合向中央政法委提出《关于建立中国法律大学的请示报告》。1982 年 1 月,中央政法工作会议关于加强政法工作的指示中提出:"要抓紧筹办中国政法大学,把它办成我国政法教育的中心。"1982 年 2 月,国务院批准了中国政法大学的筹备工作计划,司法部负责具体的筹划工作。1982 年 10 月,中国政法大学筹建领导小组成立,并召开第一次会议。1983 年 2 月,时任司法部部长、党组副书记的刘复之[100]被任命兼任中国政法大学第一任校长（1983.2—1984.12）。1983年5月16日教育部《关于批准成立中国政法大学的通知》（〔88〕教计字082号）提道：

> 经国务院批准，成立中国政法大学，并将北京政法学院并入该校，从一九八三年起开始招生。
>
> 中国政法大学校址在北京市，规模七千人（新址按五千人规模投资五千万元建设），其中本科生规模五千四百人，研究生规模四百人，进修生规模一千二百人。本科学制四年，设法律专业，以后根据需要与可能，逐步增设刑事侦查学、经济法学、国际法学、政治学和社会学等专业。中国政法大学由司法部与北京市双重领导，以司法部为主。
>
> 北京政法学院并入中国政法大学后，该学院即行撤销。[101]

按照中国政法大学校史的记述，随后学校确定下设本科生院、研究生院和进修学院。1983年7月1日，中国政法大学及其所属单位印章启用。[102]

图7-14　谢觉哉　　　图7-15　钱端升　　　图7-16　刘复之

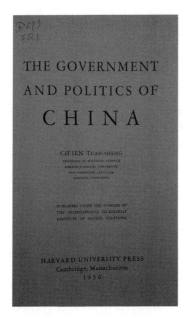

图 7-17 爱泼斯坦先生捐给清华大学图书馆的钱端升所著 The Government and Politics of China 书影。该书由哈佛大学出版社 1950 年出版

一个插曲是,1983 年高考结束后、录取开始前,国家教委、司法部等几部委联合下发文件,规定当年的考生只要未被其第一志愿学校录取,政法大学即上升为第二志愿,而不考虑法大在其自主志愿中排在第几位。当时中国政法大学的校园(即今天的学院路校区)硬件条件极差,建于 50 年代的教学楼兼图书馆,阅览室是教学楼后几间宛如工棚的活动板房,宿舍楼里容纳下全校各年级的男女生和学校行政机构,食堂一个,浴室没有,尘土飞扬的操场其跑道总长不过 200米,4 个篮球架。如此而已。由于礼堂被外单位占用,当年的迎新大

会是在教学楼四楼楼顶的露天平台举行的。[103]

　　教计字082号文中提到的进修生，原计划主要来自中央政法干部学校。该校于1982年迁往昌平，由中国政法大学代管。但不久即开始独立办学。1985年初，其更名为中央政法管理干部学院，直至1997年再度并入中国政法大学。[104]1997年1月26日司法部党组决定(2月22日宣布)，中国政法大学、中央政法管理干部学院、中国高级律师高级公证员培训中心合并，对内称中国政法大学，对外则保留中央政法管理干部学院和中国高级律师高级公证员培训中心的牌子。[105]2000年2月，根据教育部和司法部的规定，中国高级律师高级公证员培训中心划归司法部管理，成为其司法行政干部培训基地。2月26日，中国政法大学正式归由教育部管理。[106]

　　1987年9月，中国政法大学昌平校区迎来了第一批本科新生。[107]学院路校区则作为研究生院的所在地。但在政法大学研究生院是否获得了教育部的批准，这个身份合法性问题上，似乎却衍生出了一桩旷日持久的公案。而其背后国人对"研究生院"的理解和运作则更耐人寻味。与美国大学的商学院、法学院为代表的专业化分工明确的研究生学院明显不同，国内大学的研究生院更多的是一个综合协调机构，招生、学籍管理、颁发学位归其负责，而学生日常培养则仍靠院系，因此当另行作文讨论之。

　　如今，谢觉哉和钱端升的半身铜像相向伫立在中国政法大学昌平校区。[108]毛泽东为1949年成立的"中国政法大学"题写的校名出现在学院路校区正门的校牌和中国政法大学的校徽上，[109]而昌平校区大门上的校牌、学院路校区主楼上镌刻的金字，以及学校圆形标识上的校名则是1986年5月13日中国政法大学成立三周年时由邓小平题写的。[110]由于前后两个"中国政法大学"之间并无直接的传承关系,因而两牌并挂、两像并立未免失据。当然,给谢老塑像也是应该的。何况有资料显示,谢老曾受聘给北京政法学院专修科的学生授过课。[111]

图 7-18　谢觉哉铜像　　　　　图 7-19　钱端升铜像

图 7-20 中国政法大学本科生、研究生校徽，均为毛泽东题字。本科生校徽为白底红字，研究生校徽为红底白字

图 7-21 采用邓小平题写的校名的中国政法大学圆形标识

图 7-22 中国政法大学学院路校区主楼正面的校名（邓小平题）

图 7-23 中国政法大学学院路校区正门悬挂的校牌（毛泽东题）　图 7-24 中国政法大学昌平校区校牌（邓小平题）

第四节　两种法律教育传统的交汇

通过对两所"中国政法大学"源流的梳理,不仅可以还原和明了一些历史的细节——第一所"中国政法大学"源于对朝阳学院的改造,并以汇入中国人民大学为归宿;第二所"中国政法大学"前身是北京政法学院,其在学术传承上与北大、清华、燕京、辅仁等校渊源很深,而管理人员方面则因袭华北人民革命大学颇多[112]——更重要的,还可以收获许多有益的启发。

晚清以来,中国法制呈现出多元并流、叠层累进的特征。晚清法制改革推崇的西方法律模式取代(也部分地吸收)了古老的中华法制传统,自成一系,日后亦被称之为"旧法传统"。20世纪30年代开始出现的革命的法制观念与实践(即所谓"新法传统")后来成为主流,影响深远。而1949年正是这两大传统由并存到汇合、正面碰撞,进而新陈代谢的关键时点(法律虚无主义传统的渊数至少也可以追溯至此)。法律教育机构的分合(如朝阳学院由北平法政学院而中国政法大学而中国人民大学;又如清华、北大等综合大学政治法律专业之汇合于北京政法学院)、法律教育的转型(由原来崇尚英美抑或欧陆日本,转而循苏),无不是大变动时代,法律传统革旧布新的一个侧影。法律学人个人命运的起伏进退、荣辱欢悲,亦应放在这个大背景下来解读。

一个甲子之后,内中很多故事依然值得再做深思。譬如,今天的法治格局多是新法传统的延展(也曾深受法律虚无主义传统的困扰),而与旧法传统颇为疏远。但时人在怀旧时,常在不经意间流露出对旧时法律教育的某些温情与留恋。现实与情感间明显存有某种内在的张力。

一般说来，教育的功用有三，端正态度（attitude）、培养技能（skill）、传授知识（knowledge）。[113]这也许可以勉强对应韩愈所说的传道、授业与解惑。[114]朝阳学院后来的迭次变更，或应理解为通过组织体的变革来解决相关人员的忠诚问题。对旧法人员的思想改造以及对新法人员的政治人格、阶级立场的严格训练和塑造也体现了这一点。然而，耐人寻味的是，与彼时看重立场态度不同，当下的法律教育似乎更多地把目光转向了微观的制度设计和技术操作层面，却较少关照价值问题。同样被忽略或淡忘的，还有不盲目迷信法条、重视本国经验积累等有益的新法传统。

除了需要确保相关人员的政治忠诚以外，建立新的法传统和法秩序，也需要解决技术人才缺乏的现实问题。开办短期干部培训班就成为解决燃眉之急的首选。于是在1949年之后的若干年里，建设正规法科大学或专门学院的旋律背后，始终伴随着组建各种干部培训班的复调，甚至北京、华东、西南、中南四所政法学院成立后，仍然担负着短期轮训在职干部和长期培训青年学生的双重任务，且一度以前者为主。[115]30年后，这一幕再次上演，[116]从而将法制进程的艰辛和曲折揭示无遗。

朝阳学院当时只是一所私立的法政单科院校（虽然抗战时期国民政府几度欲将其收为国立[117]），而当下的综合性大学却越来越多地增设法律系、法学院，曾经的政法类专门院校则努力跻身于综合性大学之列。与此同时，公办综合大学俨然成为时代高等教育的主流形态，从而与朝阳当年的坚守形成了明显的反差。至于民办学校开办的法科，要想同公办学校竞争，则存在诸多困难。[118]

托尔斯泰说，"他们的每项行动，虽然看起来都是自由意志，其实从历史的角度来看,都不是完全自由的,而是全然受到之前历史的束缚"。[119]因此,在大踏步地向前走之前,大踏步地向后看,掇取前贤旧事,对于后进新学厘清当下的法律实践和观念与不同法律(法学)传统之间的种种关涉,更好地记述自己的法学,应该是大有补益的。

图 7-25 中国政法大学毕业证书(1950 年 3 月 1 日)。持证人为马永祥

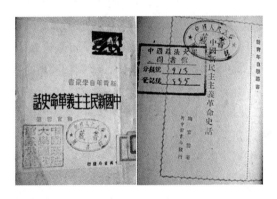

图 7-26 中国政法大学图书馆藏书。该书后来入藏中国人民大学图书馆

第八章　中国法律教育的复调

近代以来的中国法律教育实在是一曲交织着多种旋律的复调。[1]其中比较明显的是政府动用有形之手的干预,过细的专业划分以及业界对于异域经验的盲目信从和不断的模仿冲动。

一、法律教育与有形之手

作为现代大学(同时也是西方法律教育)的源头,13 世纪的波伦亚大学是一个被授予特殊自由和特权的学生组织。[2]大学生们按照种族、地理或出生地结成"同乡会"(这一点似乎直到马克思大学时代仍然如此),又联合成团体(公会)。"每个团体均以 universitas 的形式予以组织;universitas 是罗马法上的一个术语,当时意为具有法律人格的联合,用今天的术语讲,便是社团。教授们并不是学生公会的成员。"[3]联合起来的学生以支付费用为筹码,对外与当地政府做交易,取得特许状,对内则掌控学校事务,与教授订立契约并支付酬金,干预学生寄宿房间租金及书籍租售价格的调整,确定课程科目和使用的材料、决定授课时间和假期的长短,甚至对违约的教授施以罚金……而教授则依靠自己的组织(教师会)取得了考试的权利并据以收取考试费,更重要的,有权接纳博士候选人、授予博士学位,从而设定了教职的准入门槛。[4]后一点在自始便由教授治理的巴黎大学更为明显。[5]

恩格斯曾把父权制对母权制的颠覆看作"女性的具有全世界历史意义的失败"。[6]类似地,地方当局出于经济方面的考虑,出资招募教授以吸引学生,从而掌握了大学的控制权,也可以看作是大学生历史性的失败。[7]即便如此,现代西方大学仍然保留了历史上学术行会的基因,已经毕业的学生(校友)可以通过捐赠等方式保持与大学的联系并对其施加影响。而中国的情况则不然。

北宋元祐年间(公元11世纪),司马光进言:"神宗尊用经义、论、策取士,此乃复先王令典,百王不易之法。但王安石不当以一家私学,欲盖先儒,令天下师生讲解。至于律令,皆当官所须,使为士者果能知道义,自与法律冥合,何必置明法一科,习为刻薄,非所以长育人才、敦厚风俗也。""至是遂罢明法科。"[8]其中耐人寻味的不只是国家法律考试被设立又匆匆取消本身,还有官方对法律教育必要性与正当性的质疑:法律与道义相通——这本不错,但接下来的推论却很成问题——士子只需明了道义,法律即可不学自明,以免其教人刁钻刻薄。最要紧的是,废罢明法科开启了以有形之手贬抑法律教育的先河。晚清时候禁止开办私立法政学堂,民国初年北洋大学法科被生硬革除,清华大学欲设法律系之不得,鼎革之际两种法律传统交汇碰撞、新陈代谢,以及更后来法律虚无主义极度盛行时取消法律院校的做法,皆可以追溯至此。

中国近代以来的法律教育是在国家积贫积弱屡遭侵凌、精英阶层欲争回利权以图富强,[9]且外部世界持续施加变法压力的大背景下出现的,从而在一开始就和西方学术行会传习性质的法律教育传统[10]有所区别,明显带有举国家之力来推动和兴办,学习模仿外国做法的历史印记。因此,历史上中国的法律教育往往既充当了法律改革的先声,也受制于法律发展的现实。

20世纪40年代,清华大学校长梅贻琦转呈给国民政府教育部一份题为《国立清华大学教务处会议呈常委会文》的文件,明确批评了政府对高等教育的过度"重视",尽管安排课程的设置,其实还只是一种很弱的干预:

> 部中重视高等教育,故指示不厌其详,但唯此以往,则大学直等于高等教育司一科,同人不敏,窃有未喻。夫大学为最高学府,包罗万象,要当同归而殊途,一致而百虑,岂可刻板文章,勒令以同。世界各著名大学之课程表,未有千篇一律者,即同一课程,各大学所授之内容,亦未有一成不变者。惟其如是,所以能推陈出新,而学术乃可日臻进步也。
>
> 今教育部对各大学,束缚驰骤,有见于齐而不见于畸,此同人所未喻者一也。[11]

从晚清京师法律、法政学堂齐头并进,吏部努力将其所办学治馆法政班升为别科,进而各地竞相开办法政学堂,[12]无不体现了某种"重视"。不过细细想来,其实也属正常。拉德布鲁赫说过:"政权不优先于法,但是取得胜利的政权却创造一个新的法律状态。"[13]既然"新的法律状态"尚且可以创造,法律教育自然也就不在话下。问题只在于,有形之手的操控和干预未必合乎教育规律,也容易扭曲法律教育与法律职业的关系。

二、法律教育与专业区隔

这种扭曲集中地体现在现实的法律职业与大学里名为"法学"的学科"专业"群[14]的设置上。我国大学按照"专业"[15]划分进行人才培养是仿效苏联模式的产物,同时也有自己的生发与创造。国家教育委员会高等教育一司《关于修订普通高等学校社会科学本科专业目录的情况和意见》(1987 年 10 月 28 日)提道:

> 旧中国的高等学校,只有院系,不设专业。有计划地按专业培养人才,是从新中国成立以后,特别是 1952 年学习苏联经验开始的。就社会科学本科专业而言,1952 年设有 45 种(中国少数民族语言、外国语言文学各计为 1 种),1957 年 62 种。1958年至 1960 年,专业数急剧增加,到 1962 年达到 129 种。当时根据中央关于"调整、巩固、充实、提高"的方针,合并了一些划分过细的专业,撤销了一些设置过多的专业点,调整了专业布局。在此基础上,教育部会同国家计委于 1963 年修订了《高等学校通用专业目录》,其中社会科学本科专业共有 101 种。"文革"期间,高等教育受到严重破坏,社会科学专业近乎取消,代之以"大文科"、"写作组"等。[16]

苏联 1956 版高等学校专业目录中,政法科专业只设有法律(181)一个专业。1975 版中设有三个专业,即法律(265)、国际关系(266)和国际法(267);1982 年专业设置政法类专业包括"法律苏联法"(281)、"国际关系"(282)、"国际法"(283)三个类别。[17]进入 20世纪 80 年代,我国大学本科专业大幅增加。最多时候,全国综合大学和财经、政法、外语、艺术院校等社会科学本科专业多达 398 种。其中,法学类专业 10 种。[18]1985 年 9 月,国家教委开始组织修订普通高等学校社会科学本科专业目录。1987 年 12 月 21 日印发的《普通高等学校社会科学本科专业目录与专业简介》显示,全国普通高等学校社会科学本科专业调整为 214 种,其中法学类专业共 9 种,包括：法学、经济法、国际法（个别学校设置）、国际经济法（个别学校设置）、侦查学（个别学校设置）、劳动改造法（个别学校设置）、犯罪学（个别学校设置）、知识产权法（试办）、环境法（试办）。[19]

　　所有的研究生都学习某些公共课。他们学习思考自己的学科，把它想成是独特的研究"领域"，每个"领域"都在一个更大的智力劳动分工中占据一个有限的空间。他们学习把自己的领域看作是"专业"，这个专业要致力于研究各种不同的问题并采用独特的方法去回答这些问题。他们被告知每门专业都有其独特的方法去回答这些问题。他们被告知每门专业都有其独立的、包含着本领域的知识的"文献"；每个领域中的文献总是有争议的，新的发现、新的解释在不断地完善这些文献；它的"前沿"代表着这一领域最新、最好的思想；要成为任何一门学科的称职的教师就必须"掌握"这一学科的文献并能够鉴别在它的前沿所做的工作。[20]

学科专业的划分原是为了研究或教学的方便而做的剪裁，但如同用以支撑画布的木框定格了绘者观察和表达的视界一样，对专业的设置的过度强调，也容易使人忽略最基本的事实：现实中大多数问题不见得会受预先人为设定的学科专业划分的拘束。《笑林广记·术业部》里有则锯箭竿的笑话："一人往观武场，飞箭误中其身，迎外科治之。医曰'易事耳。'遂用小锯截其外竿，即索谢辞去。问：'内藏如何？'答曰：'此是内科的事。'"笑话讽刺的便是那种过分拘泥专业分工的刻板做法。比笑话更为真实的版本则发生在2003年："病原学的研究，必须是三家合作：一流的病原学专家；一流的流行病学专家；一流的临床专家。研究的结果不能由病原学专家说了算，但

SARS 初期的病原学研究得出的两个结论[病原是衣原体和禽流感病毒]，均过多依赖病原学家的判断。"[21]由此造成的弊害举世皆知。一旦学科专业划分过细、过窄，势必会对学生的知识摄取和认知能力产生负面影响，甚至严重束缚其未来的发展格局。类似的担忧，五届人大五次会议的政府工作报告（1982 年 11 月）早就表达过："高等学校……过去专业划分过细，学生知识面狭窄，不能适应各项建设工作和继续深造的需要，对于毕业后的就业和转移工作领域也往往造成困难。"[22]因此，从致用的角度出发，法学教育还需要完成"跨越专业藩篱"的艰难转变。

三、法律教育与模仿异域

《列子·汤问》载："薛谭学讴于秦青，未穷秦青之技，自谓尽之，遂辞归。秦青弗止。饯于郊衢，抚节悲歌，声振林木，响遏行云。薛谭乃谢求反，终生不敢言归。"人们每每拿它来说明学习永无止境、不可骄傲自满，以及要知错就改方能学有所长的道理。但在笔者看来，那其实是一个让人思考如何学习、如何判断学习成效（如何算学成）的双重反面案例。薛谭先是在求技未精时自以为是，固然不对；而后知错能改诚属可贵，但从此便从一而终，"终生不敢言归"，又从一个极端走向另一个极端。试想，如果学生只能亦步亦趋地跟在老师身后，不敢越雷池一步，不思变革与超越，至多只是守成，何谈突破与创造？做学生的，是要向老师学习，但却未必只是一味照搬，满足于做老师的复制品。求学如此，办学（教育）亦然。

中国的现代法律及其教育制度都是舶来品。光绪三十一年（1906）正月，驻日公使杨枢在奏折中试图向朝廷解释法政速成科："所谓速成者，系将法理之所以然，及各国法律之得失，互相比较，择其适于中国之用者,则详加讲授,其余姑置不论,以免多费时日,学非所用。"[23]试图通过留学日本而效仿万邦(各国)的用意溢于言表。然而,从该留学项目的实际执行情况来看,所谓将"各国法律之得失,互相比较,择其适于中国之用者,则详加讲授"纯属一厢情愿。那些日本教习连中文都不会讲,何以能指望其洞悉中国当时所需? 李守常先生即指出:

> 吾国治法学者,类皆传译东籍。抑知东人之说,亦由西方稗贩而来者。展转之间,讹谬数见,求能读暂文而通者,凤毛麟角矣。继兹而犹不克自辟学域,尚断断以和化为荣,或虽守西籍而不克致用,汉土因有之学,非将终无以自显,不亦羞神州之士而为学术痛耶![24]

其痛心疾首之状力透纸背。类似地,有人在评价北洋大学的法科教育时也指出:

> 法科的美国教员没有了解中国社会的能力,他们除了给学生讲些固定的课本外,就把学生塞到许多美国案例里;法科学生肚子里装满了美国案例,但要当律师,做法官,还得自修中国法律,因此不少北洋法科的毕业生都转入了外交界。[25]

虽然诗人说"转益多师是汝师",[26]但百余年间,中国法律教育师承太多:先是以日为师(如清末的留日法政速成和民国初年遍设的法政专门学校)、以德为师(如蔡孑民先生力推的"院系调整")、又以美为师(如燕京与老清华的做派)、以苏为师(如20世纪50年代初期的努力),而后又转回以美为师(如设立法律硕士)。[27]

除了大跨度的时间纵轴上的效仿目标的多元转换以外,中国法

律教育还存在着同一时段内横向上多头引进的问题。很早就有批评
者指出：

> 今日中国法学之总体，直为一幅次殖民地风景图：在法哲学
> 方面，留美学成回国者，例有一套 Pound 学说之传播；出身法国
> 者，必对 Duguit 之学说服膺拳拳；德国回来者，则于新康德派之
> Stammler 法哲学五体投地……[28]

> 中国的法令都是从美国、英国、法国抄来的，好都很好，只是
> 不适合国情。一般留法留美留英的博士，没有认识到中国的问
> 题是什么，空口讲改革，没有到实际的生活中去做工作，所以终
> 究找不着实际问题。[29]

模仿本来就有风险，再加上目标多元、易变，实现路径必然游移，
遂如西绪弗斯推石上山，尽是在做无用功。累积下来，唯恐落得个
"一直在模仿，从来未超越"的结果。那么，盯住一个或有限几个目标
是否就会好些呢？时至今日，仍有海峡对岸的学者建议说："如果比
较德国和美国类似的案子，把他们的判决搜集过来，整理出来，翻译
成中文，[大陆]法院遇到同类案例的时候，马上就会改变判决的内容
和判决的方法。"[30]因为是在私法研讨会上讲的，故其所谓案例、判
决应均属民事范畴，于是这段话便可简化为："中国大陆的法院当援
用汉译的德国和美国的民事判决裁断同类的案件。"其间暗含了多个
前提：其一，不同国家都会出现类似的案例；其二，无论发生在哪个国
家，近似的案件都会受到近似的处理；其三，德国和美国的法院（民
事）判决具有普遍适用性，有资格作为他国（尤其是中国）法院的判
决标准或依据。

前两个前提都可归于事实问题之列，需要通过收集证据加以证

实或证伪,故不宜在此进行辨析。需要讨论的是第三个前提,其明显
与法律的国别属性和司法的主权特征有违。试想:外国判例何以当
然对中国法院产生约束力? 中国法院为何一定要按照外国的判例改
变自己既有的裁判做法? 这些要被改变的判决存在的"错误"或问题
是什么? 照搬异域的判例是否就一定能够将其克服? 对于这几点,
前述建言者实在需要再做补充论证才行。此外,前述建言中用了
"和"字连接德国和美国,而从其文意来看,当用"或"字才妥。

　　若进行形式逻辑分析,可以看出前述建言中嵌套着两个三段论
推理:

　　　　推理 I:
　　　　　　大前提:(按照)德国/美国法律的规定,有 A 行为的人
　　　　　　　　应受到 B 类的对待(即 A→B)
　　　　　　小前提:德国/美国的甲有 A 行为
　　　　　　推论:德国/美国的甲应受到 B 类的对待
　　　　推理 II:
　　　　　　大前提:德国/美国有 A 行为的人应受到 B 类对待
　　　　　　小前提:中国的乙有 A 行为
　　　　　　推论:中国的乙应受到 B 类对待

　　显然,如果不添加其他条件(如中国与美国或德国有相同的法
律),第二个推理是无法推出相关结论来的。据此,不仅可以看出前
述建言者对德、美两国判例的高度推崇,也可以窥测到其认知上的偏
狭。这种视界甚至未曾能超越李鸿章 19 世纪 70 年代的水平。当时
李氏已然察觉到了西律人才的重要性,却乐观地认为中国政府只须
聘用一些伍廷芳式的熟悉西律的人才,协助官员办理对外交涉,并与

通晓汉文者合作翻译西律,"通晓政体,见解敏捷"的人便"一览自能了然",因而不必特别开办西律教育。[31]殊不知,法制的完备并非仅靠少数人洞悉明了就能济事;法治建设也不是拿来现成的案例和条文就算见了成效。念及两地隔膜,对该种建言或可弃置不顾,[32]但其中暗含的对外来法制的盲目推崇的立场却不容坐视。

何美欢教授曾提到英国学习、引进美国证券法的一些细节,值得玩味:

> 如果某人希望很快地找到一套好的内幕交易法规,他可以从加拿大安大略省、英国、欧洲找到。乍一看,这些法规的合理性、协调性及全面性会让他相信这些法规比美国一团糟的判例更好。但是,如果他对这些法规的阐释有疑问,需要更深入的研究,他很快就会发现这些法规的背后是真空。在英国,内幕交易法规在几乎没有公众或专业讨论下就通过了,法规好像是从石头里爆出来的一样。如此复杂的法规可以这样产生,完全是因为英国和欧洲法域只是将美国的一堆判例法编辑起来,他们的产品好像第三世界的来料加工产品……英国等国家捕捉了在某一发展阶段的美国判例法,将它编织起来成为一幅漂亮的制定法。在那一刻,英国的产品可能比美国的好。但是,英国的产品好像是被割下来的花,在它最漂亮的一刻已经死去。美国产品却是那棵树,花被割后,树还可以继续生长。[33]

诚然,何教授在这里强调的是直接阅读美国证券法判例的重要性,但其毕竟也含蓄地批评了那种将别国判例径直成文化的做法。与之相比,前述建言者倡导的法律移植,除却移植的内容及最终采取的表现形式(案例还是法条)存在差异外,如同采割树上花朵般地

"捕捉"他国某一发展阶段的法律的做法，以及因而形成的法制的真空状态，却都是相似的。为了能够全面遴选他国判例，避免"真空化"，最好能全盘拿来。但英美语言相通，其奉行拿来主义自然少了一层阻隔，而要大举由英译汉、由德译中，恐怕就没那么简单了。[34]

前述建言者大力推荐德、美两国的判例。然而，如何美欢教授所说，"美国的汉学家确实可能不会出现在中国本土的一流学者名单上。同样，在中国的英美法学者也可能永远不会被美国人列入他们的一流学者名单上"。[35]更要紧地，以世界之大，何以只遴选这两个国家的？鲁迅先生固然赞成"拿来主义"的态度，但也清醒地指出："只看一个人的著作，结果是不大好的：你就得不到多方面的优点。必须如蜜蜂一样，采过许多花，这才能酿出蜜来，倘若叮在一处，所得就非常有限，枯燥了。"[36]因此即使要"拿来"，也并非必须"咬定青山不放松"，只取一家的。个人读书尚且如此，国家立法、司法何尝不是！况且，若仅将目标锁定于这两国，而其判例却不一致时，又该如何取舍？

从法律教育的角度看，若实行前述建言，除了需要译介德、美法院成案（不只是判决主义，还包括案件的事实细节、各方观点等），还需要法官具备识别异域判例与本国类似案件（事实及法律适用上的）共通性的能力。然而，正如何美欢教授所说，"凭借一本关于自行车的书，听关于自行车的讲课，都不能学会骑自行车，骑自行车的技能不能通过传递口头或书面文字学习"。[37]既然中国的法官不能通过阅读外国判例就自动学会运用其于中国的司法实践，这势必会倒逼中国内地的法学院提供相关的教育服务，以使其学生能够深入领会彼国的各种成案与判例，并能娴熟地提炼其中的法律精义，继而有意识地将其贯彻于并彻底改造本国的法律实务。问题是，一味讲求异域先例的法学院,其培养的学生能否在就业市场上竞争过来自德、美法学院的同侪? 若否,则在本国读法律势必不如留德、留美。如此一来,本国法学院存在的合理性安在? 其距离胡适所说"留学当以不留学为目的"[38],何止万里?[39]

何美欢教授曾提到,"法国律师业已被'掏空'了,这是由美国法律人攻破了法国的教育体系造成的"。[40]类似的,上述建言若付诸实践也足以同时消解中国的既有立法、司法及法律教育存在的合理性。

上述建言者首先需要直面的一个问题是:开始模仿或者曾经模仿过是否就意味着之后必须对仿效对象唯其马首是瞻、实时跟进? 冯象教授引述过《巴比伦大藏·中门篇》59b 中的一则故事:

> 有位叫艾利泽的犹太教拉比(rabbi,教师),学识渊博,常与学堂读经的师生论辩圣法。一日,穷究法理,驳斥一切反论,诸生却仍旧不服。拉比乃先后指角豆树、门外水渠、教室四壁发誓。最后向苍天发誓,如吾真理不真,愿苍天见证! 天上遂阴云密布,雷声隆隆:既然你们都驳不倒拉比,为何不听他的话? 同日在学堂讲经的圣人约书亚也举手向天,高声道:"可是主啊,你说过的,'诚命不在天上(《旧约·申命记》30:12)'!"于是,乌云散开,阳光遍地。圣人向诸生解释道:"你们忘了,圣法既已在西奈山降世,真理传给了子民,苍天打雷就不能作数了。"[41]

宗教中的圣法如此,尘世中的法律自然更不待言。

避免拾人牙慧、人云亦云的最好办法,就是培育自己内在、独特的东西。美国独立后,原来宗主国英国的法律的影响仍然存在,只是"新大陆的大部分律师很难直接获取那些构成英国普通法主体的司法判例"。于是,北美一些大学开始开设英国法课程,选用布莱克斯通的著作作为教材，从而使得布氏的声名日隆，还反馈回了英国。[42]只是那时美国的法律教育还只是二流，要到一个世纪之后，1870 年哈佛法学院院长 Christopher Langdell 开创案例教学法以后，才得以跃升到与传统学科同样的地位（前述美国证券法反哺英国的事例即是这种教育的结果）。[43]

归纳起来，上述建言及其谬误反映了部分人群认知上的某种偏好，即希望能够从一种静态的、权威的文本（模型、假说）出发，去考察、衡量变易不居的现实，同时也往往不恰当地把法律文本当成了正确无误的参照系，而在遇到文本与现实冲突时，每以现实为非。殊不知，法律的精义与活力，原不在于让现实"合乎"某种文本、学说或模型，而在于法律本身就应该是"出于"为人们所普遍接受的经验。[44]因而，有效且负责任的法律教育便不能仅仅局限于理论的介绍和说明，而应同时也关注法律的实践，"睁开眼睛看世界"。否则，难免不会陷入郑人买履、邯郸学步的境地：明明有脚，却迷信外在的尺子；明明有自己的步态，却自动放弃，转去仿效别人，而又难得真谛。

模仿（"学着讲人家的故事"）固然可能是后进追赶先进的一时之选，但在其后，富有智慧和勇气的做法应是适时地"掺着讲"和"接着讲（自己的故事）"。[45]

郭沫若曾有"于无法处求其法，于有法后求其化"之语。[46]其中的"法"字本是指方法，但在中文语境下，解做法律之"法"亦未尝不可。而"化"的境界自然包括了消化、提升、超越母本、融会贯通，内置于（决策者与民众之）心等层次。在这样的立意下，经历了百多年努力的中国法律教育该作出何种取舍、何种坚持、何种贡献，以便更真切地关照当下、惠及将来，值得每个以此为业的人认真思考。毕竟，如拉德布鲁赫所说，"任何时代都必须重新书写自己的法学"。[47]

附录1:《万国公法》的中译

《万国公法》即美国人惠顿(H. Wheaton)[1]所著 *Elements of International Law* 的中文译名。按照通行的说法,该书由美国传教士丁韪良(William Alexander Parsons Martin)翻译成中文,1864 年 11 月由京都崇实馆刊行。其扉页印有"同治三年岁在甲子孟冬月镌,万国公法,京都崇实馆存板"字样。[2]值得注意的是,有资料称,京都崇实馆是丁韪良租赁北京东总布胡同民宅于同治四年(1865)设立的蒙学学堂,招收附近的失学儿童。[3]

图附 1-1　丁韪良(William Alexander Parsons Martin,1827. 4.10—1916. 12. 17)

田涛《国际法输入与晚清中国》一书介绍了美国驻华公使蒲安臣在丁韪良翻译《万国律例》时所给予的帮助。丁韪良于 1860 年回国休假，1862 年夏返回上海。原计划只在上海逗留几天时间，但由于美国长老会在上海的负责人克陛存（M.S.Culberston）去世，丁韪良暂时被留在上海负责长老会美华图书馆等教会事务。就在这一时期，他开始着手翻译《万国公法》一书。[4]丁韪良在《花甲忆记》中写道：

> 次年（咸丰九年）因吾友克牧师患霍乱，溘然作古，无人管理英华书馆，吾暂理之。间则编《常字双千》一书，略资学校之课，又译惠氏《公法》过半。[5]
>
> 我把自己的一部分时间用于翻译惠顿的《国际法原理》，这部著作将会对两个帝国以及我自己的生活道路产生一定的影响。我早就注意到中国缺少这样的著作，我原拟翻译万忒尔的著作，但是华若翰先生向我推荐更为现代而且同样权威的惠顿的著作。[6]

华若翰（John Eliott Ward, 1814—1902）于 1859—1860 年担任美国驻华公使。

又有资料称，1862—1863 年间，中国正因贵州、江西、湖南等地的教案与法国关系紧张。总理衙门大臣文祥[7]请求美国新任驻华公使蒲安臣（Anson Burlingame）介绍一本被西方国家认可的国际法方面的权威著作。蒲安臣推荐了惠顿的著作并承诺翻译其中的某些章节。他为此写信给美国在上海的总领事西华德（George F.Seward），得知丁韪良正在做这项工作。所以在 1863 年春，丁韪良致信蒲安臣要求完成这项翻译工作时，蒲安臣极力支持，并表示将它推荐给清政府。[8]

图附 1-2　总理衙门三大臣。左起:成林、宝鋆、文祥

　　有资料显示,1862 年,丁韪良在上海时已着手翻译此书。[9]傅德元在比对了该书 1836 年初版、1846、1855 及 1866 年几种英文版本后,认定丁韪良翻译所用的蓝本是 1855 年美国波士顿 Little, Brown and Company 出版的英文版 *Elements of International Law*(即通称的第 6 版)。[10]1836 年,该书先后在美国费城和英国伦敦出版,通称第 1 版和第 2 版。1846 年在费城出版了第 3 个英文版本,内容与费城第 1 版相同。1848 年在巴黎出版了法文版,通称第 4 版。1853 年,在德国莱比锡出版了第 2 个法文版,通称第 5 版。1855 年由 William Beach Lawrence 注释的第 6 版在美国波士顿出版。其时,惠顿已经去世,该版是由其妻凯瑟琳·惠顿授权出版的。此后,1863 年波士顿出版了第 7 版(英文)。1866 年波士顿出版了 R.H.Dana 编辑的英文版

（第8版）。至1936年，纽约出版了百年纪念版，其内容与第8版相同。[11]

1863年6月，丁韪良北上天津，受到了当时北洋三口通商大臣崇厚[12]的接见（他们早在1853年就已相识）。这次崇厚允诺写信给总理衙门大臣文祥向他推荐这本书。9月，蒲安臣把丁韪良介绍给总理衙门。那里的官员们对这本书颇有兴趣。有资料显示，经蒲安臣引荐，1863年11月，丁韪良向总理衙门的大臣们展示了其未完成的译稿。[13]田涛指出，此前总税务司赫德曾为总理衙门翻译过该书的片段，所以文祥问丁，此书中是否包含赫德所译的二十四节（第三卷第一章）。在了解了该书的大致内容后，文祥称其可用来指导中国向外派遣使节。丁韪良请求总理衙门派人协助他完成本书的翻译，并资助出版。后来恭亲王指派总理衙门的四名章京协助其润色译稿。经过半年的工作，最终于1864年4月中旬完成了该书的翻译。[14]该书《凡例》也提道："是书之译汉文也，本系美国教师丁韪良。视其理足义备，思于中外不无裨益，因与江宁何师孟、通州李大文、大兴张炜、定海曹景荣略译数卷，呈总理各国事务衙门批阅。蒙王大臣派员校正底稿，出资付梓。"[15]

张斯桂为中译本所作序早在同治癸亥（同治二年）端午（1863年5月20日）就已完成了。丁韪良在《花甲忆记》中写道：

> ［张］是一位"士绅"……他是一位职业学者，继承了一大笔遗产，可以看作是位一流的中国文人……三年后我在上海遇到他后，给他看了我翻译的惠顿氏的《万国公法》译本手稿，他一下子就明白了这项工作的意义，这可是中国在世界之林占有一席之地所不可或缺的。他也预见到了这本书迟早会引起中国朝廷

的重视,因此他自告奋勇为我这本书写了一篇序文,此文表现了他对中外关系的理解,这种理解在当时极为罕见。序文为我的书增色不少,同样也为他开启了通往外交界的大门。[16]

由此看来,张斯桂作序时,丁韪良的译稿尚未全部完成。

作于同治三年十二月的董恂序言提道:“今九州外之国林立矣,不有法以维之,其何以国?此丁韪良教师万国公法之所由译也。韪良能华言,以是书就正。爰属历城陈钦、郑州李常华、定远方濬师、大竹毛鸿图,删校一过以归之。韪良,盖好古多闻之士云。”上述四员是恭亲王奕

图附1-3　董恂(1810—1892)

诉派给丁韪良做助手的。在 1863 年的一份奏折中,他提道:

> 旋于上年[1862]九月间,[蒲安臣]带同来见。呈出《万国律例》四本,声称此书凡属有约之国,皆宜寓目。遇有事件,亦可参酌援引。惟文义不甚通顺,求为改删,以便刊刻……检阅其书……第字句拉杂,非面为讲解不能明晰。正可借此如其所请。因派出臣衙门章京陈钦、李常华、方濬师、毛鸿图等四员,与之悉心商酌删润。但易其字,不改其意。半载以来,草稿已具。丁韪良以无赀刊刻为可惜,并称如得五百金即可集事。臣等查该外国律例一书,衡以中国制度,原不尽合,但其中亦间有可采之处……臣等公同商酌,照给银五百两,言明印成后呈送三百部到臣衙门。将来通商口岸各给一部,其中颇有制伏领事官之法,未始不有裨益。[17]

关于早期的中译《万国公法》的版本,邹振环认为有同文馆本、石印本、西学大成本等版本。张用心则认为所谓《万国公法》“为同文馆译制”是沿袭多年的错误。[18]田涛考证认为,最初有刻本和活字本两个版本。刻本印行稍早,扉页上印有“同治三年岁在甲子孟冬月镌,万国公法,京都崇实馆存板”字样,收录有张斯桂的序言。活字本未说明印行的时间和地点,开篇收录有董恂和张斯桂的两篇序言。[19]清华大学法学院图书馆收藏有王铁崖先生捐赠的故宫博物院影印版《万国公法》。该馆所作标签称其所据原本为“1864 年(同治三年)京师同文馆刊行”。该书为线装绵纸本,外有蓝色布面书函,题签为“万国公法　全函”。函内凡四册,每册封面题签以“元亨利贞”四字标识。首册翻开封面后即是同治三年十二月董恂所作序言和同治二年端午张斯桂所作序言。据此可知,同文馆本或即活字本。

图附 1-4　王铁崖先生捐赠给清华大学法律图书馆的影印版《万国公法》

图附 1-5　总理各国事务衙门。该建筑原为大学士赛尚阿的宅第。同治二年设立的京师同文馆位于衙门院内东侧,称"东所"。该建筑消失于 1985 年

中国政法大学出版社新出版的《万国公法》点校者前言提到,罗伯特·赫德(Robert Hart)和当时的美国公使蒲安臣给予了丁韪良积极的支持。[20]美国学者芮玛丽(Mary Clalaugh Wright)指出,19世纪60年代初,赫德翻译了该书的部分章节,并就它的主要原则向总理衙门作了说明。[21]赫德在其日记中详细记录了其翻译惠顿著作的经过:

(1863年)

7月14日   星期二……他们(指董恂、薛焕、恒祺、崇纶)急于要我把惠顿的国际法至少是其中有些对他们可能有用的部分译成中文……从卜鲁斯先生处借到了惠顿法,从A.威廉处借到了领事手册。[22]

7月15日   星期三……还为惠顿氏国际法写一个摘要,准备译成汉语……[23]

7月16日   星期四……也进行了惠顿法的翻译工作……[24]

7月23日   星期四……把我为即将译成中文的惠顿法中的一段写的引言译成中文。此段是供总理衙门各位启蒙之用的……[25]

7月24日   星期五……整天未外出:把惠顿国际法的说明译成中文。[26]

7月25日   星期六……整天未出门,校审了惠顿国际法20段,都是关于公使馆权利的。[27]

7月26日   星期日……译惠顿国际法:公使权利部分译毕。[28]

7 月 27 日　　星期一……今天把惠顿国际法的译件读了一遍,其他什么也没有干。他们说对译文很欣赏——特别是那引言部分。[29]

8 月 3 日　　星期一……今天又译了一些惠顿国际法。3 点去总理衙门,带去有关领事许可证书和商务领事等信稿。这些都是我建议缮发的。薛(焕)深恐这些信件中提到了国际法,将导致列强各国在任何事务中都要求接受国际法这一宝典。[30]

8 月 5 日　　星期三……整天未出门,忙于译惠顿国际法。把海事法规中的"补偿"和"捕获奖金"等二章译成中文……[31]

8 月 6 日　　星期四……整天在家,忙于"惠顿"和"美国领事手册"……[32]

8 月 7 日　　星期五……3 点去总理衙门,带着惠顿国际法内有关条约一章的译稿。董(恂)毫无困难就看懂了……[33]

8 月 17 日　　星期一……董(恂)给我一本我摘译的惠顿国际法,竟然是厚厚一大册了……[34]

　　由此可知,赫德受总理衙门委托,于 1863 年 7、8 月间翻译了惠顿著作中的 24 节。这一点有时却容易被人忽视。[35]当然,丁韪良对此倒从未掩饰。他在《花甲记忆》中特别写到了赫德对其翻译惠顿著作的支持。他到同文馆担任英文教习也得益于赫德的推荐。

图附 1-6　罗伯特·赫德(Robert Hart, 1835. 2. 20—1911. 9. 20)

1865 年 6 月 23 日,时任英国驻华使馆参赞的密福特在其信件中亦提到了丁译《万国公法》一事:

> 美国传教士丁韪良博士把惠顿的《万国公法》译成中文。丁韪良在此书翻译过程中,得到恭亲王特别任命的一个委员会的协助,由总理衙门拨专款付印出版。上封信中提到的董大人,即把朗费罗的《人生颂》译成中文诗体之人,为此书写了序言。这篇序言出自都察院左都御史之手,又是清朝士大夫阶层的一个领军人物,自然为此书增添了权威性。《万国公法》的出版,是中国历史上一件意义重大的事件。[36]

密福特在 1865 年 11 月 5 日的信中提到中国与美索不达米亚签订条

约，"中国人的举动，显示出修改他们的外交政策的意愿，这对我们来说，具有深远的意义。中国在这些谈判中的表现证明，他们读了惠顿的《万国公法》中译本，做法叛离以往的惯例，气得保守派辫子都翘起来了"[37]。

另有资料称，1864 年，普鲁士在中国领海内截获丹麦商船，发生争执。总理衙门援引《万国公法》中有关则例，认为"外国在中国洋面，扣留别国之船，乃系显夺中国之权，于中国大有关系"[38]。几经交涉，终于使普鲁士将所截获船只移交中国。据说，"普丹大沽口船舶事件"的解决使奕䜣认识到外夷律例的可取之处，遂命总理衙门刊印 300 部《万国公法》，分送给通商口岸的各级官员。[39]

综上可知，丁韪良和赫德分别于 1862 年和 1863 年开始独立汉译惠顿的《万国公法》。赫德率先于 1863 年 8 月间向总理衙门提交了自己摘译的 24 节（定稿《万国公法》共 4 卷 12 章 231 节）。丁韪良也于同年晚些时候与总理衙门取得了联系，并获支持翻译全书。因此，虽然后来流传的版本是丁韪良领衔翻译的，但英国人赫德向总理衙门官员们启蒙国际法知识的功绩仍然应当被记取。[40]

附录2:马克思的法律教育

　　马克思有一段关于占有的论述经常被民法学人引用:"私有财产的真正基础,即占有,是一个事实,是不可解释的事实,而不是权利。只是由于社会赋予实际占有以法律的规定,实际占有才具有合法的性质,才具有私有财产的性质。"[1]这段论述与他在大学时期学习法律的经历有很大关联。

　　拉德布鲁赫说过,"很多诗人就是从法学院逃逸的学生"。[2]历史上,并非所有修习法律出身的"法律人"都始终留在法律共同体内。他们中的很多人在法律以外领域的建树要远大于在法律方面的造诣。乔叟、培根、莱布尼茨、布丰、边沁、歌德、席勒、海涅、雅各布·格林、巴尔扎克、雨果、舒曼、泰戈尔、卡夫卡……皆如是。[3]然而,若论对后世影响的深远,恐莫有能出马克思之右者。

　　1835年,17岁的卡尔·马克思以全班32名学生排名第8的成绩从特里尔中学毕业后,进入波恩大学学习法律。有传记作者说马克思在波恩"一心一意过着大学生的生活,忘记了给家里写信,但却醉心于创作拜伦式的诗篇;不断借债,有时还喝醉酒"。[4]阿萨·勃里格斯(Asa Briggs)写道:"他[马克思]跟恩格斯一样爱好品酒,这种嗜好也可以追溯到他的大学早期生活。当时在[伦敦]格拉弗顿坊的拐角上有一家字号叫'南安普敦'的小酒店,我们可以想象他们在那里面消磨了多少快乐的时光。"[5]伽·谢列布里雅柯娃则对当时特里尔同乡会的搏斗等风气做了细致的描述。[6]不过,这些说法仍未免有些笼统,不能反映马克思大学生活的全貌。

　　大学第一学期(1835—1836 年度冬季学期),马克思本想选修包括法律、文学和神学等在内的 9 门课程。[7]后来他接受了父亲的建议,只选了 6 门课。由波恩大学 1836 年 8 月 22 日发给马克思的肄业证书可知马克思在 1835—1836 年度冬季学期所修课程的内容和马克思的成绩。

表附 2-1　1835 年冬季学期马克思在波恩大学所修课程表

| 一、1835—1836 年度冬季学期
1.法学全书,普盖教授讲授,十分勤勉和用心。
2.法学阶梯,伯金教授讲授,十分勤勉和经常用心。
3.罗马法史,瓦尔特教授讲授,同上。
4.希腊罗马神话,韦尔克教授讲授,极为勤勉和用心。
5.荷马问题,冯·施勒格尔教授讲授,勤勉和用心。
6.近代艺术史,道尔顿教授讲授,勤勉和用心。 | I.In the winter term 1835/36
1) Encyclopaedia of jurisprudence with Professor *Puggé*, very diligent and attentive.
2) Institutions with Professror *Böcking*, very diligent and with constant attention.
3) History of Roman Law with Professor *Walter*, ditto.
4) Mythology of the Greeks and Romans with Professor *Welcker*, with excellent diligence and attention.
5) Questions about Homer with Professor *von Schlegel*, diligent and attentive.
6) History of modern art with Professor *D'Alton*, diligent and attentive. |

　　资料来源:《波恩大学肄业证书》,《马克思恩格斯全集》(第一卷),人民出版社 1995 年版,第 936 页。在 1982 年中文版第 40 卷中,法学阶梯被译为"法学纲要"(第 844 页)。瓦尔特教授当时为波恩大学法律系主任。韦尔克在 1982 年中文版中译为"韦尔凯尔"。教法学全书的普盖教授在伽·谢列布里雅柯娃《马克思的青年时代》的中译本中被译作"法学通论教授普格",他嗜酒、爱赌博。英文部分见于 *Karl Marx and Frederick Engels Collected Works*, Volume 1, Karl Marx:1835-43.(London:Lawrence & Wishart,1975)657.该书系爱泼斯坦先生捐赠给清华大学的。

学期结束时(1835 年 12 月),马克思累病了,遂接受父亲的建议,到荷兰尼威根的姨夫家去休养。[8]接下来在 1836 年夏季学期,他只选了 4 门课。

表附 2-2   1836 年夏季学期马克思在波恩大学所修课程表

二、1836 年夏季学期 7.德意志法史,瓦尔特教授讲授,勤勉。 8.普罗佩尔提乌斯的《哀歌》,冯·施勒格尔教授讲授,勤勉和用心。 9.欧洲国际法和 10.自然法,普盖教授讲授。以上两门课程,因普盖教授于 8 月 5 日突然逝世而未加评语。	II.In the summer term 1836 7)History of German Law with Professor Walter, diligent. 8)Elegiacs of Propertius with Professor *von Schlegel*, diligent and attentive. 9)European international law and 10)Natural right with Professor *Puggé*, Could not be testified owing to the sudden death of Professor Puggé on August 5.

资料来源:《马克思恩格斯全集》(第一卷),人民出版社 1995 年版,第 937 页。另见 1982 年中文版第 40 卷,第 844—845 页。瓦尔特也有译作瓦里泰尔的。[苏]伽·谢列布里雅柯娃:《马克思的青年时代》,中国青年出版社 1959 年版,第 204 页。普盖是在学生们暑假离校前不久自杀的。同前,第 212 页。*Karl Marx and Frederick Engels Collected Works*, Volume 1, Karl Marx: 1835 - 43. (London: Lawrence & Wishart, 1975) 657—658.

这一学期,马克思被选为特里尔同乡会主席团五名委员之一,他开始了一种无忧无虑、放浪不羁的生活:因在夜里耍酒疯被大学法官判处禁闭;还与人决斗,以至于他父亲不得不安排他转学。对此,《波恩大学肄业证书》记述道:

关于该生的操行,应该指出,他曾因夜间酗酒喧嚷,扰乱秩序,受罚禁闭一天;除此之外,他在道德和经济方面,未发现任何不良行为。该生事后被人告发,据云曾在科隆携带违禁武器,此事尚在调查中。

该生没有参加被禁止的大学生团体的嫌疑。[9]

　　1836 年 10 月 22 日,马克思转入柏林大学法律系。在这里,他重又开始努力学习。第一学期,他听了法律系两位著名教授的课:弗里德里希·冯·萨维尼讲的学说汇纂[10]和爱德华·甘斯(Eduard Gans)讲授的刑法。这两个人是当时互相对立的两个法学学派——历史学派和进一步发展了的黑格尔法哲学学派——的领袖人物。两个人私下的关系似乎也不好。有后世学者称甘斯为"萨维尼的亲密的敌人黑格尔的亲密的朋友"。[11]1842 年,萨维尼被普鲁士国王弗里德里希·威廉四世任命为立法部的首脑,但他在随后的一篇呈文中拒绝了已计划的对邦法的全面修订,并将立法委员会的工作转向了对单个法律的修改。他在这一职位上的成就不大,为此曾遭到甘斯的冷嘲热讽。[12]

　　从萨维尼的课堂上,马克思学到了他的方法论——这个教授能把法的发展同人民生活联系起来,从具体的、历史的观点出发来研究法,并且指出了从历史方面来研究法的重要性。课程结束时,萨维尼

图附 2-1　德国发行的弗里德里希·冯·萨维尼纪念邮票

给马克思的学习评语是"勤勉"。青年马克思受甘斯的影响更大一些。教授"极其勤勉"的评语也许能说明些问题。有传记作者说,甘斯在政治方面加强和深化了马克思在中学时代就已初步领会了的自由民主主义;在学术方面,则在马克思的学习兴趣逐渐转向黑格尔的过程中起到了引路的作用。[13]但开始时马克思只是阅读了黑格尔哲学的一些片段,他"不喜欢它那种离奇古怪的调子"。[14]康德和费希特的著作更受那时的马克思欢迎。此外,马克思还修了斯特芬斯教授讲授的人类学课程,得到的评价是"勤勉"。

在柏林大学的第一年里,马克思利用课余时间大量阅读。他试图把父亲为他选的法律专业和自己新选择的哲学专业结合起来。[15]这一时期,马克思阅读了约·哥·海奈克奇乌斯的《按照〈学说汇纂〉次序叙述的民法原理便览》和安·弗·尤·蒂博的《〈学说汇纂〉的体系》等文献,并把《学说汇纂》的头两卷译成了德文。同时,他还试图使用一种法哲学贯穿整个法的领域。他叙述了许多形而上学的原理作为导言,并写下了300多页的文稿。随即他遇到了麻烦。在1837年11月给父亲的信中,马克思写道:

> 这里首先出现的严重障碍同样是现有之物和应有之物的对立,这种对立是理想主义[旧译作"唯心主义"][16]所固有的,是随后产生的无可救药的错误的划分的根源。最初我搞的是我慨然称之为法的形而上学的东西,也就是脱离了任何实际的法和法的任何实际形式的原则、思维、定义,这一切都是按费希特[《以知识学为原则的自然法权基础》]的那一套,只不过我的东西比他的更现代,内容更空洞而已。在这种情况下,数学独断论的不科学的形式从一开始就成了认识真理的障碍,在这种形式

下,主体围绕着事物转,议论来议论去,可是事物本身并没有形成一种多方面展开的生动的东西。三角形使数学家有可能作图和论证,但它仍然是空间中一个纯粹的概念,并没有发展成任何更高的形式;需要把它同其他某种事物对比,这时它才有了新的位置,而对同一对象采取的不同位置,就赋予三角形各种不同的关系和真理。在生动的思想领域的具体表现方面,例如,在法、国家、自然、全部哲学方面,情况就完全不同:在这里,我们必须从对象的发展上细心研究对象本身,而决不允许任意划分;事物本身的理性在这里应当作为一种自身矛盾的东西展开,并且在自身中求得自己的统一。

第二部分是法哲学,按照我当时的观点,就是研究成文罗马法中的思想发展,好像成文法在其思想发展中(我说的不是在它的纯粹有限的规定中)竟会成为某种与第一部分所应当包含的法的概念的形成不同的东西!

此外,我又把这第二部分分成关于程序法和实体法的学说:其中关于程序法的学说,应当叙述体系在其连贯性和联系方面的纯粹形式,它的划分和范围;而关于实体法的学说,则应当叙述体系的内容,说明形式怎样浓缩在自己的内容中。这也就是我后来在冯·萨维尼先生关于占有权的学术著作[《占有权。民法研究》第1章第1节]中发现的那种我和他犯的同样的错误,区别只是萨维尼认为概念的形式规定在于"找到某学说在(虚构的)罗马体系中所占的地位",而实体规定是"罗马人赋予这样确定的概念的成文内容的学说",我则认为形式是概念形成的必要结构,而实体是概念形成的必要品质。错误就在于,我认为实体与形式可以而且必须互不相干地发展,结果我所得到的不是实在的形式，而是一个带抽屉的书桌，而抽屉后来又被我装上了沙子。

概念也是形式和内容之间的中介环节。因此，用哲学来说明法时，形式必然从内容中产生出来；而且，形式只能是内容的进一步发展。于是，我把材料作了其作者至多为了进行肤浅的和表面的分类所能够作出的划分，但法的精神及其真理却消失了。整个法分成契约法和非契约法。为了醒目起见，我冒昧拟定了一份包括公法划分在内的纲目，公法的形式部分也经过整理。

I	II
Jus privatum［私法］	*Jus publicum*［公法］

I.*Jus privatum*［私法］

（a）关于有条件的契约的私法。

（b）关于无条件的非契约的私法。

（A）关于有条件的契约的私法

（a）人身权利；（b）物权；（c）在物上的人身权利。

（a）人身权利

I.有偿契约；II.担保性契约；III.无偿契约。

I.有偿契约

2.组织社团法人契约（societas）；3.租雇契约（locatio conductio）。

3.*Locatio conductio*［租雇契约］

1.就其与 operae［劳务］的关系来说：

（a）原来意义上的租雇契约（既非指罗马的租赁，亦非指罗马的租佃）；

（b）mandatum［委托］。

2.就其对 usus rei［物的使用权］的关系来说：

（a）土地：*usus fructus*［用益权］（也非纯粹罗马含义）；

（b）房屋：*habitatio*。

II.担保性契约

1.仲裁或和解契约；2.保险契约。

III.无偿契约

2.认可契约

1.fide jussio［保证书］；2.negotiorum gestio［无因管理］。

3.赠予契约

1.donatio［赠予］；2.gratiae promissum［示惠许诺］。

（b）物权

I.有偿契约

2.permutatio stricte sic dicta［严格意义上的互易］。

1.原来意义上的 permutatio［互易］；2.mutuum（usurae）［借贷（利息）］；3.*emtio venditio*［买卖］。

II.担保性契约

pignus［典质］。

III.无偿契约

2.commodatum［借用］；3.depositum［寄存保管］。

　　然而，为什么还要连篇累牍地列满我自己都加以屏［摒］弃的东西呢？这里通篇都贯穿着三分法，叙述繁冗令人生厌，同时又极其粗暴地滥用罗马概念，以便把它们硬塞进我的体系。不过从另一方面我至少以某种形式喜欢上并总览了这些材料。

　　在实体的私法的结尾部分，我看到了整体的虚假，这个整体的基本纲目接近于康德的纲目[《法的形而上学的基本原理》]，而阐述起来却大相径庭。这再次使我明白，没有哲学就无法深入。于是我就可以心安理得地重新投入哲学的怀抱，并写了一个新的形而上学基本体系，但在该体系的结尾处我又一次不得不认识到它和我以前的全部努力都是错误的。[17]

于是，马克思不得不放弃了建构自己法哲学体系的大胆设想，开始转向黑格尔。他读了黑格尔哲学的一些片段，写了一篇将近24页的对话《克莱安泰斯，或论哲学的起点和必然的发展》。他回忆道：

> 在这里，彼此完全分离的艺术和科学在一定程度上结合起来了。我这个不知疲倦的旅行者着手从哲学上辩证地揭示这个表现为概念本身、宗教、自然、历史的神性。我最后的命题是黑格尔体系的开端，而为了写这部著作我对自然科学、谢林、历史有了某种程度的了解，它令我费尽了脑筋，结果写得条理井然（因为它本该是一部新逻辑学），连我自己现在都很难再产生那样的思路了；这个在月光下抚养长大的我最可爱的孩子，就像狡猾的海妖，把我诱入敌人的怀抱。[18]

此后，马克思又阅读了大量的法学著作，费尔巴哈的《成文刑法的原则和基本概念的修订》《德国现行一般刑法教科书》，格罗尔曼的《刑法科学的原则》，克拉默的《论〈学说汇纂〉和〈[查士丁尼]法典〉不同版本的词义》，韦宁—英根海姆的《一般民法教科书，根据海泽为讲授〈学说汇纂〉而写的一般民法体系的纲要编纂》（三卷集），米伦布鲁赫（Ch.F.Mühlenbruch）的《关于〈学说汇纂〉[旧译罗马法全书]的学说》（*Doctrina pandectarum*）（三卷集），劳特巴赫文集[《供研究50卷〈学说汇纂〉的理论实践文集——按综合法编写》（四十三卷集),《法学教科书——最简单的公式,但具有丰富的意义和论据,说明了几乎全部法的内容》]中的某些篇章,民事诉讼法,特别是教会法等,节译了亚里士多德《修辞学》的一部分,读完了维鲁拉姆男爵培根的《论科学的发展》,赖马鲁斯的《关于动物的复杂本能》,研究了德意志法,主要是法兰克王的敕令和教皇给他们的信。[19]

由于过度劳累,马克思又病了。1837年11月,他在养病期间开始系统阅读黑格尔的著作。[20]从1839年5月初开始,马克思几乎完全停止了对法律的学习,而专门从事哲学的研究,[21]并很快就成为青年黑格尔派的一员。1841年,马克思以一篇论伊壁鸠鲁哲学的论文从耶拿大学取得了哲学博士学位。[22]以下是马克思在柏林大学期间学习的课程:

一、1836—1837年度冬季学期

1.《学说汇纂》,冯·萨维尼教授先生讲授,勤勉。

2.刑法,甘斯教授先生讲授,极其勤勉。

3.人类学,斯特芬斯教授先生讲授,勤勉。

二、1837年度夏季学期

1.教会法,赫弗特尔教授先生讲授,勤勉。

2.德国普通民事诉讼,赫弗特尔教授先生讲授,勤勉。

3.普鲁士民事诉讼,赫弗特尔教授先生讲授,勤勉。

三、1837—1838年度冬季学期

1.刑事诉讼,赫弗特尔教授先生讲授,勤勉。

四、1838年度夏季学期

1.逻辑学,加布勒教授先生讲授,极其勤勉。

2.普通地理学,李特尔教授先生讲授,报名听讲。

3.普鲁士邦法，甘斯教授先生讲授，极其勤勉。

五、1838—1839 年度冬季学期

1.继承法，鲁多夫教授先生讲授，勤勉。

六、1839 年度夏季学期

1.《以赛亚书》，鲍威尔神学学士先生讲授，听课。

七和八、1839—1840 年度冬季和 1840 年度夏季学期

未报名听讲。

九、1840—1841 年度冬季学期

1.欧里庇得斯，格佩特博士先生讲授，勤勉。[23]

由此可知，马克思在大学期间（包括在波恩大学）学习的法律课程共有法学全书、法学阶梯、罗马法史、德意志法学史、欧洲国际法、自然法、学说汇纂、刑法、教会法、德国普通民事诉讼、普鲁士民事诉讼、刑事诉讼、普鲁士邦法、遗产法等 14 门。而从他所阅读的法学文献来看，当时的法学教科书作者似乎都有志从罗马法中提炼素材构建自己的法律体系。这些课程和著作大致勾勒出了德意志统一前大学法律教育的基本轮廓。由于神圣罗马帝国被认为是古代罗马帝国衣钵的承继者，因此罗马法也就成了萨维尼所谓民族精神的载体。这种法律教育赋予了马克思历史研究的方法，激发了青年马克思善于思辨的头脑，从而试图模仿教授们的概念话语，构建属于自己的法哲学体系。尽管那时的卡尔不过是个只修习了十来门法律课程的大学二年级学生。[24]事情看起来有些不可思议，但更大的问题则在于这种多少有些让人感到可怕的法律教育。幸好，这种对材料进行肤浅的和表面的分类的法律教育，无法满足马克思的建构要求，他不得不将目光投向法律之外，转而求助于哲学，黑格尔的哲学。马克思很

快舍弃了他前面的构想,因为他在试图解决"现有之物和应有之物的对立"时,日益对法的形而上学那套"主体围绕着事物转,议论来议论去,可是事物本身并没有形成一种多方面展开的生动的东西"的论调感到厌倦,他也逐渐认清了萨维尼区分概念的形式规定和实体规定的谬误,并开始对那些"脱离了任何实际的法和法的任何实际形式的原则、思维、定义"进行反思:"这里通篇都贯穿着三分法,叙述繁冗令人生厌,同时又极其粗暴地滥用罗马概念,以便把它们硬塞进我的体系",这不仅仅是马克思对自己虚妄的重划概念体系计划的检讨,实际上也是对那个曾经激发他法学体系妄想的法律教育(也包括当时的研究)的批判。

图附 2-2 马克思的波恩大学肄业证书　　**图附 2-3** 马克思的柏林大学毕业证书　　**图附 2-4** 耶拿大学授予马克思的哲学博士学位证书(1841 年 4 月 15 日)

表附 2-3 马克思在柏林大学的成绩单

(Record Sheet Filled in by Marx)

Has taken here the following lectures	with	No. of attendance list	Questor's remark regarding fee		Lecturer's testimony on attendance at lectures
Winner term I. 1836/37					
Private lectures					
1) *Pandects*	Prof.Dr.v. Savigny		1.paid	9/ 11. 36	diligent v.Savigny 14/3. 37
2) *Criminal Law*	Dr.Prof. Gans		2.ditto		exceptionally diligent.Gans 17/3. 37
3) Anthropology	Dr.Prof. Steffens		3.ditto		diligent.Steffens 18/3. 37
			Wittenberg 24/1.41		Corresponds to the original. Wittenberg Berlin 9/3. 41
Summer term II. 1837					
Private lectures					
1) Ecclesiastical law with Dr.Prof.Heffter	Heffter		1.Paid		diligent 12/[…]37
2) Civil procedure with Dr.Prof.Heffter	Heffter		2.Ditto		
Public lecture					
3) Prussian civil procedure with Dr.Prof.Heffter		3.	Public 2/5. 37 Wittenberg 24/1. 41		
Winner term III. 1837/38					
Criminal legal procedure with Dr.Prof.Heffter	Heffter		Paid 10/11. 37 Wittenberg 24/1. 41		diligent […] […] Heffter

续表

Has taken here the following lecture	with	No.of attendance list	Questor's remark regarding fee	Lecturer's testimony on attendance at lectures
*Summer term IV.*1838				
1）*Logic* with Dr. Prof.Gabler			1.paid	extremely diligent attendance 9/8. 38 Gabler
2）Geography with Dr. Prof.Ritter			2.ditto	
3）*Prussian law* with Dr.Prof.Gans			3.ditto Wittenberg 19/5. 38	exceptionally diligent 7/8. 38 Gans p.j.copy Wittenberg 9/3. 41
Winner term V. 1838/39				
Inheritance law with Dr.Prof.Rudorff	Rudorff		paid Wittenberg 10/12. 38	diligent 8/3 Rudorff
*Summer term VI.*1839				
Isaiah with Licentiate Bauer			remitted by authorisation	attended as per appended certificate
Term VII				
Iphigenie in Aulis by Euripides			Public Wittenberg 28/1. 41	diligent attendance attested Berlin,23/3. 40 Geppert,Dr.Ph.

资料来源：*Karl Marx and Frederick Engels Collected Works*，Volume 1, Karl Marx：1835－43.（London：Lawrence & Wishart,1975）699－700.

对以上史实的回顾有助于后人理解为什么马克思在大学里虽然开始学的是法律，但研究得最多的却是历史和哲学。它们同时也回答了“当时柏林大学提供的法律教育是怎样的，如何没能吸引住青年马克思的目光和心思”的疑问。其实不仅是马克思，与他在同一时期入读大学法律系的海涅也曾对当时的大学法学研究和法律教育进行

了尖锐的讽刺:

> 最近,我没有走出《罗马法典》的篱圈,罗马法案的决疑人在我的精神上像是蒙了一层灰色的蛛网,我的心仿佛夹在自私自利的法律体系铁一般的条文中间,"特利波尼、犹斯特尼[今译优士丁尼]、黑尔摩哥尼、蠢约翰"还不断在我耳边作响,就是坐在一棵树下的一对温存的爱人,我甚至以为是一部印有握手标记的《罗马法典》……身居要职的大学司事,他们必须警醒注意:不要有学生在包登村决斗,不要有在哥亭根边境必须还要受几十年的检疫拘留的新思想被一个"投机"的讲师给偷偷贩进来。[25]

> 在梦里我又回到哥亭根,回到那里的图书馆。我站立在法律阅览室的一角,翻阅旧日的论文,潜心诵读,当我停止时,我惊讶地觉察到,已经是夜里了,悬挂着的水晶灯照耀全室。[26]

> ……

> 这时其他的先生们每个人都同样走近,都有所述说,有所嬉笑,不外乎一个新近思考出来的小体系,或是小假定,或是自己小脑袋里产生的类似的畸形儿。从敞开的门又走进许多不熟识的先生,他们都表示是卓越的学会里的伟大人物,他们多半是笨拙而鬼鬼祟祟的角色,以傲慢自足的态度不加(假)思考地下定义,辨别区分,在每一段罗马法纲的小节目上争论不已。[27]

在另一处,他还讽刺了当时公式化的学术论文:

> 我听了比较解剖学,到图书馆里选抄最珍奇的著作,在魏恩德大街上常常用几个钟头去研究过路女子的脚,我在旁征博引的论文里总括这些研究的成果,我述说:一、脚的概况;二、老太太的脚;三、象的脚;四、哥亭根女子的脚;五、我把在乌利许花园

里关于这些脚发表的意见都收集在一起;六、我又观察这些脚和其他部分的关联,趁这机会也扩充到小腿肚、膝盖……;七、只要我能够得到这样大的纸,我还要添印上一些哥亭根妇女脚型的铜版画。[28]

此处,虽然海涅看似在讽刺比较解剖学的研究,但当时的法律研究何尝不也是如此呢?

历史不承认这样的假设:如果当时德国(柏林大学)的法律教育是另一种局面,不宣讲那些过于抽象的、形而上学的概念、原则体系,不试图让学生接受那套沿袭和改编自古罗马的法律理念体系,而是更多地从真正的现实(而不是虚幻的罗马帝国)出发,是否世界上会少一位哲学家、思想家,而多一个法学家? 但现实更期待回答的是:一百余年过后,德国的法学研究和教育是否有了根本性的变化? 中国的法律教育是否应该继续模仿别人的模式? 归根到底,今天中国的法学院将提供给年轻的学子以怎样的法律教育?

附录3:法学博士迷思

一、近代西方的"法学博士"学位

(一)英国

在20世纪之前的相当一段时间,牛津大学和剑桥大学授予法科学生的都是民法学博士学位(Doctor of Civil Law,D.C.L.)。[1]这与直至19世纪中期英国普通法的讲授都由律师公会垄断,从而将大学排斥在英国法(英国法律史除外)教育之外的分工安排有关。

> 牛津大学最早开设的法学课程有罗马法和教会法,在宗教改革之后,只剩下罗马法课程。牛津大学没有开设英国法课程,也就是说,历史上,英国法在牛津未得以讲授。取得民法博士学位(Doctor of Civil Law)的牛津毕业生,具备了进入教会法院和海事法院工作的必要资格。他们在牛津接受的法学专业训练,与神学和医学专业学生接受的训练没有根本性的差别。[2]

后来的情况有所变化。在剑桥大学,通过荣誉法律学位考试(Law Tripos)或文学士学位(A.B.)考试成绩为优等(Honor)的学生会被授予法学士学位(LL.B.),其再学习一年法律后可被授予法学硕士学位(LL.M.)。法学博士学位(Doctor in Law,LL.D.)是最高法学学位,申请者需要进行五年研究,无须上课,但须提交一篇高质量的论文。[3]牛津大学没有法学学士学位(LL.B.)。法科学生在取得文学士学位(A.B.)后经过一年的研究生学习并通过考试,可以取得实际是研究生学位的"民法学士"学位(B.C.L.)。如再学习五年,提交论文并考试合格,可取得民法学博士学位(D.C.L.)。[4]

与民法学博士学位相比,哲学博士引入英国要晚得多。1917 年牛津设立了哲学博士(D.Phil.)学位,剑桥和伦敦大学也于 1919 年设立了哲学博士(Ph.D.)学位。到 20 世纪 20 年代以后,哲学博士成为了英国博士学位的主流,[5]同时也是英国通行的法学最高学位。王伟教授考证的留英学习法律的 12 位博士学位获得者中,2 人获得 LL.D.学位,8 人获得 Ph.D.学位(其中一人还获得了牛津大学的 D.C.L.学位),2 人获得 D.Phil.学位(均在牛津大学)。[6]

(二)美国

在美国,耶鲁大学从 1912 年开始授予 Doctor of Law(简称 Jur.D.)学位。法律本科毕业后再进行一年法学专业高级研究,即可获得 LL.M.或者 Jur.D.学位。从 1919 年开始,申请该学位不必提交论文。获得 LL.M.或者 Jur.D.学位后再进行两年法学高级研究,就可以获得 Doctor of Civil Law(D.C.L.)学位。1924 年,该校废止了 Jur.D.学位,并从次年起改授 Juris Scientiae Doctor(J.S.D.)学位。1933 年起,申请 J.S.D.学位必须提交论文。[7]

1905 年 6 月 28 日,王宠惠凭其博士论文《住所:一个比较法的研究》(*Domicile:A Study in Comparative Law*)获得了耶鲁的 D.C.L.学位。[8]这一学衔也印在了他翻译的《德国民法典》英译本的封面上。[9]时至今日,加拿大麦吉尔大学法学院还有类似于耶鲁 D.C.L.的法学学位。[10]

THE

GERMAN CIVIL CODE.

TRANSLATED AND ANNOTATED,

WITH AN

HISTORICAL INTRODUCTION AND APPENDICES.

BY

CHUNG HUI WANG, D.C.L.,

*Member of the Internationale Vereinigung für vergleichende Rechtswissenschaft und
Volkswirtschaftslehre zu Berlin;
Member of the Société de Legislation Comparée, &c.*

LONDON:

STEVENS AND SONS, LIMITED,

119 & 120, CHANCERY LANE,

Law Publishers.

1907.

图附 3-1　王宠惠译《德国民法典》英文本封面

1920 年,燕树棠获得了耶鲁的 Jur.D.学位。此前的 1918 年,他在哥伦比亚大学取得法学硕士学位(LL.M.)。[11]

下表是王伟教授总结的美国部分大学法学专业学位的演变情况。从中不难看出,美国的法律教育明显呈现出一种自生自发的演进脉络。各学校整体上大致趋同,但又存在很明显的个体差异。

表附 3-1　美国部分大学法学专业学位的演变情况表

大学	LL.B.	LL.M.	S.J.D.	J.S.D.	J.D.
哈佛大学	1820	1923	1910	—	20 世纪 60 年代
耶鲁大学	1843	1876	—	1925	1971
哥伦比亚大学	不详	1863—1865	—	1922 年设置研究性质的 J.D.,1934 年改为此	1971
密歇根大学	1860	1889/1890	—	1925	1909 *
芝加哥大学	—	1942	—	1924	1902
康奈尔大学	1948	1929(1889 年曾设一年制 LL.M.)	—	1929	不详
纽约大学	1858	1891	—	1911/1912	1902/1903
斯坦福大学	1901(1905 年被 J.D.取代,1911 年恢复)	1932	—	1932("二战"后才实际授予学位)	1905
乔治·华盛顿大学	1867	1877	—	1940	1936
西北大学	1860	1908	1933	—	1919
加州大学伯克利分校	1903	1952	—	不详	1906
杜克大学	不详	1930	1930	—	1968

资料来源:王伟:《中国近代留洋法学博士考(1905—1950)》,上海人民出版社 2011 年版,第 55 页。* 该书原作 1922 年,有误。现据该书第 46 页改正。

　　此外,由于美国的大学有时将公法专业和私法学科一起设于法学院,有时则列入政治学院或政治系,而政治系的最高学位通常是"哲学博士"(Ph.D.),因此,一些攻读公法专业的学生最终取得的是哲学博士学位。[12]比如,1905 年 6 月 14 日严锦镕从哥伦比亚大学获得的就是哲学博士(Ph.D.,宪法学专业)。[13]

(三)法国

在法国,同时存在着"大学校"(grands écoles)和大学(universités)两个高等教育系统,而且前者(专业技术学校)比综合大学要好。"凡是名字里有 école、collége、institut 的基本上都属于大学校系统,对法国人来说似乎都比 universités 显得有档次。"[14]

按照法国传统的学制和文凭制度,大学本科阶段(通才教育)前两年不细分专业,学生仅学习一些法律基础课,成绩合格者可获得"大学普通学习证书"(DEUG, diplôme d'études unverstaires générales),之后一年主攻专业,结业可获"大学第三年毕业文凭"(Licence,相当于 180 个欧洲学分),再学一年可获 Maîtrise 学位。要从事法学研究的学生需要(再学习一年)取得"深入学习文凭"(DEA, diplôme d'études approfondies),之后方可进入博士研究生的学习。要从事实务的学生可获得"高等专业学习文凭"(DESS, diplôme d'études supérieures spécialisées),之后再通过律师或法官资格考试,才能从业。[15]

巴黎大学在 20 世纪二三十年代,其法律系分为 Licencié 和 Doctorat 两个级别。在 Licencié 阶段,"法律与经济混合而不分系"。获得 Licencié en Droit 学位的人可以申请进入研究院学习。研究院分设罗马法及法制史系、私法系、公法系(包括行政法、宪法、国际公法、公法史)和经济系。任何一个系的学生,在考试合格后,将被授予该系高等研究证书一张;获得两张高等研究证书的学生(即毕业于两个系的学生),可以提交博士论文 [Thése pour le doctorat]。[16]

　　法国的博士学位(Doctent en Droit, Docteur en Droit, Doctorat en Droit)颇具特色,其可以分为国家博士(doctorat d'Etat)和大学博士(doctorat d'université)。前者由教育部颁发,获得者同时被授予文官职务上及专门职业上的一定特权,后者多由大学发给留学生,没有职业上的特权,但留学生也可以申请国家博士学位。[17]另一方面,与法国的法学院涵盖法学、政治学、经济学等系别相表里,法国的法学博士学位也同时授予给法学专业、政治学专业和经济学专业的学生。[18]

　　20世纪90年代末,法国高等教育按照欧洲高等教育体制进行了改革。改革前,完成前两年大学课程的学生获得"大学普通学习证书"(DEUG),之后进入第三年的学习,并获得本科文凭。改革后,按原来的法国模式学习的学生本科毕业后再学习一年,或者取得高中毕业文凭后完成四年高等教育学习,可获得 maîtrise 文凭。取得国家 maîtrise 文凭后再完成一年学习或获得高中毕业文凭后完成五年高等教育学习(相当于300个欧洲学分)可取得"深入学习文凭"(DEA)或"高等专业学习文凭"(DESS)。持有自1998—1999学年度起颁发的DEA和DESS文凭者可被授予硕士学位。

　　由以上简要列举的三个国家法科的博士学位情况可以看出,近代各国大学颁发给法科学生的博士学位各有特色,不可简单通约。有时,同为法律学人,取得的却是貌似不同学科的学位(如法学博士与哲学博士);有时,学人虽都是"法学博士"(如在法国),但却可能来自截然不同的专业领域(如法学与政治学、经济学或社会学之别);有时,学衔虽然名为"法学博士",却只是初级的学位,而有时虽名为法学学士,却是研究生层级的学位(如英国牛津的民法学士)。此外,即使是同一国别,甚至同一所大学授予的"法学博士",因时间先后的差别,也存在着有无论文要求的差别,换言之,同名但不同时的法学学位背后的教育内容未必相同。这说明,法律教育的世界图景并非是平面的。对其进行考察时不仅需要三维的立体视角,还需要增加第四个即时间的维度。

二、中国大学所授"法学博士"学位及其外译

中国从 19 世纪后期开始学习、继受西方法制。为此,一度掀起了大规模派员出洋留学的热潮。留学人员学成回国后,按照获得的学士或博士学位并通过相应的考试,可被授予"举人"或"进士"资格。比如,曹汝霖从日本留学回国后应留学生考试,拿了第二名,被授予法科进士头衔。[19] 而更早些时候,为了向西方介绍科举制度,利玛窦曾将中国的"出身"与西方的学位进行对接:"中国(士大夫的)第一种学位与我们的学士学位相当,叫做秀才……第二种学位叫举人,可以和我们的硕士相比。第三种学位叫进士,相当于我们的博士学位。"[20] 将原本复杂的情形过度简化,极可能提供一种颇具误导性的翻译。

在派员留洋学习的同时,国内的法律教育机构也渐次开办,自行培养法科人才。只是从现有资料来看,从晚清到民国,中国的法律教育大致维持在本科加专科的层次上,少数学校能提供研究生层次的法律教育。东吴大学法学院于 1926 年增设了两年制法学硕士(LL. M.)学位项目。[21] 国立北京大学于 1932 年开办研究院,内置文史、自然科学和社会科学三部,后来社会科学部又改称法科研究所,下设法律、经济、政治三部。[22] 国立清华大学虽然长期没有法律系,但其所设研究所却培养了不少作法学论文的研究生。1937 年 6 月,南开大学"第十五班学生毕业,计文理商三院毕业学生共六十余人。时大学

部学生有四百一十人，研究部学生十九人。同月，商科研究所第一班研究生毕业，由教育部授予硕士学位"。[23]抗战期间，西南联大于1940 年开始恢复法政研究生招生。至抗战胜利，清华共招收法学研究生 7 人。[24]同期，北大法律学部的研究生有 4 人。[25]

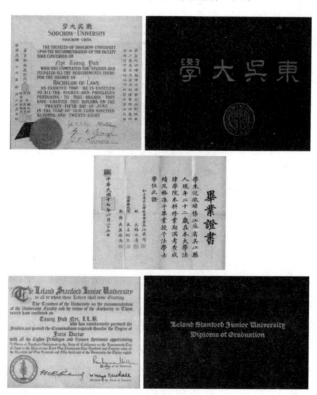

图附 3-2　倪徵燠所获东吴大学法学学士学位证书（1928 年卯月 25 日）、东吴大学毕业证书（1928 年 6 月 25 日）和斯坦福大学法学博士（Juris Doctor）学位证书（1929年 6 月）

　　不过,从《元照英美法词典》开列的学术顾问和审定学者名单来看,24 位 1951 年之前在国内取得法科学位的老前辈中,有法学学士(LL.B.)19 位(多出自东吴法学院);法学硕士(LL.M.)5 位,其中东吴大学法学院 3 位(俞伟奕,1948;陈忠诚,1949;聂昌颐,1951)、中央大学 2 位(王明扬,1943;朱奇武,1946),却没有一位国内法学类博士学位获得者。[26]民国时期,一些医学院曾经授予过"医学博士"学衔。此外,一些大学也授予过名誉博士学位。比如,1917 年,郭秉文获得上海圣约翰大学颁赠的法学博士学位。此前,他于 1911 年在伍斯特大学获得理学学士学位,1912 年和 1914 年在哥伦比亚大学先后获得教育学硕士学位和教育学博士学位。[27]1915 年至 1934 年,圣约翰大学共授予 32 人(含 2 名外国人)名誉博士学位。其中,名誉法学博士15 人(含 2 名外国人)。[28]1920 年,约翰·杜威获得北京大学法学博士。[29]1924 年东吴大学法学院授予王宠惠、董康博士学位。[30]不过,由 1921 年至 1923 年王宠惠在东吴法学院任兼职教授,以及董康随后方任该院教授的情况可知,该学位与郭秉文所获学位一样亦只是荣誉学位。1927 年后,国民政府教育部三令五申禁止国内公私立大学擅自授予名誉学位。抗战胜利后,国民政府又配套制定了《名誉博士学位授予条例》和《名誉博士授予条例实施细则》。[31]

　　据王伟教授考证,民国时期实际授予过学术性博士学位(法学博士学位)的只有震旦大学一家。该校仿效法国的做法,将政治学、法学、经济学都置于法学大类之下。故三个学科的博士均授予法学博士学位。直到 20 世纪 30 年代初期才将经济学博士从中分离出去。[32]震旦大学的博士教育学制较短,仅有二年,博士论文主要由法文写成,指导教师亦多为法籍教师。[33]王伟教授《中国近代博士教育史——以震旦大学法学博士教育为中心》一书收录并分析了震旦大学培养的 24 名法学博士和 1 名经济学博士(均有博士论文),以及在该校接受博士教育但未获博士学位的学生及博士身份存疑者的相关信息。

震旦大学授予法学博士学位集中于 1920—1936 年。目前尚无确凿证据显示震旦大学在 1937—1949 年间曾经授予过法学博士学位。震旦大学在 1941 年左右曾经招收了一些法学博士生,但是最终都没有授予博士学位。1943 年以后震旦大学干脆取消了法学研究生的招生工作。从时间上看,震旦大学法学博士教育前后大约开展了 20 年。这一段时期正好是中国近代研究生教育处于探索和试验的阶段,也是研究生教育法令不完善的阶段,尤其对于教会大学的研究生教育,政府的法令基本处于空白。这就给了震旦大学独树一帜开展博士教育的机会。[34]

1912 年 10 月 24 日教育部颁布的《大学令》规定:

第九条:大学预科生修业期满,试验及格,授以毕业证书,并入本科。

第十条:大学各科学生修业期满,试验及格,授以毕业证书,得称学士。

第十一条:大学院生在院研究有新发明之学理或重要之著述,经大学评议会及该生所属某科之教授会认为合格者,得遵照学位令授以学位。[35]

1915 年 1 月,袁世凯签发的《特定教育纲要》规定:"学位除国立大学毕业,应照所习科学给予学士、硕士、技士各字样,另行组织博士会,作为审授博士学位之机关,由部定博士会及审授学位章程暂行试办。"[36]

1926年，广州国民政府教育行政委员会通过的《大学教员资格条例》（张乃燕提议）规定：

> 乙、资格
>
> 一、助教：（一）国内外大学毕业而与[有]学士学位者；（二）于国学上有研究者。
>
> 二、讲师：（一）国内外大学毕业而得硕士学位者；（二）助教完满一年以上教务而有特别成绩者；（三）于国学上有贡献者。
>
> 三、副教授：（一）外国大学研究院终业而得博士学位者；（二）讲师完满一年以上之教务而有特别成绩者；（三）于国学有特殊之贡献者。
>
> 四、教授：（一）副教授完满二年以上之教务；（二）有特别成绩者。[37]

1935年4月22日，国民政府立法院通过并颁布《学位授予法》十二条，同年6月20日国民政府明令该法自1935年7月1日起施行。该法规定"学位分学士、硕士、博士三级。但特种学科得仅设两级或一级"（第二条），"依本法受有硕士学位，在前条所定研究院或研究所继续研究两年以上，经该院、所考核成绩合格，提出于教育部审查许可者，得为博士学位候选人"（第五条），"博士学位候选人，经博士学位评定会考试合格者，由国家授予博士学位"（第七条）。

1935年5月23日，国民政府教育部颁布《学位分级细则》十二条。其中规定"法科学位分法学士、法学硕士、法学博士三级。大学法学院或独立学院法科设有商学系及法科研究所设有商学部者，其学位之级数与名称，应与商科同"（第四条），"大学文学院或独立学院文科设有政治学系、经济学系及文科研究所设有政治学部、经济学部者,其学位之级数及名称应与法科同"(第二条)。[38]不过,博士学位实施细则却迟迟没有出台。

《大学及独立学院教员资格审查暂行规定》(1940年8月)规定:

> 第四条:讲师须具有左列资格之一:一、在国内外大学或研究所研究,得有硕士或博士学位或同等学历证书而成绩优良者……

> 第五条:副教授须具有左列资格之一:一、在国内外大学或研究所研究,得有博士学位或同等学历证书而成绩优良者,并有有价值之著作者……[39]

1940年秋,教育部学术审议委员会第一届二次会议讨论通过了《博士学位评定组织法(草案)》和《博士学位考试细则(草案)》,即以教育部名义提交行政院审核,并多次修订。1943年5月12日,行政院知照教育部:"抗战以前,各校因设备之限制,学术研究窒碍良多,致使博士学位之授予未实施。近来各校困难加增,培植尤艰。该项博士学位之授予,应缓办。"上述两个草案直到1945年抗战胜利后才通过立法程序审定、颁行。"但博士的培养和学位的授予并未真正施行。"[40]有资料显示:"1935至1949年,全国授予200多名研究生硕士学位,未授予博士学位。"[41]

中国的博士学位制度是在1980年代以后才重新建立并真正实施的。人们在翻译中国大学所授予的法学博士学位时译法很多:Ph.D.、Doctor of Jurisprudence、Doctor of Law、Doctor of Laws、LL.D.、Doctor of the Science of Law……[42]而未能达意者不在少数。其间的困难在于,选择对方已有术语翻译,容易使人以为中外两种学位是一回事(而事实上总会存在差别);使用新词,则可能让人不明白该学位的确切所指。龙应台曾讲过一个与西方人观石狮子的故事:她诧异于对方居然不知那是狮子,而对方则奇怪那怎么会是狮子?[43] 显然,翻译双方都已有、却理解差异颇大的事物远比翻译诸如馒头、包子和饺子之类外文中原本没有的事物要难得多。对中国法学界而言,除了准确辨识、译介各国法学学位制度所构成的复杂集合映射之外,还要设法将自己的制度信息正确地传递给国外同行,并尽力避免造成不必要的误会。

莎翁笔下鲍西亚假扮的法学博士在剧中的角色定位固然耐人寻味,但其所造成的困扰毕竟还只是单向度的,针对读者和观众的。当下中国法律学人所面临的谜思却是双向(甚至往复多回合)的:如何理解别人? 如何述说自己? 有人说中国在输出价值观之前难称大国。价值观输出的话题也许过于宏大,而相对更为基本的,则是如何用人家的语言讲清楚自己的事情。[44] 法学博士学位的外译只是一例。

附录 4:法学家的著作权

根据著作权法,作者对自己的作品拥有著作权。法学家作为作者也不例外。不过,由于政治的原因,我国大陆和台湾地区的学界长期隔绝,缺乏直接对话的渠道,法学著作的传递也受到影响。于是,在海峡两岸便出现了通过出版未经作者授权的著作传播法学知识的情形。

先说我国大陆方面。法正居士在《"文革"买书读书记(一)》中提到,20 世纪 80 年代初期,八面槽的外文书店除了卖原版的外文工具书外,也卖台湾地区的影印书,包括史尚宽、蔡墩铭等法学家的书。[1]崔建远教授在一次学术演讲中提到,1982 年内地曾经翻印和出售了王泽鉴教授所著的《民法学说与判例研究》第一册和第二册,以及史尚宽先生所著的《民法总论》和《物权法论》。[2]梁慧星教授也曾回忆说:"早在[20 世纪]80 年代初,中国大陆就有《民法学说与判例研究》前四册的影印本流行。"[3]据方流芳教授介绍,当时大陆出版台湾地区著作的机构是位于朝阳门外大街九王府内的光华书店。1987 年,方老师还应邀参加过光华书店的出版计划讨论会。很多与会者都推荐了自己刚刚从学校图书馆看到目录的台湾地区学者的法学著作。书店负责人也认为台湾地区法学著作的大陆"内部交流版"很有市场。[4]如今,在一些大学的图书馆里仍能查到这批影印版的台湾地区学者的著述;而正版的台湾地区学者的法学著作直到 1998 年初才开始由中国政法大学出版社率先推出。[5]

　　再说我国台湾地区方面。1949 年之后很多法学家留在了大陆,
而他们先前完成的著作则被带到了宝岛,同样在没有取得作者授权
的情况下被翻印出版。[6]比如,芮沐先生的《民法法律行为理论之全
部》一书在台湾地区直到 2002 年才由三民书局出版了作者授权
本。[7]而有的作者则永远没有机会进行正式的授权了。胡长清先生
即为一例。1949 年春先生婉拒前往台湾地区,之后直至 1988 年 7 月
病故始终都在大陆。而此间他所著的《中国民法总论》《中国民法债
编总论》《中国民法亲属论》《中国民法继承论》等书则在我国台湾地
区行销不辍,以至于有大陆学者将其误认为是"台湾地区学者"。类
似这种人在大陆,书在台湾地区印行,而后大陆学界再通过阅读上述

图附 4-1　大陆影印版史尚宽著《民法总论》。内首页可见"内部参考 批
判使用"字样

书籍重新知道作者的现象还有很多。如戴修瓒先生,曾任中央人民政府法制委员会委员、中国国际贸易促进委员会对外贸易仲裁委员会副主席,于 1957 年逝世,享年 70 岁。[8]而他所著《民法债编总论》于 1954 年在台湾地区出版。又如,夏勤先生的法学活动都在我国大陆,从未到过台湾地区,1950 年代初在香港地区逝世,却被一本法学家辞典误作了"当代台湾地区诉讼法学家"。[9]

特定时期,学术交流的需求,需要渐次突破政治的分歧和法律的限度,方得以成行,是为趣谈。随着两岸交流的增多,版权保护也提上日程。2010 年底,中国文字著作权协会和台湾地区中华语文著作权集体管理协会在北京签署相互代表协议。根据协议,后者将在台湾地区首先面向高校和社会复印店收取大陆书刊复制权版权费,并有权向拒不支付复制权版权费的复印店展开诉讼。[10]

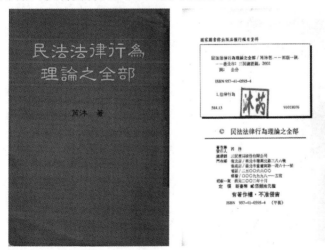

图附 4-2　芮沐著《民法法律行为理论之全部》(中国台湾地区三民书局 2002 年 10 月版)书影及版权页(含作者签名章)

注　释

导　言

〔1〕李亚伟:《中文系》(节选),载唐晓渡选编:《灯心绒幸福的舞蹈——后朦胧诗选萃》,北京师范大学出版社 1992 年版,第 83—88 页。

〔2〕[德]拉德布鲁赫:《法学导论》,米健、朱林译,中国大百科全书出版社 1997 年版,第 168 页。

〔3〕李春波词曲《小芳》。

〔4〕马克思:《路易·波拿巴的雾月十八日》,载《马克思恩格斯选集》(第一卷),人民出版社 1972 年版,第 585 页。

〔5〕斯威布:《希腊的神话和传说》(上),楚图南译,人民文学出版社 1958 年版,第 203 页。

〔6〕江平主编:《新编公司法教程》(第二版),法律出版社 2003 年版,第 55 页。

第一章　中国近代法律教育的源起

〔1〕王健:《论中国的法律教育》,载《比较法研究》1994 年第 2 期,第 140 页。李贵连、孙家红、李启成、俞江编:《百年法学——北京大学法学院院史(1904—2004)》,北京大学出版社 2004 年版,第 4 页。

〔2〕何勤华:《中国法学史》(第三卷),法律出版社 2006 年版,第 712 页。

〔3〕熊月之:《西学东渐与晚清社会》,上海人民出版社 1994 年版,第 309 页。上海广方言馆聘请法国法学家鲍安(Boyer)讲授国际法,广东水陆师学堂聘请英国人哈柏(Harper)讲授公法学。李贵连、孙家红、李启成、俞江编:《百年法学——北京大学法学院院史(1904—2004)》,北京大学出版社 2004 年版,第 5 页。而陈旭麓、方诗铭、魏建猷主编的《中国近代史词典》则称北洋大学头等学堂设有工程、电学、矿务、机器、律例五门,四年毕业,属于专科学校性质,二等学堂为中学性质,亦四年,毕业后升入头等(上海辞书出版社 1982 年版,第 171 页,"北洋大学"条)。

关于广方言馆,清同治二年一月廿二日(1863 年 3 月 11 日)江苏巡抚李鸿章上奏

《奏请设立上海学馆》，请求仿北京同文馆例，在上海设立学习外国语言文字学馆。在监院冯桂芬拟定的《试办章程十二条》中称"学习外国语言文字同文馆"，简称"上海同文馆"，1867年更名为"上海广方言馆"。该馆初设在上海城内旧学宫后，敬业书院西。1870年迁入江南制造总局西北隅。1899年江南制造总局工艺学堂并入广方言馆。初设时，学员定额40人，最多时至80人，学生入学采取保送与考试相结合的方式，年龄为14岁以下，后改为15岁以上、20岁以下，三年毕业。经费由江海关支拨。移入江南制造总局后，总办冯焌光、郑藻如拟定《广方言馆课程》十条和《开办广方言馆事宜章程》十六条，将学生分为上下两班(后改为正科、附科)，初进馆者先在下班学习外国公理公法。1894年设英文、法文、算学、天文四馆，后又设日文、俄文班。光绪三十一年(1905)两江总督周馥奏请将其改为兵工中学堂。熊月之：《西学东渐与晚清社会》，上海人民出版社1994年版，第334、336—339页。陈伯熙编著《上海轶事大观》(上海书店出版社2000年版，第249页)载："先觉者知火器之足恃，如曾惠敏、李文忠辈遂力排群议，一意以提倡西学自任，乃创广方言馆于沪城旧学宫之右……初，主馆政者为冯桂芬中丞……手定馆章十二条，肄业文童以十四岁以外，颖悟端方者为及格，额设四十名，以西国语言文字为主要课目，旁及算术、格致等学，每三月一考验，优者以次升级，毕业后得派充翻译官。追同治八年应敏斋任沪道，拓地于制造馆旁，建书院，门外植竹万竿，绿荫夹道，其内则楼阁绵亘，掩映入画，翌年春落成，馆亦移附于此。其后厢设翻译馆，人各一室，分担撰著、译述之西士博兰雅、林乐知辈，均湛深学理之流，笔受者则有徐雪村、华若汀诸君子，冶中西于一炉，集格致之大成，锓版行世约二十余种，研求新理之士皆借是为入德之门云。"

　　同治三年(1864)，广州将军瑞麟、两广总督毛鸿宾仿照上海例，在广州亦设"广方言馆"，又称"广州同文馆"。招收14岁至20岁之间的满汉学生，也收20岁以上有科举功名的学员。先设英文班，后又设法文、德文班。三年毕业，派充各衙门翻译。经费由粤海关支拨。陈旭麓、方诗铭、魏建猷主编：《中国近代史词典》，上海辞书出版社1982年版，第38页，"广方言馆"条。

　　戊戌变法时期成立的湖南时务学堂功课分为普通和专门两等，其专门学包括公法学(宪法民律刑律之类为内公法，交涉公法约章之类为外公法)、掌故学和格算学。梁启超：《湖南时务学堂学约·时务学堂功课详细章程》，载汤志钧、陈祖恩编：《中国近代教育史资料汇编·戊戌时期教育》，上海教育出版社1993年版，第237页。时务学堂1897年10月在长沙创办，1898年7月，王先谦、叶德辉向陈宝琛递交"湘绅公呈"，蔑称该校"阴行邪说"，不久学堂被迫停办。戊戌政变后，改为求实书院。程波：《近代中国罗马法教育的开创：从黄右昌的〈罗马法与现代〉说起》，载《朝阳百年——近代中国法学教育与法律文化学术研讨会论文集》(2012年11月)，第183页。

　　山东大学堂成立于1901年。陈灏：《山东大学迎来110周年校庆》，载《人民日报》2011年10月16日第1版。

〔4〕 类似的,上海中西书院也在八年制课程的第七年安排了万国公法课程。胡卫清:《普遍主义的挑战——近代中国基督教教育研究(1877—1927)》,上海人民出版社2000年版,第322页。

〔5〕 光绪五年刊第一次《同文馆题名录》,第34—35页。香港中文大学牟路思怡图书馆显微资料。转引自陈向阳:《晚清京师同文馆组织研究》,广东高等教育出版社2004年版,第110、111页。八年制课程表“实际上似未严格执行,学生在馆年限不拘,每三年大考科目亦不定”。苏精:《清季同文馆及其师生》,(台北)作者自办发行,中国台湾地区台北上海印刷厂1985年印制,第31—34页。转引自陈向阳:《晚清京师同文馆组织研究》,广东高等教育出版社2004年版,第12页。

〔6〕 何勤华:《中国法学史》(第三卷),法律出版社2006年版,第84页。同治二年三月十九日(1862年5月6日),奕䜣等奏同文馆添开法俄文馆折。《筹办夷务始末(同治朝)》(第二册),卷十五,中华书局2008年版,第656页。

五四运动时期的外交总长陆徵祥曾于1893年由上海广方言馆推荐到同文馆学习一年。陆徵祥(1872.6.12—1949.1.15),字子兴(后改子欣)。1883年11岁入读私塾两年,1885年13岁时考入上海广方言馆主修法语,18岁因病休学一年,21岁(1893年)被推荐到北京同文馆深造,一年后被选中放洋,任驻俄使馆四等秘书兼译员。当时的驻俄公使是许景澄。其间他曾想入大学学习国际法未获允,但一直得到许景澄的关照

图注1-1 陆徵祥(1872.6.12—1949.1.15),他曾经在上海广方言馆和北京同文馆学习过

指点。1896 年李鸿章访俄时，陆徵祥已是二等译员，不久又升任参赞。1906 年升任驻荷兰公使（之前该职皆由驻俄、德公使兼任）。五四运动时，任外交总长，1921 年退出政界。1926 年 4 月陆夫人培德·波夫病逝。1927 年 7 月 5 日，陆徵祥进入比利时圣安德鲁修道院做修士。日寇侵华时，他主编了《益世报海外通讯》，以"木兰"笔名为该报的妇女通讯专栏写稿，向欧洲妇女界介绍中国反抗侵略的情况。德军占领比利时后，被赶出修道院。1947 年被罗马教廷任命为本笃会圣彼得修道院的荣誉院长。石笛：《曾任外交总长的修道士——陆征祥》，载《传记文学》1994 年第 4 期，第 21—34 页。

〔7〕 王健：《论中国的法律教育》，载《比较法研究》1994 年第 2 期，第 140 页。据王伟考证，伍廷芳（1842—1922）生于新加坡，幼年回到广东，1855—1860 年在香港圣保罗书院（St.Paul's College）学习。毕业后十余年，一直担任香港法院秘书、译员（clerk and interpreter）。1874 年 4 月抵达伦敦，申请免试进入林肯律师公会，并于该月 27 日获准入学。注册的姓名为 Ng Achoy（伍阿才）。当时英国四大律师学院（会馆）规定，要取得英国出庭律师资格（call to the bar）须在律师学院公会待满 12 个学期，其学期与英国法律年（legal year）的分期一致：Michaelmas（10 月—12 月）、Hilary（1 月—4 月）、Easter（4 月—5 月）、Trinity（6 月—7 月）。其间，学生的任务主要是两项：参加律师学院组织的晚宴，结识法律界人士；学习法律教育理事会（The Council of Legal Education）举办的法律课程。资料显示，伍廷芳于 1875 年 4 月 8 日参加了罗马民法科目的"及格"考试（pass paper）。1876 年 Trinity 学期，伍廷芳学习了衡平法（14 次讲座）、不动产与动产法（12 次讲座）、普通法（12 次讲座）课程。1877 年 1 月 26 日被授予出庭律师资格。同年 2 月返回香港。王伟：《伍廷芳留英习法考——以英国近代法律教育为背景》，载何勤华主编：《外国法制史研究——大学的兴起与法律教育》（第 16 卷·2013 年），法律出版社 2014 年版，第 275—283、291、292 页。

〔8〕 李贵连教授曾认为中国近代法学教育肇始于 20 世纪初期的法律改革。后转而认为始于 1862 年开办的同文馆。李贵连：《二十世纪初期的中国法学（续）》，载《中外法学》1997 年第 5 期，第 8 页。但从《百年法学》一书来看，则又回到了其早年的见解。程波教授认同此观点。程波：《近代中国罗马法教育的开创：从黄右昌的〈罗马法与现代〉说起》，载《朝阳百年——近代中国法学教育与法律文化学术研讨会论文集》（2012 年 11 月），第 186 页。

也是在 1902 年，山西巡抚岑春煊筹办了山西大学。其间，英国驻沪耶稣教总教士李提摩太建议将山西省赔偿教案的五十万两白银用于筹建中西学堂。后来中西学堂改为西学专斋（简称西斋），并入山西大学堂。双方合同约定，西斋由李提摩太主政，十年后交由山西大学自办。西斋学科分文学、法律学、格致学、工程学和医学。法律学分政治、财政、交涉、公法学等。按合同规定，西斋课程、新聘教员、考选学生等，均由李提摩太决定。1906 年，西斋教习 12 人（外籍 4 人）。其中，教授法律的仅有毕善功（Louis Rhys Oxley Bevan）一人，唯恐独臂难撑。课程偏重欧美法律，仅设罗马法、契约法、法理、名学、英文。李贵连:《近代中国法制与法学》,北京大学出版社2002年版,第214页。

曾宪义教授则以光绪二十一年(1895)津海关道盛宣怀创办的天津大学堂[应为天津中西学堂——笔者注]法科为中国近代法学教育和法学研究的起点。曾宪义:《〈21世纪法学系列教材〉总序》,载张新宝:《侵权责任法》,中国人民大学出版社2006年版,第2页。

曾宪义(1936.1.31—2011.1.15),1956年9月考入中国人民大学法律系,1960年7月毕业留校任教。1990年至2005年任人大法律系主任、法学院院长。"1978年人大复校后,曾宪义为新生讲授中国法制史……在讲授中国近代审判制度时,曾宪义请来《杨三姐告状》的原型人物杨老太太,与学生们一起座谈案情始末。后来曾宪义又积极支持聘请《刘巧儿》的原型人物封芝琴来京给学生讲课,但因对方年高体弱未能成行。"底东娜:《传道释宪声,授业解法义》,载《新京报》2011年1月30日A09版。

〔9〕　李贵连、孙家红、李启成、俞江编:《百年法学——北京大学法学院院史(1904—2004)》,北京大学出版社2004年版,第4页。方流芳教授认为1904年满清政府建立了中国有史以来的第一所法学教育专门机构——直隶法政学堂。方流芳:《中国法学教育观察》,载《比较法研究》1996年第2期,第120页。似有误。舒国滢教授则称,1903年开设法律学原理的北洋大学法科"应视为中国现代抽象法学理论专业教学和研究的开端"。舒国滢:《在历史丛林里穿行的中国法理学》,载《政法论坛》2005年第1期,第24页。麦仲华所辑《皇朝经世文新编》卷四中收录的《掌故学》一文提出:"今窃为之议曰:每行省上暨京师,宜设律学堂一区,以博习中外律例,宜广译西人律学之书,以资考镜;宜细究中外刑律轻重异同之故,而决之以经义;宜改定中律以收内治之权,以重民命;宜详考西人医学化学之书以广洗冤之术;宜设考察罪囚之会,以苏积狱之苦。"转引自李贵连:《近代中国法制与法学》,北京大学出版社2002年版,第200页。

〔10〕　[美]毕乃德:《中国近代早期的官办学堂》,康奈尔大学出版社1961年版,第79页。转引自[美]魏定熙:《权力源自地位:北京大学、知识分子与中国政治文化,1898—1929》,张蒙译,江苏人民出版社2015年版,第15—16页。

〔11〕　[美]魏定熙:《权力源自地位:北京大学、知识分子与中国政治文化,1898—1929》,张蒙译,江苏人民出版社2015年版,第17页。

〔12〕　同前,第17页。

〔13〕　孙家鼐(1827—1909),安徽寿州(今寿县)人,字燮臣,号蛰生、澹静老人。咸丰九年状元,历任工部、礼部、吏部尚书,曾为光绪皇帝老师。1898年至1899年任管理大学堂事务大臣。光绪三十一年(1905)任文渊阁大学士。1907年晋武英殿大学士,充资政院总裁。陈旭麓、方诗铭、魏建猷主编:《中国近代史词典》,上海辞书出版社1982年版,第280页。

〔14〕 北京大学、中国第一历史档案馆编：《京师大学堂档案选编》，北京大学出版社 2001 年版，第 10 页。

〔15〕《北京大学史料》（第一卷），第 24 页。转引自［美］魏定熙：《权力源自地位：北京大学、知识分子与中国政治文化，1898—1929》，张蒙译，江苏人民出版社 2015 年版，第 31 页。

〔16〕 北京大学、中国第一历史档案馆编：《京师大学堂档案选编》，北京大学出版社 2001 年版，第 29、30 页。另见李贵连、孙家红、李启成、俞江编：《百年法学——北京大学法学院院史（1904—2004）》，北京大学出版社 2004 年版，第 16 页。

〔17〕 北京大学、中国第一历史档案馆编：《京师大学堂档案选编》，北京大学出版社 2001 年版，第 55、56 页。

〔18〕 1898 年 12 月 17 日，时任美国驻华公使夫人的萨拉·康格在信中写道："原本早就打算开设的京师大学堂却一拖再拖。在这所大学里，美国传教士丁韪良是西方学院的院长，一名中国人是东方学院的院长。丁韪良说这所学校是一定会开设的，今年的 11 月份至少会开设其中的一部分。显然负责的官员之间还存在许多疑问和不信任。随着时间的推移，更大的危险正在降临。"［美］萨拉·康格：《北京信札——特别是关于慈禧太后和中国妇女》，沈春蕾等译，南京出版社 2007 年版，第 23 页。

〔19〕 许景澄（1845—1900），浙江嘉兴人。原名痎身，字竹筼，同治进士。1884 年任驻法、德、奥、荷、意五国公使，次年兼任驻比利时公使。1887 年回国，1890 年任驻俄、德、奥、荷四国公使。1898 年 9 月任总理各国事务衙门大臣兼工部左侍郎，并兼任中东铁路公司督办。义和团运动期间，因触怒慈禧太后，被杀。陈旭麓、方诗铭、魏建猷主编：《中国近代史词典》，上海辞书出版社 1982 年版，第 245 页。《辛丑条约》第二款约定"兵部尚书徐用仪、户部尚书立山、吏部左侍郎许景澄、内阁学士兼礼部侍郎衔联元、太常寺卿袁昶，因上年力驳殊悖诸国义法极恶之罪被害，于西历本年二月十三日即中历上年十二月二十五日，奉上谕开复原官，以示昭雪"。梁启超：《李鸿章传》，中华书局 2015 年版，第 95—96 页。

〔20〕［美］魏定熙：《权力源自地位：北京大学、知识分子与中国政治文化，1898—1929》，张蒙译，江苏人民出版社 2015 年版，第 40 页。另外，非常笼统的说法可见陈旭麓、方诗铭、魏建猷主编：《中国近代史词典》，上海辞书出版社 1982 年版，第 471 页，"京师大学堂"条。北研、树人主编：《北大百年老照片》，国家行政学院出版社 1998 年版，第 14 页。

〔21〕［美］魏定熙：《权力源自地位：北京大学、知识分子与中国政治文化，1898—1929》，张蒙译，江苏人民出版社 2015 年版，第 40 页。

〔22〕 张百熙（1847—1907），湖南长沙人，字埜秋（一作冶秋）。同治十三年进士，授编修，督山东学政，命直南书房，再迁侍读学士。光绪二十三年（1897）督广东学

政,迁内阁学士。戊戌变法后,因举荐康有为被革职留任。1900 年任礼部侍郎,擢左都御史。1902 年至 1904 年为京师大学堂管学大臣。后历任礼部、户部、邮传部尚书等职。陈旭麓、方诗铭、魏建猷主编:《中国近代史词典》,上海辞书出版社 1982 年版,第 402 页。

〔23〕　[美]魏定熙:《权力源自地位:北京大学、知识分子与中国政治文化,1898—1929》,张蒙译,江苏人民出版社 2015 年版,第 55 页。

〔24〕　义和团运动期间,俄国趁机出兵中国东北。1902 年 4 月两国约定东三省的俄军分三期十八个月内撤走。次年,俄国拒不撤兵反倒增兵,并向清政府提出七项要求。日本的舆论与其在中国东北的利益一致,猛烈批评俄国的侵略行径,这极大刺激了东京的中国留学生。同前,第 62 页。

〔25〕　同前,第 63、67 页。

〔26〕　上海商务印书馆编译所编纂:《大清新法令(1901—1911)点校本》(第三卷),韩君玲、王健、闫晓君点校,商务印书馆 2011 年版,第 116 页。所附《高等学堂章程・学科程度章》第一节规定:"高等学堂学科分为三类:第一类学科为预备入经学科、政法科、文学科、商科等大学者治之……"同前,第 179 页。另有资料说,1904 年《奏定大学堂章程》将法律学列为 10 种专门学之一。李贵连、孙家红、李启成、俞江编:《百年法学——北京大学法学院院史(1904—2004)》,北京大学出版社 2004 年版,第 1 页。

〔27〕　[美]魏定熙:《权力源自地位:北京大学、知识分子与中国政治文化,1898—1929》,张蒙译,江苏人民出版社 2015 年版,第 77 页。

〔28〕　光绪二十七年十二月初五(1902 年 1 月 14 日)上谕:"昨已有旨饬办京师大学堂,并派张百熙为管学大臣。所有从前设立之同文馆,毋庸隶外务部,着即归入大学堂,一并责成张百熙管理,务即认真整饬,以副委任。钦此。"璩鑫圭、唐良炎编:《中国近代教育史资料汇编・学制演变》,上海教育出版社 2007 年版,第 9 页。之前,戊戌年七月十四日乙丑(1898 年 8 月 30 日),"有人奏请裁同文馆,并入大学堂。孙家鼐会同总理各国事务大臣复奏:'查同文馆规模较大,经始甚难。现京师大学堂开课需时,未便将该馆先行裁撤。应俟大学堂规制大定,再行查酌办理。'从之。"胡适:《京师大学堂开办的日期》,载《胡适选集・考据》,中国台湾地区文星书店 1966 年版,第 153 页。

〔29〕　陈旭麓、方诗铭、魏建猷主编:《中国近代史词典》,上海辞书出版社 1982 年版,第 358 页。

〔30〕　程燎原:《清末法政人的世界》,法律出版社 2003 年版,第 70 页。

〔31〕　北研、树人主编:《北大百年老照片》,国家行政学院出版社 1998 年版,第 18 页。那里当时有几幢西式二层楼房,还有一座可容千人以上的"三院大礼堂"。

〔32〕　陈顾远:《蔡校长对北大的改革与影响・根除法预科的洋化》,载梁柱、王

世儒编：《蔡元培与北京大学》，山西教育出版社1995年版，第275页。北大的洋化与严复有关。1912年2月严复被任命为京师大学堂总监督。5月京师大学堂改称北京大学。严复担任北大校长后，整顿学校，并开始初步的民主主义改革。他在全校积极推广外语会话。本科和预科课堂上，除一些国学课程外，都用英语讲授。课外活动如开会、讲演、讨论，也多用外语。梁柱：《一代宗师铸名校》，载梁柱、王世儒编：《蔡元培与北京大学》，山西教育出版社1995年版，第38页。

〔33〕　［美］魏定熙：《权力源自地位：北京大学、知识分子与中国政治文化，1898—1929》，张蒙译，江苏人民出版社2015年版，第62页。

〔34〕　茅盾：《报考北大前后》，载钟叔河、朱纯编：《过去的大学》，长江文艺出版社2005年版，第42、43页。

钟叔河，湖南平江人，1931年生，著名出版人、学者、作家。1979年秋开始从事书籍编辑工作，曾任岳麓书社总编辑。20世纪80年代，他策划出版了"走向世界丛书"、"周作人文集"、《曾国藩往来家书全编》等。著有《走向世界——中国人考察西方的历史》《念楼学短》《念楼序跋》《笼中鸟集》《小西门集》等。朱纯为钟叔河夫人，2007年去世。孔夫子旧书网，http://zixun.kongfz.com/article_15020.html。2012年12月20日访问。

〔35〕　杨亮功：《蔡先生的文化思想及与北大、中公的两件事》，载梁柱、王世儒编：《蔡元培与北京大学》，山西教育出版社1995年版，第271页。

〔36〕　陈顾远：《蔡校长对北大的改革与影响·根除法预科的洋化》，载梁柱、王世儒编：《蔡元培与北京大学》，山西教育出版社1995年版，第275页。

〔37〕　高平叔撰著：《蔡元培年谱长编》（中），人民教育出版社1996年版，第30—31页。

〔38〕　同前，第33页。教育部转来的克德来、燕瑞博控诉北京大学及校长蔡元培呈文要点为："（四）六年五月一日，北京英文日报登载评论，其内有关于具呈人之谤言……系由学校及校长蔡君之主使调唆。（五）……五月九日，北京英文日报又登有来函，内载具呈人之谤言……系由该学校及校长蔡君之主使调唆。（六）查以上四、五两段所提之谤言，均谓具呈人在于教职上实有不堪胜任之处……必使具呈人之职业大受损害，是以均向北京大学校及蔡君索讨一年薪水如下：克德来索讨银币五千四百元。燕瑞博索讨银币四千二百元。（七）……辞退克德来之知会，实与……订立之合同有违，故克德来……更向北京大学及蔡君索偿银币九千四百五十元之款，作为由六年十月一日至八年六月三十日合同未满时之薪水。"同前，第33—34页。

〔39〕　同前，第41页。

〔40〕　蔡元培：《我在北京大学的经历》，载高平叔编：《蔡元培教育文选》，人民教育出版社1980年版，第223页。"预科大学的名义"可见徐志摩在北大的成绩单。

〔41〕　高平叔撰著：《蔡元培年谱长编》（中），人民教育出版社1996年版，第34

页。另见蔡元培:《我在北京大学的经历》,载高平叔编:《蔡元培教育文选》,人民教育
出版社 1980 年版,第 222 页。当时北大预科学长是胡仁源,字次山。1915 年代理北大
校长何燏时辞职后,胡代理校长。沈尹默:《我和北大》,载钟叔河、朱纯编:《过去的大
学》,长江文艺出版社 2005 年版,第 26 页。而沈的学生茅盾则回忆说,1913 年考入北
京大学预科时,"当时的北京大学校长是理科院长胡仁源(湖州人,留美)代理,预科主
任是沈步洲(武进人,亦是留美的)。"茅盾:《报考北大前后》,载钟叔河、朱纯编:《过去
的大学》,长江文艺出版社 2005 年版,第 42 页。

〔42〕　高平叔撰著:《蔡元培年谱长编》(中),人民教育出版社 1996 年版,第 26、
27 页。

〔43〕　[美]魏定熙:《权力源自地位:北京大学、知识分子与中国政治文化,
1898—1929》,张蒙译,江苏人民出版社 2015 年版,第 107 页。

〔44〕　同前,第 84—117 页。

〔45〕　同前,第 124 页。

〔46〕　杨亮功:《蔡先生的文化思想及与北大、中公的两件事》,载梁柱、王世儒:
《蔡元培与北京大学》,山西教育出版社 1995 年版,第 271 页。

〔47〕　转引自《学务大臣议覆专设法律学堂并各省课吏馆添设仕学速成科折》
(光绪三十一年七月初三日,1905 年 8 月 15 日),载上海商务印书馆编译所编纂:《大
清新法令(1901—1911)点校本》(第三卷),韩君玲、王健、闫晓君点校,商务印书馆
2011 年版,第 390 页。

〔48〕　同前,第 391 页。

〔49〕　同前,第 390、391 页。

〔50〕　同前,第 391 页。

〔51〕　《京师法律学堂章程》第一节,载潘懋元、刘海峰编:《中国近代教育史资料
汇编·高等教育》,上海教育出版社 2007 年版,第 133 页。另见上海商务印书馆编译
所编纂:《大清新法令(1901—1911)点校本》(第三卷),韩君玲、王健、闫晓君点校,商
务印书馆 2011 年版,第 392 页。

〔52〕　《京师法律学堂章程》第二节,载潘懋元、刘海峰编:《中国近代教育史资料
汇编·高等教育》,上海教育出版社 2007 年版,第 133 页。另见上海商务印书馆编译
所编纂:《大清新法令(1901—1911)点校本》(第三卷),韩君玲、王健、闫晓君点校,商
务印书馆 2011 年版,第 392 页。

〔53〕　何勤华:《中国法学史》(第三卷),法律出版社 2006 年版,第 625 页。

〔54〕　陈煜:《清末新政中的修订法律馆——中国法律近代化的一段往事》,中国
政法大学出版社 2009 年版,第 345—346 页。前半段引文亦见李贵连:《近代中国法制
与法学》,北京大学出版社 2002 年版,第 291 页。关于"法学通论"的得名,显然亦取自
日文。据穗积陈重《续法窗夜话》,明治七年,东京大学前身东京开成学校开始设置专

业法律学科,当时仅教授英国法,低年级有《法律大意》(General Outline)课程。明治十四年,穗积陈重自德国学成回到日本,任东京大学讲师,欲仿德国 Enzyklopadie der Rechtswissenschaft 课程,教授法律学大概,据时任大学总长的加藤弘之的建议,命名为"法学通论"。[日]穗积陈重:《续法窗夜话》,曾玉婷、魏磊杰译,法律出版社 2017 年版,第 125 页。

〔55〕 吴朋寿:《京师法律学堂与京师法政学堂》,载中国人民政治协商会议全国委员会文史资料委员会编:《文史资料选辑》(总第一百四十二辑),中国文史出版社2000 年版。转引自陈煜:《清末新政中的修订法律馆——中国法律近代化的一段往事》,中国政法大学出版社 2009 年版,第 348 页。

关于董康的任职见何勤华:《中国法学史》(第三卷),法律出版社 2006 年版,第629 页。曹汝霖的任职见程燎原:《清末法政人的世界》,法律出版社 2003 年版,第 296页。江庸于 1909 年兼任京师法律学堂监督。何勤华:《中国法学史》(第三卷),法律出版社 2006 年版,第 636 页。

江庸(1878—1960.2.9),字翊云,号澹翁,祖籍福建长汀,生于四川璧山。1901 年赴日留学,先入成城学校普通科,两年后入早稻田大学师范部法制经济科。毕业前一年,兼管法政大学中国学生速成班学务,并充任翻译、助教等职。1906 年回国,任天津北洋法政学堂总教习(未到任),后任修订法律馆专任纂修、法律学堂教习,1907 年经大理院调任详谳处推事。1913 年出任熊希龄内阁司法部次长。1917 年任王世贞内阁司法总长。1927 年任朝阳大学校长。同前,第 636—637 页。另有资料称,江庸担任的是京师法政学堂教务长、监督,在京师法律学堂只是教员。程燎原:《清末法政人的世界》,法律出版社 2003 年版,第 296 页。

冈田朝太郎(1868—1936),日本刑法学家,1891 年从东京帝国大学法科大学法国法科毕业,进入研究院攻读刑法,1893 年受聘为该法科大学讲师,次年升任副教授。1897 年赴德国、法国留学。1900 年回到日本,出任东京帝国大学法学部教授,次年获法学博士学位。何勤华:《中国法学史》(第三卷),法律出版社 2006 年版,第 720 页。冈田于 1906 年 9 月来华。修订法律馆向其支付月薪银元 850 元。陈煜:《清末新政中的修订法律馆——中国法律近代化的一段往事》,中国政法大学出版社 2009 年版,第 237、94页。1915 年回国。何勤华:《中国法学史》(第三卷),法律出版社 2006 年版,第 721 页。

松冈义正(1870—1939),生于东京市本乡区元町,1892 年 7 月毕业于东京帝国大学法科大学,通过司法官考试,1895 年出任东京地方裁判所判事、东京控诉院判事。1903年任调查会辅助委员、东京控诉院部长。1906 年 11 月底来华。除了担任修订法律馆顾问,还在京师法律学堂主讲民法、民事诉讼法、破产法等课程。何勤华:《中国法学史》(第三卷),法律出版社 2006 年版,第 723—724 页。一说松冈来华前为东京上诉法院推事。陈煜:《清末新政中的修订法律馆——中国法律近代化的一段往事》,中国政法大学出版社 2009 年版,第 238 页。修订法律馆支付月薪银元 800 元。同前,第 94 页。

1908 年 9 月任日本大审院判事。1912 年 2 月任东京控诉院部长。1913 年 2 月任日本法律取调委员会委员。1916 年 5 月任大审院判事。同年获法学博士学位。1921 年 6 月任大审院部长。何勤华：《中国法学史》(第三卷)，法律出版社 2006 年版，第 724 页。

志田钾太郎 (1868—1951)，生于江户，曾就读于东京府寻常中学校、私立东京英语学校。1894 年毕业于东京帝国大学法科大学，获法学学士学位，旋入研究院攻读商法硕士。1896 年至 1898 年任法典调查会商法修正案起草委员会辅助委员，受派赴德国研究商法，回国后于 1903 年获得法学博士学位，任东京帝国大学商科和法科教授，东京高等商业学校 (一桥大学前身) 教授。1908 年来华担任清政府修订法律馆顾问，负责起草商法、票据法，同时也在京师法律学堂讲授商法等课程。1912 年 7 月回日本。[日]志田钾太郎口述，熊元襄、熊仕昌编：《商法 (会社、商行为)》(清末民国法律史料丛刊·京师法律学堂笔记)，徐奕斐点校，上海人民出版社 2013 年版，点校者序，第 1 页。[日]志田钾太郎口述，熊元楷编：《商法总则》(清末民国法律史料丛刊·京师法律学堂笔记)，何佳馨点校，上海人民出版社 2013 年版，点校者序，第 2 页。志田钾太郎是作为梅谦次郎的替代人选来华的。陈煜：《清末新政中的修订法律馆——中国法律近代化的一段往事》，中国政法大学出版社 2009 年版，第 240 页。修订法律馆支付月薪银元 950 元。同前，第 94 页。志田于 1912 年 7 月回到日本，1926 年起任明治大学商学部部长，1940 年至 1943 年任明治大学校长。何勤华：《中国法学史》(第三卷)，法律出版社 2006 年版，第 723 页。

〔56〕 李贵连：《近代中国法制与法学》，北京大学出版社 2002 年版，第 231 页。

〔57〕 汪向荣：《日本教习》，商务印书馆 2014 年版，第 79 页。

〔58〕 周会蕾：《清末中国法制史学管窥》，载华东政法大学法律史研究中心编：《法律史的世界》(下)，法律出版社 2011 年版，第 533 页。

〔59〕 程燎原：《清末法政人的世界》，法律出版社 2003 年版，第 79 页。其中，最大者 53 岁，最小者 18 岁。李贵连：《近代中国法制与法学》，北京大学出版社 2002 年版，第 231 页。

〔60〕 《修律大臣订定法律学堂章程》，载上海商务印书馆编译所编纂：《大清新法令 (1901—1911) 点校本》(第三卷)，韩君玲、王健、闫晓君点校，商务印书馆 2011 年版，第 395—396 页。

〔61〕 《北京法政专门学校沿革志略》，载《教育公报》第十一册 (1915 年 4 月)，纪载第 11 页。转引自潘懋元、刘海峰编：《中国近代教育史资料汇编·高等教育》，上海教育出版社 2007 年版，第 497 页。

〔62〕 《江宁提学使详遵饬考选官绅请咨送京师法律学堂肄业文》，载《政治官报》光绪三十三年十一月二十三日，第六三号。转引自陈煜：《清末新政中的修订法律馆——中国法律近代化的一段往事》，中国政法大学出版社 2009 年版，第 344 页。

〔63〕 《北京法政专门学校沿革志略》，载《教育公报》第十一册 (1915 年 4 月)，

纪载第 13 页。转引自潘懋元、刘海峰编：《中国近代教育史资料汇编·高等教育》，上海教育出版社 2007 年版，第 497 页。许泽新（字用康，四川屏山人）就是京师法律学堂的毕业生，曾任大理院推事、司法行政部参事。1944 年 9 月至 1948 年 9 月任朝阳学院教授，讲授刑事诉讼法、法学通论。薛君度、熊先觉、徐葵主编：《法学摇篮——朝阳大学》（增订版），东方出版社 2001 年版，第 31 页。

〔64〕　上海商务印书馆编译所编纂：《大清新法令（1901—1911）点校本》（第八卷），林乾、王丽娟点校，商务印书馆 2010 年版，第 412 页。宣统二年正月，法部奏《法官任用须经考试折》。三月，法部再奏《酌拟法官考试任用暂行章程施行细则》，获准。其第十八条规定："法官第一次考试凡年在二十以上六十以下而合原章第四条资格之一者准其与试，投考时应照在列各项办理。一、在法政法律学堂三年以上毕业者应将文凭呈验。"同前，第 20—21、167 页。

〔65〕　同前，第 413 页。

〔66〕　《法部奏酌拟京师法律学堂毕业学员改用法官办法折并单》，载上海商务印书馆编译所编纂：《大清新法令（1901—1911）点校本》（第九卷），李婧点校，商务印书馆 2011 年版，第 260 页。

〔67〕　同前，第 260—261 页。另见《法部：奏为酌拟京师法律学堂毕业学员改用法官办法缮具清单折》（宣统二年八月初五日，1910 年 9 月 8 日），载潘懋元、刘海峰编：《中国近代教育史资料汇编·高等教育》，上海教育出版社 2007 年版，第 174—176 页。

〔68〕　《法律学堂毕业学员改用法官办法》，载上海商务印书馆编译所编纂：《大清新法令（1901—1911）点校本》（第九卷），李婧点校，商务印书馆 2011 年版，第 261—263 页。

〔69〕　《学部议复法律大臣奏法律学堂乙班学员改官办法折》。转引自陈煜：《清末新政中的修订法律馆——中国法律近代化的一段往事》，中国政法大学出版社 2009 年版，第 352 页。

〔70〕　光绪三十三年三月十四日，度支部奏厘订执掌折提出拟设财政学堂。光绪三十四年四月初三日，度支部奏请拨给驯象所地基建造财政学堂。至宣统元年二月接近完工。《度支部：会奏设立财政学堂酌拟章程折（并单）》（宣统元年二月十四日，1909 年 3 月 5 日），载潘懋元、刘海峰编：《中国近代教育史资料汇编·高等教育》，上海教育出版社 2007 年版，第 287 页。据《财政学堂章程》，高等科第一学年开设宪法（2）、行政法（2）；第二学年开设民法（3）、商法（3）；第三学年开设国际公法（3）、国际私法（3）、各国银行律（4）、各国税律（4）、中国现行银行则例及各项规章（3）。同前，第 290 页。别科第一学年开设有法学通论（2），第二学年开设有行政法（2）、民法（3）；第三学年开设有商法（2）、刑法（2）、国际公法（2）、国际私法（2）、中国现行银行则例及各项税章（3）、银行学（附各国银行律大纲）（5）。同前，第 291 页。又，宣统元年四

月初三日(1910 年 5 月 21 日)税务大臣奏请开设税务学堂,据《税务学堂章程》,本科第一年英文学科中包括法学一科,讲授法学通论及民法(3);第二年汉文学科中条约一门讲授普通条约及通商条约(2),英文学科中法学讲授商法(2);第三年汉文学科条约一门讲授通商条约和约章成案(2),英文科目中法学讲授国际公法及国际私法(3);第四年汉文学科条约一门讲授通商条约和约章成案(1)。同前,第 296—297 页。括号内数字为每星期讲授点钟数。宣统二年(1910)考取庚子赔款留学美国的学生中即有毕业于京师财政学堂的易鼎新(湖南醴陵人,据报时年二十岁,在该批留学生总排名第66)。新浪博客,http://blog.sina.com.cn/s/blog_e3b43c1a0102v28u.html。2016 年 6 月23 日访问。

〔71〕　陈煜:《清末新政中的修订法律馆——中国法律近代化的一段往事》,中国政法大学出版社 2009 年版,第 352 页。邓云乡的说法稍有不同,其认为法律、法政、财政三校于民国元年合并为北京法政专门学校。邓云乡:《邓云乡集·文化古城旧事》,河北教育出版社 2004 年版,第 43 页。北京法律学堂丙班后编为北京法政专门学校法律本科乙班,于 1915 年 2 月举行毕业试验。《北京法政专门学校沿革志略》,载《教育公报》第十一册(1915 年 4 月),纪载第 13 页。转引自潘懋元、刘海峰编:《中国近代教育史资料汇编·高等教育》,上海教育出版社 2007 年版,第 499 页。

〔72〕　该书是中国近代最早出版的三套大型法学丛书之一。何勤华:《中国法学史》(第三卷),法律出版社 2006 年版,第 631 页。熊元襄(1883.9.17—1924.8.20),字燮恒,安徽宿松县高岭熊家大屋人,出身书香世家,宣统元己酉科拔贡一等,钦用江苏补用知县。后于京师法律学堂最优等第一名毕业。熊仕昌,安徽凤阳人。[日]志田钾太郎口述,熊元襄、熊仕昌编:《商法(会社、商行为)》(清末民国法律史料丛刊·京师法律学堂笔记),徐奕斐点校,上海人民出版社 2013 年版,点校者序,第 2 页。另有资料称,1912 年,熊元襄任北京政府司法部佥事。毕连芳:《北京民国政府司法官制度研究》,中国社会科学出版社 2009 年版,第 61 页。熊元楷于 1915 年前后曾任直隶高等审判厅民庭推事。直隶高等审判厅书记室编辑:《华洋诉讼判决录》,何勤华点校,中国政法大学出版社 2003 年版,第 89—120 页。另有熊元锷(1879—1906),谱名育锷,号惠元,字季廉,晚字师复。南昌人。曾师从严复,严复点评《老子》一书即系在熊元锷的眉批基础上附益而成,并在熊元锷和陈三立(义宁)的催促下得以刊行的。陈三立为熊元锷所作墓志铭提到,熊"兄弟八人,君次居七,兄元鋆、元锽、弟元鋈尤与余亲善,皆美才"。爱新觉罗·毓鋆讲述,吴克、刘昊整理:《毓老师说老子》,天地出版社 2018 年版,前言,第 8、9 页。

〔73〕　现在归新华通讯社使用,为其老年活动中心。王璇:《百年"圆楼"修缮后重现:房地集团房修一公司修缮难度集中于传统工艺方面》,载《首都建设报》2015 年12 月 18 日第 6 版。圆楼因楼内有一座椭圆形会议厅而得名。除国会议场外,原国会旧址还存有仁义楼、礼智楼(议员起草宪法的办公场所)。

〔74〕　陈青之:《中国教育史》(下),岳麓书社 2010 年版,第 589 页。

〔75〕　《进士馆章程》,载上海商务印书馆编译所编纂:《大清新法令(1901—1911)点校本》(第三卷),韩君玲、王健、闫晓君点校,商务印书馆 2011 年版,第 333、334 页。《奏定进士馆章程》,载潘懋元、刘海峰编:《中国近代教育史资料汇编·高等教育》,上海教育出版社 2007 年版,第 46—47 页。

〔76〕　《政务处奏更定进士馆章程折并清单》(光绪三十年八月),载上海商务印书馆编译所编纂:《大清新法令(1901—1911)点校本》(第三卷),韩君玲、王健、闫晓君点校,商务印书馆 2011 年版,第 377 页。

〔77〕　袁世凯:《请饬在京特设仕学院并附立讲论会折》(光绪二十八年二月二十七日,1902 年 4 月 5 日),载天津图书馆、天津社会科学院历史研究所编:《袁世凯奏议》(上),廖一中、罗真容整理,天津古籍出版社 1987 年版,第 482—483 页。从奏折内容来看,仕学院是一个理想化的复合体:袁世凯希望通过仕学院为现职中级官员提供继续学习的机会和场所,从而涵养、储备人才,并能发挥政府决策时的外脑、智库作用。但分析起来,袁的建议充满理想化色彩而与现实不无矛盾之处:在招收对象上,其先说是"已仕而愿学者",颇有自愿入学的意思;"纵令……各司员及四品以下……与夫在京外官,均得身入其中,观览讲习",则又指望靠行政命令延揽生源。而希望从这些奉命而来的学生中遴选"常到院听讲、虚衷研究、学业日进各员",从而使"国家因事择人,亦可按图索骥",不免可疑。在聘请的外国讲方方面亦然,"务取学识渊贯,在彼国中最知名者"。问题是,这类彼国最优秀的人才何以愿意来华服务、贡献?

〔78〕　"壬寅十一月十八日(即一九〇二年十二月十七日),京师大学堂招生开学。计取仕学馆生五十七名,师范馆生七十九名。"国立编译馆编:《中国近七十年来教育纪事》。转引自胡适:《京师大学堂开办的日期》,载《胡适选集·考据》,中国台湾地区文星书店 1966 年版,第 149 页。

〔79〕　程燎原:《清末法政人的世界》,法律出版社 2003 年版,第 70 页。李贵连、孙家红、李启成、俞江编:《百年法学——北京大学法学院院史(1904—2004)》,北京大学出版社 2004 年版,第 24 页。1902 年 10 月、11 月京师大学堂招收了两批仕学馆速成科学员。周会蕾:《清末中国法制史学管窥》,载华东政法大学法律史研究中心编:《法律史的世界》(下),法律出版社 2011 年版,第 533 页。

〔80〕　《管学大臣张、荣、鄂督张遵旨重订学堂章程折并片》(光绪二十九年),载上海商务印书馆编译所编纂:《大清新法令(1901—1911)点校本》(第三卷),韩君玲、王健、闫晓君点校,商务印书馆 2011 年版,第 83 页。另,该段引文的摘录亦可见于《清史稿》卷 107,志 82。

〔81〕　李贵连、孙家红、李启成、俞江编:《百年法学——北京大学法学院院史(1904—2004)》,北京大学出版社 2004 年版,第 27 页。

〔82〕　《学部奏筹设京师法政学堂酌拟章程折》,载上海商务印书馆编译所编纂:

《大清新法令(1901—1911)点校本》(第三卷),韩君玲、王健、闫晓君点校,商务印书馆
2011年版,第417页。另见李贵连、孙家红、李启成、俞江编:《百年法学——北京大学
法学院院史(1904—2004)》,北京大学出版社2004年版,第28页。叶在钧(字乃崇,福
建闽侯人)是京师法政学堂法律科毕业生,后曾任大理院推事、修订法律馆民法起草委
员、最高法院庭长。1944年9月至1947年9月任朝阳学院教授,主讲刑事特别法。薛
君度、熊先觉、徐葵主编:《法学摇篮——朝阳大学》(增订版),东方出版社2001年版,
第39页。

〔83〕《京师法政学堂章程》第一条,载上海商务印书馆编译所编纂:《大清新法
令(1901—1911)点校本》(第三卷),韩君玲、王健、闫晓君点校,商务印书馆2011年
版,第419页。

〔84〕《北京法政专门学校沿革志略》,载《教育公报》第十一册(1915年4月),
纪载第11页。转引自潘懋元、刘海峰编:《中国近代教育史资料汇编·高等教育》,上
海教育出版社2007年版,第497页。

〔85〕　陈青之:《中国教育史》(下),岳麓书社2010年版,第589—590页。

〔86〕　程燎原:《清末法政人的世界》,法律出版社2003年版,第81页。

〔87〕《光绪三十三年分第一次教育统计图表》第12页。转引自潘懋元、刘海峰
编:《中国近代教育史资料汇编·高等教育》,上海教育出版社2007年版,第358页。

〔88〕　学部《京外各学堂收取学费章程》(光绪三十二年十二月,1907年1月)第
四条规定:"高等学堂征收学费,每学生每月自银元二元至三元,大学预科、法政学堂、
高等实业各学堂准此。"其第五条规定:"大学堂征收学费,每学生每月银元四元。"潘
懋元、刘海峰编:《中国近代教育史资料汇编·高等教育》,上海教育出版社2007年版,
第347、356页。

〔89〕　上海商务印书馆编译所编纂:《大清新法令(1901—1911)点校本》(第三
卷),韩君玲、王健、闫晓君点校,商务印书馆2011年版,第419页。

〔90〕　同前,第482页。

〔91〕　同前,第485、486页。

〔92〕《学部奏筹设京师法政学堂酌拟章程折并章程》,载上海商务印书馆编译
所编纂:《大清新法令(1901—1911)点校本》(第三卷),韩君玲、王健、闫晓君点校,商
务印书馆2011年版,第417页。

〔93〕《京师法政学堂章程》第三条,载上海商务印书馆编译所编纂:《大清新法
令(1901—1911)点校本》(第三卷),韩君玲、王健、闫晓君点校,商务印书馆2011年
版,第419页。

〔94〕《京师法政学堂章程》第二十七条,载上海商务印书馆编译所编纂:《大清
新法令(1901—1911)点校本》(第三卷),韩君玲、王健、闫晓君点校,商务印书馆2011
年版,第425页。

〔95〕《学部奏筹设京师法政学堂酌拟章程折并章程》，载上海商务印书馆编译所编纂：《大清新法令（1901—1911）点校本》（第三卷），韩君玲、王健、闫晓君点校，商务印书馆 2011 年版，第 417—418 页。

〔96〕 上海商务印书馆编译所编纂：《大清新法令（1901—1911）点校本》（第三卷），韩君玲、王健、闫晓君点校，商务印书馆 2011 年版，第480—481页。

〔97〕 同前，第 486—487 页。

〔98〕 同前，第 487 页。

〔99〕《学部：奏改订法政学堂章程折》，载璩鑫圭、唐良炎编：《中国近代教育史资料汇编·学制演变》，上海教育出版社 2007 年版，第 572—573 页。

〔100〕 程燎原：《清末法政人的世界》，法律出版社 2003 年版，第 74 页。

〔101〕 同前，第 85 页。日本人实藤惠秀即提到，在保定，同时有直隶法律学堂和直隶法政学堂。〔日〕实藤惠秀：《中国人留学日本史》，谭汝谦、林启彦译，生活·读书·新知三联书店 1983 年版，第 70 页。

〔102〕《欧阳弃元：酌拟课吏馆改设法政学堂章程禀（并批）》，载潘懋元、刘海峰编：《中国近代教育史资料汇编·高等教育》，上海教育出版社 2007 年版，第 130—131 页。从其后袁世凯的批复所称"察核章程……条例精密，宽严得中，与修律大臣奏请各省专设仕学速成科之意亦合"之语来看，该禀文应作于 1905 年 4 月之后。

〔103〕 郑智航：《清代法律教育的近代转型》，载《当代法学》2011 年第 5 期，第 40 页。

〔104〕 程燎原：《清末法政人的世界》，法律出版社 2003 年版，第 86 页。

〔105〕 汪向荣：《日本教习》，商务印书馆 2014 年版，第 83 页。

〔106〕《天津法政专门学校校长及教务长易人》，载《甲寅》日刊（1917 年 6 月 25 日）。收录于《李大钊文集》（上），人民出版社 1984 年版，第 497—498 页。

〔107〕 新浪博客，http://blog.sina.com.cn/s/blog_54d251aa0102v1bw.html。2015 年 8 月 10 日访问。

〔108〕 齐植璐：《北洋法政学堂及其沿革》，载中国人民政治协商会议天津市委员会文史资料研究委员会编：《天津文史资料》（第四十四辑），天津人民出版社 1988 年版。

〔109〕 汪向荣：《日本教习》，商务印书馆 2014 年版，第 85 页。

〔110〕 李大钊：《狱中自述》，载《李大钊全集》（第四卷），河北教育出版社 1999 年版，第 713—714 页。《狱中自述》共有三稿，文字略有出处。此为第三稿。本段在初稿中作："钊感于国势之陵夷不振，颇起（二稿为'慨然起'）深研政治以期挽救民族（二稿下有'振奋国群'四字）之思想，遂与二三同学，乘暑假之便，赴天津投考学校。其时有三种学校正在招考：一系北洋军医学校；一系长芦银行专修所；一系北洋法政专门学校。军医非我所喜，故未投考。银行专修所我亦被考取，但理财致个人之富，亦殊违我

素志,(二稿下有'故皆决然弃之,而入法政')乃决心投考法政专门学校,幸被录取。"
同前,第714页。"是校为袁世凯所创设,收录全国人士,规模颇大。钊在该校肄业,习
法政诸学及英日语言,随政治知识之日进而再建设中国之思潮亦日腾高。此六年间均
系自费。"朱正:《两个朋友——李大钊与白坚武》,载《辫子·小脚及其它》,花城出版社
1999年版,第93页。其中"北洋法政专门学校"应为"北洋法政专门学堂"。何勤华:
《中国法学史》(第三卷),法律出版社2006年版,第59页。《李大钊全集》收录了李大
钊在北洋法政学堂预科第三学年学习时阅读、批注的日文教材《法学通论》(又名《预
科法学通论讲义》)以及李大钊在北洋法政学堂正科第一学年所用日文教材《刑法讲
义》(又名《正科刑法讲义》《刑法总则》)的译文及批注。《李大钊全集》(第一卷),河
北教育出版社1999年版,第1—161、162—259页。

〔111〕《言治》月刊于1913年4月创办,主办方为北洋法政学会,主办人为郁嶷,
办刊宗旨为"训理、训校、训简、训监"。王灏:《辛亥革命时期法政杂志与西法东渐》,
载《北方法学》2011年第5期,第119页。从《李大钊文集》(人民出版社1984年版)收
录的文字来看,李大钊发表于《言治》月刊第1年第1期(1913年4月1日)上的文章
有:《大哀篇》《弹劾用语之解纷》《朱舜水之海天鸿爪》(筑声剑影楼纪丛)《更名龟年
小启》(均署名李钊);发表于第2期(1913年5月1日)的有:《暗杀与群德》《东瀛人
士关于舜水事迹之争讼》(筑声剑影楼纪丛)《本报记者覆景学钤君》(均署名李钊);发
表于第3期(1913年6月1日)的有:《隐忧篇》《裁都督横议》《论民权之旁落》(均署
名李钊);发表于第4期(1913年9月1日)的有:《原杀(暗杀与自杀)》《一院制与二
院制》《政客之趣味》《是非篇》(均署名李大钊);发表于第5期(1913年10月1日)的
有:《论宪法公布权当属宪法会议》《法律颁行程序与元首》(均署名李大钊);发表于第
6期(1913年11月1日)的有:《文豪》《欧洲各国选举制考》《各国议员俸给考》《游碣
石山杂记》(均署名李大钊),《〈自然律与平衡律〉识》(署名钊)。在1917年4月1日
出版的《言治》季刊第1册上,李大钊发表了《战争与人口》(上)、《美与高》(均署名李
大钊)、《大战中欧洲各国之政变》(署名守常)。

〔112〕熊复主编:《世界政党辞典》,红旗出版社1986年版,第36页;中国革命博
物馆、李大钊烈士陵园:《李大钊生平简介》,第1、12、13页。另有资料称,李大钊1899
年与大他6岁的赵纫兰成婚,1905年考入永平府中学堂,1907年考入北洋法政专门学
校[堂],1913年7月毕业,同年冬赴日留学,1916年5月提前回国。宋传信:《永伴"忠
魂铁血"的赵纫兰》,载《北京支部生活》2014年12月下半月版,第52—53页。中共早
期领导人彭湃(1896—1929)也于1917年赴日,1918年入早稻田大学政治经济科,1921
年5月回国。熊复主编:《世界政党辞典》,红旗出版社1986年版,第50页。

〔113〕广东法政学堂由两广总督岑春煊于1908年创办,夏同龢任监督(校长),
校舍在天官里(今越秀区法政路)。教员包括朱执信、古应芬,学生有陈炯明、邹鲁等。
其前身为1902年设立的广东课吏馆,系培训、考核、甄别留省或分发到省的试用、候补

人员的官方非编制内机构。夏同龢，1868 年生于贵州麻江高枧村，戊戌科（1898）状元，1899 年南下广东，1902 年出任湖南乡试副主考，旋为八旗中小学堂提调。1904 年 5 月赴日，就读于日本法政大学速成科。1905 年 6 月完成学业，归国。先后担任广东高等法政学堂监督、广东省全省地方自治讲习所所长、两广高等师范学堂监督。民国后，当选第一届国会众议院议员。1913 年，作为六名宪法起草委员会规则委员之一起草了《天坛宪法草案》。1917 年，出任江西省实业厅长。1919 年，退出政界，在北京购置乡田，供养广济寺僧人。1924 年，与梁启超等发起成立世界佛教联合会。1925 年，因心脏病发作，在北京劈柴胡同住所去世，终年 57 岁，葬于阜成门外西八里庄（今已不存）。梁凤云：《中国行政法学第一人——清末状元夏同龢》，载《中国法律评论》微信公众号，2018 年 10 月 5 日发布。

刚毅任广东布政使时（1881）曾开馆课吏，其后张之洞督两广时也在光孝寺开设课吏馆。刚毅（1837—1900），他塔拉氏，字子良，满族镶黄旗人。笔帖式出身，累升至刑部郎中。1877 年，因平反杨乃武和小白菜案，升江西按察使，后为广东、云南布政使，擢山西巡抚。甲午战争中主战，任军机大臣兼礼部侍郎。反对戊戌变法，升任兵部尚书、协办大学士。曾率义和团同八国联军开战。病死于山西侯马。头条百科，http://www.baike.com/wiki/%E5%88%9A%E6%AF%85。2016 年 11 月 16 日访问。

在广州，还有过一所"国立广东法科学院"。1924 年 2 月，孙中山将警监专门学校改为广东公立法官学校。廖尚果任校长，校址在原光孝寺，设特别科和普通科，三年或四年毕业。不久，曹受坤出任校长，将特别科改为高等研究部，普通科改称专门部。1926 年，改称广东省政府司法厅法官学校。1928 年，又改称广东高等法院直辖法官学校。校长先后为马洪焕、潘冠英、汪祖泽等。1929 年夏，经国民政府批准设为独立学院，定名为国立广东法科学院，隶属司法行政部，姚礼修为院长，下设法律学系、经济学系、政治学系。1930 年，增设新闻学系和附设高中。1933 年，曾如柏出任院长。1936 年，邓青阳继任。1937 年 8 月，合并于中山大学法学院。百度百科，https://baike.baidu.com/item/国立广东法科学院/6689166? fr=aladdin。2016 年 12 月 13 日访问。

〔114〕 1906 年，湖南巡抚庞鸿书奏请开办湖南法政学堂，举办法律速成班，学制一年，首届招生 150 人，1907 年初开学，是年底结业。1906 年下半年，抚院考选道、府候补官员 5 名，同州、县候补官员 15 名，佐贰杂吏 20 名，共 40 名送仕学馆，组成法政速成班，讲习中外法律，学制一年半，于 1907 年底结业。1908 年 3 月，湖南巡抚根据宪政编查馆咨文要求，分设法政学堂官校和法政学堂绅校。前者由仕学馆及附设法政速成科改设；后者则由湖南法政学堂改建。两学堂开办之初，均由朱益睿为监督，都招收三年制的别科和一年半的讲习科，但在招收对象、学费缴纳和毕业奖励方面有所差别。1910 年，湖南法政学堂校舍落成，官绅两校合办于一处，统称湖南法政学堂。1911 年首次招收政治、法律正科。此外，还有官办的景贤法政学堂。在长沙，有私立的达材、会通、群治、爱国等法政学堂；在衡州、永州、宝庆、辰溪等地也有私立法政学堂。周正

云:《论清末湖南的法学教育》,载《时代法学》2004 年第 2 期,第 110、111 页。

　　〔115〕　光绪三十二年(1906),江苏省官立法政学堂在苏州海红坊巷成立,朱祖谋任监督,学额 199 名,学级分为两级,该学堂于辛亥革命后停办。1912 年,江苏公立法政专门学校设于南京府西街,后迁红纸廊。首任校长为钟福庆。该校于 1915 年立案,1923 年改名江苏法政大学,1927 年并入第四中山大学。江苏地方志网,http://www.jssdfz.gov.cn/book/jyz1/D7/D1J.html。2017 年 3 月 18 日访问。第四中山大学的设立与当时国民政府大学院力推的大学区试点有关。1927 年 7 月 8 日,国民政府下令裁撤江苏省教育厅,9 日江苏大学区正式开始办公,省内九所高校合并,改称"国立第四中山大学"。黄启兵:《理性设计的限度:民国大学院、大学区制与高校设置》,载《现代大学教育》2010 年第 1 期,第 61 页。此外,还有一所私立江苏法政专门学校,设立于1912 年,1913 年立案,位于苏州海红坊,首任校长为陈福民,1915 年并入上海神州法政专门学校。江苏地方志网,http://www.jssdfz.gov.cn/book/jyz1/D7/D1J.html。2017 年3 月 18 日访问。私立神州法政专门学校,原名神州大学,1915 年 3 月获教育部正式认可,1921 年 1 月由江苏省长咨报校务暂行中止。潘懋元、刘海峰编:《中国近代教育史资料汇编·高等教育》,上海教育出版社 2007 年版,第 493 页。民国时期的油印本《神州法政专门学校校友会题名录》显示,该校校友会会长:梁启超(任公),副会长:张嘉璈(公权),会董(理事):张嘉森(君劢)、袁思亮(伯夔)、诸翔(青来)、冯世德(心友)、张东荪(东荪)、钱崇固(强斋)、李述膺(龙门)、吴灼昭(桃三)、袁希洛(叔畲)、高彤墀(凤介)、杨景斌(春若)、杨永泰(卷卿)、章祖源(养之)、张继良(彭年)。其所附名录还提示:诸翔为上海人;冯世德为江苏吴县人;袁希洛为江苏宝山人,系该校及江苏省立法政学校教员;诸人骐(字庆奇,上海人)为该校英语教员。该名录还收录了梁启超同意就任会长的复函:

　　敬复者展诵:
　　惠书备悉,礼切辱荷
　　藻饰愧无以承,自惭文质无底,徒有虚声,
　　不足以冠多士。惟既承
　　推重,敢不相与策励。尚冀
　　珍言时锡,以匡不逮,无任盼祷,耑复即颂
　　学祉　　　梁制启超再拜　即
　　　　　　　四月十九日　到

图注 1-2　民国时期《神州法政专门学校校友会题名录》油印本

〔116〕　1906 年 2 月,山东巡抚杨士骧奉旨率同布政使英建斌、提学使连甲创办了山东法政学堂。校址在济南市北察院路北课吏馆内(今济南市立第一医院院址),历任监督为方燕年、雷光宇、孙松龄,教师多为留日学生和日本人。1910 年,山东提法使胡建枢仿京师法律学堂设立了山东法律学堂,直属提法司,校址在济南按察司衙门内。学堂设别科,学制二年;速成科,学制一年半。首批招生 600 余人。1912 年,山东法政学堂更名为山东法政学校;山东法律学堂改称山东法律学校。1912 年 6 月,两校分别改称山东第一、第二法政学校。1913 年,两校合并,更名为山东公立法政专门学校,时有学员共计 1118 人。校址先在第一法政学堂的皇华馆内,后又用停办的山东大学堂校舍,设法律本科,学制三年;研究科,学制一年。后又增设二年制预科,并附设讲习科。当时济南还有四所私立法政学校:济南私立法律学校、私立山庄法政学校[原文如此]、私立第一法政专门学校和私立法政学校。1926 年 7 月,山东省教育厅将省立工业、农业、矿业、商业、医学、法政六个专门学校合并,改建为省立山东大学,原商专校长朱正钧任校长。其法学院位于杆石桥街,原山东大学堂(今山东省实验中学)校址,有学生 228 名。1928 年“五·三”惨案后,该校停办。张建华:《清末与民国时期山东法学教育概略》,载《政法论丛》1995 年第 2 期,第 55 页。

在青岛另有 1909 年开办的青岛特别高等专门学堂。1907 年 12 月 11 日,德国海军署国务秘书梯尔匹茨向中国驻德公使孙宝琦提出,德国政府计划在青岛建一所华人高等学校。1908 年 2 月 15 日,德国驻华公使雷克斯与学部大臣张之洞就举办青岛高等学堂进行首次会晤。1908 年 7 月 8 日,德方代表奥托·弗兰克与中方代表学部郎中杨熊祥、陈曾寿等议定《青岛特别高等专门学堂章程》18 条。1909 年 6 月 20 日,学部上奏《山东青岛设立特别高等专门学堂咨议情形并商订章程认筹经费折》。同日获准立案。7 月 11 日,学部《官报》正式公布。中方派记名御史、学部员外郎蒋楷任该学堂总稽查(中方校长)。德国政府派地质学博士、海军部官员奥尔格·凯贝尔任监督(校长）。该学堂位于火车站西南，一直延展至海边。9 月 6 日，山东提学司罗文宗从山东及国内各省考取学生 60 名到达青岛。12 日，学堂开学。10 月 25 日，举行开学典礼。该校开办经费，德国财政拨付 60 万马克，分 3 年拨付；中方协筹开办费 4 万马克，由学部筹拨。常年经费 20 万马克，德方支付 13 万马克，学校年学费收入 3 万马克，其余由中方学生认筹 1 万马克，直隶、山东各认筹 1.5 万马克，按年由学部汇寄山东巡抚转交该校。该校分初级部（相当于中学）和高级部（相当于高等专科学校）。后者设法政、工艺、农林、医学四科。钱国旗主编：《青岛大学校史》，中央文献出版社 2014 年版，第 10、11 页。"法政科三年毕业，其课程为国际公法、各国政治学、行政法、度支律、路政律、国民经济学、理财学。"《青岛特别高等专门学堂章程》第四条。转引自钱国旗主编：《青岛大学校史》，中央文献出版社 2014 年版，第 22 页。还不定期出版《中德法报》。"本堂法政科定以三年为修业之期，计六学期。凡欲入斯科者每学期均可入学。其第一学期每星期民律总则（首卷）四点钟，债权总论（二一卷第一至第六章）四点钟，菩普通国法［疑应为'菩国普通法'］及德国国法之一切于中国者二点钟。此外，仍讲理论上之经济学。第二学期则本上学期所授之课为基，每星期讲授债权分则、物权及地产册法，以及刑律总则，各四点钟。实用国民经济学二点钟，另以一点钟将前所学各课择题讨论，作为实习之用。第三学期教授遗产法及刑律分则，各五点钟。民事诉讼法首卷四点钟，刑事诉讼法首卷三点钟，实习一点钟。第四学期每星期讲授民事诉讼法及破产法四点钟，刑事诉讼法三点钟，以毕此课。又商律、取引所法、期票（手形）法、海路法，共六点钟。国民交际法暨国法实习共五点钟。其第五、六两学期专以实验为主。第五学期每星期仍讲授行政法、财政学、著作权及保护营业法，各四点钟。国民经济实习一点钟，民法及民事诉讼法实习共四点钟。第六学期每星期除择业矿产及森林法共二点钟以及补讲所遗之课外，余时皆作为实习之用。即刑律及刑事讼诉法共六点钟，国法国民交际法及行政法共四点钟，民律及民事诉讼法共二点钟是也。以上各项功课，凡讲授时必详细参考中国法律之沿革。凡实习时或同诸生往审判厅观审，或往监狱游历，或特编诉讼案件令诸生充当审判厅官员及原、被告以及律师人等办理起诉、裁判、执行等事，俾其平日所学，渐能施之于实用。此外则编订法学中文名词，刊布中国法律原文，编辑中文实用案卷格式各事，以为本科实习之效。本科之设不独专授法学，除名学、德文、英文各课外，仍授中学人伦道德、经学、历史地理、国文等课，所占钟点尚多。"钱国旗主编：《青岛大学校史》，中央文献出版社 2014 年版，第 15、16 页。法政科教员德国人劳睦贝，为德国法科进士（法学博士），曾任地方审判厅推事，宣统三年五月到任，1912 年 4 月至 6 月每月薪酬 741.66 马克，7 月至次年 3 月，每月 800 马克，房金 230 马克。法政科兼任教员德国人密喜林，曾任澳督署译官，德国法科进士（法学博士），于宣统二年七月到任，讲授国民经济、民事诉讼法、刑事诉讼法，按授课钟点给予津贴。通译窦学光，自广东同文馆及京师同文馆英文科毕业，为法政科各课程翻译，宣统元年九月到任，薪水由教育部支发，授课津贴每月 125 元，由学校支发。1913 年 4 月起代理总稽

察。法政科翻译焦总宗,祖籍山东,毕业于青岛礼贤书院,宣统三年正月到任,每周译课
24 小时。月薪 45 元。同前,第 24、25、26 页。1911 年秋,该校增设了第二工科、第二法政
科和第二农林科。10 月,高级部有学生 74 名,其中法政科 20 名。进入民国,特别高等专
门学堂更名为特别高等专门学校。1912 年底,法政科首批 13 名学生毕业。同前,第 17
页。1914 年 8 月 27 日,日军占领胶州湾,11 月占领青岛。青岛特别高等学校遂关闭。
尚未毕业的学生约 200 人归并入上海同济医工学校。校产被日方充作铁道部办公楼。
至此,青岛特别高等专门学堂(校)共毕业了两届法政科学生。同前,第 20、243 页。

〔117〕　有资料称,1906 年重庆公立法政专门学校(堂)开办。隗瀛涛、周勇:《重
庆开埠史稿》,重庆地方史资料组 1982 年版,第 148 页。

〔118〕　光绪三十二年(1906)五月,清廷再次催促各省开办法政学堂。是年秋,
浙江巡抚张曾敭决定利用杭州马坡巷旧军装局的房舍,开办浙江官立法政学堂,任命
会办许邓起枢负责招收新生工作。1907 年春开学上课。1912 年,更名为浙江公立法
政专门学校,时年在校学生 1714 人。同时,不再设讲习科,增设本科,修业年限改为:
别科三年,本科一般三年加一年预科。1914 年,浙江公立法政专门学校获教育部备
案。新浪博客,http://blog. sina. com. cn/s/blog_8f70af520102wvfq. html。2018 年 2 月
21 日访问。许邓起枢,派名泽颐(1868—1934),字仲期,曾在武昌两湖书院读书,1893
年考中湖南乡试,戊戌科进士,后考中本科翰林,外放任浙江台州知府三年,锐意兴学,
提倡体育。光绪三十四年春召开全台运动会,开风气先河。宣统元年,重返临海,任海
门印山商业学堂监督,并兼办台州警察教习。后续任浙江学政,再回北京入翰林院任
编修。著有《倚庐罪言》五卷刻本、《戊戌刍议存稿》,均出版于光绪二十七年(1901),
还有《翰林院编修许邓起枢条陈厘订学务摺》(1902 年)。新浪博客,http://
blog. sina. com. cn/s/blog_506141ad0102wv0c. html。2018 年 8 月 21 日访问。

〔119〕　官立两江法政学堂创办于光绪三十四年(1908),正科每年招 100 人,其
中江苏 20 名,江宁 60 名,皖、赣各 10 名,位于江宁城内旧仕学馆。《首都志》载:宣统
二年(1910)南京建法政学堂讲习所,宣统三年建两江法政学堂,附设监狱专修科。据
《江苏教育行政报告书》不完全统计,1913 年,江苏全省有 50 余所私立高校,其中 80%
以上为法政学校。江苏地方志网,http://www. jssdfz. gov. cn/book/jyz1/D7/D1J. html。
2017 年 3 月 18 日访问。1912 年 2 月 9 日《临时政府公报》第 11 号载《教育部批示民
国法政大学代表徐世勖等取消临时校长杨年并请将该校归部直辖呈》称:两江法政学
堂,原属地方政府,未经许可,改称"民国法政大学",并推出临时校长均属不合。现在
中央政府与地方政府权限尚未划定,两江法政学堂自应暂归地方政府管辖,所请归部
直辖之处,应毋庸议。邱远猷、张希坡:《中华民国开国法制史——辛亥革命法律制度
研究》,首都师范大学出版社 1997 年版,第 501 页。

〔120〕　程燎原:《清末法政人的世界》,法律出版社 2003 年版,第 88—100 页。另
有资料称,1909 年全国共有学堂 127 所,学生 23735 人,其中法政学堂 47 所,学生 13282

人。王申:《中国近代法律教育探微》,载《政法高教研究》1997 年第 3 期。转引自何勤
华:《中国近代法律教育与中国近代法学》,载《法学》2003 年第 12 期,第 4 页。1908 年
初,宪政编查馆上奏切实考验外官章程,提出凡捐纳保举之道府以下,除正途及高等以上
学堂毕业者,一律入法政学堂肄业。候补人员宜通行考试一次,严定去留;以前之候补人
员,除正途及高等以上学堂毕业者外,应考试一次,分别五等,一、二等差委,三、四等令入
法政学堂,得毕业文凭后再行委派。未设法政学堂之省份,限三个月内开设,如不能依期
设立,仍空言出考,应由吏部查察。《考验外官章程入奏》,载《申报》1908 年 2 月 6 日。
转引自程燎原:《清末法政人的世界》,法律出版社 2003 年版,第 75 页。有学者提到,
"1902 年初,在'各省竞立学校,助行宪政'的趋势下,由陈壁出面,以福建会馆为依托,通
过向各省同乡官绅募捐、福建地方财政补助、中央政府拨款等三条途径,筹集白银二万余
两,在福建会馆附近购买'破坏民房,拓地十余亩,就南北两列,建屋三层',建设'京师闽
学堂'……其后又有宣南法政专门学院(校)与春明女子中学的创办"。王日根:《乡土之
链——明清会馆与社会变迁》,天津人民出版社 1996 年版,第 59 页。

〔121〕　汪向荣:《日本教习》,商务印书馆 2014 年版,第 88 页。

〔122〕　同前,第 89 页。

〔123〕　同前,第 89 页。

〔124〕　同前,第 90 页。

〔125〕　同前,第 94 页。

〔126〕　同前,第 96 页。

〔127〕　同前,第 101 页。

〔128〕　同前,第 102 页。

〔129〕　同前,第 104 页。

〔130〕　同前,第 104 页。

〔131〕　同前,第 106 页。

〔132〕　同前,第 91、92 页。

〔133〕　《吏部:奏学治馆拟请延长学期,援照学部奏法政别科章程办理折》(宣统
三年正月二十一日,1911 年 2 月 19 日),载潘懋元、刘海峰编:《中国近代教育史资料
汇编·高等教育》,上海教育出版社 2007 年版,第 176—177 页。

〔134〕　程燎原:《清末法政人的世界》,法律出版社 2003 年版,第 118 页。

〔135〕　上海商务印书馆编译所编纂:《大清新法令(1901—1911)点校本》(第三
卷),韩君玲、王健、闫晓君点校,商务印书馆 2011 年版,第 101 页。

〔136〕　光绪二十七年(1901),会稽县举人陶浚宣将其独资创办的东湖书院改设
为东湖通艺学堂,"以补府学堂之未及"。光绪二十八年正月,东湖通艺学堂开学,陶浚
宣自任监督,学额 40 名。章玉安:《绍兴教育史》,中华书局 2004 年版,第 107—108 页。

〔137〕　《咨浙江巡抚候选道陶濬[浚]宣禀改通艺中学堂为绍兴法政学堂自应照

准文》，载《学部官报》第117期（宣统二年三月十一日），第12页。转引自孙慧敏：《制度移植：民初上海的中国律师（1912—1937）》，中国台湾地区"中研院"近代史研究所2012年版，第106页。

〔138〕　潘懋元、刘海峰编：《中国近代教育史资料汇编·高等教育》，上海教育出版社2007年版，第159—160页。增辑后又奏交《奏私立法政学堂援案开办请立案折》（宣统二年六月十二日，1910年7月18日）。同前，第174页。不过，也有资料显示，一些私立法政学堂的开办要早于学部的奏议。程燎原：《清末法政人的世界》，法律出版社2003年版，第77页。

〔139〕　章玉安：《绍兴教育史》，中华书局2004年版，第137—138页。光绪三十二年（1906）设立的浙江巡警学堂亦位于杭州西大街铜元局。是年春，浙江巡抚张曾敭奏准设立浙江巡警学堂，归浙江全省巡警总局管辖，委任海防厅李锦堂司马为校长。其时定章分官兵两班，官学生速成科以一年结业，凡浙江文武官员都可以入选。宣统元年（1909）春，浙江巡抚增辑依照部颁章程设浙江高等巡警学堂，分正科、简易科两班，正科三年毕业，简易科一年毕业。学员以现任或候补佐杂及举贡生员或中学堂以上毕业者为一可入选。1912年3月，官立浙江高等巡警学堂并入浙江公立法政专门学校。新浪博客，http://blog.sina.com.cn/s/blog_8f70af520102wvfq.html。2018年2月21日访问。

〔140〕　《学部议覆浙抚奏变通部章准予私立学堂专习法政折》，载上海商务印书馆编译所编纂：《大清新法令（1901—1911）点校本》（第八卷），林乾、王丽娟点校，商务印书馆2010年版，第369、370页。

〔141〕　赵大川：《晚清民国时期的浙江私立法政专门学校》，载《法治研究》2007年第3期，第2页。

〔142〕　上海商务印书馆编译所编纂：《大清新法令（1901—1911）点校本》（第十卷），何勤华、任海涛、李远明点校，商务印书馆2011年版，第95页。

〔143〕　该文还提道："……（2）章程其余各条均极妥适，当即准予立案。（3）所请补助费一节，既向由江宁府拨给，仰即呈请江苏都督核办"。1912年3月21日，《司法部批金陵法政学校立案呈》称："所请立案之处，应即照准。"邱远猷、张希坡：《中华民国开国法制史——辛亥革命法律制度研究》，首都师范大学出版社1997年版，第500页。金陵法政专门学校可追溯到创办于光绪三十三年（1907）的官立江南法政讲习所。该所下设法律科、政治经济科，由陶保晋等7人倡议，郑苏、龚京卿等提倡，位于江宁城内娃娃桥，宣统三年就原址改设私立金陵法政专门学堂。江苏地方志网，http://www.jssdfz.gov.cn/book/jyz1/D7/D1J.html。2017年3月18日访问。私立金陵法政学校于民国三年停办。潘懋元、刘海峰编：《中国近代教育史资料汇编·高等教育》，上海教育出版社2007年版，第494页。

〔144〕　潘懋元、刘海峰编：《中国近代教育史资料汇编·高等教育》，上海教育出版社2007年版，第471页。对于《专门学校令》关于专门学校宗旨的界定，当时即有人

提出了批评意见。庄启：《论实业学校令与专门学校令决议案》，载《教育杂志》第四卷第七号，言论第 145—149 页。转引自潘懋元、刘海峰编：《中国近代教育史资料汇编·高等教育》，上海教育出版社 2007 年版，第 475 页。

〔145〕《教育部暂准法政专门学校设立别科令》（部令第 20 号，1912 年 10 月 25 日），载璩鑫圭、唐良炎编：《中国近代教育史资料汇编·学制演变》，上海教育出版社 2007 年版，第 675 页。

〔146〕 潘懋元、刘海峰编：《中国近代教育史资料汇编·高等教育》，上海教育出版社 2007 年版，第 483 页。其所本的是《中华教育界》1913 年 3 月号。另有一说该规程发布于 10 月 29 日。朱有瓛主编：《中国近代学制史料》（第三辑上册），华东师范大学出版社 1990 年版，第 611 页。其依据的是教育杂志社编辑、商务印书馆 1925 年 10 月出版的《教育新法令》第一册。

〔147〕《郭沫若选集》（第一卷），四川人民出版社 1982 年版，第 179 页。

〔148〕 转引自李贵连：《近代中国法制与法学》，北京大学出版社 2002 年版，第 221 页。

〔149〕 黄炎培：《教育前途危险之现象》，载《东方杂志》1913 年第 9 期。转引自里赞、刘昕杰：《四川法政学校——中国近代法学专门教育的地方实践（1906—1926）》，载《华东政法大学学报》2009 年第 1 期，第 149 页。另见陈建华：《清末民初法政学堂之研究：教育史的视角》，载《华东政法大学学报》2006 年第 3 期，第 148 页。

潘序伦早年就读于法政大学，颇受"野鸡大学"之累，其间因不符合大学条件，学校被当局取缔解散，而潘序伦已在那里就读了两年。潘序伦：《求学经过的自述》，载《潘序伦文集》，立信会计出版社 2008 年版，第 556 页。该文亦载于《商业会计》1983 年第 9 期。潘序伦（1893.7.14—1985），生于江苏省宜兴县蜀山镇，12 岁就读私塾，13 岁就读于东坡高等小学正科。15 岁小学毕业后到上海浦东六里桥浦东中学。高二时，曾和三哥投考天津高等工业学校，考取第一名，因大哥阻止而未去就读。后牵涉抗议某教师批分较严而举行的交白卷风潮，被开除学籍，转入当时的常州府中学堂就读。当时中学由五年制改为四年制，故很快毕业，考取南京法政大学。该校停办后，又考入南京海军军官学校无线电收发班。1919 年经曾任浦东中学校长的黄炎培介绍进入圣约翰大学做特别生。一学期后破例升为大学四年级正式生，1921 年夏毕业，被授予文学学士。随即凭借南洋兄弟烟草公司的资助赴美国哈佛大学商学院学习，取得 MBA 学位后，赴哥伦比亚大学攻读政治经济学，1924 年获博士学位。《财务与会计》编辑部编：《潘序伦回忆录》，中国财政经济出版社 1986 年版，第 8—9、11、13、17—18、20—22 页。此外，尚有南京女子法政讲习所。1929 年 5 月 26 日，中国女权活动家龙九经在其夫焦易堂的支持下，于南京常府街开办了南京女子法政讲习所，并任所长。宋美龄等 13 人为董事。讲习所半年一期，共办了 4 年。开设的 10 门课程主要是法律专业课。许多教材都是龙九经和焦易堂编写的。龙九经（1890—1933），广西柳州鹿寨人，1905

年随父去广州,后毕业于师范学校,辛亥革命后曾在桂林女子师范任教,后赴北京"政法学校培训班"学习。广西柳州投资促进局网,http://lzz.liuzhou.gov.cn/zwgk/lzzz/201008/t20100818_395209.htm。2017 年 3 月 18 日访问。现存 1931 年 2 月该所颁给张韫芳(江苏省泰兴县人,时年 26 岁)的毕业证书。该证书除了加盖有"南京市私立女子法政讲习所关防"外,还加盖有"南京市教育局印"。

图注 1-3　南京市私立女子法政讲习所毕业证书(1931 年 2 月)

焦易堂(1879—1950),陕西武功县人,清末秀才,宣统元年(1909)在陕西自治研究所学习,后加入同盟会。1911 年与张仲良等领导武功县光复。1928 年任国民政府立法院委员兼法制委员会委员长,1930 年兼任考试院考选委员会委员,并被选为国民党中央候补执行委员。1935 年任最高法院院长,同年被选为国民党中央执行委员。1941 年被迫辞去院长职务。1946 年当选第一届国民大会代表。1950 年在台湾地区病逝,终年 71 岁。百度百科,http://baike.baidu.com/item/%E7%84%A6%E6%98%93%E5%A0%82。2017 年 3 月 18 日访问。张正藩(1900—1983.7.7),江苏如东县人,南京东南大学毕业,曾留学日本东京高等师范教育研究所、缅甸仰光大学。历任南京女子法政、震旦学院、北平中华大学、河北师专及厦门大学教授。1946 年去台湾地区,先后担任中国台湾地区师范大学和中国台湾地区大学教授。1972 年退休,1975 年到美国,1982 年 12 月回大陆定居。张正藩:《中国书院制度考略》,江苏教育出版社 1985 年版,"出版说明"。又有资料提到了"私立首都女子法学院",其成立于 1930 年,位于南京中正街,首任校长(或创办人)为钮永建,校董会成员包括王宠惠、宋美龄等,停办时间不详。江苏地方志网,http://www.jssdfz.gov.cn/book/jyz1/D7/D1J.html。2017 年 3 月 18 日访问。

〔150〕　朱有瓛主编:《中国近代学制史料》(第三辑上册),华东师范大学出版社

1990 年版,第 614 页。

〔151〕　同前,第 613 页。

〔152〕　同前,第 614 页。

〔153〕　《教育部:指令护理直隶民政长,法校归并准予照办,商校仍维持,工校换设科目事属可行,农医毋庸合并文》(第 567 号,1914 年 5 月 14 日)。潘懋元、刘海峰编:《中国近代教育史资料汇编·高等教育》,上海教育出版社 2007 年版,第 478 页。

〔154〕　《教育部:咨湖南巡按使,该省各公私立专门学校及私立大学立案准驳情形,请饬遵文》(第 250 号,1914 年 6 月 23 日)。潘懋元、刘海峰编:《中国近代教育史资料汇编·高等教育》,上海教育出版社 2007 年版,第 478—481 页。关于巡按使,1914 年 3 月,袁世凯任命徐世昌为国务卿。徐发布命令,把各省行政长官民政长改称巡按使,观察使改为道尹。高拜石:《不搽粉的活曹操——水竹邨人徐世昌》,载《新编古春风楼琐记》(第叁集),作家出版社 2004 年版,第 127 页。1916 年,袁死后,北洋政府改巡按使为省长。陈旭麓、方诗铭、魏建猷主编:《中国近代史词典》,上海辞书出版社 1982 年版,第 276 页,"巡按使"条。

〔155〕　朱有瓛主编:《中国近代学制史料》(第三辑上册),华东师范大学出版社 1990 年版,第 51—52 页。

〔156〕　潘懋元、刘海峰编:《中国近代教育史资料汇编·高等教育》,上海教育出版社 2007 年版,第 489 页。1914 年 10 月 5 日,司法部向大总统呈送《司法讲习所规程》,旋即获准颁布。1915 年 1 月 18 日,司法讲习所经过两个月的筹备正式开课,第一期至 1916 年 8 月毕业。1915 年 9 月第二期入学。1918 年 5 月,第二次司法官考试合格人员被送入讲习所作为第三期学员,1920 年 4 月举行限满考验。第四期于 1919 年 11 月 25 日入学,1921 年 11 月结业。此后因经费原因司法讲习所停办。此前,1921 年 4 月 10 日至 5 月 10 日,司法部还在北京和哈尔滨同时举行西文法律新班的入学考试。毕连芳:《北京国民政府司法官制度研究》,中国社会科学出版社 2009 年版,第 98—108 页。1924 年章士钊任司法总长后,通电各省高等审检厅征求司法改良意见。各省纷纷条呈,大多主张恢复司法讲习所。1925 年 2 月 19 日,司法部审查各项条陈,决定恢复司法讲习所。8 月,财政部准备拨款。随后杨庶堪出任司法总长,对此事不甚热心。9 月,司法部通过停办讲习所的决议。同前,第 112 页。1926 年 10 月 12 日,司法部颁布《司法储才馆章程》,拟开设 27 门课程:民事审判实务(附强制执行)、刑事审判实务、破产案件实务、检察及司法警察实务、监狱学及实务、法院行政及实务(附登记、公证)、民事拟判说明、刑事拟判说明、检察拟稿说明、比较民商法概要、比较刑法概要、刑事政策、民事法规及判例、商事法规及判例、现行刑律及判例、刑事特别法规及判例、民事诉讼法规及判例、刑事诉讼法规及判例、证据法学、法医学、华洋诉讼、英法日文、中外成案、法制史、审判心理学、犯罪心理学、公牍。1927 年 3 月 18 日,储才馆教务会议将课程压缩到 13 门核心课程:民事法规及判例(总则)、民事法规及判例(债权)、民

事法规及判例(物权)、现行刑律及裁判(总则)、商事法规及判例、民事诉讼法规及判例、刑事诉讼法规及判例、监狱学及实务、刑事审判实务、公牍、中外成案、英文日文、社会问题。同前,第113—115页。1927年1月17日,司法储才馆举行开学典礼。馆长为梁启超,学长为曾任段祺瑞政府司法次长的余绍宋,授课教师18位,导师5位。第一学期至1927年6月结束,第二学期经司法部努力勉强开学。其后南北政权更迭,经储才馆多方周旋,南京政府最终接收了该馆。第一期学员于1929年1月毕业,学员随后被分派到各地法院、检察院。司法储才馆也宣告结束。同前,第119—121页。

〔157〕 民国时期的法政教育状况并不容乐观。《教育部公报》(第四年,1917年4月,第六期)刊载的1916年12月《教育部视察中国公学大学部(今名中国大学)报告》载,"专门部法本科乙班授债权,教员黄旭,该班原额八十人,出席二十人,缺席六十人"。转引自宁波:《民国大学绝非都是美好》,载《博览群书》2017年第5期,第26页。同期《教育部公报》刊载的1916年12月《教育部视察朝阳大学报告》载,"三班人数总计九十人,出席五十七人,缺席三十三人""专门部法本二三年级及别科合班,授民事诉讼判例,教员石志泉,学生多能笔记,三班人数总计一百三十二人,出席九十四人,缺席三十八人"。转引自宁波:《民国大学绝非都是美好》,载《博览群书》2017年第5期,第26页。毛泽东在接受斯诺采访时谈到:武昌起义后,参加了黎元洪的革命军,当了半年的兵,而后"我开始注意报纸上的广告。当时许多学校正在开办起来,它们利用报纸广告招徕新生……这时候,我的一个朋友成了学法律的学生,他劝我进他们的学校。我也读了这所法政学堂的娓娓动听的广告,它许下很多美愿,答应在三年内教完全部法律课程,并且担保三年期满学生可以立即当官。我的那位朋友不断对我赞扬这个学校,一直到最后我写信给家里,重述了广告上所许诺的一切,要求给我寄学费来,我向他们描绘了我将来当法律学家和做官的美好图景。我向法政学堂交了一元报名费,等候父母的回信。命运又进行了一次干扰。这次是通过一个商业学校的广告。"宋继华编:《毛泽东和这个世界》,花城出版社1989年版,第13页。

〔158〕 邵章(1872—1953),浙江仁和(今杭州)人。邵懿辰长孙,字伯炯、伯絅,一作伯褧、号倬盦、倬安。近现代藏书家、版本目录学家、书法家。清光绪二十八年(1902)进士。百度百科,http://baike.baidu.com/link? url = TihNzsPXmSkCsvu8S45qIMgUJg OdA5WtqyGwxwTzl5NXcVLsiRHTtSGykSWsdm9NcDtLLcnn5VDLJY1z3gnHFq。2015年12月29日访问。据大正十四年至十五年《法政大学一览》,明治三十九年七月,法政大学速成科第二班追认卒业生名单中有浙江邵章。日本法政大学大学史资料委员会编:《清国留学生法政速成科纪事》,裴敬伟译,广西师范大学出版社2015年版,第151页。一说其生于1874年,曾任翰林院编修,归国后曾任杭州府中学堂、浙江两级师范学堂、湖北法政学堂及东三省法政学堂监督、法律馆咨议官、奉天提学使、北京法政专门学校校长等职务。同前,第185页。

〔159〕 《北京法政专门学校沿革志略》,载《教育公报》第十一册(1915年4月),

纪载第 11—13 页。转引自潘懋元、刘海峰编:《中国近代教育史资料汇编·高等教育》,上海教育出版社 2007 年版,第 498 页。据《第一次中国教育年鉴》丙编,教育概况第 148 页,北京筹边高等学校系由清代理藩部下设的殖边学堂和学部的满蒙文高等学堂改办。1914 年被饬令停办,在校学生归并于北京法政专门学校。潘懋元、刘海峰编:《中国近代教育史资料汇编·高等教育》,上海教育出版社 2007 年版,第 492 页。

　〔160〕　《(北京)国立法政专门学校四年度校务计划书》,载《教育公报》第二年(1915 年 11 月)第八期,报告第 1 页。转引自潘懋元、刘海峰编:《中国近代教育史资料汇编·高等教育》,上海教育出版社 2007 年版,第 499 页。

　〔161〕　同前,第 505、506 页。

　〔162〕　《国立北京法政专门学校五一六年度状况报告》中仅提到"家驹自五年十月接长本校",载《教育公报》第五年第三期,第 15 页。转引自朱有瓛主编:《中国近代学制史料》(第三辑上册),华东师范大学出版社 1990 年版,第 626 页。而《教育杂志》第五卷第十一号(第 93 页)所刊《1913 年教育部派员察视私立法政之结果》中提到:"教育部此前特派视学员张谨、王家驹至江苏、浙江、安徽等省,察视各私立大学、私立法政学校。"朱有瓛主编:《中国近代学制史料》(第三辑上册),华东师范大学出版社1990 年版,第 647 页。王家驹之前校长由近及远依次为饶、周、邵。同前,第 626 页。王家驹,字维白,江苏丹徒人,日本法政大学速成科第一班卒业,归国后授法科举人。民国九年时任北京法政专门学校校长。日本法政大学大学史资料委员会编:《清国留学生法政速成科纪事》,裴敬伟译,广西师范大学出版社 2015 年版,第 177、178 页。

　〔163〕　《国立北京法政专门学校五一六年度状况报告》,载朱有瓛主编:《中国近代学制史料》(第三辑上册),华东师范大学出版社 1990 年版,第 627、628 页。

　〔164〕　《(北京)国立法政专门学校四年度校务计划书》,载潘懋元、刘海峰编:《中国近代教育史资料汇编·高等教育》,上海教育出版社 2007 年版,第 500 页。

　〔165〕　《国立北京法政专门学校五一六年度状况报告》,载朱有瓛主编:《中国近代学制史料》(第三辑上册),华东师范大学出版社 1990 年版,第 629 页。

　〔166〕　同前,第 630 页。

　〔167〕　同前,第 632 页。

　〔168〕　《北京入学指南》,通俗教育研究会印行,1917 年 6 月编,第 114 页。该校学费全年 20 元,分三期预缴。学生报考需由荐任以上京职人员担任保证人。住宿方面,该校有文、行、忠、信四斋。专斋每年宿费 15 元,通斋每年 7 元 5 角。膳费由学生自备。同前,第 115、116 页。1917 年,北京还有两所私立法政专门学校。一所是私立化石桥法政附设商科专门学校,位于内城右区前门内西城根,其以"养成专门人才"为目标,有学生 80 人,分属法律本科、预科及商业本科。同前,第 123 页。另一所是私立中央法政专门学校,位于内城右区西单牌楼西磨盘院。其以"造就法政专门人才"为目标,有法律本科三班共 220 人、预科一班共 80 人。同前,第 124 页。此外,当时其他

私立大学也多设有法科。如私立中国大学设分科设法科、商科二科,其中法科下分政治、经济二门。预科分法、商二科。专门部分为法律科、政治经济科、商科三科,预科设法科一科,此外,附设法政别科补习班及中学科。学制方面,大学商科三年,法科四年,预科三年;专门部本科三年,预科一年;法政别科至 1919 年 6 月截止,中学科四年。同前,第 106、107 页。私立国民大学(尚未立案)分科设文、法、商三科,及预科。法科分法律、政治、经济三门。分科之外还有专门部,其也设有预科。同前,第 108 页。

〔169〕 邓云乡:《文化古城旧事》,河北教育出版社 2004 年版,第 43 页。原属外交部的"俄文专修馆"亦并入平大,最终改称"北平大学俄文法政学院"。又,虎坊桥众议院后成为北平大学女子文理学院所在地。同前,第 42 页。1925 年,国立北京法政大学有教职员 140 人。邓小林:《民国时期国立大学教师聘任之研究》,西南交通大学出版社 2007 年版,第 264 页。

〔170〕 溥心畲(1896—1963),中国现代中国画家。名儒,字心畲,号西山逸士。满族,河北宛平(今属北京市)人。清宗室,恭亲王之后。自幼学习诗文、绘画、书法。

〔171〕 弓仲韬(1886—1963.3)。新华网,http://www.he.xinhuanet.com/news/2006-07/27/content_7624503.htm。2018 年 5 月 1 日访问。

〔172〕 张印泉(1900—1971.4.23),河北省丰润县毛家坨人。中国摄影家协会网,http://www.chinaphotocenter.com/gcms/end.php? news_id = 4287。2018 年 5 月 8 日访问。

〔173〕 柯仲平(1902.1.25—1964.10.20),原名柯维翰,曾用笔名仲平、仲屏、平、南云。生于云南省广南县小南街。博雅文化旅游网,http://ren.bytravel.cn/history/3/kezhongping.html。2020 年 7 月 12 日访问。文艺界名人早年与法律结缘的不乏其人。著名工笔人物画家徐燕孙(1898—1961),名操,字燕孙,以字行。别号霜红楼主。原籍河北深县,生于北京,早年于朝阳大学学习法律。著名画家、美术史学家秦仲文(1896—1974),河北省遵化县人,名裕,别署梁子河村人,久居北京,曾于 1915 年进入北京大学法政系学习。现代国画家王梦白(1888—1934),名云,字梦白,号破斋主人,又号三道人,江西丰城人。父亲流寓浙江衢州。因住地与三溪接壤,自号三溪渔隐,即三道人的来源。年轻时在上海钱庄当学徒时喜画花鸟画,学习任颐,并受到吴昌硕的指导,画艺提高很快,民国初年到北京任司法部录事。

〔174〕 邵裴子(1884—1968),原名闻泰,又名长光,杭州人。早年入上海南洋公学经济特课班习英文,后赴美国斯坦福大学攻读经济。清宣统元年(1909)学成返国,历任浙江省高等学堂英文教习、教务长、校长。1913 年去北京,任财政部佥事,兼法政大学英文教授及教务长。北伐前夕返回杭州,任浙江大学教授,继任文理学院院长。1928 年 10 月任浙江大学校长。在任期间,主张"学者办学""舆论公开",办学卓有成绩。蒋介石来浙大视察时,动员邵裴子加入国民党,被拒绝。后因受排挤,于 1935 年离开浙大,专为上海商务印书馆翻译和校对书籍。博雅文化旅游网,http://ren.

bytravel.cn/history/7/shaopeizi.html。2020 年 7 月 12 日访问。

〔175〕　屠孝实（1898—1932），江苏常州人。字正叔。幼时就读于武阳公学。1912 年本校毕业。同年转读本校高等实业科。1913 年赴日本工科大学留学，暇时读文学并产生浓厚兴趣。后转入日本早稻田大学攻读文学。1918 年回国，历任北京大学、民国大学、朝阳大学、女子师范大学等校哲学、文学教授。1926 年被教育部委任北京法政大学校长。北伐战争胜利后，南归主持中国科学社社务，以后任中国大学教授，安徽大学、武汉大学哲学系教授和北平大学法学院教授。对伦理学、宗教、哲学、文学有较深的研究，著有《名学纲要》《哲学概要》《伦理学》《宗教哲学》《信仰论》《新理想主义人生观》《蒙古史》等。百度百科，https://baike.baidu.com/item/%E5%B1%A0%E5%AD%9D%E5%AE%9E/6553882? fr=aladdin。2020 年 7 月 12 日访问。

〔176〕　《民国十五年北京法政大学毕业同学录》（1926 年 6 月编），第 12 页。该通讯录内容包括：例言、张棣先生题词、江翊云先生序言、屠正叔先生序言、霍例白先生序言、余樾园先生序言、黄右昌先生序言、陈维藩先生序言、王建祖先生序言、潘立三先生赠言、校史、校景、校长、前校长、评议会主席、教务长、事务长、各科学长、各科教授、各科讲师、各科同学、未交铜板之毕业同学姓名通信录。其例言提到："一、本同学录以本届毕业同学为限其未交铜板及印刷费者只将姓名通信列后。二、各科教授讲师以交铜板者为限。三、各科同学系按年龄之长幼为排列次序。四、本同学录付印仓促虽由各科代表负责办理但遗漏错误之处容或不免尚希诸同学原谅是幸。十五年六月编者识。"孔夫子旧书网，http://book.kongfz.com/item_pic_26773_654637919/。2017 年 12 月 4 日访问。

〔177〕　维基百科，http://www.baike.com/wiki/%E5%AE%81%E5%8D%8F%E4%B8%87。2017 年 11 月 30 日访问。

〔178〕　宁协万：《现行国际法》，商务印书馆 1927 年版，例言，第 1、2 页。湖南公立法政专门学校系由清代官立法政学堂改名而成，1913 年，湖南省公立第一法校、公立第二法校均并入该校，次年又有湖南公立法律专门学校并入。1915 年 8 月获教育部正式认可。但其第四班至第八班毕业生未经核准。潘懋元、刘海峰编：《中国近代教育史资料汇编·高等教育》，上海教育出版社 2007 年版，第 490 页。

〔179〕　7788 收藏网，http://www.997788.com/pr/detail_115_35487891.html。2017 年 11 月 30 日访问。

〔180〕　1920 年北洋大学法科被划归北京大学时，收藏外文法律图书颇具规模的北洋大学图书馆依然得以保留。1922 年保定河北大学学长吴扶青"鉴于法学深奥，并北洋大学先前所存之法学书籍悉归于其中"，还创办了河北大学法学研究社（该社编有《法学月刊》，1929 年 4 月创刊）。从河北大学法科合入北平大学法学院（后改称法商学院），以及抗战时期该院远迁西北的情况来看，这批图书也有一并迁去的可能。而如今的河北大学政法学院与前述法学研究社缺乏直接关联。其为 2000 年 10 月在原

哲学系和法律系的基础上合并而成,下设法律系、哲学系、政治学与行政学系三个系,设有法学、哲学、社会工作、思想政治教育、政治学与行政学五个本科专业。原哲学系始建于 1955 年,1978 年开始招收研究生。原法律系成立于 1980 年,是河北省最早创办的法学专业。该学院现有中文图书 34519 册,外文图书 942 册,中文期刊 2989 册,外文期刊 490 册。河北大学网,http://cpl.hbu.edu.cn/xueyuanjianjie/index.jhtml。2018 年 1 月 1 日访问。

〔181〕 邓云乡:《文化古城旧事》,河北教育出版社 2004 年版,第 38 页。1928 年 9 月,李石曾拟定由楼桐荪任法学院院长,10 月间李书华到任北平后,与李石曾电商调整为谢瀛洲。吴范寰:《李石曾与北平大学区》,载中国人民政治协商会议全国委员会文史资料研究委员会编:《文史资料选辑》(第三十四辑),文史资料出版社 1980 年版,第 19 页。《南开四十年大事记》载,1917 年"九月,南运河决口,廿三日晚,水至南开,一日夜间,校内外水深五尺余,校务不能照常进行……十月,承河北法政学校假以多数讲室及寝室,于廿五日全校移入"。1918 年"二月,因法政学校内借用之校舍,不敷分配,遂将补习班移归南开本校授课……七月,全校由法政学校迁回南开"。董鼎总辑:《学府纪闻:国立南开大学》,中国台湾地区南京出版有限公司 1981 年版,第 62—63 页。

李石曾,名煜瀛,河北高阳人,1877 年生,系同治年间大学士李鸿藻第五子。以荫生出任度支部郎中,曾留学法国学习生物学和哲学。吴范寰:《李石曾与北平大学区》,中国人民政治协商会议全国委员会文史资料研究委员会编:《文史资料选辑》(第三十四辑),文史资料出版社 1980 年版,第 13 页。谢瀛洲 1924 年获得巴黎大学法学博士学位。王伟:《中国近代留洋法学博士考(1905—1950)》,上海人民出版社 2011 年版,第 15 页。

〔182〕 夏新华:《寻访李宜琛》,载《华东政法学院学报》2009 年第 3 期,第 141—142 页。

〔183〕 图见张复合编著:《图说北京近代建筑史》,清华大学出版社 2008 年版,第 112 页。该书提示,资政院建于贡院旧址。

〔184〕 李阁老胡同以明李东阳赐第在此巷内而得名。余棨昌:《故都变迁记略》,北京燕山出版社 2008 年版,第 52、54 页。1927 年 7 月,清华在李阁老胡同法政大学设立了招考办事处。吴宓:《吴宓日记》(第三册,1925—1927),吴学昭整理注释,生活·读书·新知三联书店 1998 年版,第 40 页。7 月 8 日"七时,随众,乘汽车人城,至法政大学监考。宓及卫君监研究院考生(第六考场)。上午 8:00—10:00 考中国哲学。10:30—12:30 考英文。午饭,由校供备。下午 2:00—5:00 考论文。五时半,仍偕众乘汽车回校"。同前,第 41 页。

余棨昌(1881—1949),著名民法学家,1911 年于日本东京帝国大学法学部获法学士学位。1913 年 2 月至同年 12 月任北京大学法政科学长。1912 年起至 1948 年在朝阳大学兼课。其任大理院院长期间，在朝阳执教分文不取。北平沦陷后，日伪拉其出任伪北京大学校长，遭严词拒绝，始终未受伪职。即遭日寇宪兵队以迁居伪满相威胁时，亦未妥协。薛君度、熊先觉、徐葵主编：《法学摇篮——朝阳大学》（增订版），东方出版社 2001 年版，第 77 页。

〔185〕　此前，1936 年 1 月，北洋工学院院长李书田致信陕西省政府主席邵力子，拟将北洋工学院迁往西安，作为筹设西北大学的基础。也是在 1936 年 2 月，东北大学迁入张学良在西安选定的东北大学新校舍。王杰、张磊：《西北联大的兴学强国精神》，载《博览群书》2016 年第 3 期，第 68、69 页。

〔186〕　邓云乡：《文化古城旧事》，河北教育出版社 2004 年版，第 43 页。

〔187〕　何勤华：《中国法学史》（第三卷），法律出版社 2006 年版，第 56—59 页。

〔188〕　有关私立朝阳大学的记述中就不乏对民国时期政府重理轻文的教育政策的诉怨："到了民国二十五年，政府的教育政策鼓励造就理工科人才，对于社会学科的招生名额，严加限制，学校因此又受重大影响，虽然教育部特别放宽朝阳学院录取法科学生的名额。"转引自薛君度、熊先觉、徐葵主编：《法学摇篮：朝阳大学》（增订版），东方出版社 2001 年版，第 18 页。

第二章　国人早期留洋学法考

〔1〕　李鸿章、沈葆桢：《奏选闽厂生徒出洋习艺并酌议章程》，载舒新城编：《近代中国教育史料》，中国人民大学出版社 2012 年版，第 146 页。

〔2〕　《钦差北洋大臣直隶总督李鸿章等奏》（光绪二年十一月二十九日，1877 年 1 月 13 日），载《李文忠公全书》奏稿，卷二十八，第 20—27 页。转引自朱有瓛主编：《中国近代学制史料》（第一辑上册），华东师范大学出版社 1983 年版，第 399—405 页。

张明林主编《李鸿章全集》第四卷第六编朋僚下属函稿中收录的光绪二年十一月二十九日《论学生出洋学习》（西苑出版社 2011 年版，第 1228—1229 页）提到："议派船政学生分赴英、法学习一事，八月间曾将李凤苞、日意格等拟录章程缄请钧鉴，声明俟闽省定议再行会奏。旋奉九月初三日公函以议办经事迄今三载，辄因事中阻，趁此举行日后办理海防较有把握等。"

同治十一年（1872），容闳受命主持选派幼童赴美留学。这是中国近代大规模公派赴美留学的起点。容闳（1828—1912），广东香山南屏镇人，字达萌，号纯甫，1841 年入澳门马礼逊学堂（Morrison School，该校于 1842 年迁于香港山顶），1847 年 1 月 4 日随该校校长 Samuel Robbins Brown（1810—1880）由广州乘阿立芬特兄弟公司（Olyphant Brothers）的"猎女号"（Huntress）前往纽约，后入麻省孟松学校（Monson Academy），1850 年考入耶鲁大学，1852 年入美国籍，1854 年毕业，是年 11 月返回香港。先在香港美代公使处任书记，旋又在香港高等审判厅任译员、实习律师，但为英人排斥，1856 年

8 月离港至上海。与容闳一同赴美的还有黄宽、黄胜二人。1849 年黄胜因病返港，黄宽则转读苏格兰爱丁堡大学 7 年以第二名毕业，1857 年归国行医，1879 年去世。1872年 8 月 12 日（七月初九日）容闳率第一批学生 30 人前往美国，詹天佑即在其中。至1875 年，前后共派出四批，共 120 人。陈旭麓、方诗铭、魏建猷主编：《中国近代史词典》，上海辞书出版社 1982 年版，第 592 页，"容闳"条。［美］勒法吉：《中国幼童留美史》，高宗鲁译注，珠海出版社 2006 年版，第 14—16 页。舒新城编著：《近代中国留学史・近代中国教育思想史》，商务印书馆 2014 年版，第 7 页。乾隆年间，甘肃武威人李自标（1760 年生）于 1773 年赴欧学习，1793 年随马戛尔尼使团回国，任翻译和使团副使斯当东之子小斯当东的中文教师。李自标面型似高加索人，英国船长装束，佩剑穿靴，以掩盖华人身份。

〔3〕　有资料称："第一届留欧学生于 1877 年 3 月 31 日乘'济安'号开赴香港，4月 5 日由香港出发，5 月 11 日到达伦敦。"林庆元：《福建船政局史稿》（增订本），福建人民出版社 1999 年版，第 193 页。

〔4〕《督办福建船政吴赞诚奏》（光绪三年三月十九日，1877 年 5 月 2 日），载《洋务运动》（五），第 199 页。转引自朱有瓛主编：《中国近代学制史料》（第一辑上册），华东师范大学出版社 1983 年版，第 405 页。

〔5〕　权赫秀：《马建忠留法史实辨误二则》，载《江苏社会科学》2004 年第 1 期，第130 页。陈旭麓、方诗铭、魏建猷主编：《中国近代史词典》，上海辞书出版社 1982 年版，第 51 页。王健：《探索西方的法言法语》，载中国法制史学会编：《法制史研究》（中国法制史学会会刊）第四期（2003 年 12 月），第 114 页。

〔6〕　何勤华：《中国法学史》（第三卷），法律出版社 2006 年版，第 120 页。

〔7〕　［法］M. 巴斯蒂：《清末留欧学生——福州船政局对近代技术的输入》，曾少鸿译自 Leibo. *Transfering Technology to China*, 1985, p.126-130. 收录于高时良编：《中国近代教育史资料汇编・洋务运动时期教育》，上海教育出版社 1992 年版，第 959 页。王寿昌是船政学堂第三批留法学生，字子仁，号晓斋，闽县（今福州市）人。15 岁（1878）考入船政学堂前学堂制船科，1885 年 4 月进入法国巴黎大学（法学部，一说法学部娜蛮大书院）留学。同届留法学生中学习法律的还有林藩、游学楷、高而谦、柯鸿年、许寿仁等五人。王寿昌专攻法律学（万国公法）、法文 6 年，回国后于 1897 年任福州船政学堂法文教习。也是在这一年（光绪二十三年），王寿昌口述、林纾笔录，合译了小仲马的《茶花女》，取名《巴黎茶花女遗事》，署二人笔名"晓斋主人冷红生"。两年后由魏瀚出资刊印。1898 年京汉铁路兴建，王寿昌任总翻译。谢喆平访问整理：《浮云远志：口述老清华的政法学人》，商务印书馆 2014 年版，第 173 页。林庆元：《福建船政局史稿》（增订本），福建人民出版社 1999 年版，第 452、459、207 页。"（王寿昌）被选留学欧洲，及归竟不获用，偶一用之，又非所业，盖局已散涉，人仅孤掌，同学有至颠沛流离，贫困老病，更甚于吾家者。"《晓斋遗稿跋》，载谭家骅：《王寿昌先生传》。转引

自林庆元:《福建船政局史稿》(增订本),福建人民出版社1999年版,第462页。

〔8〕　朱寿朋编:《光绪朝东华录》(第五册),张静庐等点校,中华书局1958年版,第128页,总第5114页。

〔9〕　《1907年京师大学堂译学馆派赴欧洲国家留学一览表》,载北京大学校史研究室编:《北京大学史料》(第一卷),北京大学出版社1993年版,第444—445页。转引自谢长法:《中国留学教育史》,山西教育出版社2006年版,第78页。

〔10〕　李贵连、孙家红、李启成、俞江编:《百年法学——北京大学法学院院史(1904—2004)》,北京大学出版社2004年版,第288页。

〔11〕　转引自谢长法:《中国留学教育史》,山西教育出版社2006年版,第78页。

〔12〕　程燎原:《清末法政人的世界》,法律出版社2003年版,第31页。

〔13〕　转引自谢长法:《中国留学教育史》,山西教育出版社2006年版,第78页。

〔14〕　程燎原:《清末法政人的世界》,法律出版社2003年版,第390页。但该书第33页又称其获得剑桥大学法学博士。如此则法科进士一说尚属可信。

〔15〕　马建忠出生于江苏镇江府丹徒县一个天主教家庭,是《文献通考》作者马端临第二十世孙。父亲马岳熊,在家乡行医经商,育一女四子,马建忠排行最小。其二哥马建勋早年受曾国荃拔擢,入李鸿章幕府,曾任淮军粮台;四哥马相伯(1840.4.17—1939.11.4)是震旦大学、复旦大学的创办人。马建忠自幼学习中国传统经史。1853年,马家因躲避太平军战乱迁居上海。马建忠与四哥就读于天主教耶稣会徐汇公学(College of St.Ignace),学习法文和拉丁文等课程,二人同为该校首届毕业生。百度百科, http://baike.baidu.com/link? url = ov6miQAqWMh − w4xQEduvVOUkq8zSw8ML6DQaGIbzJYaHfFx3TEjXYqXyoJs_OLT6qbgVIJcjpU694LqcmnkD22YGDZZ7OwpF2uePG05UU53。2015年1月22日访问。

〔16〕　陈旭麓、方诗铭、魏建猷主编:《中国近代史词典》,上海辞书出版社1982年版,第51页。

〔17〕　《海防档》乙、《福州船厂》(二)。收录于高时良编:《中国近代教育史资料汇编·洋务运动时期教育》,上海教育出版社1992年版,第904页。

〔18〕　奕䜣等:《奏请选派船政学堂学生出洋折》(同治十二年十一月十八日,1874年1月6日),载《洋务运动》(五),第143—145页。收录于高时良编:《中国近代教育史资料汇编·洋务运动时期教育》,上海教育出版社1992年版,第905页。

〔19〕　李鸿章:《致总理衙门函》(同治十二年十二月二十二日,1874年2月8日),载《海防档》乙、《福州船厂》(二)。收录于高时良编:《中国近代教育史资料汇编·洋务运动时期教育》,上海教育出版社1992年版,第904—905页。此篇在张明林主编《李鸿章全集》中作《条议三事》,时间为同治十二年十二月二十一日(第三卷,第六编朋僚下属函稿,西苑出版社2011年版,第1123页)。

〔20〕　沈葆桢:《奏为选派前后学堂学生游历英法折》(光绪元年三月十三日,

1875 年 4 月 18 日），载《船政奏议汇编》卷十二。收录于高时良编：《中国近代教育史资料汇编·洋务运动时期教育》，上海教育出版社 1992 年版，第 910 页。

〔21〕 丁日昌：《致总理衙门函》（光绪二年二月初十日，1876 年 3 月 5 日），载《海防档》乙，《福州船厂》（二）。收录于高时良编：《中国近代教育史资料汇编·洋务运动时期教育》，上海教育出版社 1992 年版，第 910—911 页。沈葆桢：《致总理衙门文》（光绪二年二月初十日，1876 年 3 月 5 日）。同前，第 911 页。

〔22〕 李鸿章：《卞长胜等赴德国学习片》（光绪二年三月二十六日，1876 年 4 月 20 日），载《李文忠公全书》奏稿，卷二十七。收录于高时良编：《中国近代教育史资料汇编·洋务运动时期教育》，上海教育出版社 1992 年版，第 911、912 页。另见李鸿章：《议派弁赴德学习》（光绪二年三月初四日，1876 年 3 月 29 日），载张明林主编：《李鸿章全集》（第三卷，第六编朋僚下属函稿卷四），西苑出版社 2011 年版，第 1184 页。七人包括：卞长胜、朱耀彩、王德胜、杨德明、查连标、袁雨春、刘芳圃等。卞、朱二人因学业无进步先行调回，查、袁、刘三人于光绪五年返回，任直隶军职，杨其时病居柏林，王在柏林就学。舒新城编著：《近代中国留学史·近代中国教育思想史》，商务印书馆 2014 年版，第 16 页。"卞长胜、朱耀彩二人自入水师学堂后，仍不守分勤学，滋事妄为，经刘星使敕令回华。"钟叔河主编：《刘锡鸿：英轺私记·张德彝：随使英俄记》（走向世界丛书），朱纯、杨坚校点，岳麓书社 1986 年版，第 546 页。

〔23〕 李鸿章：《议选员管带学生分赴各国学习折》（光绪二年八月二十五日，1876 年 10 月 12 日），载《洋务运动》（五），第 488—489 页。收录于高时良编：《中国近代教育史资料汇编·洋务运动时期教育》，上海教育出版社 1992 年版，第 913 页。另见张明林主编：《李鸿章全集》（第四卷，第六编朋僚下属函稿卷五），西苑出版社 2011 年版，第 1223 页。

〔24〕 李鸿章等：《奏闽厂学生出洋学习折》，载《李文忠公全书》奏稿，卷二十八，第20—27页。收录于高时良编：《中国近代教育史资料汇编·洋务运动时期教育》，上海教育出版社 1992 年版，第 915—921 页。另见《钦差北洋大臣直隶总督李鸿章等奏》（光绪二年十一月二十九日，1877 年 1 月 13 日），收录于朱有瓛主编：《中国近代学制史料》（第一辑上册），华东师范大学出版社 1983 年版，第 399—405 页。

〔25〕 高时良编：《中国近代教育史资料汇编·洋务运动时期教育》，上海教育出版社 1992 年版，第 919—920 页。

〔26〕 巴斯蒂：《清末留欧学生——福州船政局对近代技术的输入》，田正平据岛田虔次、长部悦弘所译日译本节译，载陈学恂主编：《中国近代教育史教学参考资料》（上册），人民教育出版社 1986 年版，第 168—181 页。另收录于高时良编：《中国近代教育史资料汇编·洋务运动时期教育》，上海教育出版社 1992 年版，第 954 页。

李凤苞（1834—1887），江苏崇明人，字丹崖，究心历算，精通测绘。捐为道员。同治八年（1869）进入江南制造局翻译馆译书，三年间译出 14 部，包括《行海要求》《克房伯炮说》等西方军事技术著作。光绪元年(1875)由丁日昌调充福州船政局总考工。次年由李鸿章推荐,任船政局留学生监督。1878 年又由李鸿章推荐,出任驻德公使,专办采购船舰军火事宜。不久兼任驻奥、意、荷三国公使。1884 年,暂署驻法公使。中法战争爆发后奉命回国,任北洋营务处总办,兼管水师学堂。旋因在德国购舰受贿60 万两事发,被革职。陈旭麓、方诗铭、魏建猷主编:《中国近代史词典》,上海辞书出版社 1982 年版,第 310 页。

〔27〕　刘步蟾(1852—1895),福建候官人。字子香,肄业于福州船政学堂。自欧洲归国后,任游击,会办北洋操防。1885 年赴德国购定远舰,任该舰副管带。次年升管带。1888 年升副将,擢北洋水师右翼总兵。1895 年日军进攻威海卫时,定远舰中炮受伤,乃沉船自裁殉国。陈旭麓、方诗铭、魏建猷主编:《中国近代史词典》,上海辞书出版社 1982 年版,第 264 页。

〔28〕　林泰曾(1851—1894.11.16),字凯仕,祖父林霈霖为林则徐胞弟。1888 年任北洋海军左翼总兵。甲午海战时,管带镇远舰,重创日军旗舰松岛号。后率镇远舰由旅顺经登州赴威海时,驶避水雷该舰触礁受伤,愤而自尽。陈旭麓、方诗铭、魏建猷主编:《中国近代史词典》,上海辞书出版社 1982 年版,第 436 页。

〔29〕　郭嵩焘对严复的评价甚高,认为若严复去"管带一船","实为枉其材",其大可胜任交涉事务。其外交才能、见识远超陈季同(镜如)。为此,郭嵩焘应罗丰禄之请,照会英国外相,请派格林威治海军学院在学的五名中国学生登兵轮实习,而让严复再留校半年,俾于返国后担任教职。[美]汪荣祖:《走向世界的挫折——郭嵩焘与道咸同光时代》,岳麓书社 2000 年版,第 217 页。

〔30〕　林永升(1855—1894),即林超升,福建候官人,字钟卿。1887 年与邓世昌等赴英、德接收订购的致远、经远等四舰,旋任北洋海军经远舰管带。1889 年署理左翼左营副将,因功升总兵。1894 年 9 月 17 日在黄海海战中在追击敌舰时中炮殉国。陈旭麓、方诗铭、魏建猷主编:《中国近代史词典》,上海辞书出版社 1982 年版,第 433 页。

〔31〕　叶祖珪,福建候官人,1866 年入福州船政学堂。1881 年管带北洋水师镇远号。1888 年管带靖远号。1889 年升署北洋海军中军右营副将,旋以总兵升用。1894 年 9 月 17 日率舰参加黄海海战,后奉命退守威海卫。1895 年 1 月日军进攻威海卫时,力战多日。2 月上旬,靖远舰被击沉。威海卫陷落后被革职。1899 年开复原职,加提督衔,统领北洋海军。1904 年授广东水师提督。嗣奉命总领南北洋海军事务,移驻上海。拘留侵入黄浦江之俄舰,改船坞为商办,议定水师学堂章程。1905 年病故。陈旭麓、方诗铭、魏建猷主编:《中国近代史词典》,上海辞书出版社 1982 年版,第 168—169 页。

〔32〕　萨镇冰(1858—1952),福建闽侯人,名鼎铭,福州水师[船政]学堂毕业,1877 年赴英国学习海军,1879 年回国。曾充任天津水师学堂教官。1903—1906 年任

广东水师提督。1910 年任海军统制。1912 年任吴淞商船学校校长。1913 年改任淞沪水陆警察总办。旋被袁世凯任命为兵工厂总办。1917 年 6、7 月间任北京政府海军总长。1920 年 7 月，段祺瑞下野后代理国务总理。1922—1927 年任福建省长。1933 年赞助李济深等在福建起义，任福建人民政府委员兼省长。抗战期间，旅居东南亚。1945 年回至福建。陈旭麓、方诗铭、魏建猷主编：《中国近代史词典》，上海辞书出版社 1982 年版，第 615—616 页。

〔33〕 吴德章于 1902 年至 1904 年任驻奥匈帝国公使。林庆元：《福建船政局史稿》（增订本），福建人民出版社 1999 年版，第 451 页。

〔34〕 有资料称，"魏瀚，在留学期间，曾任法国皇家律师公会助理员，于是'声誉日起，旋得法学博士'"。《船政兴衰考》五一，《福建民报》1934 年 9 月 22 日。转引自林庆元：《福建船政局史稿》（增订本），福建人民出版社 1999 年版，第 451 页。但 1870 年法国在普法战争中战败，于 1871 年 9 月成立第三共和国，直至 1940 年 6 月贝当政府投降德国，此间皆为第三共和国，故魏瀚于留法期间当无成为"法国皇家律师公会助理员"的可能。

〔35〕 屈春海：《晚清海军留学英法述析》，载香港历史博物馆编，丁新豹（Joseph S.P.Ting）、周佳荣（Chow Kai-wing）、黄嫣梨（Wong Yin-lee）主编：《近代中国留学生论文集》，香港康乐及文化事务署 2006 年版，第 202 页。王桂芳、张启正、吴学锵、任照、叶殿铄等 5 人是 1877 年 12 月 8 日由船政局增派留法的。林庆元：《福建船政局史稿》（增订本），福建人民出版社 1999 年版，第 193 页。

〔36〕 罗丰禄，福建闽县（现闽侯）人。字稷臣，光绪初年为驻英、法使馆翻译。光绪四年（1878）调任驻德使馆翻译。嗣入李鸿章幕。1896 年以记名海关道赏四品卿衔任出使英、意、比大臣。1901 年改为出使俄国大臣，未就任。陈旭麓、方诗铭、魏建猷主编：《中国近代史词典》，上海辞书出版社 1982 年版，第 448—449 页。罗丰禄译有《海外明贤事略》《贝斯福游华笔记》传世。林庆元：《福建船政局史稿》（增订本），福建人民出版社 1999 年版，第 460 页。罗丰禄的妻子是他的同学兼好友魏瀚的妹妹。罗丰禄长女罗伯瑛嫁给了福州螺洲陈氏的陈懋豫，育有独子陈岱孙。陈岱孙的祖父陈宝璐"曾考得进士，供职翰林院。散馆之后回了家，就聘于福州鳌峰书院任山长之职终其身"，1912 年冬去世。陈岱孙：《往事偶记》，商务印书馆 2016 年版，第 1、2 页。在《福建省闽侯县螺洲乡太傅陈公生平叙略》一文中，陈岱孙老提到其伯祖父陈宝琛（1848—1935）曾任福州鳌峰书院山长："1898 年，光绪二十四年，太傅公应大府聘，任福州鳌峰书院山长，时年五十一岁。"陈岱孙老的祖父陈宝璐为陈宝琛三弟。同前，第 150 页。

〔37〕 沈葆桢：《奏为选派前后学堂学生游历英法折》（光绪元年三月十三日，1875 年 4 月 18 日），载《船政奏议汇编》卷十二。收录于高时良编：《中国近代教育史资料汇编·洋务运动时期教育》，上海教育出版社 1992 年版，第 910 页。另有资料称，

1873 年，为满足向各国派驻公使之需，经沈葆桢举荐，陈季同奉派以都司衔与日意格游历英、法、德、奥四国，次年回国，升参将加副将衔。1875 年自习英、德、罗马、拉丁等文字，尤精熟法国政治与拿破仑法典。后又由参将升副将总兵衔。1877 年随船政前学堂学生出国留学。林庆元：《福建船政局史稿》（增订本），福建人民出版社 1999 年版，第 451 页。

〔38〕 马建忠：《马氏文通》，商务印书馆 2010 年版，第 453、454 页。

〔39〕 李鸿章：《奏陈船政学堂出洋学生学习成就折》（光绪六年十二月十八日，1881 年 1 月 17 日），载《船政奏议汇编》卷十八。收录于高时良编：《中国近代教育史资料汇编·洋务运动时期教育》，上海教育出版社 1992 年版，第 931、932 页。另见《督办福建船政吴赞诚奏》（光绪三年三月十九日，1877 年 5 月 2 日），载《洋务运动》（五），第 199 页。转引自朱有瓛主编：《中国近代学制史料》（第一辑上册），华东师范大学出版社 1983 年版，第 405 页。李鸿章：《奏请奖励船政学堂游历英法学生及出力人员折》（光绪七年正月十九日，1881 年 2 月 17 日），载《李文忠公全书》奏稿，卷四十。收录于高时良编：《中国近代教育史资料汇编·洋务运动时期教育》，上海教育出版社 1992 年版，第 933 页。

〔40〕 高时良编：《中国近代教育史资料汇编·洋务运动时期教育》，上海教育出版社 1992 年版，第 954 页。

〔41〕 郭廷以编订，尹仲容创稿，陆宝千补辑：《郭嵩焘先生年谱》（下），中国台湾地区"中研院"近代史研究所专刊 1971 年版，第 635—636 页。

〔42〕 舒新城编著：《近代中国留学史·近代中国教育思想史》，商务印书馆 2014 年版，第 20 页。

〔43〕 高时良编：《中国近代教育史资料汇编·洋务运动时期教育》，上海教育出版社 1992 年版，第 930 页。

〔44〕 钟叔河主编：《郭嵩焘：伦敦与巴黎日记》（走向世界丛书），钟叔河、杨坚整理，岳麓书社 1984 年版，第 510 页。

〔45〕 同前，第 511—512 页。

〔46〕 权赫秀：《马建忠留法史实辨误二则》，载《江苏社会科学》2004 年第 1 期，第 130 页。

〔47〕 高时良编：《中国近代教育史资料汇编·洋务运动时期教育》，上海教育出版社 1992 年版，第 955 页。另见程燎原：《清末法政人的世界》，法律出版社 2003 年版，第 29 页。其所引文字出自［法］M.巴斯蒂：《清末留欧学生——福州船政局对近代技术的输入》，载陈学恂、田正平主编：《中国近代教育史资料汇编·留学教育》，上海教育出版社 1991 年版，第 264 页。

〔48〕 李华川：《马眉叔〈上李伯相言出洋工课书〉考》，载《清史论丛》（2003—2004 年号）。中国文史网，http://www.historychina.net/qsyj/wxda/wxzl/2009-11-11/

3522.shtml。2015 年 1 月 7 日访问。

〔49〕　高时良编：《中国近代教育史资料汇编·洋务运动时期教育》，上海教育出版社 1992 年版，第 956 页。

〔50〕　李华川：《马眉叔〈上李伯相言出洋工课书〉考》，载《清史论丛》（2003—2004 年号）。中国文史网，http://www.historychina.net/qsyj/wxda/wxzl/2009-11-11/3522.shtml。2015 年 1 月 7 日访问。

〔51〕　程小牧：《译序：民主精神与精英意识》，载［法］弗朗索瓦·杜费、皮埃尔-贝特朗·杜福尔：《巴黎高师史》，程小牧、孙建平译，中国人民大学出版社 2008 年版，第 12、13 页。

〔52〕　权赫秀：《马建忠留法史实辨误二则》，载《江苏社会科学》2004 年第 1 期，第 131 页。李华川则称，"1945 年，政治学堂改为国立，被并入高等政治学院 Institut d'études politiques 和高等行政学院 Ecole nationale d'administration，简称 E.N.A."。也有人将 E.N.A 译为国家行政学院的。

〔53〕　徐象枢：《法国之法律教育》，载孙晓楼：《法律教育》，中国政法大学出版社 2004 年版，第 217 页。

〔54〕　权赫秀：《马建忠留法史实辨误二则》，载《江苏社会科学》2004 年第 1 期，第 130 页。

〔55〕　曾纪泽：《曾纪泽日记》（中册），光绪四年九月初八日，岳麓书社 1998 年版，第 782 页。

〔56〕　同前，第 783—784 页。

〔57〕　钟叔河主编：《郭嵩焘：伦敦与巴黎日记》（走向世界丛书），钟叔河、杨坚整理，岳麓书社 1984 年版，第 1009—1011 页。

〔58〕　马建忠：《马氏文通》，商务印书馆 2010 年版，第 454 页。

〔59〕　钟叔河主编：《刘锡鸿：英轺私记·张德彝：随使英俄记》（走向世界丛书），朱纯、杨坚校点，岳麓书社 1986 年版，第 547 页。

〔60〕　［美］汪荣祖：《走向世界的挫折——郭嵩焘与道咸同光时代》，岳麓书社 2000 年版，第 194—195 页。郭嵩焘与马建忠之前确有交集。光绪二年十月一日（1876 年 11 月 16 日），郭嵩焘受命出使英国后，登海轮"丰顺"号，自天津经烟台南行上海时，马建忠与之同船。同前，第 173 页。

〔61〕　钟叔河主编：《郭嵩焘：伦敦与巴黎日记》（走向世界丛书），钟叔河、杨坚整理，岳麓书社 1984 年版，第 555 页。

〔62〕　同前，第 555 页。

〔63〕　同前，第 557 页。德在初，即张德彝（德明），其于三月二十二日先赴巴黎。

〔64〕　同前，第 562 页。

〔65〕　同前，第 563 页。伯理玺天德，即 President，总统。时任法国总统为麦克·

马洪(Mac Mahon,1808—1893)。

〔66〕　同前,第 566 页。

〔67〕　钟叔河主编:《刘锡鸿:英轺私记·张德彝:随使英俄记》(走向世界丛书),朱纯、杨坚校点,岳麓书社 1986 年版,第 548 页。

〔68〕　同前,第 548 页。

〔69〕　同前,第 550 页。

〔70〕　同前,第 553 页。

〔71〕　同前,第 555 页。

〔72〕　同前,第 556 页。

〔73〕　曾纪泽:《曾纪泽日记》(中册),光绪四年九月初八日,岳麓书社 1998 年版,第 782 页。

〔74〕　权赫秀:《马建忠留法史实辨误二则》,载《江苏社会科学》2004 年第 1 期,第 130 页。李华川:《马眉叔〈上李伯相言出洋工课书〉考》,载《清史论丛》(2003—2004 年号)。中国文史网,http://www.historychina.net/qsyj/wxda/wxzl/2009-11-11/3522.shtml。2015 年 1 月 7 日访问。

〔75〕　权赫秀:《马建忠留法史实辨误二则》,载《江苏社会科学》2004 年第 1 期,第 130 页。

〔76〕　曾纪泽:《曾纪泽日记》(中册),光绪四年九月初八日,岳麓书社 1998 年版,第 784 页。

〔77〕　法国小说《第 622 号囚徒》中,被告人雅克·沃蒂埃 18 岁时(1941 年 6 月 28 日)以“优秀”的成绩在图卢兹文学院通过了中学毕业会考,取得了初级业士学位。次年又通过了高级业士学位的考试。当时雅克是上维埃纳省萨纳克市圣·若泽夫学校的学生。考试包括了笔试和口试两部分。[法]吉·代卡尔:《第 622 号囚徒》,向潮译,群众出版社 1981 年版,第 53、84—85 页。书中主人公维克托尔·德利奥律师请法学博士候选人达尼埃尔·热北担任他刑事辩护时的助手。达尼埃尔出庭时着律师长袍和律师圆帽。同前,第 11、50 页。庭审时,除了公诉人,被害人(原告)的律师也出庭并邀集了证人,其发言被安排在公诉人之前。同前,第 161 页。2015 年 6 月 17 日法国 Bac 考试(法国的高考)开考,全法设有 4200 个考点,共有 68 万考生参加考试。与以往那从星期一开始考试不同,这次是从星期三开始,目的是让学生可以在周末休息,免得连考一周过于疲劳。17 日上午 8 时到 12 时进行的是普通类考生(分文学类、经济社会学类和科学类)的哲学科目,下午 14 时到 18 时进行技术方向的哲学考试。职业类考生上午 9 时 30 分到 12 时先考法语。考生入场后 1 小时,普通科哲学试题公布。考生需要在两道论述题中选择一道,还要对一个哲学经典文本作出解释。文学类的论述题及解释文本:(1)尊重所有生命是一种道德义务吗? (2)我是由我过去经历所塑造的吗? (3)对法国政治哲学家亚历西斯·德·托克维尔的《论美国的民主》中的一段

文本作出解读："无论什么时代，或多或少总是存在着专断的信仰。信仰产生的方式不同，其形式和对象也会产生变化；但是完全没有信仰，就是说没有人们不经争论、放心接受的意见，那是不可能的……"经济社会学类的哲学论述题及解释文本：（1）个人意识只是对个人所属社会的反映？（2）艺术家在作品重要给出什么东西让人理解吗？（3）对荷兰哲学家斯宾诺莎的《神学政治论》中的一段文本作出解读："在民主国家里，不用担心会有荒谬的命令，因为要在大会上使大多数人接受一个荒谬的意见，这几乎是不可能的……"科学类的哲学论述题及解释文本：（1）政治与真理无关？（2）艺术品总包含着一定的意义？（3）对古罗马哲学家西塞罗的《论神性》的一段文本作出解读："一个没有任何说明其产生的原因或迹象的事件是不可预见的。日食和月食总是在很多年前就被那些通过计算研究天体的人预见了……"以上内容由飞刀编译，见于法国欧洲时报社官方微博。

〔78〕　权赫秀：《马建忠留法史实辨误二则》，载《江苏社会科学》2004 年第 1 期，第 130 页。

〔79〕　同前，第 130 页。

〔80〕　李华川：《马眉叔〈上李伯相言出洋工课书〉考》，载《清史论丛》（2003—2004 年号）。中国文史网，http://www.historychina.net/qsyj/wxda/wxzl/2009-11-11/3522.shtml。2015 年 1 月 7 日访问。

〔81〕　杨少琳：《古老而常新的法国学位制度》，重庆大学出版社 2010 年版，第 39 页。

〔82〕　王伟：《中国近代留洋法学博士考（1905—1950）》，上海人民出版社 2011 年版，第 185 页。有资料提示："在中世纪大学里，主导着学生整个学习生活的，是一套学位与考试制度，baccalauréat - licentia docendi（licence）- inception（docatorat）：业士—执教许可（学士）—就职礼（博士），而这一套学位制度是仿效当时流行于社会中的行会制度（apprenti - compagnon - maître：学徒—帮工—师傅）和骑士制度（écuyer - bachelier - chevalier：扈从—下级骑士—骑士）而建立起来的。"杨少琳：《古老而常新的法国学位制度》，重庆大学出版社 2010 年版，第 17 页。

〔83〕　王文新编著：《法国教育研究》，上海社会科学院出版社 2011 年版，第 28 页。另见王安异：《法学教育模式及其选择——世界名校本科法学教育比较研究》，载王瀚主编：《法学教育研究》（第三卷），法律出版社 2010 年版，第 281、283 页。巴尔扎克 1830 年发表的小说《高利贷者》（1835 年又进行过修改）中写到了一名律师德尔卫，1816 年 25 岁，快修完了法律系三年级的课程，同时也是名二等律师帮办。毕业论文通过后，他获得了"法学硕士学位"，跟着就当了律师。1819 年，德尔卫向高利贷者高布塞克贷款兑下了老板的律师事务所。［法］巴尔扎克：《高利贷者》，陈占元译，人民文学出版社 1958 年版，第 7、28、29 页。

〔84〕　王文新编著：《法国教育研究》，上海社会科学院出版社 2011 年版，第 86

页。到 2009 年,已有 45 个欧洲国家参加了这一行动。

〔85〕　《中华人民共和国教育部与法国高等教育和科研部关于高等教育学位和文凭互认方式的行政协议》(2007 年 11 月续签)。王文新编著:《法国教育研究》,上海社会科学院出版社 2011 年版,第 187 页。

〔86〕　档案编号:03-168-9657-028。转引自李文杰:《中国近代外交官群体的形成(1861—1911)》,生活·读书·新知三联书店 2017 年版,第 306 页。

〔87〕　高时良编:《中国近代教育史资料汇编·洋务运动时期教育》,上海教育出版社 1992 年版,第 934 页。

〔88〕　《宫中档朱批奏折》档案编号:04-01-12-0547-082;《军机处录副》档案编号:03-5281-020。李文杰:《中国近代外交官群体的形成(1861—1911)》,生活·读书·新知三联书店 2017 年版,第 306 页。

〔89〕　高时良编:《中国近代教育史资料汇编·洋务运动时期教育》,上海教育出版社 1992 年版,第 956 页。另有资料称,陈季同晚年主持官报局和翻译局,除了翻译"法国书数种"外,还以法文翻译中国儒家典籍和文学名著《红楼梦》《聊斋志异》"刊于巴黎","西国文学之士,无不折服"。《福建新通志》"列传"清卷八。转引自林庆元:《福建船政局史稿》(增订本),福建人民出版社 1999 年版,第 461 页。

〔90〕　这 13 人是:唐宝锷(1877—?)、朱忠光、胡宗瀛、戢翼翚(1878—1907)、吕烈辉、吕烈煌、冯阊谟、金维新、刘麟、韩筹南、李清澄、王某和赵某。[日]实藤惠秀:《中国人留学日本史》,谭汝谦、林启彦译,生活·读书·新知三联书店 1983 年版,第 1 页。

〔91〕　同前,第 436 页。《清帝广派游学谕》(光绪二十七年八月初五日,1901 年 9 月 17 日),载陈学恂、田正平编:《中国近代教育史资料汇编·留学教育》,上海教育出版社 2007 年版,第 4 页。另见朱寿朋编:《光绪朝东华录》(第四册),张静庐等点校,中华书局 1958 年版,总第 4720 页。《外务部:奏议复派赴出洋游学办法章程折》(光绪二十八年十一月二十八日,1902 年 12 月 27 日),载陈学恂、田正平编:《中国近代教育史资料汇编·留学教育》,上海教育出版社 2007 年版,第 16—19 页。

〔92〕　[日]实藤惠秀:《中国人留学日本史》,谭汝谦、林启彦译,生活·读书·新知三联书店 1983 年版,第 31 页。帝国大学,这里系特指,即成立于明治十年(1877)的东京大学。

〔93〕　谢长法:《中国留学教育史》,山西教育出版社 2006 年版,第 45 页。程燎原:《清末法政人的世界》,法律出版社 2003 年版,第 39 页。李贵连教授引日本文部省的统计数字称,在这些学校大学部和专门部毕业的中国留学生有 1300 多人。李贵连:《近代中国法制与法学》,北京大学出版社 2002 年版,第 84—85 页。

〔94〕　张百熙等:《奏派学生赴东西洋各国游学折》,载朱寿朋编:《光绪朝东华录》(第五册),张静庐等点校,中华书局 1958 年版,第 128 页,总第 5114 页。另见陈学

恂、田正平编：《中国近代教育史资料汇编·留学教育》，上海教育出版社 2007 年版，第 20 页。张百熙奏折中开列的 31 名京师大学堂速成科学生为：余棨昌、曾仪进、黄德章、史锡倬、屠振鹏、朱献文、范熙壬、张耀曾、杜福垣、唐演、冯祖荀、景定成、陈发檀、吴宗栻、钟赓言、王桐龄、王舜成、朱炳文、刘志成、顾德邻、苏潼、朱深、成寯（隽）、周宣、何培琛、黄艺锡、刘冕执、席聘臣、蒋履曾、王曾宪、陈治安。同折还开列了 16 位拟派赴西洋的学生名单。王桐龄，时年 24 岁，先就读于京师大学堂师范馆，赴日后入读东京第一高等学校，与张耀曾为室友。周宣赴日后入读东京第一高等学校第一部，学政治学。

〔95〕 范熙壬（1878—1938），祖籍湖北黄陂，系张之洞在两湖书院的得意门生。1897 年参加乡试，与父亲范轼同科中举。翌年赴京，父亲范轼中进士，范熙壬落榜。范轼因在"两宫西狩"时有所建言，得以返京任职，范熙壬随父回京，后任内阁中书。1902 年范熙壬以京官身份投考京师大学堂仕学馆，获初试和复试第一名。光绪三十四年六月入读京都帝国大学法科，宣统元年六月毕业。程燎原：《清末法政人的世界》，法律出版社 2003 年版，第 369 页。民国后，范熙壬商请乃父门生、时任教育部次长的傅岳棻，将其试卷从前清旧档中找出，此后一直由范氏家族收藏。2015 年，范熙壬之女范亚维之婿将试卷捐给北大，手稿捐给湖北省博物馆，藏书捐给湖北省图书馆。《1902 年京师大学堂高考作文：张居正与俾斯麦优劣论》。孔夫子旧书网，http://zixun.kongfz.com/article_39775.html。2015 年 3 月 19 日访问。2015 年 4 月 22 日，范熙壬后人范延中、范廻中等将范熙壬先生所藏两种善本藏书——明初闵建刻本《朱文公校昌黎先生集》和明嘉靖建宁府书坊刻本《周易经传》捐赠给湖北省图书馆。同时还向省博捐赠《蕲园稿存》《敬胜阁稿存》《蕲园老人书札》《敬胜阁主人遗墨》等范轼、范熙壬父子手书遗稿。《范熙壬后人捐赠古籍》。孔夫子旧书网，http://zixun.kongfz.com/article_40260.html。2015 年 4 月 26 日访问。

〔96〕 程燎原：《清末法政人的世界》，法律出版社 2003 年版，第 40 页。而该书所附《清末（1908—1911）各省留日法政毕业生及未毕业者名单》中，明确标明系"大学堂（官费）"者，仅余棨昌、钟赓言、席聘臣三人，标明"京师大学堂（官费）"者有陈发檀、陈治安二人。范熙壬注明系"学部官费"（第 369 页）。

刘成志（籍贯江苏，官费）于光绪三十一年八月入东京帝国大学法科大学政治科，光绪三十四年九月毕业（程燎原：《清末法政人的世界》，法律出版社 2003 年版，第 350 页）；钟赓言于光绪三十二年九月入读东京帝国大学法科大学政治科，宣统三年六月毕业（同前，第 375 页）；余棨昌，字戟门，浙江绍兴人，于光绪三十三年九月入读东京帝国大学法科大学法科，宣统三年六月毕业（同前，第 361 页）；席聘臣于光绪三十四年七月从第一高等学校毕业入京都帝国大学法科（政治科）（同前，第 380 页，这与该书第 40 页的表述不同），宣统二年六月毕业，1914—1918 年任大理院民事第二庭庭长，1918 年又任民事第一庭庭长，1923 年 2 月 3 日起任大理院院长（郭卫编著：《民国大理院解释例全文》，吴宏耀、郭恒点校，中国政法大学出版社 2014 年版，第 1408、1409、1407 页）；

陈发檀与陈治安均于光绪三十三年六月从第一高等学校英语法科毕业入帝国大学法科大学政治科(程燎原:《清末法政人的世界》,法律出版社 2003 年版,第 367 页)。

张耀曾(1885.7.21—1938.726),字镕西,祖籍云南大理,其祖张其仁、父张士鏻分别为道光进士和光绪进士。1901 年张耀曾入京师东文学社学习,1902 年毕业后考入京师大学堂师范馆。12 月 17 日成为京师大学堂师范馆首批 146 名学生之一。1904 年初,赴日本留学,先入东京第一高等学校读一年预科,再读三年正科(先是理财科),1908 年毕业后与日本学生一同参加考试,进入东京帝国大学法科。董彦斌:《追寻稳健宪政:民国法律家张耀曾的法政世界》,清华大学出版社 2013 年版,第 7—9、13 页。张耀曾于 1905 年加入同盟会。1912 年未及毕业即回国,协助宋教仁改组同盟会,当选为众议院议员,参与起草了天坛宪法。1913 年再度赴日完成学业,1914 年获得法学学士回国。任北大教授、法科学长。之后三度入阁,担任司法总长。1929 年开始在上海从事律师业务。傅国涌:《张耀曾的最后十年》,载傅国涌编:《追寻律师的传统》,北京联合出版公司 2012 年版,第 181—210 页。

第一高等学校是帝国大学成立时将东京大学预备门分离出去而成立的。其相当于法国 Grendes Écoles 的日本专门学校,全是官立(国立)。[日]天野郁夫:《大学的诞生》,黄丹青、窦心浩等译,南京大学出版社 2011 年版,第 19 页。其内设三部,一部是文科、法科,二部是理科、工科、农科、医药学科,三部是医科。董彦斌:《追寻稳健宪政:民国法律家张耀曾的法政世界》,清华大学出版社 2013 年版,第 21 页。

〔97〕　曹汝霖:《一生之回忆》,春秋杂志社 1966 年版,第 17 页。曹汝霖:《曹汝霖一生之回忆》,中国大百科全书出版社 2016 年版,第 17 页。

〔98〕　[日]天野郁夫:《大学的诞生》,黄丹青、窦心浩等译,南京大学出版社 2011 年版,第 1、2、4 页。

〔99〕　同前,第 21 页。

〔100〕　同前,第 34、56 页。

〔101〕　同前,第 57 页。

〔102〕　[日]穗积陈重:《法窗夜话》,曾玉婷、魏磊杰译,法律出版社 2015 年版,第 163 页,译者注。

〔103〕　[日]天野郁夫:《大学的诞生》,黄丹青、窦心浩等译,南京大学出版社 2011 年版,第 48、81 页。

〔104〕　同前,第 45 页。

〔105〕　穗积陈重(1855—1926),日本近代法律的主要奠基人,日本民法典的主要起草人。早年先后就读于日本东京帝国大学、英国伦敦大学、德国柏林洪堡大学。1881 年回日本,入东京大学法学部任讲师。次年升任教授兼法学部长。1890 年入选日本贵族院议员。1915 年被授予"男爵"称号。1917 年担任日本学士院院长。1926 年出任枢密院议长。[日]穗积陈重:《法窗夜话》,曾玉婷、魏磊杰译,法律出版社 2015

年版,图版一说明。

〔106〕　〔日〕天野郁夫:《大学的诞生》,黄丹青、窦心浩等译,南京大学出版社2011年版,第81、180、46页。

〔107〕　同前,第81页。

〔108〕　同前,第45、81页。

〔109〕　程燎原:《清末法政人的世界》,法律出版社2003年版,第50页。

〔110〕　〔日〕天野郁夫:《大学的诞生》,黄丹青、窦心浩等译,南京大学出版社2011年版,第180、182页。在日本另有一所"政法学校",系1914年2月寺尾亨租借神田区锦町的东京工科学校的部分校舍创办的,以帮助孙中山和黄兴等收容二次革命失败后流亡日本的人士。"讲师由多位日本国立大学博士充任。授课时用即时传译,经费初由中国国民党的巨头负担,后由中华民国驻日公使馆人员居间协调,不足之数再由寺尾博士向日本企业家募捐。"该校于1920年停办。〔日〕实藤惠秀:《中国人留学日本史》,谭汝谦、林启彦译,生活·读书·新知三联书店1983年版,第90—91页。

〔111〕　《出使日本大臣杨奏特设法政速成科教授游学官绅以急先务而求实效折片》,载《东方杂志》第2年第4期,第61—63页。转引自程燎原:《清末法政人的世界》,法律出版社2003年版,第50页。

杨枢,字星垣,正红旗汉军广州驻防,广州同文馆英文学生,后入京师同文馆。光绪四年至七年,经总理衙门奏派,任驻日使馆翻译。光绪十年,经徐承祖奏调,任驻日使馆翻译兼参赞(中国第一历史档案馆藏《军机处录副·光绪朝》,02-5834-32)。差满后,被保举以候补道员分发广东,光绪二十四年九月至二十五年六月,任总理衙门章京。光绪二十九年任驻日公使。后曾任外务部参议,驻比利时公使。秦国经主编:《清代官员履历档案全编》(第8册),华东师范大学出版社1997年版,第290页。转引自李文杰:《中国近代外交官群体的形成(1861—1911)》,生活·读书·新知三联书店2017年版,第310页。

曹汝霖在回忆录中提到了开办"法政速成班"的情形。孙慧敏似认为曹氏对该班的描述虽与法政速成科的情况有很多不同,但并不应理解为系曹氏另外开办,而可理解为速成科的前身之类。孙慧敏:《制度移植:民初上海的中国律师(1912—1937)》,中国台湾地区"中研院"近代史研究所2012年版,第85页。

梅谦次郎(1860.7.24—1910.8.26),法学博士。1884年从司法省法学校毕业(第二期),次年任东京大学法学部教员,是该校三名日本教授之一,1886年公费赴法国里昂大学留学,1889年获法国里昂大学法学博士学位,后赴德国柏林大学学习。1890年回日本,任帝国大学法科大学教授、农商务省参事官、和佛法律学校(现法政大学)学监。1892年任民法商法施行取调委员,1893年任法典调查会民法起草委员。1897年任东京帝国大学法科大学学长、内阁法制局长官。1899年任和法(和佛)法律学校校长,1900年任文部省总务长官,1901年任东京帝国大学法科大学教授,1903年任法政大学

首任代总理。[日]天野郁夫:《大学的诞生》,黄丹青、窦心浩等译,南京大学出版社
2011年版,第57页。维基百科(日语),http://ja.wikipedia.org/wiki/%E6%A2%85%
E8%AC%99%E6%AC%A1%E9%83%8E。2015年1月18日访问。梅谦次郎与穗积
陈重(1855—1926)、富井政章(1858—1910)共同主导了1889年日本民法典的起草,被
称为日本新民法典"三剑客"。[日]穗积陈重:《法典论》,李求轶译,商务印书馆2014
年版,译序,第1页。1906年8月31日梅谦博士来华。据《申报》对其行程的记载,光
绪三十二年七月十二日(1906年8月31日)到达北京,入住六国饭店,当天在颐和园
晤见袁世凯,谈编纂法典和回收领事裁判权问题。据说其在京期间还与肃亲王善耆会
晤。七月底,偕结城、永原二人南下,抵湖南,会晤湖南巡抚庞鸿书,谈及教育问题。八
月初二(9月19日)赴湖北。后赴广东,受到戊戌科状元、速成科特别试验毕业生、广
东法政学堂监督夏同龢宴请,丘逢甲作陪。李贵连:《晚清立法与日本法律专家的聘
请——以梅谦次郎创办的法政速成科为中心》,载日本法政大学大学史料委员会编:
《清国留学生法政速成科纪事》,裴敬伟译,李贵连校订,孙家红参订,广西师范大学出
版社2015年版,编者序,第8—9页。

　〔112〕《出使日本大臣杨奏请仿效日本设法政速成科折》,载陈学恂、田正平
编:《中国近代教育史资料汇编·留学教育》,上海教育出版社2007年版,第379—381
页。另见[清]朱寿朋编:《光绪朝东华录》(第五册),张静庐等点校,中华书局1958年
版,第5286—5287页。而一年前的光绪二十九年十二月初四日(1904年1月20日),
杨枢奏称:"现查各校共有中国学生一千三百余人,其中学文科者一千一百余人,学武
科者二百余人,其数不为不多……查管学大臣张百熙等近已奏派学生三十余人来东,
送入文科各学校肄业。"《出使日本大臣杨枢具陈兼管学务情形折》,载陈学恂、田正平
编:《中国近代教育史资料汇编·留学教育》,上海教育出版社2007年版,第378、
379页。

　〔113〕梅谦次郎:《法政速成科之成立(开讲式之记事)》,载史洪智编:《日本法
学博士与近代中国资料辑要(1898—1919)》,上海人民出版社2014年版,第111页。
四人相关演说稿见日本法政大学大学史料委员会编:《清国留学生法政速成科纪事》,
裴敬伟译,李贵连校订,孙家红参订,广西师范大学出版社2015年版,第22—26页。

　〔114〕《日本法政速成科规则》第一条,载《四川官报》1904年第16册。转引自
史洪智编:《日本法学博士与近代中国资料辑要(1898—1919)》,上海人民出版社2014
年版,第113页。该规则共11节25条。另见《东方杂志》第1年第5期,1904年7月,
"教育",第116—119页。转引自谢长法:《中国留学教育史》,山西教育出版社2006年
版,第46页。另见程燎原:《清末法政人的世界》,法律出版社2003年版,第50页。

　〔115〕《日本法政速成科规则》第十五条,载《四川官报》1904年第16册。转引
自史洪智编:《日本法学博士与近代中国资料辑要(1898—1919)》,上海人民出版社
2014年版,第115页。

〔116〕 《日本法政速成科规则》第十六条,载《四川官报》1904 年第 16 册。转引自史洪智编:《日本法学博士与近代中国资料辑要(1898—1919)》,上海人民出版社 2014 年版,第 115 页。

〔117〕 《清国留学生法政速成科规则》第三条。该规则共十条。发表于日本《法学志林》五十六号(明治三十七年五月十五日)和《法学志林》六十号(明治三十七年九月十日)的两版本并不一致。此条见日本法政大学大学史料委员会编:《清国留学生法政速成科纪事》,裴敬伟译,李贵连校订,孙家红参订,广西师范大学出版社 2015 年版,第 4、7 页。相关内容亦见于《日本法政速成科规则》第九条,载《四川官报》1904 年第 16 册。转引自史洪智编:《日本法学博士与近代中国资料辑要(1898—1919)》,上海人民出版社 2014 年版,第 114 页。

〔118〕 《法学志林》六十三号(明治三十七年十一月十五日)。日本法政大学大学史料委员会编:《清国留学生法政速成科纪事》,裴敬伟译,李贵连校订,孙家红参订,广西师范大学出版社 2015 年版,第 9 页。

〔119〕 《法学志林》七卷十二号(明治三十八年十二月二十日)。日本法政大学大学史料委员会编:《清国留学生法政速成科纪事》,裴敬伟译,李贵连校订,孙家红参订,广西师范大学出版社 2015 年版,第 12 页。

〔120〕 程燎原:《清末法政人的世界》,法律出版社 2003 年版,第 51 页。

〔121〕 日本法政大学法政速成科新班(政治部)自明治三十八年(1905)十月二十四日开始。日本法政大学大学史料委员会编:《清国留学生法政速成科纪事》,裴敬伟译,李贵连校订,孙家红参订,广西师范大学出版社 2015 年版,第 11 页。

〔122〕 同前,第 12—13 页。

〔123〕 《日本法政速成科规则》第三条。史洪智:《日本法学博士与近代中国资料辑要(1898—1919)》,上海人民出版社 2014 年版,第 114 页。

〔124〕 《日本法政速成科规则》第二条。史洪智编:《日本法学博士与近代中国资料辑要(1898—1919)》,上海人民出版社 2014 年版,第 113 页。

〔125〕 《日本法政速成科规则》第四条。史洪智编:《日本法学博士与近代中国资料辑要(1898—1919)》,上海人民出版社 2014 年版,第 114 页。

〔126〕 《日本法政速成科规则》第十一条:"每月缴授业费日银六圆,但本科学生未满三十四人时,须缴总数日银二百圆。满八十人以上,则每月减缴三圆。"第十三条:"入学时另缴入学费两圆。"第十三条:"通译费临时定之。"史洪智编:《日本法学博士与近代中国资料辑要(1898—1919)》,上海人民出版社 2014 年版,第 114、115 页。

〔127〕 贺越夫:《清末士大夫留学日本热透视——论法政大学中国留学生速成科》,载《近代史研究》1993 年第 1 期,第 45 页。

〔128〕 日本法政大学大学史料委员会编:《清国留学生法政速成科纪事》,裴敬伟译,李贵连校订,孙家红参订,广西师范大学出版社 2015 年版,第 274 页。

〔129〕《法学志林》九卷一号（明治四十年一月二十日）。日本法政大学大学史料委员会编：《清国留学生法政速成科纪事》，裴敬伟译，李贵连校订，孙家红参订，广西师范大学出版社 2015 年版，第 19 页。

〔130〕程燎原：《清末法政人的世界》，法律出版社 2003 年版，第 60 页。

〔131〕光绪二十七年八月初五日（戊戌，1901 年 9 月 17 日）上谕《广派游学谕》。［清］朱寿朋：《光绪朝东华录》（第四册），中华书局 1958 年版，总第 4720 页。留学人员学成回国后，按照获得的学士或博士学位并通过相应的考试，可被授予"举人"或"进士"资格。比如，曹汝霖从日本留学回国后应留学生考试，拿了第二名，被授予法科进士头衔。张鸣：《曹汝霖给西太后讲立宪》，载《南方周末》2007 年 12 月 6 日 D24 版。宣统三年七月十七日（1911 年 9 月 9 日）学部《会奏酌拟停止各学堂实官奖励并定毕业名称折》提到："拟于以后大学毕业者仍称进士，高等及与高等同程度之学堂毕业者仍称举人，中学及与中学同程度之学堂毕业者统称贡生，高等小学及初等实业学堂毕业者统称生员，均以考试毕业列中等以上者为限。其大学及师范、实业暨法政、医学等专门学堂毕业者，均加某科进士或某科举人字样，俾有区别。"潘懋元、刘海峰编：《中国近代教育史资料汇编·高等教育》，上海教育出版社 2007 年版，第 341 页。另见《奏定各学堂奖励章程》（光绪二十九年十一月二十六日，1904 年 1 月 13 日）。同前，第 331 页。很早时候，利玛窦就将中国的"出身"与西方的学位进行了对接："中国（士大夫的）第一种学位与我们的学士学位相当，叫做秀才……第二种学位叫举人，可以和我们的硕士相比。第三种学位叫进士，相当于我们的博士学位。"［意］利玛窦、［比］金尼阁：《利玛窦中国札记》，何高济、王遵仲、李申译，何兆武校，中华书局 1983 年版，第 36 页。如今，越南的大学本科毕业生的学位仍做"举人"，博士学位称"进士"。茅海建：《在越南的学术访问》，载《南方周末》2014 年 4 月 10 日 D23 版。

〔132〕程燎原：《清末法政人的世界》，法律出版社 2003 年版，第 39、40 页。

〔133〕日本法政大学大学史料委员会编：《清国留学生法政速成科纪事》，裴敬伟译，李贵连校订，孙家红参订，广西师范大学出版社 2015 年版，第 215 页。

〔134〕同前，第 218 页。

〔135〕同前，第 228—229 页。

〔136〕同前，第 233 页。

〔137〕同前，第 248—249 页。

〔138〕据《法政速成科讲义录》第九号（明治三十八年九月二十日）录。该文署名"湘乡　胡子清译"。日本法政大学大学史料委员会编：《清国留学生法政速成科纪事》，裴敬伟译，李贵连校订，孙家红参订，广西师范大学出版社 2015 年版，第 30 页。明治三十八年九月二十日《法学志林》七卷九号刊《法政大学第二十一回卒业证书授予式梅总理告辞报告》提到："六月四日，举行卒业式，卒业人数六十七名。参加全部科目试验者七十三名，不及格者仅六名。因不得已之缘故，无法与于试验者，另行追加

试验。"同前,第42页。1904年(明治三十七年)7月15日《法学志林》第五十八号刊载的总理梅博士致辞(梅谦次郎博士学务报告中训诲演说)提到"另有清国留学生法政速成科学生六十八名"。同前,第28页。

〔139〕　清水一郎在第三班卒业证书授予式上代梅谦次郎总理作学务报告时提到,"第二班卒业生人数更多,共计二百三十九人"。日本法政大学大学史料委员会编:《清国留学生法政速成科纪事》,裴敬伟译,李贵连校订,孙家红参订,广西师范大学出版社2015年版,第51页。

〔140〕　同前,第44页。

〔141〕　同前,第51—52页。

〔142〕　同前,第62—63页。

〔143〕　贺越夫:《清末士大夫留学日本热透视——论法政大学中国留学生速成科》,载《近代史研究》1993年第1期,第43页。谢长法:《中国留学教育史》,山西教育出版社2006年版,第47—48页。另,还有第四班特别考试毕业生,共19名。程燎原:《清末法政人的世界》,法律出版社2003年版,第57页。梅总理因故未参加该次卒业式。日本法政大学大学史料委员会编:《清国留学生法政速成科纪事》,裴敬伟译,李贵连校订,孙家红参订,广西师范大学出版社2015年版,第73页。

〔144〕　日本法政大学大学史料委员会编:《清国留学生法政速成科纪事》,裴敬伟译,李贵连校订,孙家红参订,广西师范大学出版社2015年版,第18页。

〔145〕　同前,第74页。

〔146〕　同前,第75页。另一统计是,1905—1908年,赴日的公费法学留学生约有1145人,而据1908年的统计,仅从日本法政大学速成科毕业的学生就达1070人。何勤华:《中国法学史》(第三卷),法律出版社2006年版,第67、68页。

〔147〕　日本法政大学大学史料委员会编:《清国留学生法政速成科纪事》,裴敬伟译,李贵连校订,孙家红参订,广西师范大学出版社2015年版,第138页。

〔148〕　《法学志林》九卷七号(明治四十年七月二十日)载《总理梅博士学务报告》提到,"专门部法律科第二年级第一名程树德君,以前即常为法政速成科优等生之一,此次获得第一名"。日本法政大学大学史料委员会编:《清国留学生法政速成科纪事》,裴敬伟译,李贵连校订,孙家红参订,广西师范大学出版社2015年版,第73页。

〔149〕　胡汉民(1879—1936),原名衍鸿,字展堂,广东番禺人。1902年赴日留学,入弘文学院师范科及法政大学,1906年自法政速成科第二班卒业。陈旭麓、方诗铭、魏建猷主编:《中国近代史词典》,上海辞书出版社1982年版,第508页,"胡汉民"条。日本法政大学大学史料委员会编:《清国留学生法政速成科纪事》,裴敬伟译,李贵连校订,孙家红参订,广西师范大学出版社2015年版,第147页。

〔150〕　日本法政大学大学史料委员会编:《清国留学生法政速成科纪事》,裴敬伟译,李贵连校订,孙家红参订,广西师范大学出版社2015年版,第147、148、151页。

陈叔通(1876—1966.2)，字敬第，浙江杭县人，清末举人。历任大总统府秘书、国务院秘书长、国会议员等职。商务印书馆创立者之一，上海浙江兴业银行董事。同前，第185页。唯书中误称其字"汉弟"。正解见百度百科，http://baike.baidu.com/link? url = pbVLNK0kr6isU9RNCBFjDmfeO7UdEooMSrOG-EH-pn2fbQMvphFwFJkQmdEh4vaNRT0QFEk9408JLSIGrpgHga。2015年12月30日访问。1949年后，任中央人民政府委员、全国人大常委会副委员长、政协全国委员会副主席、中华全国工商业联合会主任委员。中共中央文献研究室编：《毛泽东书信选集》，中央文献出版社2003年版，第365页。宣统二年十二月初八日，资政院就《大清律例》中的"无夫奸"条文进行表决。十二月十六日《时报》(第一版)载："高凌霄谓，请将无夫奸有罪付表决，汪荣宝谓此系道德上罪过，不应以刑律制裁。康咏反对之，万慎乱乎乱叫不已。全场哗然，秩序又大乱。蒋鸿宾又反对汪荣宝之说，文和痛驳之。高凌霄又喧闹，陈敬第谓当平心静气讨论，并说明无夫奸万万不能有罪理由。"陈煜：《清末新政中的修订法律馆——中国法律近代化的一段往事》，中国政法大学出版社2009年版，第318页。陈汉第(1874—1949)乃陈叔通之兄，字仲恕、仲书，号伏庐，其同为日本法政大学速成科第二期毕业生。日本法政大学大学史料委员会编：《清国留学生法政速成科纪事》，裴敬伟译，李贵连校订，孙家红参证，广西师范大学出版社2015年版，第148页。

〔151〕　日本法政大学大学史料委员会编：《清国留学生法政速成科纪事》，裴敬伟译，李贵连校订，孙家红参证，广西师范大学出版社2015年版，第139、151页。邵章，生于1874年，字伯絅，浙江杭县人，清朝进士。曾任北京法政专门学校校长。同前，第185页。

〔152〕　秦瑞玠，字晋华，江苏人。程燎原：《清末法政人的世界》，法律出版社2003年版，第52页。1909年2月20日，江苏省预备立宪会附设政法讲习所开课，秦瑞玠主讲商法公司。该讲习所中，还有孟森主讲咨议局章程，孟昭常(庸生)主讲法学通论和地方行政事务。同前，第116—117页。秦瑞玠编著有《大清新刑律释义》(上海商务印书馆1911年版)，后更名为《新刑法释义》(至1925年已出第五版)。殷啸虎主编：《红楼书影——华东政法大学馆藏法律旧籍提要(民国部分)》，北京大学出版社2007年版，第216页。

孟森(1869—1938)，字莼孙，号心史，1901年进入江阴南菁书院读书，并担任师范馆教员。1905年春，应广西边防督办郑孝胥之邀，赴广西任郑氏幕僚，撰有《广西边事旁记》。1906年赴日，进入东京法政大学，三年后归国。孟森：《孟森：在北大讲清史》，杨佩昌、朱云凤整理，中国画报出版社2010年版，导言，第1，2页。而《中国法学史》第三卷则称孟森生于1868年，字纯苏，江苏武进人。1901年赴日本法政大学留学，1908年任《东方杂志》主编(第632页)。另，百度百科称孟森为光绪二十七年(1901)赴日，就读于东京法政大学，1903年毕业回国。百度百科，http://baike.baidu.com/view/125190.htm。2013年1月8日访问。

孟昭常，字庸生，江苏武进人，光绪二十九年(1903)考取官费生，赴日本法政大学留学，光绪三十一年回国，后又赴日，与汤化龙、孟森等组织法政学交通社，并在东京主编《法政学交通社杂志》，一年后停刊。1910年10月，孟昭常与刘春霖、雷奋等共10名资政院议员在宣武门外八角琉璃井创办私立帝京法政学堂。百度百科，http://baike.baidu.com/view/5869536.htm。2013年1月8日访问。由此看来，光绪三十一年（1905）之后孟森赴日应无疑义。

〔153〕《法政速成科第四班卒业生姓名》，载《法学志林》九卷六号（明治四十年六月二十日）。日本法政大学大学史料委员会编：《清国留学生法政速成科纪事》，裴敬伟译，李贵连校订，孙家红参订，广西师范大学出版社2015年版，第155页。汤化龙（1874—1918），湖北蕲水人，字济武，光绪进士。以进士馆官费生身份赴日本法政大学留学。1910年在各省咨议局联合会第一次会议上被推举为主席，要求清廷速开国会，实行宪政。武昌起义后，任都督府秘书、政事部长。1912年被任命为南京临时政府法制局副总裁，未就职。4月当选为临时参议院副议长。5月加入共和党，10月组织民主党，任干事长。1913年当选为众议院议长，与梁启超等联合民主党、统一党、共和党组成进步党，出任理事。1914年任徐世昌内阁教育总长兼学术委员长，旋辞职。1917年，支持段祺瑞对德宣战，5月辞去众议院议长职务。7月段重组内阁时，被任命为内务总长。1918年8月27日，于归国途中在加拿大维多利亚市遇刺身亡。同前，第197页。陈旭麓、方诗铭、魏建猷主编：《中国近代史词典》，上海辞书出版社1982年版，第252页，"汤化龙"条。

〔154〕《法政速成科第四班卒业生姓名》，载《法学志林》九卷六号（明治四十年六月二十日）。日本法政大学大学史料委员会编：《清国留学生法政速成科纪事》，裴敬伟译，李贵连校订，孙家红参订，广西师范大学出版社2015年版，第156页。20世纪30年代前中期，沈钧儒除了担任上海法学院教务长外，还兼执律师业务，"我是实在忙极，只要事来便负责去干，不愿有丝毫退怯推辞。为生计关系，则以余力稍经营律师事务"。沈钧儒纪念馆编：《沈钧儒家书》，群言出版社2008年版，第164页。转引自沈伟：《民国律师的养成与律师制度的局限——以1930年代的上海为例》，载《北方法学》2017年第4期，第158页。开办之初，上海法学院以养成人民参政能力为办学宗旨，"今日之务，莫急于养成人民参政之能力，欲养成人民参政之能力，莫急于法政教育"。《吾人创办上海法科大学之原由及其方针》，载渊大逵编：《（潘）力山遗集》，上海法学院1932年版，第471页。同前引沈伟文，第148页。

〔155〕《法政速成科第四班卒业生姓名》，载《法学志林》九卷六号（明治四十年六月二十日）。日本法政大学大学史料委员会编：《清国留学生法政速成科纪事》，裴敬伟译，李贵连校订，孙家红参订，广西师范大学出版社2015年版，第157页。

〔156〕《法政速成科第四班卒业生姓名》，载《法学志林》九卷六号（明治四十年六月二十日）。日本法政大学大学史料委员会编：《清国留学生法政速成科纪事》，裴敬伟译，李贵连校订，孙家红参订，广西师范大学出版社2015年版，第158页。居正（1876—1951），湖北广济人，号觉生，别号梅川居士。1876年生于湖北省广济县。光绪三十一年

（1905）九月赴日留学，先后就读于法政大学速成科、日本大学法科法律部。其间加入同盟会，1907年参与发起共进会。1912年任南京临时政府内务次长，代理部务。1914年加入中华革命党，任党务部长兼《民国》杂志社总理。1922年任护法军政府内务总长。南京国民政府时期任国民党中央执行委员、司法院院长兼最高法院院长、司法行政部部长等职。陈旭麓、方诗铭、魏建猷主编：《中国近代史词典》，上海辞书出版社1982年版，第482页，"居正"条。陈三井：《编者序》，载陈三井、居蜜编：《居正先生全集》（上），中国台湾地区"中研院"近代史研究所1998年版，第1页。居浩然：《先君行述》，载居正：《法律哲学导论》，商务印书馆2012年版，第115页。

〔157〕　刘泱泱整理：《宋教仁日记》，中华书局2014年版，第70—73页。另见日本法政大学大学史料委员会编：《清国留学生法政速成科纪事》，裴敬伟译，李贵连校订，孙家红参订，广西师范大学出版社2015年版，第275—276页。

〔158〕《早稻田大学百年史》（第二卷），第181页。转引自日本法政大学大学史料委员会编：《清国留学生法政速成科纪事》，裴敬伟译，李贵连校订，孙家红参订，广西师范大学出版社2015年版，第276页。

〔159〕　陈旭麓、方诗铭、魏建猷主编：《中国近代史词典》，上海辞书出版社1982年版，第383页。

〔160〕　日本法政大学大学史料委员会编：《清国留学生法政速成科纪事》，裴敬伟译、李贵连校订，孙家红参订，广西师范大学出版社2015年版，第267页。

〔161〕　［日］实藤惠秀：《中国人留学日本史》，谭汝谦、林启彦译，生活·读书·新知三联书店1983年版，第61页。

〔162〕　同前，第60页。

〔163〕　贺越夫：《清末士大夫留学日本热透视——论法政大学中国留学生速成科》，载《近代史研究》1993年第1期，第44页。

〔164〕《清国留学生招聘策》，载《近代史资料》（第74号），中国社会科学出版社1989年版，第95页。转引自谢长法：《中国留学教育史》，山西教育出版社2006年版，第24页。1906年美国伊利诺大学校长在写给西奥多·罗斯福总统的备忘录中也表露了此种用心："哪一个国家能够做到教育这一代青年中国人，哪一个国家就能由于这方面所付出的努力，而在精神和商业的影响上取回最大的收获。如果美国在三十年前已经做到把中国学生的潮流引向这一个国家来，并能使这个潮流继续扩大，那么，我们现在一定能够使用最圆满和巧妙的方式，控制中国的发展。——这就是说，使用那些从知识上与精神上支配中国的领袖的方式。"原文引自Arthur H.Smith.China and America Today,1907.p.213-218.清华大学校史研究室编：《清华大学史料选编》（第一卷），清华大学出版社1991年版，第72页。另见谢长法：《中国留学教育史》，山西教育出版社2006年版，第96—97页。后者引文有出入。

〔165〕《国闻短评:异哉所谓教育权者》，载《新民丛报》（第3号），1920年3月。

转引自谢长法：《中国留学教育史》，山西教育出版社 2006 年版，第 24 页。

〔166〕 ［日］樋口龙峡：《对清教育政策之今昔》，载《中央公论》第二十三年第三号（明治四十一年三月一日）。转引自日本法政大学大学史料委员会编：《清国留学生法政速成科纪事》，裴敬伟译，李贵连校订，孙家红参订，广西师范大学出版社 2015 年版，第 244 页。

〔167〕 该特号各篇目依次为：一、对华外交之一转机，二、中国外交之特质批评，三、排日解剖，四、就中国之对外敌忾心忠告中国之有识者，五、日本对华外交方针，六、中国之国民性及国民思想，七、中日合股事业与其经营者，八、中国为天与之原料国，九、山东问题与中日两国之教训，十、中日经济同盟论，十一、欢迎留学生为亲善之根本策，十二、新中国之将来。钱炳寰：《中华书局史事丛钞》，载俞筱尧、刘彦捷编：《陆费逵与中华书局》，中华书局 2002 年版，第 315 页。

〔168〕 王子衡：《九一八事变前后日寇和汉奸在东北的阴谋活动》，载《文史资料选辑》（第 17 辑），中华书局 1961 年版，第 97 页。转引自王伟：《中国近代留洋法学博士考（1905—1950）》，上海人民出版社 2011 年版，第 435—436 页。

〔169〕 辽宁省地方志编纂委员会办公室主编：《辽宁省志·司法行政志》，辽宁民族出版社 2003 年版，第 81 页。

〔170〕 王伟：《中国近代留洋法学博士考（1905—1950）》，上海人民出版社 2011 年版，第 347 页。

〔171〕《辞海·历史分册（中国现代史）》，上海辞书出版社 1984 年版，第 203 页，"曹汝霖"条。另见日本法政大学大学史料委员会编：《清国留学生法政速成科纪事》，裴敬伟译，李贵连校订，孙家红参订，广西师范大学出版社 2015 年版，第 271 页。曹汝霖在后来日寇全面侵华时还是保了全了晚节的。1937 年 10 月，日本华北派遣军特务部长喜多诚一希望曹汝霖出来充当华北伪政权的首脑，曹以身体有病推辞。之后王克敏又力邀曹汝霖出山充当伪临时政府的挂名主席，曹以老母在堂不能离开为由坚辞不见。张同乐：《华北沦陷区日伪政权研究》，生活·读书·新知三联书店 2012 年版，第 19 页。1942 年虽被挂上伪华北临时政府最高顾问、华北政务委员会咨询委员等虚衔，但实际未给日本人出力。

〔172〕 维基百科，http://zh.wikipedia.org/wiki/%E7%AB%A0%E5%AE%97%E7%A5%A5。2014 年 12 月 12 日访问。

〔173〕《辞海·历史分册（中国现代史）》，上海辞书出版社 1984 年版，第 195 页，"章宗祥"条。

〔174〕 维基百科，http://zh.wikipedia.org/wiki/%E9%99%86%E5%AE%97%E8%88%86。2014 年 12 月 12 日访问。

〔175〕《辞海·历史分册（中国现代史）》，上海辞书出版社 1984 年版，第 165 页，"陆宗舆"条。一说其毕业于日本法政速成科。陈煜：《清末新政中的修订法律馆——中

国法律近代化的一段往事》,中国政法大学出版社 2009 年版,第 234 页。

〔176〕 张同乐:《华北沦陷区日伪政权研究》,生活·读书·新知三联书店 2012 年版,第 25、26 页。董康(1867.3.22—1947),字绶金,号诵芬主人,江苏武进人。出生数月丧父,后遭异母兄摒弃,得姨母收养。1885 年中秀才,1888 年中举人,1889 年中进士。1890 年起在刑部任职。1896 年受命到《时务报》选译外国报刊,仅一年即掌握英文。1911 年赴日留学,此前曾以刑部候补郎中衔赴日调查裁判所和监狱。1913 年回国。1914 年 2 月任北洋政府法律编查会副会长,同月兼署大理院长、中央高等文官惩戒委员会委员长。1915 年 11 月任全国选举资格审查会会长。1917 年 11 月兼任地方捕获审查厅厅长。1918 年 7 月与王宠惠一同担任修订法律馆总裁。1920 年任大理院院长,8 月任司法总长(辞大理院院长)。1921 年 5 月新内阁改组,重任大理院院长,12 月代理司法总长。1922 年 2 月兼任内外短期公债审查委员会会长。6 月任颜惠庆内阁财政总长,8 月辞职赴欧美日等国。1923 年初回国,1924 年被东吴大学授予法学博士学位并任东吴大学法学院教授。1925—1926 年任上海法科大学校长。1926 年 12 月因反对孙传芳避居日本。1927 年 5 月回国,继续任上海法科大学校长,兼任东吴大学法学院院长,还曾开办上海法学院。1932 年 5 月任广东高等法院院长。1933—1934 年到日本讲授中国法学史。1937 年 12 月任伪中华民国临时政府议政委员会常务委员、行政委员会常务委员兼司法委员会委员长、法院院长、大理院首席法官。1940 年伪临时政府并入汪伪国民政府后,任伪华北政务委员会委员、汪伪国民政府委员。华友根:《中国近代立法大家——董康的法制活动与思想》,上海世纪出版集团 2011 年版,第 21—24 页。另见陈新宇:《寻找法律史上的失踪者》,广西师范大学出版社 2015 年版,第21—49页。

〔177〕 张同乐:《华北沦陷区日伪政权研究》,生活·读书·新知三联书店 2012 年版,第 210 页。

〔178〕 同前,第 212 页。出任伪华北政务委员会委员长的朱深(1879—1943.7.2)早年在日本东京帝国大学法学部留学。冯其利:《西四羊肉胡同名人琐谈》,载北京市档案馆编:《北京档案史料》(2006 年第 1 期),新华出版社 2006 年版,第 308 页。

〔179〕 董必武于 1914 年考入日本东京"私立日本大学"学习法律。其间加入孙中山成立的中华革命党。1915 年 6 月回国参加反对袁世凯的活动。

〔180〕 [日]实藤惠秀:《中国人留学日本史》,谭汝谦、林启彦译,生活·读书·新知三联书店 1983 年版,第 61、124 页。到法政大学速成科学习的还有不少正途出身,甚至高中三元的功名获得者。戊戌(1898)科状元夏同龢(湖南)毕业于速成科第一班(1905 年 7 月毕业特别试验合格);乙未(1895)科状元、翰林院修撰骆成骧及翰林院编修江志伊、赵士琛、徐兆玮、袁励准、谢远涵、张启藩、黄彦鸿、陈培锟,检讨刘嘉琛亦入读法政大学速成科第五班。程燎原:《清末法政人的世界》,法律出版社 2003 年版,第 42 页。第五班毕业生姓名录显示,毕业于法律部的有:陈培锟(直隶,优等生)、徐兆玮(江苏),毕业于政治部的有:骆成骧(四川)、张启藩、赵士琛(直隶)。日本法政大学大学史料委

员会编：《清国留学生法政速成科纪事》，裴敬伟译，李贵连校订，孙家红参订，广西师范大学出版社 2015 年版，第 161、163、166 页。同批入读法政大学速成科第五班的还有进士馆毕业学员万宝成、何璃章、唐宗愈、吉祥、蒋荣、沈家彝、梁载熊、郑思曾等 8 人，以及学部批准的户部学习主事王炳宸、刘远驹、张贻等 3 人。程燎原：《清末法政人的世界》，法律出版社 2003 年版，第 42 页。但在卒业生名录中未见其姓名。

　　另有资料称，甲辰（1904）科第一甲的状元刘春霖、榜眼朱汝珍、探花商衍鎏都从进士馆转到了法政大学。贺越夫：《清末士大夫留学日本热透视——论法政大学中国留学生速成科》，载《近代史研究》1993 年第 1 期，第 47 页。但在法政大学速成科各班名单中未见三人的名字。

　　〔181〕　《日本留学界之片影》，载《大陆》第 2 年第 6 号，1904 年 8 月。转引自谢长法：《中国留学教育史》，山西教育出版社 2006 年版，第 31—32 页。更为不幸的是，当代的后进们仍然承继了一个世纪前公派留日学生前辈们的某些习气，以至于这种情景今日仍能在外国街头得见。

　　〔182〕　人民教育出版社语文二室编：《三年制初中语文课本（试用本）·阅读》（第五册），人民教育出版社 1988 年版，第 2 页。梁启超先生也曾对国人的诸多劣行做过精彩的描摹："华人以如彼凌乱秽浊之国民，毋怪为彼等所厌""西人数人同行者如雁群，中国人数人同行者如散鸭""中国则群数人坐谈于室，声或如雷；聚数千演说于堂，声或如蚊""中国人则一堂之中，声浪稀乱，京师名士，或以抢讲为方家，真可谓无秩序之极"。梁启超：《新大陆游记（节录）》，载陈书良编：《梁启超文集》，北京燕山出版社 1997 年版，第 336 页。该文中，任公还概括了国人的四大缺点：有族民资格而无市民资格；有村落思想而无国家思想；只能受专制不能享自由；无高尚之目的。同前，第 330—334 页。

　　〔183〕　《清国人ヲ入学ヤシムル公私立学校ニ关スル规程》。〔日〕实藤惠秀：《中国人留学日本史》，谭汝谦、林启彦译，生活·读书·新知三联书店 1983 年版，第 52、78 页。该规则第九条规定："于既受选定之公立或私立各学校，当使清国人生徒寄泊于寄宿舍，或属于学校监督之下宿屋，为校外之取缔。"第十条规定："既受选定之公立私立学校，不得使清国人在他学校因性行不良而被令退学者入学。"董彦斌提到，第九条中"取缔"一词在日语中的意思为"约束"，但中国学生理解为汉语的"取消"之义。董彦斌：《追寻稳健宪政：民国法律家张耀曾的法政世界》，清华大学出版社 2013 年版，第 29 页。12 月 8 日，日本文部省出面解释称，第九条的"取缔"乃指"约束"，是为了保护学生免受不良之徒的引诱；第十条"性行不良"指妨害社会秩序，触及刑律云云。同前，第 30 页。

　　〔184〕　陈旭麓、方诗铭、魏建猷主编：《中国近代史词典》，上海辞书出版社 1982 年版，第 418 页，"取缔清国留学生规则"条。受到该取缔规则影响的还有光绪二十九年（1903 年 10 月）湖广总督张之洞与日本驻华公使内田康哉商定后颁布的《奖励游学毕业生章程》。该章程共十条，规定凡中国留学生在日本普通中学五年毕业，获得优等文凭的，给予拔贡出身；在日文部省直辖各高等院校及程度相当的各项实业学校三年毕业者，

得有优等文凭的,给予举人出身;在大学专科某一科或数科,毕业后获得选科及普通科毕业文凭的,给予进士出身;在国立大学及程度相当的官设学堂,三年毕业,得有学士文凭者,给予翰林出身;五年毕业,获得博士文凭的,除给予翰林出身外,还给予翰林升阶。如已有出身,即视所学程度,给予相当官职。该章程因日方取缔规则而未实行。同前,第535页。

〔185〕《太阳》十二卷一号(明治三十九年一月一日)。转引自日本法政大学大学史料委员会编:《清国留学生法政速成科纪事》,裴敬伟译,李贵连校订,孙家红参订,广西师范大学出版社2015年版,第233页。

〔186〕日本报纸报道可见日本法政大学大学史料委员会编:《清国留学生法政速成科纪事》,裴敬伟译,李贵连校订,孙家红参订,广西师范大学出版社2015年版,第218—241页。整体来看,报道尚属公允客观。"于反对管理规则行动漩涡中,稳健派之汪兆铭因为安抚留学生,而被指责为'媚日''汉奸',甚至在法政讲堂而遭学生殴打。"郭定森笔述:《法政大学学报》18卷7号(昭和十五年)。转引自日本法政大学大学史料委员会编:《清国留学生法政速成科纪事》,裴敬伟译,李贵连校订,孙家红参订,广西师范大学出版社2015年版,第267页。

〔187〕杨德湘、李大鹏、李耘:《陈天华:难酬蹈海亦英雄》,载娄底新闻网,http://www.ldnews.cn/xzpeople/lsmr/201204/92278_3.shtml。2015年12月30日访问。

〔188〕[日]实藤惠秀:《中国人留学日本史》,谭汝谦、林启彦译,生活·读书·新知三联书店1983年版,第62页。另有引文称"其习速成科者,或法政或师范,必须中学与中文俱优……"程燎原:《清末法政人的世界》,法律出版社2003年版,第57页。日本法政大学校长梅谦次郎于光绪三十二年(1906)访华,与张之洞、袁世凯等人交换意见后,回国后即停止了速成科的招生。法政大学转而开设三年制的普通科,学费为每月四元,学生须在该校宿舍寄宿,毕业后可入该校预科或大学部继续学习。[日]实藤惠秀:《中国人留学日本史》,谭汝谦、林启彦译,生活·读书·新知三联书店1983年版,第50页。1910年9月,早稻田大学的清国留学生部关闭。其后,法政大学、东洋大学等校的留学生部也相继停办。同前,第86页。

〔189〕[日]实藤惠秀:《中国人留学日本史》,谭汝谦、林启彦译,生活·读书·新知三联书店1983年版,第63、439页。有资料显示,1906年10月,清政府举行第一次留学欧美毕业生考试,颜惠庆获第二名,被授予译科进士,分发学部工作,辞未就。1910年,颜惠庆又参加了游学生殿试,授翰林院检讨,升任外务部参议,兼清华学堂总办。颜惠庆(1877—1950),字骏人,祖籍福建厦门,生于上海虹口,为颜永京(1838—1898)之子,先后就读于教会开办的英华学塾及英人所办同文书院,1895年10月与弟弟颜福庆一起赴美留学。其先入中学,1897年就读于弗吉尼亚大学,1900年毕业,获文学士学位。归国后被聘为圣约翰大学教员,兼商务印书馆编辑。执教期间,主持编辑《英汉双解标准大词典》,由商务印书馆出版。1908年初,以使馆二等参赞身份随伍廷芳出使美、墨、秘、古等

国。在美期间,在乔治华盛顿大学进修外交理论和国际法。1921 年 12 月和 1922 年 1 月两次代理国务总理,1922 年、1924 年、1926 年三次出任国务总理。熊月之、周武主编:《圣约翰大学史》,上海人民出版社 2007 年版,第 342、343 页。

〔190〕 〔日〕实藤惠秀:《中国人留学日本史》,谭汝谦、林启彦译,生活·读书·新知三联书店 1983 年版,第 63 页。书中作"1905 年 12 月号"。该书的修订译本已订正为"1906 年 12 月号"。〔日〕实藤惠秀:《中国人留学日本史》(修订译本),谭汝谦、林启彦译,北京大学出版社 2012 年版,第 51 页。然而,该书(至少是中译本)关于《太阳》的期号谬误颇多,第 62 页(修订译本第 50 页)一处说第 2〔应为第 12〕卷第 1 号出版于 1906 年 1月,第 64 页一处说第 12 卷第 7 期出版于 1906 年 7 月(修订译本第 52 页称第 12 卷第 10号出版于 1906 年 7 月),第 81 页一处又说第 12 卷第 13 号出版于 1907 年。

〔191〕 程燎原:《清末法政人的世界》,法律出版社 2003 年版,第 134 页。

〔192〕 周洪宇主编:《学位与研究生教育史》,高等教育出版社 2004 年版,第 275页。《湖北省志·教育》称,"1896 年 3 月,清政府派遣学生唐宝锷、胡宗瀛、鄂人戢翼翚等 13 人赴日求学,粤人唐宝锷、鄂人戢翼翚等人是由湖北选送的。戢翼翚,湖北房县人,原就读于自强学堂,这次赴日读专门学校。1905 年回国,8 月,清廷第一次考试游学毕业生,获政治经济科进士。"湖北省地方志编纂委员会:《湖北省志·教育》,湖北人民出版社 1993 年版,第 81 页。转引自程燎原:《清末法政人的世界》,法律出版社 2003 年版,第38 页。而程书另一处提到,1905 年 7 月 3 日朝廷举行第一次留学生毕业考试(第 132页)。据程燎原介绍,1908—1911 年,约有 485 位日本法学院校毕业生成功通过留学生考试,其中大部分被分配到中央政府部门,尤其是外交部门和新政实施过程中组建的部门,如外务部、法部、大理院、民政部、学部等。有些则被任命为候补知县,那简直等同于失业。同前,第 141—152 页。宣布预备立宪后,各省督抚要在限期内成立各级审判厅。留日三年制法政毕业生的就业压力得以缓解。孙慧敏:《制度移植:民初上海的中国律师(1912—1937)》,中国台湾地区"中研院"近代史研究所 2012 年版,第 104 页。

〔193〕 程燎原:《清末法政人的世界》,法律出版社 2003 年版,第 133 页。

〔194〕 《通行各省限制游学生并推广各项学堂电》,载学部总务司编:《学部奏咨辑要》(卷 1),宣统元年刻。转引自程燎原:《清末法政人的世界》,法律出版社 2003 年版,第 57 页。

〔195〕 日本法政大学大学史料委员会编:《清国留学生法政速成科纪事》,裴敬伟译,李贵连校订,孙家红参订,广西师范大学出版社 2015 年版,第 152 页。

〔196〕 谢长法:《中国留学教育史》,山西教育出版社 2006 年版,第 48 页。

〔197〕 程燎原:《清末法政人的世界》,法律出版社 2003 年版,第 42 页。

〔198〕 方流芳:《中国法学教育观察》,载《比较法研究》1996 年第 2 期,第 120 页。文中还提到,"满清末年的法学教育一直由政府垄断,法政学堂实际上是政府衙门的一个分支。禁止私人设立法学教育机构的命令直到满清政府崩溃的前一年(1910 年)才解

除"。一说1909年,全国有公立高等教育层次的学堂123所,学生22262人。何勤华:《中国法学史》(第三卷),法律出版社2006年版,第85页。

〔199〕　何勤华:《中国法学史》(第三卷),法律出版社2006年版,第69—72页。

〔200〕　日本法政大学大学史料委员会编:《清国留学生法政速成科纪事》,裴敬伟译,李贵连校订,孙家红参订,广西师范大学出版社2015年版,第177、178页。

〔201〕　同前,第180页。

〔202〕　同前,第180页。

〔203〕　同前,第182页。

〔204〕　同前,第183页。

〔205〕　同前,第184页。

〔206〕　同前,第184页。

〔207〕　同前,第185页。

〔208〕　同前,第186页。

〔209〕　同前,第187页。

〔210〕　同前,第187页。

〔211〕　同前,第187页。

〔212〕　同前,第188页。

〔213〕　同前,第189页。

〔214〕　同前,第189页。

〔215〕　同前,第190页。

〔216〕　同前,第190页。

〔217〕　同前,第191页。

〔218〕　同前,第193页。

〔219〕　同前,第194页。

〔220〕　同前,第198页。

〔221〕　同前,第198页。

〔222〕　同前,第199页。

〔223〕　同前,第199页。

〔224〕　同前,第200页。

〔225〕　同前,第203页。

〔226〕　同前,第203页。

〔227〕　[美]刘伯穆(W. W. Blume):《二十世纪初期中国的法律教育(Legal Education in China)》,王健译注,载《南京大学法律评论》1999年第1期,第23页。又如,京师大学堂师范馆聘有岩谷孙藏、杉荣三郎、法贵庆次郎、冈田朝太郎、织田万等日本教习。京师法政学堂聘有11名日本教习。高等巡警学堂聘用19名日人。《直隶法政学堂

教员表》显示，该学堂 14 名教员中日本人 5 人，归国留日生 5 人。李贵连：《近代中国法制与法学》，北京大学出版社 2002 年版，第 86 页。北洋政府时期，"司法界只有留学英、美和留学日本两派，以留日派得势的时期为多，那时留法派还没有出现。到了国民党蒋政权时代，有些留法出身的法学人士，倚靠王宠惠支持，涌进司法部掌权，形成了留法派，其主角有魏道明、朱履和、郑毓秀、谢瀛洲、苏希洵及谢冠生等"。金沛仁：《略谈谢冠生与国民党司法界》，载中国人民政治协商会议全国委员会文史资料研究委员会编：《文史资料选辑》（第七十八辑），文史资料出版社 1982 年版，第 79 页。

郑毓秀（1891—1959.12），女，法文名 Soumme Tcheng（苏梅），清光绪十七年生于广州府新安县西乡。光绪三十一年（1905），进入天津中西女学接受西式教育。光绪三十三年（1907），随姐姐东渡日本。1908 年，经廖仲恺介绍，加入同盟会。1911 年回国，为革命党人秘密运送军火、传递情报，还参与了暗杀袁世凯、良弼等清廷要员的行动。1914 年赴法国留学，1925 年获巴黎大学法学博士学位，博士论文为《中国宪法运动：比较法的研究》（*Le movement conxtitutionnel en Chine ：étude de droit comparé*）。该文后被译成中文，以《中国比较宪法论》为题，收入新民丛书，由上海世界书局于 1927 年出版。1925 年回国，1926 年与魏道明在上海法租界创办律师事务所。次年，二人结婚。郑毓秀先后任上海地方审判厅厅长、上海公共租界临时法院院长。1929 年 1 月，郑毓秀和傅秉常、焦易堂、史尚宽、林彬等五人受命组成民法起草委员会，负责起草民法。1931 年至 1937 年，郑毓秀任上海法政学院院长。王伟：《中国近代留洋法学博士考（1905—1950）》，上海人民出版社 2011 年版，第 204、294 页。另见搜狗百科，http://baike.sogou.com/v8899705.htm？fromTitle＝%E9%83%91%E6%AF%93%E7%A7%80。2016 年 5 月 5 日访问。魏道明（1900—1978），字伯聪，江西九江人，1925 年获巴黎大学法学博士学位，论文题为《支票在中国》（*Le cheque en Chine*）。王伟：《中国近代留洋法学博士考（1905—1950）》，上海人民出版社 2011 年版，第 206 页。

〔228〕　日本法政大学大学史料委员会编：《清国留学生法政速成科纪事》，裴敬伟译，李贵连校订，孙家红参订，广西师范大学出版社 2015 年版，第 277 页。

〔229〕《浙江巡抚增韫：奏变通部章准予私立学堂专习法政折》（宣统元年十二月廿七日，1909 年 1 月 31 日）。潘懋元、刘海峰编：《中国近代教育史资料汇编·高等教育》，上海教育出版社 2007 年版，第 159 页。

〔230〕　同前，第 160 页。

〔231〕　程燎原：《清末法政人的世界》，法律出版社 2003 年版，第 60 页。

第三章　北洋大学法科与民国时期的"院系调整"

〔1〕　光绪二十一年八月十二日，盛宣怀具奏。十四日，光绪皇帝在奏折上朱批"该衙门知道"。张国：《天大的事》，载《中国青年报》2016 年 9 月 30 日第 1 版。清光绪年

间,驻旧金山领事馆曾为华侨子弟开设学校,也叫"中西学堂"。张荫桓《三洲日记》光绪十二年八月二十三日甲申(1886 年 9 月 20 日)载:"复锦堂第十五、十六、十八号函,又属拟中西学堂章程。"光绪十二年九月十六日丙午(1886 年 10 月 13 日)载:"陈霭亭禀呈创设中西学堂章程,略有条理,即批令择日开馆。"光绪十二年九月十七日丙午(1886 年 10 月 14 日)载:"今日金山领事报筹设中西学堂,欲假西人书馆,令华师率华童就学,殊误,即批饬另拟办法。"光绪十二年九月十六日乙巳(1886 年 12 月 11 日)载:"湘浦来电……中西学堂须明春乃能开办云。"任青、马忠文整理:《张荫桓日记》,世纪出版集团、上海书店出版社 2004 年版,第 62、67、68、80 页。

〔2〕　1896—1908 年,丁家立还出任北洋大学留美学生监督。北洋大学—天津大学校史编辑室:《北洋大学—天津大学校史》(第一卷,1895 年 10 月—1949 年 1 月),天津大学出版社 1990 年版,插页 12。

〔3〕　有资料说,天津中西学堂更名为北洋大学堂是在 1903 年,不确。光绪二十六年(1900)正月,王宠惠获得的"钦字第壹号"考凭(文凭)中已有"北洋大学堂"字样。

〔4〕　光绪二十三年(1897)学堂增设铁路专科,次年又设铁路学堂。而陈旭麓、方诗铭、魏建猷主编的《中国近代史词典》则称头等学堂设有工程、电学、矿务、机器、律例五门(上海辞书出版社 1982 年版,第 171 页,"北洋大学"条)。

〔5〕　林文德(Edgar Pierce Allem),系美国传教士林乐知之子,1900 年大学毕业后到上海做执业律师。1903 年任北洋大学堂法学教授,同时在天津开展律师业务。李贵连:《中国近代法制与法学》,北京大学出版社 2002 年版,第 230 页。

〔6〕　同前,第 214 页。

〔7〕　王健:《中国近代的法律教育》,中国政法大学出版社 2001 年版,第 155 页。另见程燎原:《清末法政人的世界》,法律出版社 2003 年版,第 67 页。李贵连教授则提到,1906 年派出 37 名法科学生留洋。李贵连:《近代中国法制与法学》,北京大学出版社 2002 年版,第 214 页。

〔8〕　左森主编:《回忆北洋大学》,天津大学出版社 1989 年版,第 165、174 页。

〔9〕　北洋大学—天津大学校史编辑室:《北洋大学—天津大学校史》(第一卷,1895 年 10 月—1949 年 1 月),天津大学出版社 1990 年版,第 461 页。只是丁班 1914 年春季入学生和戊班 1915 年春季入学生中均有一人叫"罗椿林"。若非重名的话,必有一个有误。

〔10〕　同前,第 462 页。

〔11〕　潘懋元、刘海峰编:《中国近代教育史资料汇编·高等教育》,上海教育出版社 2007 年版,第 68 页。

胡振禔自北洋大学毕业后,至 1912 年担任北京政府司法部佥事。毕连芳:《北京民国政府司法官制度研究》,中国社会科学出版社 2009 年版,第 60 页。同时担任该部佥事的北洋毕业生还有何炳霖(麟)。吴大业,北洋法科甲班毕业,编译有《英美亲属法要则》。该书由盛振为校订,大众法学出版社 1951 年元月初版,三民图书公司发行,系"新比较法学研究丛书"之一。

盛振为(Robert C.W.Sheng,1900—1997),上海人,1921年获东吴大学(苏州)文学学士学位(B.A.),1924年获东吴大学法学院法学士学位(第七届),1926年获美国西北大学法律博士(J.D.),无博士论文。1926年回国,1927年任东吴大学法学院首任华人教务长,1942—1950年任东吴大学法学院院长。1950年初,在苏州教初中英语,在"镇反"运动中被逮捕,在甘肃劳改,后被释放。1980年平反。1982年被聘为华东政法学院顾问。王伟:《中国近代留洋法学博士考(1905—1950)》,上海人民出版社2011年版,第79—80、389页。何炳麟、钱俊等与吴大业为同学。北洋大学—天津大学校史编辑室:《北洋大学—天津大学校史》(第一卷,1895年10月—1949年1月),天津大学出版社1990年版,第461页。

〔12〕　北洋大学—天津大学校史编辑室:《北洋大学—天津大学校史》(第一卷,1895年10月—1949年1月),天津大学出版社1990年版,第98页。

〔13〕　同前,第97页。

〔14〕　潘懋元、刘海峰编:《中国近代教育史资料汇编·高等教育》,上海教育出版社2007年版,第417—418页。

〔15〕　各省高等学校变为大学预科也与蔡元培有关。蔡元培:《我在北京大学的经历》,载高平叔编:《蔡元培教育文选》,人民教育出版社1980年版,第223页。

〔16〕　李书田:《北洋大学过去之五十三年》,载左森主编:《回忆北洋大学》,天津大学出版社1989年版,第148页。

〔17〕　蔡鸿源主编:《民国法规集成》(第27册),黄山书社1999年版,第43、44页。需要注意的是,该册第332页之后,重新编排页码,序号仍从第一页开始。此处所引,系前一序列的书页号码。

〔18〕　有资料称公布于1912年1月12日。谢振民编著:《中华民国立法史》(上册),张知本校订,中国政法大学出版社2000年版,第623页。

〔19〕　此外,第十条规定:商科银行学门科目中包括民法总论、商法、破产法、国际私法;保险学门科目中有民法概论、商法、破产法、国际公法、国际私法;外国贸易学门科目含民法概论、商法、破产法、国际公法、国际私法;领事学门科目含民法概论、商法、比较民法及比较商法、破产法、(商事行政法)、国际公法、国际私法;关税仓库学门科目含民法概论、商法、破产法、国际公法、国际私法;交通学门科目含民法概论、商法、破产法、国际公法、国际私法(另有商事行政法、铁道管理法、商船管理法)。蔡鸿源主编:《民国法规集成》(第27册),黄山书社1999年版,第58—66页。"商船管理法"中的"法"是指方法,抑或法律,不明确。

〔20〕　同前,第158页。此处所引,系后一序列的书页号码。

〔21〕　李书田:《北洋大学过去之五十三年》,载左森主编:《回忆北洋大学》,天津大学出版社1989年版,第148页。

〔22〕　同期，私立朝阳大学预科在校生 21 人，当年毕业 20 人，辍学 3 人，死亡 1 人；法科专门部在校生 168 人，当年毕业 37 人，辍学 17 人。山西大学法科在校本科生 50 人，辍学 21 人，死亡 1 人。潘懋元、刘海峰编：《中国近代教育史资料汇编·高等教育》，上海教育出版社 2007 年版，第 466 页。而《第一次中国教育统计年鉴》丙编教育概况（第 14 页）的《民国五年大学概况表》显示，国立北京大学（在校）学生数为 1503 人，内有预科生 702 人；直隶北洋大学学生数为 572 人，内有预科生 289 人；私立朝阳大学在校生 204 人，内有预科生 17 人、专门部学生 173 人。同前，第 468 页。

〔23〕　一说 1912 年，蔡元培任教育总长时，教育部即拟定了中国学区制计划，认为京津距离太近，设立一所大学即可，遂拟将北洋大学与北京大学合并，因遭两校反对，未果。

〔24〕　沈尹默：《我和北大》，载钟叔河、朱纯编：《过去的大学》，长江文艺出版社 2005 年版，第 28 页。

〔25〕　李贵连：《近代中国法制与法学》，北京大学出版社 2002 年版，第 222 页。

〔26〕　蔡鸿源主编：《民国法规集成》（第 27 册），黄山书社 1999 年版，第 43 页。此处所引，系前一序列的书页码码。另见邓小林：《民国时期国立大学教师聘任之研究》，西南交通大学出版社 2007 年，第 227 页。但其中第三条（三）作"医农工科"。在中世纪的欧洲，大学通常会按照某一特定学科的教师和学生划分为四大学院：文学院、神学院、法学院（教会法学院常常和民法学院分设）和医学院。此外，也有其他的学院，如图卢兹大学就同时有文学院和文法学院。〔瑞士〕瓦尔特·吕埃格总主编、〔比〕希尔德·德·里德-西蒙斯主编：《欧洲大学史》（第一卷中世纪大学），张斌贤等译，河北大学出版社 2007 年版，第 42 页。

〔27〕　1912 年 1 月 3 日，各省代表会通过了孙中山提出的国务员 9 人名单。蔡元培为南京临时政府教育总长。1 月 5 日，临时大总统孙中山正式举行各部总长委任礼。3 月 29 日参议院召开审议会，以举手表决方式选出南北统一后新的国务员。蔡元培以 38 票（共 39 票）当选。4 月 1 日，临时大总统袁世凯任命其为教育总长。蔡元培于 4 月 20 日到达北京，7 月 14 日辞职。邱远猷、张希坡：《中华民国开国法制史——辛亥革命法律制度研究》，首都师范大学出版社 1997 年版，第 320、662—665 页。此前，1916 年 6 月 21 日、7 月 1 日，蔡元培两次请辞。高平叔编：《蔡元培全集》（第二卷），中华书局 1984 年版，第 258、259 页。1916 年 12 月 26 日大总统令任命蔡元培为北京大学校长。其于 1917 年 1 月 4 日到任。蔡元培：《就任北京大学校长通告》，载中国蔡元培研究会编：《蔡元培全集》（第三卷），浙江教育出版社 1997 年版，第 7 页。

〔28〕　蔡元培：《大学改制之事实及理由（七年一月，并录北京大学启事全文）》，载蔡元培：《蔡子民先生言行录》，广西师范大学出版社 2005 年版，第 298、299 页。该文曾发表于《新青年》第 3 卷第 6 号（1917 年 8 月 1 日发行）。其后所附"北京大学启示"文末署名"八月五日　北京大学启"。1917 年 5 月 9 日在复外交总长函中，蔡元培提到："今

年经教育部及各直辖专门学校讨论多次,议决将现行学制更改,以后北京大学只办文、理两科,其余各科,均取收缩主义。"高平叔撰著:《蔡元培年谱长编》(中),人民教育出版社1996年版,第30页。

蔡元培在《北京大学二十周年纪念会演说词》(1917年12月17日)中提道:"今日承前教育总长范静生先生莅会,范先生为本校创立时之职员,而本年[1917]对于大学改组之议,极端赞同,今日已允演说,必能饷吾等以宏论。"蔡元培:《蔡孑民先生言行录》,广西师范大学出版社2005年版,第153页。另见中国蔡元培研究会编:《蔡元培全集》(第三卷),浙江教育出版社1997年版,第203页。范静生(1876—1927),即范源濂,湖南湘阴人。早年留学日本,归国后任清政府学部参事,参与创办清华学堂。辛亥革命后曾任段祺瑞内阁及靳云鹏内阁教育总长、北京高等师范学校和北京师范大学校长。

在专门以上各学校校长会议上,蔡元培亦提道:"又第(八)条问已成立之各大学所设各专门,应如何使适合需要,不使重复。现北京大学之工科并入北洋大学,而北洋大学之法科,并入北京大学,即以此故。"蔡元培:《北京大学在专门以上各学校校长会议提出讨论之问题》,载蔡元培:《蔡孑民先生言行录》,广西师范大学出版社2005年版,第297页。唯该书在题目下标注"(六年十月)"字样,恐有误。因其中提到"民国六年十月,教育部召集在京各高级学校代表会议,修改大学规程,时北京大学文科曾提出大学废去年级制,采用选科制议案,经与会诸代表通过"。其述系既定事实甚为明显。因此推断该文所作时日,必在民国六年十月在京各高级学校代表会议之后。

〔29〕　陈宝泉(1874—1937),字筱庄、小庄、肖庄,天津人。1912年5月—1920年12月任北京高等师范学校校长。

〔30〕　吴家驹(1878.4.5—1964.10.20),字子昂,湖南湘潭人。1902年官费派赴日本,入东京明治大学政科,1908年毕业回国。同年9月,任教于天津北洋法政专门学校。1916年8月任北京国立法政专门学校校长。1951年12月被聘任为中央文史研究馆馆员。

〔31〕　汤尔和(1878—1940),原名蛔,字调蛔,又字尔和,晚年号六松老人。浙江杭州人。1903年留学日本,毕业于日本金泽医学专门学校,又入德国柏林大学学医,获博士学位。1910年回国。1912年10月筹办北京医学专门学校,自任校长。1929年3月,再次赴日留学,获日本帝国大学医学博士学位。中国法学网,http://www.iolaw.org.cn/showArticle.asp? id=3300。2012年5月25日访问。1922年后任北京政府教育总长、内务总长、财政总长等职,1935年任冀察政务委员会委员。1937年华北沦陷后,参与筹建伪"中华民国临时政府"("伪华北临时政府"),任伪议政委员会委员长兼伪教育部总长。张同乐:《华北沦陷区日伪政权研究》,生活·读书·新知三联书店2012年版,第27页。

图注 3-1　汤尔和

〔32〕　路孝植(1868—?)，字壬甫，陕西省盩厔(今周至)县人。早年毕业于日本高等农业学校。1914 年 2 月—1917 年 7 月任北京农业专门学校校长。

〔33〕　洪镕(1877—1968.2.15)，字铸生、竹荪，安徽芜湖人。光绪二十四年(1898)，以廪贡生选送日本帝国高等工业学校学习，光绪三十年(1904)归国。民国初年任国立北京工业专门学校校长。

〔34〕　蔡元培:《大学改制之事实及理由(七年一月，并录北京大学启事全文)》，载蔡元培:《蔡孑民先生言行录》，广西师范大学出版社 2005 年版，第 299、300 页。《新青年》第 3 卷第 6 号将 2 月 25 日误作 2 月 5 日。据张申府回忆，1913 年他在北京高等师范学堂附属中学班读书，"秋天，跳班考入北京大学预科。当时的北大设文、法、理、工科和预科，本科设在地安门的马神庙，预科设在北河沿的清代译学馆旧址。所谓'预科'相当于北大的附属高中，学制为三年(后改两年)，毕业后可以免试升入本科。预科又分为两类:第一类预科毕业后升入文、法本科;第二类预科毕业后升入理、工科，它偏重于数学的教学。我在第二类预科上了一年，觉得并不太吃力，便想去考本科，可是北大的理工科有严格的规定:凡报考本科者，必须有高等专门学校毕业的文凭。初期读文科的人并不太多，因此报考文科只要求同等学历，并不注重文凭。我升学心切，暑假改了一个名字，考上了文科"。张申府:《回想北大当年》，载钟叔河、朱纯编:《过去的大学》，长江文艺出版社 2005 年版，第 33 页。茅盾在回忆时也提及:"北京大学预科分第一类和第二类。第一类将来进本科的文、法、商三科，第二类将来进本科的理工科。报第一类的，只考国文与英文。"茅盾:《报考北大前后》，载钟叔河、朱纯编:《过去的大学》，长江文艺出版社 2005 年版，第 39 页。

〔35〕　《教育杂志》第 9 卷第 8 号，1917 年 8 月。转引自高平叔撰著:《蔡元培年谱长编》(中)，人民教育出版社 1996 年版，第 43 页。

〔36〕　1917 年秋，蔡元培在北大主持设立了评议会，作为全校的最高立法机构和权力机构。校长和各科学长为当然评议员，各科(本科和预科)再分别推举教授代表二人

参加,校长为当然议长。1917 年度的评议员是:校长蔡元培,文科学长陈独秀,理科学长夏元瑮,法科学长王建祖,工科学长温宗禹,文本科胡适、章士钊,文预科沈尹默、周思敬,理本科秦汾、俞同奎,理预科张大椿、胡浚济,法本科陶孟和、黄振声,法预科朱锡龄、韩述祖,工本科孙瑞林、陈世璋等 19 人。评议会的职责包括:制定和审核学校的各种章程、条令;决定学科的废立;审核教师的学衔和学生的成绩;提出学校的预决算费用等。1917 年 12 月,北大评议会通过了各学科教授会组织法。按学门分别成立教授会,以各该学门的教授、讲师为会员,其主任由会员互选,任期二年。当时有国文、英文、德文、法文、数学、物理、化学、哲学、政治、法律、经济、商业等 12 个学门的教授会。顾梦余、贺之才、何育杰、马寅初等被选为各学门教授会主任。梁柱:《一代宗师铸名校》,载梁柱、王世儒编:《蔡元培与北京大学》,山西教育出版社 1995 年版,第 19 页。高平叔撰著:《蔡元培年谱长编》(中),人民教育出版社 1996 年版,第 58、59 页。1912 年蔡元培任教育总长时主持起草的《大学令》即有大学要建立评议会、教授会的内容:“大学设评议会,以各科学长及各科教授互选若干人为会员,大学校长可随时召集评议会,自为议长。”(第十六条)“评议会审议左列诸事项:(一)各学科之设置及废止,(二)讲座之种类,(三)大学内部规则,(四)审查大学院生成绩及请授学位者之合格与否,(五)教育总长及大学校长咨询事件。”(第十七条)“大学各科设教授会,以教授为会员,学长可随时召集教授会,自为议长。”(第十八条)“教授会审议左列诸事项:(一)学科课程,(二)学生试验事项,(三)审查大学院生属于该科之成绩,(四)审查提出论文请授学位者之合格与否,(五)教育总长及大学校长咨询事件。”(第十九条)此外,第二十条还规定:“大学预科附设于大学不得独立。”但上述规定均未能实行。

〔37〕　蔡元培:《大学改制之事实及理由(七年一月,并录北京大学启事全文)》,载蔡元培:《蔡孑民先生言行录》,广西师范大学出版社 2005 年版,第 300、301 页。类似的内容,1919 年 9 月蔡元培在《北京大学二十二周年开学式之训词》再度谈及:“我们因文理科尚有许多门类,为经费与地位所限,不能一时并设,所以乘北洋大学同是国立,同有土木工科、采矿冶金科的关系,把工科归并北洋。即用工科的经费与教室实验室,来扩充理科的一部分。”同前,第 154 页。

〔38〕　潘懋元、刘海峰编:《中国近代教育史资料汇编·高等教育》,上海教育出版社 2007 年版,第 381、382 页。另见邓小林:《民国时期国立大学教师聘任之研究》,西南交通大学出版社 2007 年版,第 237、238 页。时任教育总长为范源濂。据 1924 年 2 月 23 日公布施行的教育部《国立大学校条例令》(部令第 23 号)的《附则》第三条,“大学令、大学规程自本条例施行日起废止之”。时任教育总长为张国淦。邓小林:《民国时期国立大学教师聘任之研究》,西南交通大学出版社 2007 年版,第 239—240 页。

〔39〕　周春岳:《大学改制之商榷(致〈太平洋〉杂志记者)》,载蔡元培:《蔡孑民先生言行录》,广西师范大学出版社 2005 年版,第 111 页。

〔40〕　蔡元培:《读周春岳君〈大学改制之商榷〉》,载蔡元培:《蔡孑民先生言行

录》,广西师范大学出版社 2005 年版,第 107 页。该文曾发表于《北京大学日刊》1918 年
4 月 15 日。《新青年》第 4 卷第 5 号(1918 年 5 月 15 日发行),第 450—452 页。中国蔡元
培研究会编:《蔡元培全集》(第三卷),浙江教育出版社 1997 年版,第 289 页。

〔41〕　蔡元培:《蔡孑民先生言行录》,广西师范大学出版社 2005 年版,第 113、
114 页。

〔42〕　蔡元培:《我在北京大学的经历》,载高平叔编:《蔡元培教育文选》,人民教育
出版社 1980 年版,第 223 页。另见钟叔河、朱纯编:《过去的大学》,长江文艺出版社 2005
年版,第 3—4 页。梁柱提到,当时北大的法科较为完备,设有法律、经济、政治三门,学生
人数也是全校最多的一个科。蔡元培认为北大的经费和校舍,没有兼办应用科学的可
能,而北大法科具有独立的条件,因此他计划将法科分出,与法专合并另组为专授法律的
法科大学。后因法科方面的反对未能实现。梁柱:《一代宗师铸名校》,载梁柱、王世儒
编:《蔡元培与北京大学》,山西教育出版社 1995 年版,第 23 页。邓小林指出,蔡元培初
到北大时,以其浙江同乡和太炎弟子为核心幕僚。汤尔和、沈尹默、陈独秀、夏元瑮是其
基本人事班子内的核心人物。汤尔和虽不是北大的人,却在陈独秀的来去、蔡元培的辞
职以及蒋梦麟接替北大校长等问题上发挥了极大作用。邓小林:《民国时期国立大学教
师聘任之研究》,西南交通大学出版社 2007 年版,第 88 页。汤尔和曾在 1919 年 7 月 26
日的日记中记载了沈尹默对蒋梦麟赴任北大的抵触:"沈君谓梦兄之来纯由某所主持,其
故则为江苏省教育会出力……昨谈此节,裴子断定沈素来利用鹤公,今见梦兄负重命来
此,徒生吃醋之意,又恃部中奥援,故敢放肆。人心龌龊,可胜慨哉!"裴子,即邵裴子,原
名闻泰,又名长光。沈尹默晚年在《回忆北大》中亦写道:"蔡先生的书生气很重,一生受
人包围,民元教育部时代受商务印书馆张元济(菊生)等人包围(这是因为商务印书馆出
版教科书,得教育部批准,规定各学校通用,就此大发财),到北大初期受我们包围(我
们,包括马幼渔、叔平兄弟、周树人、作人兄弟、沈尹默、兼士兄弟、钱玄同、刘半农等,亦即
鲁迅先生作品中引所谓正人君子口中的某籍某系),以后直至'中研院'时代,受胡适之、
傅斯年等人包围,死而后已。""蒋梦麟来以后,也就是黄任之插手进来后,我就想离开北
大……蒋梦麟不放,他以为我们这一起人是一个势力,会拆他的台,无论如何不放。"沈尹
默:《我和北大》,载钟叔河、朱纯编:《过去的大学》,长江文艺出版社 2005 年版,第 28、
32 页。

王奇生提到:"当蔡元培决意聘陈独秀任北大文科学长时,陈独秀以'从来没有在大
学教过书又没有什么学位头衔'而缺乏足够的信心。为使陈独秀能够顺利出任北京大学
文科学长,蔡元培在向教育部申报时,不但替陈独秀编造了'日本东京日本大学毕业'的
假学历,还替他编造了'曾任芜湖安徽公学教务长、安徽高等学校校长'的假履历。"王奇
生:《革命与反革命:社会文化视野下的民国政治》,社会科学文献出版社 2010 年版,第
4 页。

〔43〕　高平叔撰著:《蔡元培年谱长编》(中),人民教育出版社 1996 年版,第 26、

27 页。

〔44〕 同前,第 297 页。

〔45〕 有资料提到,1918 年北大最后一批工科学生转入北洋。北大从那时起就没有工科了。张含英:《北洋大学回忆片段》,载钟叔河、朱纯编:《过去的大学》,长江文艺出版社 2005 年版,第 212 页。

〔46〕 秦素银:《"我是与五四运动有关系的人"——胡适与五四》,载《博览群书》2016 年第 5 期,第 17 页。

〔47〕 北洋大学—天津大学校史编辑室:《北洋大学—天津大学校史》(第一卷,1895 年 10 月—1949 年 1 月),天津大学出版社 1990 年版,第 125 页。该书收录了 1920 年 6 月 15 日该校签发的一张法科法律门毕业证书。同前,插页 16。

〔48〕《大学组织法》第四条规定:"大学分文、理、法、教育、农、工、商、医各学院。"第五条规定:"凡具备三学院以上者,始得称为大学。""不合上项条件者为独立学院,得分两科。"蔡鸿源主编:《民国法规集成》(第 58 册),黄山书社 1999 年版,第 65 页。但该书所收录的版本系 1934 年 4 月 28 日修正后的。而邓小林书中收录的《大学组织法》(1929 年 7 月 26 日)第四条规定:"大学分文、理、法、农、工、商、医各学院。"(第 244 页)其引自中国第二历史档案馆编:《中华民国史档案资料汇编》[第五辑第一编教育(一)],江苏古籍出版社 1994 年版,第 244 页。另查,1924 年 8 月 13 日,中华民国陆海军大元帅颁布的《大学条例》第二条规定:"大学之规模实质须相称。其只适于设一单科者,得以一单科称为大学;其适于并设数分科者,得合数科为一大学。"蔡鸿源主编:《民国法规集成》(第 2 册),黄山书社 1999 年版,第 221 页。该条例对学制年限没有规定。1948 年 1 月 12 日国民政府公布的《大学法》第四条规定:"大学分文、理、法、医、农、工、商等学院。""师范学院应由国家单独设立,但国立大学得附设之。本办法施行前已设立之教育学院,得继续办理。"邓小林:《民国时期国立大学教师聘任之研究》,西南交通大学出版社 2007 年版,第 248 页。

〔49〕 专办工科时,北洋大学还有法律经济讲师。1925 年的教师名单中,法律经济讲师为张务滋,上海人。1928 年的教师名单中上述人员和职位不见了。1933 年的名单中又重新出现,而且法律经济讲师改作了经济学及法律教授。北洋大学—天津大学校史编辑室:《北洋大学—天津大学校史》(第一卷,1895 年 10 月—1949 年 1 月),天津大学出版社 1990 年版,第 144—148 页。在学校经费充盈或比较有保障的前提下,北洋大学的办学条件堪称优越。据记载,"本校创设原旨,侧重工科,故理工设备,最称充实。凡关理化、地质矿冶、土木、机械等科系所需图书标本仪器,以及各种探测分析实验等器材,都是参照美国各名大学所有设备,尽量自美购置,并连年陆续补充,可谓应有尽有。即西方杂志一项,经常保持一百余种,且均为世界理工权威学术期刊"。其法律学科的图书资料也十分丰富。1914 年北洋大学堂综合报告提到法律图书室拥有各类书报 3670 多种,1917 年的报告称图书馆和法律图书室又添图书 300 种。中国法学创新网,http://www.

lawinnovation.com/index.php/Home/Xuejie/artIndex/id/14222/tid/1.html。2016 年 10 月 14 日访问。

〔50〕 静观:《国立北京大学之内容》(1919),载《东方杂志》第十六卷第三号,第 163 页。潘懋元、刘海峰编:《中国近代教育史资料汇编·高等教育》,上海教育出版社 2007 年版,第 403 页。

〔51〕 王宠惠的文凭见北洋大学—天津大学校史编辑室:《北洋大学—天津大学校 史》(第一卷,1895 年 10 月—1949 年 1 月),天津大学出版社 1990 年版,插页 13、14。另 见王杰、韩云芳主编:《百年教育思想与人物》,天津大学出版社 2010 年版,第 4 页。朱志 辉:《清末民初来华美国法律职业群体研究(1895—1928)》,广东人民出版社 2011 年,第 78 页。

〔52〕 1896 年,盛宣怀奏请在上海创办南洋公学,经费由招商、电报两局报效,故名 "公学"。最初设立的是师范院,同年设外院(小学堂)、中院(中学堂)、上院(大学)。 1898 年冬,南洋公学创办译书院(1903 年停办,转入商务印书馆),张元济负责管理译书 院事务兼总校。译书院广译各国政治、经济、法律、历史、科技、工艺图书,产生了很大的 社会影响。严复所译《原富》就是由该院刊行的。霍有光:《为世界之光——交大校史蠡 测》,中国文史出版社 2014 年版,第 25、165 页。

1905 年,南洋公学更名为商部高等实业学堂。此后其数次易名:商部高等实业学堂 (1905—1906)、邮传部上海实业学堂(1906—1911)、南洋大学堂(1911—1912)、交通部上 海工业专门学校(1912—1921)等。1921 年,北洋政府交通部将所辖的上海工业专门学 校、唐山工业专门学校、北京铁路管理学校和北京邮电学校等四所院校合并成一所,上海 的交通大学起初叫交通部上海学校(1921—1922),1922—1927 年叫交通部南洋大学, 1927—1928 年叫交通部第一交通大学,1928—1937 叫铁道部交通大学上海本部。上海 交通大学校长办公室编:《上海交通大学》,浙江大学出版社 1999 年版,第 16—17 页。 1906 年 4 月制定的《商部上海高等实业学堂章程》(新章)"设学总义章"提到:"今本学 堂系轮电两局报效经费,爱交通办理,除预科仍照习普通学科外,其本科分设四科:一商 业科,二航海科,三轮机科,四电机科。"(第二节)"本学堂学科程度,中学预科四年,毕业 考验合格升高等预科;高等预科四年,毕业考验合格升本科。其升入本科商业、轮机、电 机者,三年毕业;升入航海者,在学堂授课二年后,再往商轮实习一年毕业。"(第四节)其 中,商业科(本科)的课程包括了各国商律、中外商约及国际商业法的内容。具体而言, 课程第一学年第一学期包括:商品研究、制造法研究、商工业历史、商业地志、本国商律。 第二学期包括:商品研究、制造法研究、商工业历史、商业地志、本国商律。第二学年第一 学期包括:铁道航路转运法、币制及银行信用汇划诸法、英文或德文、兵式体操。第二学 期包括:铁道航路转运法、币制及银行信用汇划诸法、兵式体操。第三学年第一学期包 括:圜法税务债款预算决算、各国商律、中外商约及国际商业法、法文或德文、兵式体操。 第二学期包括:圜法税务债款预算决算、各国商律、中外商约及国际商业法、法文或德文、

兵式体操。霍有光：《为世界之光——交大校史蠡测》，中国文史出版社 2014 年版，第
126—127 页。1903 年 8 月，盛宣怀《开办高等商务学堂折》提到："奏奉谕旨，先经派委前
充公学总教习之洋员福开森，赴各国考察规范，并咨请出使大臣，购觅商律诸书，先后寄
到。已将东西洋高等商业学校章程，详细翻译，藉资仿办。"同前，第 126 页。此外，邮传
部上海高等实业学堂时期，附属中学堂课程中，第五学年要学习"法制大意"及"理财大
意"。1913 年颁布的《交通部上海工业专门学校章程》规定土木科本科第三学年有"工程
合同"课，（附属）中学第三学年要学习"法制"。同前，第 136、137 页。

〔53〕　王伟：《中国近代留洋法学博士考（1905—1950）》，上海人民出版社 2011 年
版，第 15、7 页。该文中译本见张仁善编：《王宠惠法学文集》，法律出版社 2008 年版，第
117—148 页。王宠惠的生平简介可见张仁善：《序：近世中国法坛"第一人"——王宠
惠》，载张仁善编：《王宠惠法学文集》，法律出版社 2008 年版，第 II 页。

〔54〕　D.C.L.的学衔也印在了王译的《德国民法典》英文版封面上。笔者所见王译
《德国民法典》版本为：Chung Hui Wang.*The German Civil Code：Translated and Annotated
with An Historical Introduction and Appendices*.（London：Stevens and Sons，Limited，New
Publisher，1907）。

〔55〕　严锦镕的博士论文题目见于邹进文：《近代中国经济学的发展——来自留学
生博士论文的考察》，载《中国社会科学》2010 年第 5 期，第 88 页。

〔56〕　陈锦涛（1870—1939.6），字澜生，广东南海人。早年毕业于香港皇仁书院，
1901 年以官费留学美国，先在哥伦比亚大学学习数学、社会学。后入耶鲁大学，转攻政
治经济学，1906 年夏获哲学博士学位。9 月回国后应清廷部试，考中法政进士。清末曾
任大清银行监督、度支部预算案司长、统计局局长、印铸局局长、币制改良委员会会长和
资政院资政等职。1912 年，任南京临时政府财政总长、审计处总办。次年任财政部驻外
财政员，赴欧调查财政。1916 年后，任段祺瑞政府财政总长、盐署督办和关税特别会议
全权代表等。1926 年，与胡光等在天津合办中国无线电业公司。后入清华大学法学院，
任经济系教授。1935 年，应南京国民政府行政院院长汪精卫之邀，任币制研究委员会主
席。1938 年 3 月，任伪"中华民国维新政府财政部"部长兼兴华银行总裁。次年 6 月于
上海去世。搜狗百科，http://baike.sogou.com/v8292095.htm？fromTitle＝%E9%99%88%
E9%94%A6%E6%B6%9B。2016 年 5 月 5 日访问。

〔57〕　王伟：《中国近代留洋法学博士考（1905—1950）》，上海人民出版社 2011 年
版，第 140、141 页。另有资料称，张煜全于 1898 年至 1899 年春之间动身赴日，后转赴美
国学习法律，得法学博士学位。程燎原：《清末法政人的世界》，法律出版社 2003 年版，第
39 页。

陈锦涛 1906 年在耶鲁大学获得博士学位，论文题目为《社会流通的测算》。同前，第
88 页。维基百科引《宪政编查馆奏调员分任馆务折并单》（载《政治官报》光绪三十三年
十一月初三日，第四十三号）称严锦镕任宪政编查馆编制局副科员。王宠惠、陈锦涛一行

赴美与傅兰雅的帮助不无关系。

傅兰雅,1839 年 8 月 6 日出生于英格兰海德镇一个传教士家庭,1860 年师范学院毕业后,于 1861 年 3 月 10 日乘船离开英国,7 月 30 日抵达香港,任圣保罗书院(St.Paul College,由 John Stanton 牧师创办)校长。1863 年赴北京任同文馆英文教习。1865 年转任上海英华书馆首任校长。同时于 1866 年 11 月起兼任《上海新报》编辑,至 1868 年 4 月。其后受聘于江南制造总局翻译馆,任译员,年薪 800 美元。合约自 1868 年 6 月 20 日起生效,之后每三年续订一次。1876 年以后,还参与了格致书院事宜。1877 年任益智书会委员兼负责干事,1879 年任该书会总编辑,着手编辑教科书。1896 年定居美国,任伯克利大学东方语言文学教授,1902 年任东方语言文学系主任,1913 年退休。1928 年 7 月 2 日去世,葬于奥克兰莽腾墓园(Mountain View Cemetey)。傅兰雅有两次婚姻,1864 年与英国罗尔斯小姐(1838—1879)在北京结婚,育有五个子女,夫人因对上海水土不服于 1878 年携子女回英国,次年去世。1882 年,傅兰雅与美国纳尔逊小姐(1847—1910)在上海结婚,没有子女。傅兰雅一生共译书 129 种。鉴于他在教学与汉译方面的贡献,1876 年 4 月 13 日(光绪二年三月十九日),经两江总督沈葆桢和直隶总督李鸿章联名上奏,傅兰雅被授予三品衔。光绪二十五年四月十一日(1899 年 5 月 20 日)经两江总督刘坤一保奏,傅兰雅被授予"三等第一宝星"。1901 年傅兰雅回到中国,帮助联系中国留学生留美事宜,回国时带了王宠惠、陈锦涛等 9 名北洋大学堂的学生到伯克利大学留学。熊月之:《西学东渐与晚清社会》,上海人民出版社 1994 年版,第 568—583 页。

据田涛收集整理,修订法律馆出版的外国法律译著计开 35 种。其中光绪三十年(1905)出版 7 种:《德意志刑法(1871 年刑法)》《德意志刑法施行规则(1872 年规则)》《德意志刑法改正规则(1876 年改正规则)》《德国司法制度要略》《德意志裁判法》《(日本)现行法规大全》《日本现行刑法》。光绪三十一年出版 8 种:《俄罗斯刑法》,陆宗舆、杉荣三郎订正《日本改正刑法(日本刑法改正案)》,《日本海军刑法》《日本陆军刑法》《日本刑事诉讼法》,张宗弼译日人佐藤信安著《日本监狱法》,唐宝锷译《日本裁判所构成法(据明治二十二年第六号文)》,张仲和、董康译日人高木丰三著《日本刑法义解》。光绪三十二年出版 1 种:陈箓译《法兰西刑法正文》。光绪三十三年出版 19 种:《荷兰刑法(1881 年颁)》《意大利刑法》《法兰西印刷律(一名法国印件律)》《德国民事诉讼法》《日本刑法论》《普鲁士公司法制度》,董康译日人小河滋次郎著《日本监狱访问录》,《日本新刑法草案》《德意志民法》《德意志民事诉讼法》《比利时刑法》《比利时监狱法》《比利时刑事诉讼法》《美国刑法》《美国刑事诉讼法》《瑞士刑法》《芬兰刑法》《德意志治罪法(1877 年颁)》,董康译日人小河滋次郎著《狱事谭》。田涛:《第二法门》,法律出版社 2004 年版,第 155—157、159 页。

〔58〕 "耶鲁大学从 1912 年开始授予 Doctor of Law 学位(当时简称为 Jur.D.)。Jur.D.学位的要求几乎与 LL.M.相同,法律本科毕业后再进行一年法学专业高级研究,即可获得 LL.M.或者 Jur.D.学位。从 1919 年开始,Jur.D.学位不再要求撰写毕业论文。获

得 LL.M.或者 Jur.D.学位后再进行两年法学高级研究，可以获得 D.C.L.学位。""耶鲁大学从 1925 年开始授予 J.S.D.学位。为了适应新设立的 J.S.D.学位，耶鲁大学于 1924 年废止了 Jur.D.学位。"1933 年起，申请 J.S.D.学位必须提交论文。王伟：《中国近代留洋法学博士考（1905—1950）》，上海人民出版社 2011 年版，第 43、44 页。

〔59〕　同前，第 45、68 页。有关燕树棠生平另可见陈新宇：《法治的恪守者——燕树棠先生的生平与思想》，载《华东政法大学学报》2009 年第 4 期，第 3—4 页。

〔60〕　程燎原：《清末法政人的世界》，法律出版社 2003 年版，第 67 页。北洋大学法科毕业生中还有郭卫（1892—1958，字元觉），其后赴美国哥伦比亚大学留学，曾任大理院推事、司法部秘书长等职，1925 年参与创办"上海政法大学"，后又创办上海法学编译社，任社长。此见郭卫编著：《民国大理院解释例全文》，吴宏耀、郭恒点校，中国政法大学出版社 2014 年版。20 世纪 30 年代，上海政法大学位于蒲柏路 479 号。陶祎珺、娄承浩编著：《走进上海高校老建筑》，同济大学出版社 2017 年版，第 109 页。同一时期，在西摩 132 号有所"中华政法大学"。

〔61〕　《张太雷年谱》，载《张太雷文集》，人民出版社 1981 年版，第 326 页。

〔62〕　北洋大学—天津大学校史编辑室：《北洋大学—天津大学校史》（第一卷，1895 年 10 月—1949 年 1 月），天津大学出版社 1990 年版，第 115—117 页。1920 年 4 月，共产国际代表维经斯基来中国会见李大钊和陈独秀，张太雷担任维经斯基的翻译，到上海见陈独秀。同年 11 月，张太雷受李大钊派遣，在天津一家裁缝店楼上创建天津第一个 S.Y.（社会主义青年团 Socialist Youth 简称）。1920 年冬，北京党小组决定以长辛店作为工人运动的据点，派张太雷等人发起组织长辛店劳动补习学校。该校于 1921 年 1 月 1 日开学。1921 年 3 月，共产国际远东书记处在伊尔库茨克正式组成，下设中、朝、蒙藏、日四科。每科由本国共产主义组织和远东书记各指派一人共同主持。经李大钊推荐，张太雷赴远东书记处参加筹建中国科。1921 年 3 月 23 日，共产国际副全权代表舒米亚茨基签发第 41 号任命书（一般事务）："自本年 3 月 23 日起，张太雷同志编入书记处工作，暂任中国支部书记，给予三级政治工作人员薪金，每月六千一百六十卢布，给养由第五集团军政治部提供。"俄罗斯国际社会政治历史档案馆全宗 495，目录 154，案卷 94，第 43 张。原件为俄文。同年，他还入莫斯科东方劳动者共产主义大学学习，6 月 22 日至 7 月 12 日，作为中共代表出席在莫斯科召开的共产国际三大，成为最早出席共产国际代表大会的中共代表。他还出席了少共国际代表大会，担任青年共产国际执行委员会委员。1924 年春，张太雷回国担任团中央总书记，兼任中共广东区委委员、宣传部长等。1927 年八七会议后，张太雷受中央委派到广东工作，担任中共广东省委书记兼广东省军委书记、中共中央南方局书记兼南方局军委书记。8 月下旬到广东后即传达八七会议精神，决定成立暴动领导机构。9 月到潮汕一带组织群众接应南昌起义军。11 月到上海参加制定广州起义计划，下句回到广州主持武装起义准备工作。因消息泄露，于 12 月 11 日提前举行起义，起义军占领广州市绝大部分城市，成立广州苏维埃政府，张太雷任代理主席、人

民海陆军委员。起义遭到帝国主义和反动当局的联合镇压。12 日张太雷在赶赴前线指挥的路上遭伏击牺牲。刘刚:《张太雷:自号"长侠"愿作惊雷》,载《新京报》2011 年 5 月 11 日 A16 版。《广州起义主要领导人:张太雷》,载《人民日报》2011 年 6 月 2 日第 6 版。曾就读于上海大学的王一知回忆说:"1923 年下半年,上海大学开办了,我与几个湖南、四川籍同学转到上海大学学习,'上大'也是我党所办,校长虽然是于右任(国民党员),不过是挂名而已,校务实际上由邓中夏、瞿秋白等同志主持。秋白任社会学系主任,太雷也在'上大'作教员。"王一知:《忆太雷》,载《红旗飘飘》(第 5 辑,革命先烈故事特辑),中国青年出版社 1957 年版,第 14 页。不过,1923 年 9 月 2 日,广州革命政府军事代表团(亦即孙逸仙军事代表团)抵达莫斯科,团长为蒋介石,成员包括沈定一、王登云、张太雷。11 月 25 日,代表团应邀出席了共产国际执行委员会会议。[苏]А.И.卡尔图诺娃:《加伦在中国(1924—1927)》,中国社会科学出版社 1983 年版,第 18、27 页。

　　〔63〕　李秀清:《从结拜兄弟到法科同窗——吴经熊与徐志摩早期交谊之解读》,载《比较法研究》2008 年第 6 期,第 136 页。1915 年,北洋大学在《政府公报》(1915 年 12 月 1 日第 1281 号)刊登预备班招生广告称:

　　"近年各处学生投考本校,本科程度多不及格。兹拟变通办理,先于明年一月设立临时预备班,补习本科招考各科目。所有规程详叙如下:

　　　　报名:本校十二月二十七日、二十八日,上海十二月二十七日,上午八点。报名随即考试。

　　　　地址:天津在本校,上海在青年会。

　　　　试期:本校十二月二十九日、三十日,上海十二月二十七日、二十八日。

　　　　资格:有高等二年以上,及大学预科二年以上之程度者。

　　　　试验科目:(法科)国文、英语、外国历史地理。(工科)国文、英语、数学、物理。以上各科目均以高等或大学预科二年以上之程度为准。

　　　　补习:此次录取学生,入校后补习半年。暑假时再按招考本科办法,另行试验。录取者得入本科,不录取者即行出校。

　　　　入校:一月八日先交学费十五元,取具保证,即行上课,膳费自理,宿舍费不收。

　　　　预科新班招生:明年八月。"

　　潘懋元、刘海峰编:《中国近代教育史资料汇编·高等教育》,上海教育出版社 2007 年版,第 424 页。

　　〔64〕　1900 年 5 月 13 日,美国监理会在田纳西首府纳什维尔聚会,决定在中国的江苏成立一所大学"Central University of China"。美国监理会(Methodist Episcopal Church, South 或 Methodist Episcopal Mission, South)1846 年成立于田纳西纳什维尔,原为 1819 年成立于纽约的卫理宗教会(The Missionary Society of the Methodist Episcopal Church)。卫理会于 1844 年分裂为南北两部分,北方随即成立美以美会(Methodist Episcopal

Mission）。1900年11月，监理会在上海举行中华年议会，制定了《东吴大学校董会章程》。该章程规定，在江苏苏州建立苏州大学，设文学、神学、医学三个系（神学系后未设）。董事会由13位经差会选举产生的董事组成，其中7人须为居住在中国的传教士，另外5人须在美国本土居住，负责中国传教的会督为当然董事。如居住在中国的董事出现缺额，由校董会任命增补，如居住美国的董事出现缺额，由差会直接任命增补。12月，孙乐文（D.L.Anderson）被校董会选为东吴大学首任校长。1901年6月13日，美国监理会向田纳西州政府申请注册"Central University of China"，1901年6月24日获州务卿签署许可文件（State of Tennessee Charter of Incorporation）。1907年10月5日，东吴大学校董会向田纳西州政府申请将校名变更为 Soochow University。王国平：《博习天赐庄——东吴大学》，河北教育出版社2003年版，第8、22—29页。

〔65〕 Charles Sumner Lobingier，中文名罗炳吉，毕业于内布拉斯加大学及哈佛大学法学院，1890年入法律界，1892年任内布拉斯加州图书馆副馆长及该州法院录事。1900年任内布拉斯加州大学法律系教授。1902—1903年任该州法官，1904年任菲律宾初级法庭法官。1914年被任命为美国在华法院法官，他也是第一位任满任期的法官。罗炳吉到任后，鉴于美国在华法院不设陪审团，法官必须具备独立处理错综复杂问题的能力，同时由于美国有着复杂的州法和联邦法，他详细记录每一件处理过的案件，编写了《"大美国按察使衙门"案例集》。该书收集了从他到任直至1924年离任时，美国在华法院作出的最重要判决。在任内，罗炳吉还改变了第一任法官威尔夫利（Lebbeus Redman Wilfley）的规定，只要出示被承认的大学的相关文凭，任何人均可以申请在美国在华法院执律师业。他还致力于通过限制在沪美商过分投机的法律，以至于成为这些人的攻击对象。1915年东吴法学院成立后，他在该校义务教授罗马法，并著有《平民法》《美国在华法院》《罗马法的发展》等书。张新：《旧上海的美国法院、法官与律师》，载《档案与历史》2001年第3期。

〔66〕 兰金起初的身份是律师，1912年到东吴大学，接替了东吴校长葛赉恩教授政治学。葛赉恩从1911年起即亲自开设了经济学和政治学课程。上海中西书院并入东吴大学后，低年级（预科）学生先由华人董事会管理，后改称中西中学校。1915年（一说1914年）校董会决议将该校直属于东吴大学。兰金被派往上海附近的中西中学校任校长（该校定名为东吴大学第二中学），并获得授权可以在不牵涉东吴大学任何"未经许可的经费支出"的前提下创设其他教育机构。于是1915年秋，他利用东吴大学附属二中晚间的条件，招募上海租界（特别是公共租界）的律师和法官充任教员，开办了法科。1921年至1927年，来自密歇根州的刘伯穆担任第二任教务长。[美]康雅信（Alison W. Conner）：《培养中国的近代法律家：东吴大学法学院》，王健译，贺卫方校，载贺卫方编：《中国法律教育之路》，中国政法大学出版社1997年版，第251—252页。王国平：《博习天赐庄——东吴大学》，河北教育出版社2003年版，第53页。

中西书院是美国监理会在上海创办的。1881年冬，林乐知（Young J.Allen）在上海法租界八仙桥购地建立了中西书院第一分院，1882年又在虹口吴淞路建立第二分院。四五年后又在第二分院附近昆山路购地建设新校舍，并将两分院迁入，正式定名中西书院（Anglo-Chinese School）。其课程分三阶段，初级教育两年，中级四年，高级两年。顾维钧就是中西书院的毕业生。1899年初，监理会决定将苏州博习书院迁往上海并入中西书院，其建筑、仪器则移交给苏州宫巷中西书院（迁并工作到次年2月结束）。根据1900年11月的会议决定，宫巷中西书院于1901年3月8日迁入博习书院旧址。博习书院是监理会在苏州最早建立的书院。其前身是一所主日学校和在其基础上成立的养存书院。1884年更名为博习书院。王国平：《博习天赐庄——东吴大学》，河北教育出版社2003年版，第18—19页。1911年3月16日东吴大学校长孙乐文病逝，5月1日中西书院监院调任执掌东吴大学。5月底，监理会决定结束上海中西书院，将其并入东吴大学。胡卫清：《普遍主义的挑战——近代中国基督教教育研究（1877—1927）》，上海人民出版社2000年版，第334页。

〔67〕　孙伟编著：《吴经熊裁判集与霍姆斯通信集》，中国法制出版社2010年版，导言，第1页。李秀清：《从结拜兄弟到法科同窗——吴经熊与徐志摩早期交谊之解读》，载《比较法研究》2008年第6期，第136页。李秀清：《吴经熊在密歇根大学法学院》，载华东政法大学法律史研究中心编：《法律史的世界》（下），法律出版社2011年版，第342、344、345页。吴经熊：《超越东西方》，周伟驰译，雷立柏注，社会科学文献出版社2002年版，第60—62页。

〔68〕　吴经熊：《超越东西方》，周伟驰译，雷立柏注，社会科学文献出版社2002年版，第120页。

〔69〕　潘倩编：《徐志摩翰墨辑珍》（第二卷留美日记），中央编译出版社2014年版，第9页。沪江大学是教会大学。其前身有二：一是于1906年10月开学的神学院，中文正式名称为上海浸会道学书院，其英文名为Shanghai Bapist Theological Seminary。另一是于1909年2月10日开学的大学，中文名叫上海浸会大学堂，英文名为Shanghai Baptist College。1914年神学院和大学合并。参见胡卫清：《普遍主义的挑战——近代中国基督教教育研究（1877—1927）》，上海人民出版社2000年版，第69页。一说1911年，二部分合并组建上海浸会大学（Shanghai Baptist College and Theological Seminary），1914年，中文定名为沪江大学。

〔70〕　《徐志摩全集》第5卷所附曾庆瑞编修的《新编徐志摩年谱》称徐志摩在北洋预科选修课程包括法律基础、逻辑学、心理学、中国文学、英国文学、世界文学等。赵遐秋、曾庆瑞、潘百生编：《徐志摩全集》（第5卷，书信·日记集），广西民族出版社1991年版，第442页。

〔71〕　除了攻读政治学，徐志摩还同时学习法语、日语。赵遐秋、曾庆瑞、潘百生编：《徐志摩全集》（第5卷，书信·日记集），广西民族出版社1991年版，第442页。

〔72〕　潘倩编：《徐志摩翰墨辑珍》（第二卷留美日记），中央编译出版社2014年版，

第 10 页。

〔73〕　另有资料说,1921 年徐志摩曾入"剑桥大学研究院"为研究生。徐中玉主编:《大学语文》(修订本),华东师范大学出版社 1985 年版,第 314 页。另见林焕文、张凤主编:《世界著名文史学家辞典》,黑龙江朝鲜民族出版社 1985 年版,第 705—706 页,"徐志摩"条。唯该书称徐志摩入读克拉克大学社会学系,入哥伦比亚大学的是政治。另有资料亦称,徐志摩 1915 年结婚,第二年进北京大学,读了二年,1918 年秋,赴美国克拉克大学,攻读社会学。高拜石:《人间四月天——谈谈徐志摩》,载高拜石:《新编古春风楼琐记》(贰),作家出版社 2003 年版,第 166 页。

〔74〕　李济,中国现代考古学的奠基人。1918 年从清华学校毕业后赴美,1919 年获克拉克大学心理学学士学位。1920 年又获该校社会学硕士学位。1923 年获哈佛大学人类学博士学位。李济:《安阳》,河北教育出版社 2000 年版,图版 1"李济简介",前言第 1 页。叶公超:《〈中国早期文明的开始〉序》,载李济:《中国早期文明》,上海世纪出版集团 2007 年版,第 3 页。

〔75〕　潘倩编:《徐志摩翰墨辑珍》(第二卷留美日记),中央编译出版社 2014 年版,第 11 页。

〔76〕　同前,第 12 页。

〔77〕　赵遐秋、曾庆瑞、潘百生编:《徐志摩全集》(第 5 卷,书信·日记集),广西民族出版社 1991 年版,第 5 页。

〔78〕　同前,第 447 页。

〔79〕　同前,第 449、453 页。

〔80〕　同前,第 456、457 页

〔81〕　同前,第 7 页。

〔82〕　1925 年 6 月 3 日,因不满圣约翰大学校长卜舫济侮辱国旗,孟宪承等 17 名教职员和 553 名学生宣誓离校。次日,王省三先生宣布捐地 60 余亩,由国人自办大学容留离校同人。6 月 12 日,新校筹备委员会成立。6 月 22 日,新校名定光华大学。7 月 5 日,光华大学登报招生。7 月 25 日,租定霞飞路 834 号为校舍。7 月 28 日,举行第一次新生入学试验。9 月 7 日,光华大学举行第一次开学典礼,有学生 970 余人。张寿镛为代理校长,朱经农为教务长。1926 年 9 月 1 日,大西路自建新校舍落成。1937 年 11 月 12、13 日,大西路校舍被日军炮火焚毁。大学部迁至爱文义路(今北京西路)卡德路口国光中心,后又迁至白克路 660 号,中学部迁至威海卫路北 274 弄 7 号。11 月 25 日,成都分校筹备处在成都成立。1938 年 8 月 5 日,奉教育部令,蓉校定名"私立光华大学成都分校"。1939 年 1 月 1 日,成都新校舍落成。1941 年 12 月,太平洋战争爆发后,经校董会商定,表面上停办光华大学,实际上将其拆散,分设诚正文学社(主持人蒋竹庄,即蒋维桥)、格致理学社(主持人唐庆增)、壬午补习社(即附中,主持人吴遐龄),均在教育部备案,但未向社会公开招生。三社社址租借上海汉口路证券大楼。1945 年 9 月 22 日,在重

庆的校董开会,议定:取消上海在抗战期间设立的诚正文学社、格致理商学社。"依大学规程不准设立分校之规定,决遵张校长寿镛、谢校董霖当初商定成都分部永久留川之计划,议定两种办法:甲,现有成都分部财产,赠请川省人士接受,另组校董会,继续办理,呈请教育部另行立案,从此与上海光华大学成为兄弟学校。乙,甲项办法若不能成功,则由本会呈请教育部,并入国立四川大学,全部财产,亦悉数赠送。"10月30日,川省人士决定接办成都分部,改名为"私立成华大学"。1951年9月,私立光华大学商学院并入上海财经学院(今上海财经大学),土木工程系并入同济大学,法律系并入华东政法学院(今华东政法大学),铁路工程专修科并入华东工业专科学校。以光华大学其余院系和私立大夏大学为基础,合并成立华东师范大学。两校附中合并成立华东师范大学附属中学。1952年,成华大学并入西南财经学院(今西南财经大学)。张钦楠、朱宗正编著:《张寿镛与光华大学》,华东师范大学出版社2010年版,第203、204、230、233、236、189页。

〔83〕　赵遐秋、曾庆瑞、潘百生编:《徐志摩全集》(第5卷,书信·日记集),广西民族出版社1991年版,第470、498、542、547、566、567、572、575页。《徐志摩》,载互动百科网,http://www.hudong.com/wiki/%E5%BE%90%E5%BF%97%E6%91%A9。2012年8月10日访问。

〔84〕　王伟:《中国近代留洋法学博士考(1905—1950)》,上海人民出版社2011年版,第70页。

〔85〕　同前,第63页。

〔86〕　同前,第64页。

〔87〕　《学部奏议复直督奏北洋大学堂预科学生补习期满仍请照章给奖折》(宣统二年五月初七日,1910年6月13日),载潘懋元、刘海峰编:《中国近代教育史资料汇编·高等教育》,上海教育出版社2007年版,第68页。

〔88〕　《学部奏北洋大学堂毕业学生引见折》,载潘懋元、刘海峰编:《中国近代教育史资料汇编·高等教育》,上海教育出版社2007年版,第69页。

〔89〕　王伟:《中国近代留洋法学博士考(1905—1950)》,上海人民出版社2011年版,第64页。

〔90〕　潘懋元、刘海峰编:《中国近代教育史资料汇编·高等教育》,上海教育出版社2007年版,第66页。

〔91〕　王伟:《中国近代留洋法学博士考(1905—1950)》,上海人民出版社2011年版,第64页。书中称王恩泽与冯熙运、马寅初同批留美。而北大网站称,马寅初于1906年赴美。北京大学网,http://www.pku.edu.cn/about/lsmr/myc.jsp。2015年1月4日访问。有误。据《马寅初年谱长编》,马寅初于1904年下半年考入北洋大学堂,1907年8月肄业,以优等生官费保送美国耶鲁大学。耶鲁大学认可马寅初在北洋所修的12个学分,故其直接入读二年级。第一年课程以自然科学为主,以经济学为副科。两学期均修18学分,平均分别为84分和85分。1910年5月毕业,获耶鲁大学文学学士(B.A.),9月入

哥伦比亚大学研究生院，攻读政治学（部门经济学），1911 年 6 月获文学硕士（M.A.）学位，硕士论文题目为 *Public Revenues in China*。1913 年完成博士论文 *The Finances of New York City*，1914 年 6 月通过论文答辩，获得哲学博士（Ph.D.）。徐斌、马大成编著：《马寅初年谱长编》，商务印书馆 2012 年版，第 15、18、20、23、24 页。

〔92〕 王伟：《中国近代留洋法学博士考（1905—1950）》，上海人民出版社 2011 年版，第 194 页。此外，1925 年获得日本东京帝国大学法学博士学位的赵欣伯（1890—1951）早年亦曾在北洋大学学习。同前，第 347 页。

〔93〕 北洋大学—天津大学校史编辑室编：《北洋大学—天津大学校史》（第一卷，1895 年 10 月—1949 年 1 月），天津大学出版社 1990 年版，第 105—106 页。

〔94〕 也因张正学的缘故，曹杰和马义术的妹妹喜结连理。陈忠诚：《东吴岁月·译林杂谈》，法律出版社 2008 年版，第 1 页。另有资料称杨绛之父杨荫杭也是北洋大学法科的毕业生。何勤华：《中国法学史》（第三卷），法律出版社 2006 年版，第 19 页。其实，杨荫杭并未从北洋毕业。杨荫杭（1878—1945），字补孙，1895 年考入天津中西学堂，1898 年转入南洋公学。次年以南洋公学官费留学生身份赴日留学。其间组建励志会，参与创办《译书汇编》（*The Yi Shu Hui Pien*）。1902 年日本东京专门学校（今早稻田大学）毕业，1907 年 7 月在早稻田大学获法学士学位，后赴美留学，1910 年在宾夕法尼亚大学获得法学硕士学位。百度百科，http://baike.baidu.com/link? url = UVTqkRMrxPMJZ3SoevdpHq8aRXmLu6wp6z80kKs8Y - 8rkIxC_jDqXC9zHHjFMbVt3koYwQxBQ__z0lu_r95iKK。2015 年 1 月 15 日访问。杨荫杭自早稻田大学毕业时间一说为 1908 年。程燎原：《清末法政人的世界》，法律出版社 2003 年版，第 39 页。宾夕法尼亚大学旧译本薛佛义大学。《译书汇编》于 1900 年 12 月 6 日创刊，第 9 期起改为刊载著述为主，编译为副。1903 年 4 月改名为《政法学报》。何勤华：《中国法学史》（第三卷），法律出版社 2006 年版，第 73、74 页。另见李伟：《中国近代翻译史》，齐鲁书社 2005 年版，第 241 页。

〔95〕 当然，前述北洋校长列席 1918 年 2 月 23 日教育部会议的事实亦说明，当时北洋校方是同意改变大学体制的，因而其对于北洋法科的失去也有责任。1994 年 1 月，经当时的国家教委批准，天津大学设立了经济法专业，同年 8 月开始招生。1997 年 11 月，社会科学与外国语学院成立，1994 年 5 月成立的法学教研室并入，并改称法学系。2009 年，文法学院成立，下设法学系。2015 年 6 月 17 日，天津大学法学院正式成立。这些都是后话。

〔96〕 邓云乡：《文化古城旧事》，河北教育出版社 2004 年版，第 36 页。吴范寰：《李石曾与北平大学区》，载中国人民政治协商会议全国委员会文史资料研究委员会编：《文史资料选辑》（第三十四辑），文史资料出版社 1980 年版，第 15 页。一说先后派胡仁源、秦汾为校长。夏新华：《寻访李宜琛》，载《华东政法学院学报》2009 年第 3 期，第 141—142 页。

〔97〕 吴范寰：《李石曾与北平大学区》，中国人民政治协商会议全国委员会文史

资料研究委员会编:《文史资料选辑》(第三十四辑),文史资料出版社 1980 年版,第 17
页。1927 年 7 月 15 日,浙江省宣布试行大学区制,国民政府任命原浙江省教育厅厅长
蒋梦麟为第三中山大学校长。新成立的第三中山大学于 8 月 1 日接收原浙江省教育
厅的权限及档案,并将其改组为行政处,浙江大学区正式试行。大学区制在浙江的实
施并没有遇到大的阻碍,这和江苏、平津等地的强烈反对形成了很大的反差。1929 年
6 月,国民政府行政院第 27 次会议决议,"暑期内停止浙江、北平两大学区之试行,中
央大学区限本年底停止"。7 月 30 日,浙江大学区教育行政事务重归浙江省教育厅管
理,浙江大学区宣告停办。王玉芝、罗卫东主编:《图说浙大——浙江大学校史简本》,
浙江大学出版社 2010 年版,第 17 页。

〔98〕 李丰耀:《北京大学和北平大学的分合》,载孔夫子旧书网,http://zixun.
kongfz.com/article_46816.html。2017 年 3 月 15 日访问。

〔99〕 李贵连、孙家红、李启成、俞江编:《百年法学——北京大学法学院院史
(1904—2004)》,北京大学出版社 2004 年版,第 106 页。

〔100〕 吴范寰:《李石曾与北平大学区》,中国人民政治协商会议全国委员会文
史资料研究委员会编:《文史资料选辑》(第三十四辑),文史资料出版社 1980 年版,第
18 页。

〔101〕 1927 年 9 月 21 日,国民政府会议通过《北平大学区组织大纲》,拟合并国
立北京大学、北京师范大学、北京女子师范大学、北京医科大学、北京农科大学、北京法
政大学、北京女子大学、北京艺术专门学校等"国立九校",以及保定的河北大学、天津
的北洋大学。黄启兵:《北平大学区时期北京大学的合并与分离》,载《高等教育研究》
2013 年第 7 期,第 84 页。

〔102〕 1928 年 11 月 29 日,500 多名北大学生举行游行示威,"他们高举北大校
旗,手持'反对大学区制''北大独立'的旗帜,来到怀仁堂西门北平大学校长办公处请
愿,遭到拒绝接见后群情激愤,砸了'北平大学办事处'和'北平大学委员会'两块牌
子,又到李石曾住宅示威。12 月 1 日清晨,数百名军警护送接收人员分赴北大文理法
三院准备武装接收时,又遭学生群起反抗,李石曾当即威胁北大学生,有'本大学奉国
府令组织,如违抗即反国民党;保存北大旧名,有封建腐化之嫌'等语。最后经吴稚晖、
蔡元培等出面调停,教育部作出让步,同意北大原有三院组织并不拆散,名称改为'国
立北平大学北大学院',经费以北大时期最高预算为标准。这样,在被迫停课九个多月
后,1929 年 3 月 11 日北大重新开学"。李丰耀:《北京大学和北平大学的分合》,载孔
夫子旧书网,http://zixun.kongfz.com/article_46816.html。2017 年 3 月 15 日访问。

〔103〕 谢振民编著:《中华民国立法史》(上册),张知本校订,中国政法大学出版
社 2000 年版,第 369 页。

〔104〕 吴范寰:《李石曾与北平大学区》,中国人民政治协商会议全国委员会文
史资料研究委员会编:《文史资料选辑》(第三十四辑),文史资料出版社 1980 年版,第

26 页。

〔105〕　李贵连、孙家红、李启成、俞江编:《百年法学——北京大学法学院院史(1904—2004)》,北京大学出版社 2004 年版,第 106—109 页。一说教育部于 1929 年 5 月 27 日宣布恢复北京大学,取消北大学院名称,以陈大齐为校长。吴范寰:《李石曾与北平大学区》,中国人民政治协商会议全国委员会文史资料研究委员会编:《文史资料选辑》(第三十四辑),文史资料出版社 1980 年版,第 27 页。不准确。1929 年 6 月,国民党二中全会决议正式废止大学区制后,闻讯的北大学生会即在各院改悬北京大学校牌并悬校旗一日志庆。7 月 10 日,北大学院院长陈大齐应蒋介石之召,面陈北大校名因历史关系和国际信用,请求恢复原名,得蒋赞许。随后学校评议会即电请教育部照准。李丰耀:《北京大学和北平大学的分合》,载孔夫子旧书网,http://zixun.kongfz.com/article_46816.html。2017 年 3 月 15 日访问。

〔106〕　[美]M.克莱因:《数学:确定性的丧失》,李宏魁译,湖南科学技术出版社 2007 年第 2 版,第 116 页。

〔107〕　[美]R. 柯朗、H. 罗宾著:I. 斯图尔特修订:《什么是数学:对思想和方法的基本研究》(中文第三版),左平、张饴慈译,复旦大学出版社 2011 年版,第 8 页。

〔108〕　历史上,哈佛大学和麻省理工学院(MIT)曾被四次讨论合并事宜。其中第 3 次(1897 年),哈佛建议将其工科学生转到 MIT,但要保留某种控制权。这一提议因 MIT 方面的拒绝而无果。第 4 次(1904 年),哈佛方面接到了一笔捐款用以加强其应用科学,哈佛建议与 MIT 合并以避免无谓的浪费。该动议因强制地要 MIT 卖掉其在波士顿的产业并移到查尔斯河对岸与哈佛相望的地方,遭到了 MIT 忠实的校友的反对。Paula B.Cronin, *A Work in Progress:the MIT Sloan School of Management* 2002:*Looking Back, Moving Forward.* (Cambridge, Massachusetts:MIT Sloan School of Management, 2002)15.

第四章　法律教育在边疆:20 世纪前期的东北

〔1〕　程燎原:《清末法政人的世界》,法律出版社 2003 年版,第 74 页。

〔2〕　1907 年 4 月 20 日,清政府制定东三省督抚办事纲要及官职章程,决定废除盛京、吉林、黑龙江三省驻防将军,建立行省制。"盛京将军著改为东三省总督,兼管三省将军事务,随时分驻三省行台。奉天、吉林、黑龙江各设巡抚一缺,以资治理。"黑龙江省地方志编纂委员会:《黑龙江省志·政权志》(第六十卷),黑龙江人民出版社 2003 年版,第 42 页。

程德全(1860—1930),字纯如,号雪楼,晚号无智,素园居士,四川云阳人,咸丰十年(1860)生,光绪十四年(1888)入国子监肄业。光绪三十三年起(1907 年 5 月至 1908 年 3 月)任黑龙江巡抚(第一任巡抚段芝贵因贿赂败露未到任,程先署理后实授),之前曾署理黑龙江将军。黑龙江省地方志编纂委员会:《黑龙江省志·人物志》(第七十六卷),黑龙江人民出版社 1999 年版,第 212—213 页。

〔3〕　程德全:《设法政肄习所折》,载程德全撰,姜维公、刘立强主编,吴明罡标点:《程将军守江奏稿》(卷十一),黑龙江教育出版社 2014 年版,第 348—349 页。

〔4〕　黑龙江省地方志编纂委员会:《黑龙江省志·司法行政志》(第六十五卷),黑龙江人民出版社 1998 年版,第 380 页。

〔5〕　黑龙江省地方志编纂委员会:《黑龙江省志·教育志》(第四十五卷),黑龙江人民出版社 1996 年版,第 470 页。

〔6〕　程德全:《咨送直隶分科学生片》,载程德全撰,姜维公、刘立强主编,吴明罡标点:《程将军守江奏稿》(卷十一),黑龙江教育出版社 2014 年版,第 349—350 页。

〔7〕　程德全:《会奏民刑诉讼法吉江两省尚难通行折(附单)》(光绪三十二年十二月二十日),载程德全撰,姜维公、刘立强主编,吴明罡标点:《程将军守江奏稿》(卷十五),黑龙江教育出版社 2014 年版,第 457 页。

〔8〕　同前,第 456 页。1912 年,吉林省律师刘奎开始执业。1913 年 3 月 1 日其在《吉林公报》上刊登告称:"本律师得司法总长认可书在大理院、吉林省各级法院办理一切民、刑诉讼并公证订约等事宜,有委托所请在吉林省提法司前胡同事务所接洽。"此前,经律师刘奎等呈奉司法部核准,1913 年 1 月 4 日吉林省律师公会在吉林省永吉县成立。当时设正、副会长各 1 人,共有会员 86 人。吉林省地方志编纂委员会:《吉林省志·司法公安志》(卷十二,司法行政),吉林人民出版社 2000 年版,第 196、197 页。

〔9〕　程德全:《各学堂额支折(附单)》(九月十九日),载程德全撰,姜维公、刘立强主编,吴明罡标点:《程将军守江奏稿》(卷十三),黑龙江教育出版社 2014 年版,第 412 页。

〔10〕　程德全:《调任学馆学员片》,载程德全撰,姜维公、刘立强主编,吴明罡标点:《程将军守江奏稿》(卷十二),黑龙江教育出版社 2014 年版,第 381 页。同日,程德全上奏请设立巡警学堂:"兹拟设立全省巡警学堂一所,由京师直隶择聘教习,挑选弁员巡兵,分班受课,总期精心求精,俾知巡警义务,将来毕业后,以之认真办理,则奸宄潜消,幸福增进,庶几名实相符。此次草创,规模但求简易,不务赅博,仍仿照直隶、四川各省章程中与本省相宜者,参酌试办,亦惟施之有序而后行之有恒。"此前,"至二月间,奏设侦探学习馆一折,奉朱批:刑部、巡警部议奏。钦此"。程德全:《设巡警学堂折(附单)》,载程德全撰,姜维公、刘立强主编,吴明罡标点:《程将军守江奏稿》(卷十二),黑龙江教育出版社 2014 年版,第 375—376 页。该折称:"拟于省城设侦探学习馆一所,访聘西国之精于斯道者一二人充当教习,略仿学堂规则,选择候补投效人员及本地二十岁外中学已通之聪颖子弟入馆肄业,研究各国侦探各书所载案情,并随时详译医学、化学各理,推广《洗冤》之术,定以三年为期,仍由[臣]分别考取,给发卒业文凭,

严定权限，分拨各府厅州县，佐辅新政。"程德全：《请添侦探学习馆折》，载程德全撰，姜维公、刘立强主编，吴明罡标点：《程将军守江奏稿》（卷十），黑龙江教育出版社 2014 年版，第 314 页。

〔11〕 黑龙江省地方志编纂委员会：《黑龙江省志·司法行政志》（第六十五卷），黑龙江人民出版社 1998 年版，第 380 页。黑龙江省地方志编纂委员会：《黑龙江省志·教育志》（第四十五卷），黑龙江人民出版社 1996 年版，第 470 页。1907 年 12 月 23 日，根据东三省总督徐世昌和黑龙江巡抚程德全的奏请，清廷决定黑龙江省暂设民政、提学、度支、提法四司，其余诸司暂从缓设；应设之承宣、咨议二厅事务原由文案处办理，现仍由该处职掌。黑龙江省地方志编纂委员会：《黑龙江省志·政权志》（第六十卷），黑龙江人民出版社 2003 年版，第 42 页。

〔12〕 交涉总局原为将军衙门机构，职掌全省对外交涉事务。下设秘书、翻译两科。黑龙江省地方志编纂委员会：《黑龙江省志·政权志》（第六十卷），黑龙江人民出版社 2003 年版，第 44 页。1897 年 10 月 10 日，黑龙江将军衙门批准在省城齐齐哈尔设立"黑龙江交涉处"，专管对俄交涉。从平时处理外交事务的官员中间筛选出 10 人。其中，总办 1 名，帮办 1 名，俄文会办委员 1 名，办事委员 2 名，主稿翻译、笔帖式 5 名。李朋：《吉黑两省铁路交涉局的"嬗变"——1898—1917 中东铁路附属地行政管理权研究》，载《中国边疆史地研究》2010 年第 1 期，第 23 页。

〔13〕 黑龙江省地方志编纂委员会：《黑龙江省志·司法行政志》（第六十五卷），黑龙江人民出版社 1998 年版，第 382 页。晚清时的黑龙江省高等审判厅和高等检察厅均设立于宣统元年（1909 年 11 月）。黑龙江省地方志编纂委员会：《黑龙江省志·政权志》（第六十卷），黑龙江人民出版社 2003 年版，第 44 页。周贞亮早年毕业于日本法政大学法律科。程燎原：《清末法政人的世界》，法律出版社 2003 年版，第 298 页。由仕学馆毕业生、分省补用道周忠纬襄办学务。同前，第 89—90 页。

〔14〕 黑龙江省地方志编纂委员会：《黑龙江省志·司法行政志》（第六十五卷），黑龙江人民出版社 1998 年版，第 382 页。

〔15〕 同前，第 381 页。

〔16〕 同前，第 381 页。

〔17〕 1910 年冬，东北瘟疫流行，最终导致 6 万人死亡。1910 年 12 月，外务部右丞施肇基电召伍连德急赴哈尔滨调查处理鼠疫。伍连德（Wu Lien The, Ghon Lean Tuck, 1879—1960），字星联，祖籍广东台山，1879 年 3 月 10 日出生于英属殖民地槟榔屿。17 岁以英国海峡殖民地居民身份获得女王奖学金赴英国读书，1905 年 5 月 25 日获得剑桥大学（意曼纽学院，Emmanual College）医学博士学位（M.D.），是首位取得剑桥大学医学博士学位的华人。王伟：《中国近代留洋法学博士考（1905—1950）》，上海人民出版社 2011 年版，第 138 页。他先后在英国圣玛丽医院、利物浦热带病学院、德国哈勒大学卫生学院、法国巴斯德研究所从事研究，曾师从诺贝尔生理学和医学奖获

得者梅奇尼可夫和霍普金斯。1903 年返回槟榔屿行医,1907 年回国服务。在海军将
领程璧光等人的引荐下,出任天津陆军医学堂协办(副校长)。多默:《伍连德和 100 年
前的东北大鼠疫》,载《南方周末》2011 年 5 月 5 日。

〔18〕 1912 年 3 月 15 日临时大总统袁世凯发布命令,裁撤东三省总督和吉林、黑
龙江两省巡抚,设置东三省都督和吉林、黑龙江都督。同时宣布"所有各省文武属官照
旧供职,官制、营制概不变动"。原黑龙江巡抚宋小濂改任黑龙江省都督,原黑龙江行
省公署改为黑龙江省都督府。根据 7 月 18 日颁布的《都督府组织令》,黑龙江省都督
下设参谋长、军政长、秘书厅、旗务处、民政司、提学司、提法司等。除秘书厅是由原黑
龙江行省公署的幕职改组的外,其余机构均沿用原有。张建勋以原提学使留任,至
1913 年 2 月免职,但其实际任职仅 1 个月 17 天,1912 年 1 月 18 日由涂凤书署理。黑
龙江省地方志编纂委员会:《黑龙江省志·政权志》(第六十卷),黑龙江人民出版社
2003 年版,第 59、61 页。

〔19〕 黑龙江省地方志编纂委员会:《黑龙江省志·司法行政志》(第六十五卷),
黑龙江人民出版社 1998 年版,第 383—384 页。

〔20〕 同前,第 384 页。

〔21〕《民国初年公立法政专门学校一览表》,载潘懋元、刘海峰编:《中国近代教
育史资料汇编·高等教育》,上海教育出版社 2007 年版,第 490 页。

〔22〕 朱有瓛主编:《中国近代学制史料》(第三辑上册),华东师范大学出版社
1990 年版,第 645 页。

〔23〕 同前,第 531 页。

〔24〕 黑龙江省地方志编籍委员会:《黑龙江省志·司法行政志》(第六十五卷),
黑龙江人民出版社 1998 年版,第 384 页。

〔25〕 辽宁省地方志编纂委员会办公室主编:《辽宁省志·司法行政志》,辽宁民
族出版社 2003 年版,第 70、71 页。此外还有一所奉天法律讲习所。设于光绪三十三
年(1907),当年八月开办。后停办,光绪三十四年归入法政学堂。

〔26〕 同前,第 71 页。

〔27〕 同前,第 66 页。

〔28〕 同前,第 67 页。

〔29〕 同前,第 67 页。光绪三十四年,该学堂有学生 371 人,宣统元年学生增至
499 人。潘懋元、刘海峰:《中国近代教育史资料汇编·高等教育》,上海教育出版社
2007 年版,第 359、361、363 页。一说奉天法政学堂(东三省法政学堂)先后培养学生 9
个班,共计 600 余人。辽宁档案网,http://www.lndangan.gov.cn/lnsdaj/whdgy/msmf/
content/ff8080815a4c392c015bd94e676002ab.html。2018 年 3 月 9 日访问。

〔30〕 辽宁省地方志编纂委员会办公室主编:《辽宁省志·司法行政志》,辽宁民
族出版社 2003 年版,第 66、67 页。

〔31〕 同前,第 66 页。

〔32〕 辽宁省地方志编纂委员会办公室主编:《辽宁省志·教育志》,辽宁大学出版社 2001 年版,第 507 页。《辽宁省志·司法行政志》称该学校于 1920 年 3 月停办,似有误。辽宁省地方志编纂委员会办公室主编:《辽宁省志·司法行政志》,辽宁民族出版社 2003 年版,第 66 页。

〔33〕 《从奉天法政学堂到奉天市政公所》,载新浪博客,http://blog.sina.com.cn/s/blog_51c19ab00100vqq1.html。2014 年 10 月 13 日访问。

〔34〕 东北大学首任校长为王永江,张学良为第三任校长。"九·一八"事变后,东北大学经历了 18 年的流亡,辗转北平、开封、西安,最终落脚在三台。1946 年返回沈阳。1948 年 6 月再迁北平。1949 年 8 月 1 日,中共中央东北局、东北行政委员会《关于整顿高等教育的决定》提出,设立沈阳工学院、哈尔滨工业大学、大连大学工学院等三所"培养高级工业人才的高等工业学校"。武衡主编:《东北区科学技术发展史资料(解放战争时期和建国初期)》(第一卷,综合卷),中国学术出版社 1984 年版,第 244 页。1950 年 9 月,沈阳工学院、抚顺煤矿学院(原抚顺矿山专科学校)大部、鞍山工专、沈阳兵中专等合并成立了东北工学院,落脚于沈阳南湖。袁宝华:《组织科技力量,为生产服务》,载武衡主编:《东北区科学技术发展史资料(解放战争时期和建国初期)》(第一卷,综合卷),中国学术出版社 1984 年版,第 363 页。王新三:《我的回忆——东北科技工作点滴》(王瑛整理),载武衡主编:《东北区科学技术发展史资料(解放战争时期和建国初期)》(第一卷,综合卷),中国学术出版社 1984 年版,第 372 页。1993 年复名为东北大学。毕玉才、杨明:《"自强不息,知行合一"——在"救国""强国"中一路走来的东北大学》,载《光明日报》2014 年 6 月 27 日第 6 版。

〔35〕 辽宁省地方志编纂委员会办公室主编:《辽宁省志·司法行政志》,辽宁民族出版社 2003 年版,第 69 页。

〔36〕 同前,第 69 页。

〔37〕 潘懋元、刘海峰编:《中国近代教育史资料汇编·高等教育》,上海教育出版社 2007 年版,第 359、361、363 页。

〔38〕 吉林省地方志编纂委员会:《吉林省志·司法公安志》(卷十二,司法行政),吉林人民出版社 2000 年版,第 334—336 页。

〔39〕 朱有瓛主编:《中国近代学制史料》(第三辑上册),华东师范大学出版社 1990 年版,第 616 页。

〔40〕 同上,第 645 页。

〔41〕 王伟:《中国近代留洋法学博士考(1905—1950)》,上海人民出版社 2011 年版,第 72 页。

〔42〕 吉林省地方志编纂委员会:《吉林省志·司法公安志》(卷十二,司法行政),吉林人民出版社 2000 年版,第 336 页。

〔43〕　姜朋:《东北人民大学法律系早期历史述略(1950—1953)》,载《法制与社会发展》2007年第3期。

〔44〕　王希亮:《东北沦陷区殖民教育史》,黑龙江人民出版社2008年版,第10页。佳木斯中共组织的创始人之一唐瑶圃(1907.8.15—1939.2,原名吉昆,又名九英,化名姚新一)自吉林省立第一中学毕业后,于1925年考入吉林省立第一师范学校附设的初中教员专修班文科,1927年毕业,1928年8月考入吉林大学,1929年暑假只身前往北平,入私立弘达学院读书。魏燕茹:《唐瑶圃》,载中共黑龙江省委党史研究室编:《中国黑龙江党史人物传》(第四卷),黑龙江人民出版社2006年版,第396—397页。

〔45〕　东北师范大学网,http://www.nenu.edu.cn/nenu/images/history.pdf。2013年7月16日访问。《东北师范大学校史》编辑委员会:《东北师范大学校史(1946—1986)》,东北师范大学出版社1986年版,第54页。唯其称,1946年春组建吉林大学时,周保中将军兼任校长,何锡麟任教务长(第54页)。有误。另可见袁征:《孔子·蔡元培·西南联大——中国教育的发展和转折》,人民日报出版社2007年版,第316、317页。

〔46〕　光绪二十二年(1896)四月二十二日,李鸿章同沙俄大臣维特·罗拔诺夫在莫斯科签订《中俄密约》,约定中国允许沙俄经由黑吉两省修建由赤塔到海参崴的铁路,其建筑和经营由华俄道胜银行承办。其后,驻俄公使许景澄又受命与沙俄签订了《中俄合办东省铁路公司合同》《华俄道胜银行合同》。辽左散人(刘静严):《滨江尘嚣录》,张颐青、杨镰整理,中国青年出版社2012年版,第3、8页。范震威:《一个城市的记忆与梦想——哈尔滨百年过影》,黑龙江美术出版社2012年版,第41、44页。1897年3月(光绪二十三年二月),东省铁路公司成立,华俄道胜银行董事长乌赫托姆斯基兼任东省铁路公司董事长。总公司设在彼得堡,分公司设在北京,路局设在哈尔滨。中国东省铁路名义上系清政府与沙俄合资修建。但中方在出资70%的华俄道胜银行中却没有一个董事席位。1897年4月(光绪二十三年三月),沙俄铁路工程队进入中国,进行线路勘探。1897年8月27日(光绪二十三年八月初一日),在绥芬河举行开工典礼。复旦大学历史系《沙俄侵华史》编写组:《沙俄侵华史》,上海人民出版社1975年版,第338页。1935年,中东路由日伪收买。1945年8月,苏联出兵东北后又归苏联。1950年2月14日,中苏两国政府签订《关于中国长春铁路、旅顺口及大连的协定》,宣布该路为中苏共管的独立行政单位,受中、苏两国领导。同年4月25日,中国长春铁路公司在哈尔滨正式成立。公司下设理事会(决策机构)、监事会和铁路管理局(执行机构)。局长由苏方选派,副局长来自中方。1951年5月第33次理事会决议轮换局长)。1952年9月25日,中、苏代表团发表《关于中国长春铁路移交中华人民共和国的公告》,宣布中长路将于当年12月31日前将移交中方。1952年12月31日,移交典礼在哈尔滨举行。中方周恩来、滕代远出席。1955年6月15日,中苏联合委员会决定,苏方将后贝加尔湖铁路满洲里车站和与其相衔接的到国境为止的区段(1524

毫米轨距铁路）连同全部不动产及设备移交中国。参见哈尔滨铁路局史志编纂办公室编：《哈尔滨铁路历史编年（1895—1997）》，中国铁道出版社 1998 年版，第 138—139、148—150、163 页。

〔47〕　《100 年，哈尔滨！》（修正版），载乌鸦泡人微信公众号：wuyapaoren，2019 年 12 月 11 日刊发中俄密约原图。另有转引文字见复旦大学历史系《沙俄侵华史》编写组：《沙俄侵华史》，上海人民出版社 1975 年版，第 317—318 页。

〔48〕　黑龙江省地方志编纂委员会：《黑龙江省志·地名录》（第七十八卷），黑龙江人民出版社 1998 年版，第 5 页。《中俄合办东省铁路公司合同》（1896 年 9 月 8 日）规定，凡"建造经理防护铁路所需之地"和"铁路赋开采沙土、石块、石灰等项所需之地"，原是官地者由中国政府无偿给与，"凡该公司之地段，一概不纳地税，由该公司一手经理"。见《清季外交史料》卷一二二。转引自复旦大学历史系《沙俄侵华史》编写组：《沙俄侵华史》，上海人民出版社 1975 年版，第 320 页。

〔49〕　程维荣：《近代东北铁路附属地》，上海社会科学院出版社 2008 年版，第 79—80 页。

〔50〕　范震威：《一个城市的记忆与梦想——哈尔滨百年过影》，黑龙江美术出版社 2012 年版，第 24—25 页。

〔51〕　何宏：《哈尔滨铁路交涉总局与滨江关道》，载《学理论》2008 年第 11 期，第 72 页。

〔52〕　新浪博客，http://blog.sina.com.cn/s/blog_b3a09a030102v1td.html。2015 年 7 月 29 日访问。

〔53〕　何宏：《哈尔滨铁路交涉总局与滨江关道》，载《学理论》2008 年第 11 期，第 72 页。程德全在《铁路交涉加增局费片》中提道："江省铁路交涉总局向驻哈埠，分辖六局，事务本极繁难。"程德全撰，姜维公、刘立强主编，吴明罡标点：《程将军守江奏稿》（卷十六），黑龙江教育出版社 2014 年版，第 488 页。

〔54〕　该章程全称作《增改哈尔滨铁路交涉总局章程》。凡十一款。刘瑞霖编：《东三省交涉辑要》，载姜维公、刘立强主编：《中国边疆研究文库·初编·东北边疆卷七》，黑龙江教育出版社 2014 年版，第 124—126 页。另见李朋：《吉黑两省铁路交涉局的"嬗变"——1898—1917 中东铁路附属地行政管理权研究》，载《中国边疆史地研究》2010 年第 1 期，第 27 页。

〔55〕　何宏：《哈尔滨铁路交涉总局与滨江关道》，载《学理论》2008 年第 11 期，第 72 页。

〔56〕　辽左散人（刘静严）：《滨江尘嚣录》，张颐青、杨镰整理，中国青年出版社 2012 年版，第 205 页。

〔57〕　石方、刘爽、高凌：《哈尔滨俄侨史》，黑龙江人民出版社 2003 年版，第 501 页。

〔58〕　"至1917年[朝鲜银行]在奉天、大连、长春、四平、开原、哈尔滨、营口、傅家甸、龙井村等地开设分支机构,同正金银行展开激烈竞争"。郭予庆:《近代日本银行在华金融活动——横滨正金银行(1894—1919)》,人民出版社2007年版,第124页。

〔59〕　石方、刘爽、高凌:《哈尔滨俄侨史》,黑龙江人民出版社2003年版,第501—502页。

〔60〕　同前,第504页。

〔61〕　经过长达两个多月的谈判,1909年5月10日(宣统元年三月二十一日),外务部尚书兼会办大臣梁敦彦和沙俄驻华公使廓索维慈等在北京最终签订了《东省铁路公议会大纲》。其虽承认中国仍然享有在中东铁路属地的主权,但具体的行政管理权已经被沙俄完全攫取。复旦大学历史系《沙俄侵华史》编写组:《沙俄侵华史》,上海人民出版社1975年版,第444—445页。

〔62〕　何宏:《哈尔滨铁路交涉总局与滨江关道》,载《学理论》2008年第11期,第71页。

〔63〕　程德全:《添设哈尔滨关道折》,载程德全撰,姜维公、刘立强主编,吴明罡标点:《程将军守江奏稿》(卷十一),黑龙江教育出版社2014年版,第192—194页。

〔64〕　赵尔巽、柯劭忞等撰:《清史稿·德宗本纪》(第四册),中华书局1976年版,第953页。曾一智:《保护滨江关道衙门行动》,载曾一智:《城与人——哈尔滨故事》,黑龙江人民出版社2003年版,第8—11页。有资料称,光绪三十一年九月初七日(1905年10月5日)吉林、黑龙江两将军奏请设置哈尔滨关道。哈尔滨档案局网,http://www.hrb-dangan.gov.cn/hbfm/hbsh/2014/10/12931.html。2015年8月1日访问。

〔65〕　黑龙江省地方志编纂委员会:《黑龙江省志·地名录》(第七十八卷),黑龙江人民出版社1998年版,第18页。实际加盖的作"哈尔滨关道兼吉黑交涉事宜关防"。

〔66〕　何宏:《哈尔滨铁路交涉总局与滨江关道》,载《学理论》2008年第11期,第71页。

〔67〕　黑龙江省地方志编纂委员会:《黑龙江省志·地名录》(第七十八卷),黑龙江人民出版社1998年版,第23页。《清史稿·德宗本纪》载,光绪三十三年三月"戊戌[初七日,1907年4月19日],长春、哈尔滨辟为商埠"。赵尔巽、柯劭忞等撰:《清史稿·德宗本记》(第四册),中华书局1976年版,第957页。

〔68〕　赵尔巽、柯劭忞等撰,国史馆校注:《清史稿校注》(第三册),中国台湾地区商务印书馆1999年版,第2251页。

〔69〕　赵尔巽、柯劭忞等撰:《清史稿·宣统皇帝本纪》(第四册),中华书局1976年版,第976页。《黑龙江省志·政权志》载,吉林西北路道直辖宾州、双城、五常三府。其中,宾州府辖有滨江厅和阿城、长寿两县。黑龙江省地方志编纂委员会:《黑龙江省志·政权志》(第六十卷),黑龙江人民出版社2003年版,第81页。而《吉林省志·政府志》将滨江道与西北路道(宣统元年更名)并列。滨江道属海关监督性质;西北路道

为分巡、兵备加参领衔(可兼理本境旗务、蒙务)，下辖新城、双城、宾州、五常四府，榆树厅、长寿、阿城两县。吉林省地方志编纂委员会：《吉林省志·政府志》(卷七)，吉林人民出版社2003年版，第45页。宣统二年(1910年)五月初四日，清政府批准东三省总督锡良、吉林巡抚陈昭常所请"以滨江关道改为西北路道，仍驻哈尔滨，巡防吉林西北一带等处地方，兼管哈尔滨关税及商埠交涉事宜"。至此，"哈尔滨关道"改称"吉林西北路分巡兵备道"。中国政：《关道设置简要始末》，载《黑龙江档案》2006年第1期，第53页。

〔70〕　黑龙江省地方志编纂委员会：《黑龙江省志·地名录》(第七十八卷)，黑龙江人民出版社1998年版，第18页。

〔71〕　辽左散人(刘静严)：《滨江尘嚣录》，张颐青、杨镰整理，中国青年出版社2012年版，第5页。

〔72〕　同前，第10页。

〔73〕　黑龙江省地方志编纂委员会：《黑龙江省志·地名录》(第七十八卷)，黑龙江人民出版社1998年版，第18页。黑龙江省地方志编纂委员会：《黑龙江省志·政权志》(第六十卷)，黑龙江人民出版社2003年版，第82页。

〔74〕　辽左散人(刘静严)：《滨江尘嚣录》，张颐青、杨镰整理，中国青年出版社2012年版，第18页。书中，张曾榘作张曾矩。

〔75〕　黑龙江省地方志编纂委员会：《黑龙江省志·政权志》(第六十卷)，黑龙江人民出版社2003年版，第88页。

〔76〕　《滨江地方审检两厅长援案给予公费呈并指令》(1920年6月)，载《司法公报》第123期，1920年7月31日，第103—104页。转引自毕连芳：《北京民国政府司法官制度研究》，中国社会科学出版社2009年版，第216页。

〔77〕　辽左散人(刘静严)：《滨江尘嚣录》，张颐青、杨镰整理，中国青年出版社2012年版，第30页。

〔78〕　同前，第206页。

〔79〕　黑龙江省地方志编纂委员会：《黑龙江省志·铁路志》(第十八卷)，黑龙江人民出版社1992年版，第36页。

〔80〕　辽左散人(刘静严)：《滨江尘嚣录》，张颐青、杨镰整理，中国青年出版社2012年版，第32—33页。

〔81〕　日本法政大学大学史料委员会编：《清国留学生法政速成科纪事》，裴敬伟译，李贵连校订，孙家红参订，广西师范大学出版社2015年版，第189页。

〔82〕　辽左散人(刘静严)：《滨江尘嚣录》，张颐青、杨镰整理，中国青年出版社2012年版，第204页。

〔83〕　黑龙江省地方志编纂委员会：《黑龙江省志·铁路志》(第十八卷)，黑龙江人民出版社1992年版，第36页。

〔84〕 同前,第36页。黑龙江省地方志编纂委员会:《黑龙江省志·政权志》(第六十卷),黑龙江人民出版社2003年版,第88、89页。朱庆澜,字子桥(樵),原籍浙江绍兴钱清镇渔后村,同治十三年正月廿三日(1874年3月11日)生于山东历城。朱父锦堂,字星桥,咸丰初年北上山东,任历城县刑名师爷。1892年,朱庆澜任修复黄河河堤工程的河工委员。1893年赴东北,在锦州等地任军政小吏。1899年升任三营统领,驻防锦州。1906年2月,兼任奉天乡镇巡警局总办、东北营务处会办。后调任盛京八营统领。期间,深得东三省总督赵尔巽赏识。1908年6月,授为奉天陆军第二标标统。8月入将校研究所。1909年1月充东三省督练处参议官。4月奉调入川,充任四川巡警道,陆军第三十三混成协协统。1910年冬,升任陆军第十七镇统制官(镇统),赏授花翎、二品道员,特给陆军副都统衔,与同盟会员程潜等编练新军。1911年11月27日,四川宣布独立,朱庆澜被推为大汉四川军政府副都督。后因巡防队索饷哗变及川籍军人反对,离川。1912年4月,调任北京总统府军事顾问,11月授陆军中将衔。1913年8月,奉命赴黑龙江调查军事,后任黑龙江都督府参谋长,10月31日,任黑龙江护军使兼民政长。1914年5月改称护军使兼巡按使。6月护军使裁撤,改任镇安右将军督理黑龙江军务兼巡按使,又兼任滨黑铁路督办。1916年5月3日,去职,暂居天津,后赴京。7月6日,被大总统黎元洪任命为广东省长。8月25日左右,到任广东。10月9日,大总统令特授其"勋三位"。1917年7月张勋复辟时,朱庆澜率先通电声讨,响应孙中山"护法"主张,电请孙来粤主持大计。1917年8月27日,朱庆澜被排挤,暂居上海。1922年,应张作霖之邀,重返东北。1923年3月1日,大总统特令任命其为首任东省特别区行政长官,兼任中东铁路护路军总司令。1925年2月辞职。此后致力于慈善公益及支持抗战工作。黑龙江省地方志编纂委员会:《黑龙江省志·人物志》(第七十六卷),黑龙江人民出版社1999年版,第263页。一说于1925年12月20日才迁至长官公署街120号。

〔85〕 黑龙江省地方志编纂委员会:《黑龙江省志·地名录》(第七十八卷),黑龙江人民出版社1998年版,第5页。

〔86〕 董士恩(1877—1949),字右岑、佑丞,江苏铜山人。原姓陆,嫡兄为甘肃督军陆洪涛,自幼过继给舅父淮军将领董全胜,改姓董,北洋大学堂一期毕业生。1919年12月—1921年8月任吉林省滨江道道尹。新浪博客,http://blog.sina.com.cn/s/blog_b3a09a030101g1j7.html。2015年2月9日访问。其继任者张寿增(1921年8月—1923年3月在任),字鹤岩,直隶宛平人,早年于京师学习俄文,光绪二十八年毕业。新浪博客,http://blog.sina.com.cn/s/blog_b3a09a030101g1ep.html。2015年2月9日访问。

〔87〕 黑龙江省地方志编纂委员会:《黑龙江省志·地名录》(第七十八卷),黑龙江人民出版社1998年版,第23、24页。

〔88〕 同前,第24页。

〔89〕 朱自清：《西行通讯》，载朱自清：《名家名作精华本·朱自清作品》，长江文艺出版社 2014 年版，第 139 页。

〔90〕 瞿秋白：《瞿秋白选集》，人民文学出版社 1959 年版，第 35—36 页。

〔91〕 东省特别区教育厅十九年度教育年鉴编辑委员会：《东省特别区十九年度教育年鉴》，东省特别区教育厅第一科第四股发行，哈尔滨道外桃花巷辽东印刷局印刷，民国二十年十二月出版（封面作十一月），第 28 页。朱前长官子樵即朱庆澜。张前长官即张焕相。有资料称之为"（东省特）区立第一中学校（旧广益学校）"。辽左散人（刘静严）：《滨江尘嚣录》，张颐青、杨镰整理，中国青年出版社 2012 年版，第 203 页。该书初版于 1929 年 6 月 25 日。

〔92〕 中共黑龙江省委党史研究室编：《中共黑龙江党史人物传》（第四卷），黑龙江人民出版社 2006 年版，第 376 页。

〔93〕 付尚：《法政大学与法大事件》，载中共黑龙江省委党史研究室编：《黑龙江抗日烽火》，吉林大学出版社 1995 年版，第 45 页。《滨江尘嚣录》称法政大学为"东省特别区法政大学（旧名中俄法政大学）"，地址为"秦家岗耀景街"。辽左散人（刘静严）：《滨江尘嚣录》，张颐青、杨镰整理，中国青年出版社 2012 年版，第 204 页。

〔94〕 原文如此，存疑。据鄢一美教授考证，汉语里的"所有制"是一个被苏联人假托马克思率先使用的，进而通过俄—汉翻译得以在汉语界流传的概念。鄢一美：《所有制概念考源》，载方流芳主编：《法大评论》（第一卷·第一辑），中国政法大学出版社 2001 年版，第 191—211 页。故白俄是否在此意义上使用该词值得怀疑。

〔95〕 石方、刘爽、高凌：《哈尔滨俄侨史》，黑龙江人民出版社 2003 年版，第 294—295 页。1925 年以后，俄侨还在中东铁路管理局的支持下开办了哈尔滨东方学和商业学校、哈尔滨师范学院以及北满大学等几所院校。同前，第 297 页。其此处所说"师范学院"与第 295 页所说"教育学院"是否同一不得而知。

〔96〕 蒋三军：《哈尔滨法政大学溯源》，载《黑龙江史志》2013 年第 24 期，第 25、26 页。

〔97〕 该校与中东铁路管理局渊源颇深。设立于 1920 年 10 月 17 日，初称哈尔滨中俄工业学校，校址在南岗公司街 41 号。首任校长为阿·阿·摄罗阔夫工程师。建校时设铁路建筑和机电工程两科，前者 2 班，后者 1 班，共 103 人，中国学生仅 7 人。学制均为四年。另设预科，学制三年，分初、中、高三级。1922 年 4 月 2 日更名为哈尔滨中俄工业大学校。两科也更名为铁路建筑系和机电工程系，学制改为五年。1928 年 2 月 4 日该校改名为东省特别区工业大学校，同年 10 月 20 日又更名为哈尔滨工业大学，由东省特别区行政长官公署和苏联共管。黑龙江省地方志编纂委员会：《黑龙江省志·教育志》（第四十五卷），黑龙江人民出版社 1996 年版，第 472、473 页。

〔98〕 黑龙江省地方志编纂委员会：《黑龙江省志·司法行政志》（第六十五卷），黑龙江人民出版社 1998 年版，第 384、385 页。

〔99〕　蒋三军:《哈尔滨法政大学溯源》,载《黑龙江史志》2013 年第 24 期,第 27 页。哈洋,或哈大洋,系哈尔滨中国银行及交通银行发行的大洋票。1919 年以后,东北三省币值并不统一,各省均设有官银号,所发行的纸币种类繁多。其中,哈洋因流通市面的价值高于其他纸币而成为贸易主币。1926 年 3、4 月之前,哈洋与银圆相等,后来逐渐低落,约等于关内银圆的八成,最低时曾跌至三成。中华人民共和国信息产业部《中国邮票史》编审委员会编:《中国邮票史》(第三卷),商务印书馆 2004 年版,第 201 页。

〔100〕　蒋三军:《哈尔滨法政大学溯源》,载《黑龙江史志》2013 年第 24 期,第 26 页。"1926 年 10 月末(该校由)东省特别区(教育厅)接管,易此名(东省特别区法政大学)。"黑龙江省地方志编纂委员会:《黑龙江省志·教育志》(第四十五卷),黑龙江人民出版社 1996 年版,第 476 页。

〔101〕　黑龙江省地方志编纂委员会:《黑龙江省志·司法行政志》(第六十五卷),黑龙江人民出版社 1998 年版,第 385 页。

〔102〕　此前,南京国民政府曾规定:"大学应遵照十八年四月二十六日国民政府公布之中华民国教育宗旨及其实施方针,以研究高深学术养成专门人才。"章博:《近代中国社会变迁与基督教大学的发展——以华中大学为中心的研究》,华中师范大学出版社 2010 年版,第 190 页。

〔103〕　黑龙江省地方志编纂委员会:《黑龙江省志·司法行政志》(第六十五卷),黑龙江人民出版社 1998 年版,第 385—386 页。

〔104〕　同前,第 384、385 页。

〔105〕　黑龙江省地方志编纂委员会:《黑龙江省志·教育志》(第四十五卷),黑龙江人民出版社 1996 年版,第 473 页。书中标注为 1931 年的学生数,似不准。与蒋三军文中附表比照,后者 1936 年的学生人数也是 636 人,故推知该组数字应为 1930 年的学生数。而据《黑龙江省志·司法行政志》,华俄在校生总数为 630 人,其中男生 520 人,女生 110 人。黑龙江省地方志编纂委员会:《黑龙江省志·司法行政志》(第六十五卷),黑龙江人民出版社 1998 年版,第 385 页。

〔106〕　黑龙江省地方志编纂委员会:《黑龙江省志·司法行政志》(第六十五卷),黑龙江人民出版社 1998 年版,第 387 页。

〔107〕　蒋三军:《哈尔滨法政大学溯源》,载《黑龙江史志》2013 年第 24 期,第 27 页。侯外庐(1903.2.6—1987.9.14),原名兆麟,又名玉枢,自号外庐,山西平遥县人。1923 年,入北京法政大学法律系,次年又入北京师范大学学习历史学。1927 年夏,赴法国留学,入巴黎大学,习马克思主义哲学和政治经济学。1928 年春,在巴黎旅欧支部加入中国共产党,曾任党支部书记。1930 年春,归国,任哈尔滨法政大学经济学系教授。1931 年"九·一八"事变后,任北平大学法学院教授兼师范大学教授。

〔108〕　谢喆平访问整理:《浮云远志:口述老清华的政法学人》,商务印书馆 2014

年版,第 122、127—130 页。另见张贵生:《姜书阁小传》,载姜书阁:《松涛馆诗集》,江苏教育出版社 2001 年版,第 182—183 页。清华大学经济学系 1932 年毕业生中有一位叫姜书麟。白重恩主编:《清华经济系八十五周年》,清华大学出版社 2011 年版,第 132 页。姜书麟是姜书阁四伯的独子,与姜书阁同岁,但迟 2 年入读清华。姜书阁:《自传》(1961 年 1 月 10 日),第 4 页。

〔109〕　何勤华:《中国法学史》(第三卷),法律出版社 2006 年版,第 247 页。

〔110〕　同前,第 418 页。只是书中将"东省特别区法政大学"误作"广东省特别区法政大学"。

〔111〕　黑龙江省地方志编纂委员会:《黑龙江省志·司法行政志》(第六十五卷),黑龙江人民出版社 1998 年版,第 404 页。只是《法大特刊》是以俄文抑或中文出版,还有待查证。

〔112〕　辽左散人(刘静严):《滨江尘嚣录》,张颐青、杨镰整理,中国青年出版社 2012 年版,第 103 页。

〔113〕　杨朔原名杨毓瑨,字莹叔,1937 年改名"杨朔"。1910 年 5 月 1 日(农历 3 月 22 日)生于山东蓬莱一个书香之家,6 岁上学,13 岁毕业于蓬莱县志诚高等小学,之后跟人学英语,自修汉语。16 岁时在母校初级班任教,1927 年秋跟随舅舅来到哈尔滨,先在一家私人银行工作,因有英文基础,经介绍进入英商太古洋行,在账房当练习生,半年后升任办事员。工作之余,他每周三个晚上去一家英文学校补习英语,后来又在哈尔滨法政大学读夜校,选修古典文学。郑文发:《杨朔早年在哈尔滨的经历》,载大话哈尔滨网,http://imharbin.com/post/18914。2016 年 6 月 25 日访问。

〔114〕　哈尔滨特别市市政局纂编:《哈尔滨特别市市政报告》(第一册第三章),民国二十年版,东省特别区平民总工厂印刷。

〔115〕　付尚:《杨靖宇在哈尔滨》,载中共黑龙江省委党史研究室编:《黑龙江抗日烽火》,吉林大学出版社 1995 年版,第 67 页。

〔116〕　付尚:《法政大学与法大事件》,载中共黑龙江省委党史研究室编:《黑龙江抗日烽火》,吉林大学出版社 1995 年版,第 45 页。另见同书,第 2 页。1931 年 9 月 27 日,时任东省特别区行政长官的张景惠在日本人的授意下召集会议宣布成立"东省特别区治安维持会",自任会长。9 月 30 日又宣布招募 2500 名警察,编成 5 个警察总队,以策应日寇进占哈尔滨。黑龙江省地方志编纂委员会:《黑龙江省志·人物志》(第七十六卷),黑龙江人民出版社 1999 年版,第 255 页。

〔117〕　王希亮:《东北沦陷区殖民教育史》,黑龙江人民出版社 2008 年版,第 138、139 页。

〔118〕　黑龙江人民政府网,http://www.hlj.gov.cn/ljly/lszdlj/t20041212_2915.htm。2017 年 5 月 8 日访问。伪满洲国起初仍然维持了黑龙江、吉林和奉天三省的行政区划。伪《兴安省官制》颁布后,在西部蒙古族聚居地区设伪立兴安省,下设伪兴安

北分省、兴安南分省和兴安东分省,但其不设省公署,归伪国务院兴安局负责。占领热河后,1933 年 5 月 3 日增设伪热河省及伪兴安西分省。1934 年,改划伪奉天、吉林、龙江、热河、滨江、锦州、安东、间岛、三江、黑河十省。伪兴安四分省也改为伪兴安北省、兴安南省、兴安东省和兴安西省。1937 年 7 月 7 日,设伪通化省和伪牡丹江省。1939年 6 月 27 日,设伪北安省和伪东安省。1941 年 7 月 1 日,至此,伪满洲国的省份数达到最多。1943 年 10 月 1 日,在伪牡丹江、间岛、东安三省设伪东满总省,撤销伪牡丹江省,保留伪间岛省和伪东安省;设立伪兴安总省,下设伪兴安北省,及伪兴东、兴中、兴南、兴西地区行署。1945 年 6 月 1 日,撤销伪东满总省,在旧伪东安省和伪牡丹江省的区域上设立伪东满省。杨家余:《伪满社会教育研究(1932—1945)》,高等教育出版社 2010 年版,第 32、33 页。

〔119〕　黑龙江省地方志编纂委员会:《黑龙江省志·司法行政志》(第六十五卷),黑龙江人民出版社 1998 年版,第 387 页。

〔120〕　同前,第 387 页。蒋三军文中还提到,因生源不足,1936 年 3 月 1 日,该院将成立于 1925 年的私立哈尔滨师范学院并入,后者于次年初停办。蒋三军:《哈尔滨法政大学溯源》,载《黑龙江史志》2013 年第 24 期,第 26 页。

〔121〕　黑龙江省地方志编纂委员会:《黑龙江省志·司法行政志》(第六十五卷),黑龙江人民出版社 1998 年版,第 387—388 页。另据 1936 年 7 月的统计,该校共有 11 个班级,学生 210 名。黑龙江省地方志编纂委员会:《黑龙江省志·教育志》(第四十五卷),黑龙江人民出版社 1996 年版,第 480 页。只是上述数字是否包含当年毕业的学生数,还有待查证。

〔122〕　蒋三军:《哈尔滨法政大学溯源》,载《黑龙江史志》2013 年第 24 期,第27 页。

〔123〕　黑龙江省地方志编纂委员会:《黑龙江省志·司法行政志》(第六十五卷),黑龙江人民出版社 1998 年版,第 387 页。

〔124〕　今南岗区中宣街 24 号,蓝天幼儿园。高淑华、呼涛:《原哈尔滨学院揭秘:日培训对苏特务的"基地"》,载新华网,http://news.xinhuanet.com/newscenter/2005-09/01/content_3430226.htm。2011 年 12 月 14 日访问。

〔125〕　同前,2011 年 12 月 14 日访问。

〔126〕　王希亮:《东北沦陷区殖民教育史》,黑龙江人民出版社 2008 年版,第 26页。该章《"九一八"事变前日本在中国东北的教育活动》系日本学者野村章著,王希亮译。该章还提到,当时日本人在"关东州"(即今大连,面积 3462 平方千米)设有补习学校性质的"满洲法制学院"。同前,第 27 页。

杉原千亩是"日露(俄)协会学校"毕业生。杉原千亩(Тиунэ Сугихара,1900—1986),生于日本岐阜县八百津町,1919 年 9 月还在读大学的他获得日本外交部奖学金,被送到哈尔滨"日露协会学校"学习。毕业后,在日本驻哈领事馆做二等翻译。

1932 年,任伪满外交部北满特派员公署总务科长。1934 年辞职回东京。同年 12 月,奉派前往日本驻苏使馆工作,因精通苏联国情被拒入境,转任芬兰。1939 年秋,任立陶宛副领事。1940 年,任代理领事期间,违令向 3500 名犹太人签发了签证。宋兴文:《1933 年:杉原千亩和俄罗斯妻子的哈尔滨观光之旅》,载新浪博客,http://blog.sina.com.cn/s/blog_b3a09a030102wj9w.html。2016 年 6 月 26 日访问。

〔127〕　黑龙江省地方志编纂委员会:《黑龙江省志·教育志》(第四十五卷),黑龙江人民出版社 1996 年版,第 475 页。

〔128〕　同前,第 479 页。

〔129〕　伪《满洲帝国学事要览》(资料截止到 1940 年 10 月),转引自王希亮:《东北沦陷区殖民教育史》,黑龙江人民出版社 2008 年版,第 129 页。

〔130〕　高淑华、呼涛:《原哈尔滨学院揭秘:日培训对苏特务的"基地"》,载新华网,http://news.xinhuanet.com/newscenter/2005-09/01/content_3430226.htm。2011 年 12 月 14 日访问。张育新:《刘延年:让老建筑开口说话》,载《新晚报》2008 年 7 月 20 日。另见新浪网,http://news.sina.com.cn/c/2008-07-20/045414189441s.shtml。2009 年 10 月 8 日访问。刘延年:《怀旧哈尔滨——中宣街 24 号楼谍影》,载人人博客,http://blog.renren.com/share/241618938/7016225886。2010 年 8 月 7 日访问。在长春,日伪建立了伪"建国大学",1938—1944 年其校本部下设总务科、教务科、军教科、训务科、塾务科、图务科、医务室等六科一室。1945 年起改设总务部、教务部、塾务部、军教部、图书资料部、医官等五部一官。其中,教务部下设基础科、教务科、文教科、政治科(相当于系,主任村井藤十郎教授)、经济科、前期科。另有大学院、研究院。前者只有建制并未真正设立。后者下设基础研究部、文教研究部、法政研究部(部长为伪总务厅次长松木侠)、经济研究部、综合研究部。刘第谦:《我所了解的伪满建国大学》,载[日]水口春喜:《"建国大学"的幻影》,董炳月译,昆仑出版社 2004 年版,第 157、158 页。政治科的课程包括一般科目:政治地理、政治史、政治思想史、政治原论、法律史、法律原论、法规论、法律思想史;综合政治论:政治制度、外交政策、东亚政治等七种;保安政治论:军法、刑法、警察法、民事诉讼法、商事法、涉外法等八种;厚生政治论:厚生政策、农村政策、都市政策、土地政策、人口政策、家族政策、生计政策、保健政策、文化政策;国际政治论:外交史、国际法、国际政治。此外还有一些补充科目,选定经济、文教两科中的一定科目共通学习。同前,第 170 页。

〔131〕　孔夫子旧书网,http://book.kongfz.com/154/104711524/。2011 年 12 月 14 日访问。

〔132〕　伪大同学院成立于 1933 年 7 月 1 日,隶属于伪满"国务院",由伪总理大臣直接管辖。其前身为伪资政局训练所。再向前追溯为伪自治指导部训练所。该院分两部。第一部的学生为"高等官试补",学习期在一年以内;第二部的学生是"高等官登格考试"及格者及通过"荐任技术官"的筛选者,学习期为六个月以内。伪司法官

考试及格者须入该院训练九个月,训练内容包括文科及军事。1938 年伪满文官制度改革后,该院毕业生还须参加相当于"实任考试"的"适格考试",才能成为"高等官"。钟放:《伪满洲国的法治幻象》,商务印书馆 2015 年版,第 35、36 页。

〔133〕　《长春老建筑物语——新京法政大学》,载新浪博客,http://blog.sina.com.cn/s/blog_491f71050100ungn.html。2014 年 10 月 13 日访问。1932 年伪满"中央警察学校"成立,设本科、别科、研究科三级。1937 年至 1941 年上半年,共毕业 9922 人。其校址位于今长春市朝阳区亚泰大街吉林大学岭南校区内。主体建筑二层,建筑面积 11045 平方米,造价 48.6 万元,1934 年动工,1935 年 7 月 1 日竣工。其西侧楼体于 1990 年代末拆除。王新英编著:《长春近现代史迹图志》,吉林文史出版社 2012 年版,第 89 页。

〔134〕　钟放:《伪满洲国的法治幻象》,商务印书馆 2015 年版,第 33 页。

〔135〕　〔日〕天野郁夫:《大学的诞生》,黄丹青、窦心浩等译,南京大学出版社 2011 年版,第 21、34、56、57 页。

〔136〕　《长春老建筑物语——新京法政大学》,载新浪博客,http://blog.sina.com.cn/s/blog_491f71050100ungn.html。2014 年 10 月 13 日访问。

〔137〕　吉林省地方志编纂委员会:《吉林省志·司法公安志》(卷十二,司法行政),吉林人民出版社 2000 年版,第 339 页。

〔138〕　长春市规划局网,http://www.ccghj.gov.cn/info/1083/1369.htm。2016 年 12 月 3 日访问。

〔139〕　吉林省地方志编纂委员会:《吉林省志·司法公安志》(卷十二,司法行政),吉林人民出版社 2000 年版,第 336 页。

〔140〕　《新京法政大学旧址》,载长春市规划局网,http://www.ccghj.gov.cn/info/1083/1369.htm。2016 年 12 月 3 日访问。

〔141〕　吉林省地方志编纂委员会:《吉林省志·司法公安志》(卷十二,司法行政),吉林人民出版社 2000 年版,第 338—339 页。

〔142〕　中国第二历史档案馆藏国民政府教育档案汇集《伪满大学教育实况及抗战胜利后整理意见(一)》(油印件),国民政府教育部东北青年教育救济处 1945 年编印。引自中国第二历史档案馆:《档案史料》2001 年 2 月,第 38 页。转引自吴旅燕、张闯、王坤:《伪满洲国法制研究》,中国政法大学出版社 2013 年版,第 100 页。

〔143〕　伪《满洲帝国学事要览》(资料截止到 1940 年 10 月)。转引自王希亮:《东北沦陷区殖民教育史》,黑龙江人民出版社 2008 年版,第 129 页。伪满时期,还选派司法官赴日本进行培训。起初是每年选派伪司法界的负责人、法庭等 10 人,配有翻译和导游对东京、大阪、名古屋、广岛等地的司法机构进行考察,为期一个月。同时,也参观有关军事设施、工厂等。另外也挑选人员赴日留学,具体做法是由各高等法院院长、检察长推选,最后确定 15 人赴日留学一年,主要是在日本司法省接受业务训练。

刘振生：《近代东北人留学日本史》，民族出版社 2015 年版，第 138 页。

〔144〕　王希亮：《东北沦陷区殖民教育史》，黑龙江人民出版社 2008 年版，第 163—164 页。

〔145〕　同前，第 166 页。

〔146〕　也是在 20 世纪 20 代以前，外国教会在华开办多所大学，却在国外注册，圣约翰大学校长卜舫济在 1909 年《教务杂志》上发表的文章中就表示，由于采取了在美国注册这种"看上去反常的步骤"，在华基督教大学成了中国土地上的美国大学。这是美中条约规定的"治外法权原则奇特的延伸"。20 世纪 20 年代，收回教育权运动作为民族主义运动的一部分，也得以勃兴和发展。章博：《近代中国社会变迁与基督教大学的发展——以华大中学为中心的研究》，华中师范大学出版社 2010 年版，第 78 页以下。不仅是在法律教育方面，中国在东北的司法主权也受到侵害。沙俄曾在中东铁路沿线遍设法院和监狱。"1901 年沙俄在彼得堡召开了一个所谓'东三省司法会议'，正式发布了《关于东省铁路附属地司法全权之敕令》，决定把铁路沿线的民刑诉讼案件，分别划归海参崴、赤塔、旅顺等三个地方法院办理。1904 年，旅顺地方法院迁至哈尔滨。1906 年，改称'边境地方法院'。在这里，他们设立了一个地方审判厅，内分民庭、刑庭、上诉庭等。此外，在沿线各地分设初级审判厅十一处，专理初级案件。除了这些固定的法庭外，他们还定期派员前往齐齐哈尔、满洲里、绥芬河等大站，巡回审理各种地方案件。这样，沙俄就一步步控制了沿线各地的司法权。沙俄还在哈尔滨、满洲里、海拉尔等地设置了监狱。其中哈尔滨的监狱最大，能同时关押五百多人。"哈尔滨铁路分局研究组、中国社会科学院历史研究所史地组：《中俄密约与中东铁路》，中华书局 1979 年版，第 33—34 页。

第五章　没有法律系的法学院？

〔1〕　如 1988 年 9 月吉林大学在原法律系基础上成立了法学院，下设法学系、经济法学系、国际法学系。吉林大学法学院简史编写组：《法苑芳华（1948—2008）》（2008 年），第 34 页。南京大学法律系于 1999 年变更为法学院。其网站显示，法学院下设法律学系、经济法学系、国际经济法学系。南京大学网，http://www.nju.edu.cn/cps/site/NJU/njuc/school.htm。2007 年 5 月 8 日访问。

〔2〕　北京大学法律学系迟至 1999 年才改为法学院，原法律系下设的 9 个教研室也均被取消。李贵连、孙家红、李启成、俞江编：《百年法学——北京大学法学院院史（1904—2004）》，北京大学出版社 2004 年版，第 280—281 页。也是在 1999 年，吉林大学法学院将原来按法学、经济法学、国际法学三个专业招收本科生的做法改为按法学一级学科招生。2001 年 6 月，该院撤销三系建制，改设法学理论与法律史学、宪法学与行政法学、刑事法学、民商法学、经济法学、国际法学六个教研部。吉林大学法学院简

史编写组:《法苑芳华(1948—2008)》,2008 年,第 43、47 页。

〔3〕 北大、清华、人大、吉大等知名法学院皆属此类。复旦大学 1994 年重建法学院时,下设法律学系、国际政治系、社会学系、人口学研究所。但 2000 年 11 月该院重组为单一学科的法学院。复旦大学网,http://www.fudan.edu.cn/new_dep/faxue.htm。2007 年 6 月 5 日访问。

〔4〕 1935 年 5 月 23 日,国民政府教育部颁布《学位分级细则》十二条。其中规定"法科学位分法学士、法学硕士、法学博士三级。大学法学院或独立学院法科设有商学系及法科研究所设有商学部者,其学位之级数与名称,应与商科同"(第四条),"大学文学院或独立学院文科设有政治学系、经济学系及文科研究所设有政治学部、经济学部者,其学位之级数及名称应与法科同"(第二条)。1945 年抗战胜利后,国民政府才颁布了《博士学位评定组织法》和《博士学位考试细则》,但博士生培养和学位授予并未真正施行。周洪宇主编:《学位与研究生教育史》,高等教育出版社 2004 年版,第303、304 页。民国时期的大法学院的设计明显不同于德国 20 世纪初流行的小法学院模式。包尔生提到:"按照传统的各学院布局,政治科学和社会学通常不设在法学院,而是设在哲学院。这有其历史的原因。最初,法学院并不研究目前所实施的普通法律,而是研究罗马法和教会法典(canon law),研究历史法和教会法。当罗马法被接受在德国开始流行后,法学院自然而然地采纳了这些内容。但是旧有的秩序依然存在:政治学、经济学以及伦理学在传统上是'实践哲学'的一部分,在 17 世纪时'实践哲学'又增加了'自然法则',18 世纪时财政科学(cameralistic sciences)又发展起来。在19 世纪,这些学科演变形成了政治和社会经济科学。因此,法学院和哲学院都讲授有关国家和法律裁决方面的理论,而政治科学仍然属于哲学院,也有少数例外,如蒂宾根和慕尼黑等大学的学院就设立了政治科学的专门学院,而其他两所大学,维尔茨堡和斯特拉斯堡则将政治科学并入到了法学院。"[德]弗里德里希·包尔生:《德国大学与大学学习》,张弛、郗海霞、耿益群译,张斌贤、张弛校,人民教育出版社 2009 年版,第397—398 页。

〔5〕 1946 年,西南联大结束后,北大复校,法学院亦随之复建。北京大学网,http://www.law.pku.edu.cn/xygk/lsyg/index.htm。2014 年 10 月 13 日访问。

此外,1938 年,国民政府教育部拟定的新大学教学计划规定,大学各学院新生第一年不分系,注重基础课目。第二年再分系。谢怀栻先生在《梅仲协先生〈民法要义〉序言》一文中即提到他 1938—1942 年在迁设重庆的中央政治学校大学部就读时的情形:"依照该校学制,我们一年级新生不分系,全体都读普通课程(国文、中国通史、政治学、经济学、哲学概论、英文等)。一年后,我们升入二年级。在第二学年开始时,学生要自行选报所要学的系。为让学生选时对各系有所了解,学校请各系的系主任(那时的系主任就是该系的'首席'教授)向学生们介绍各系的情形(包括该系的性质、培养目标、课程、对学生的要求等)。法律系主任梅祖芳(仲协)先生向我们介绍法律系……最后，在全校近二百名学生中，九人进了法律系。"梅仲协：《民法要义》，张谷勘校，中国政法大学出版社1998年版，谢序，第1页。

〔6〕 周佛海在1937年2月6日日记中曾提道："当赴[陈]果夫先生家，共宴周鲠生、王星拱、皮宗石等。"蔡德金编注：《周佛海日记全编》，中国文联出版社2003年版，第14页。皮、周二人的职务即参见蔡德金的注释。而现今的武汉大学法学院则未设系。武汉大学网，http://fxy.whu.edu.cn/xyld_3.asp。2007年12月8日访问。皮宗石，湖南人，早年赴日留学，曾在第八高等学校法科学习（第一年）。程燎原：《清末法政人的世界》，法律出版社2003年版，第349页。

〔7〕 燕京大学是由北京及其周围地区几所教会大学合并组成的。包括：（1）汇文大学（英文名称Peking University），地址在城东南角的盔甲厂和船板胡同。其前身是1870年创立的小学性质的美以美会男塾（Methodist Boys' School in Peking），最初只有三名学生，1876年改为中学，1885年改称卫理学堂（Wiley Institute），1890年正式在美国纽约州注册为Peking University，包括文理学院、卫理神学院和医学院及一所预备学校。1888年的校长为李安德（L.W.Pilcher）。刘海澜博士（Hiram Harrison Lowry）从1894年起担任该校校长，直到并入燕京大学为止。燕京大学成立后，Peking University又成了它的英文名。1912年京师大学堂改为北京大学时也采用了Peking University这一英文名称。1925年，燕京大学英文名为Yenching University。该校于1928年9月27日获得了纽约州大学评议会的批准。陈远：《燕京大学1919—1952》，浙江人民出版社2013年版，第4页。

（2）华北协和大学（North China Union College），地点在通州，原是创设于1867年的潞河男塾（Tongchow Boys' School）。1869年传教士谢卫楼（Davelle Sheffield）接办后获得稳步发展。1871年改为中学，1889年改为潞河书院（North China College）。1904年正式成立华北协和大学。历任校长为江戴德（L.D.Chapin，1867—1889）、谢卫楼（D.Z.Sheffield，1889—1910）、高厚德（Howard Spilman Galt，1910—1912）。

（3）华北协和女子大学（North China Union College for Women），原是创建于1864年的贝满女塾（Bridgman Girls' School in Peking）。地点在北京灯市口东口的佟府夹道胡同。1895年改为贝满女学堂（Bridgman Academy）。1904年正式成立华北协和女子大学。

（4）华北协和神学院（North China Union Theological College），系由1893年成立的金氏纪念神学院（Gordon Memorial Theological Seminary）演变而来，隶属于基督教华北教育联合会。

最初的合并是在汇文大学和华北协和大学之间进行的。1916—1918年间并校的谈判取得了实质性进展，但双方在新大学究竟是以"汇文"还是"协和"命名的问题上发生了分歧。为此，还专门组成了一个包括蔡元培在内的5人委员会。最终，与两校都没有关系的、当时在南京金陵神学院任教的司徒雷登（John Leighton Stuart）被任命为新成立的联合大学校长。1919 年 1 月 31 日,司徒雷登到达北京上任。在他的斡旋下,各方终于同意采用中华基督教协进会长、著名基督教人士诚静怡先生的建议,将"燕京"定名为新大学的名称。华北协和女子大学是在 1920 年才合并为燕京大学女部的。同时并入的还有华北协和神学院,其连同汇文大学的神学馆共同组成燕京大学的神科,后更名为宗教学院。李向群:《燕京大学校园变化的简要回顾》,载北京市档案馆编:《北京档案史料》(2006 年第 1 期),新华出版社 2006 年版,第 250—252 页。燕京大学新校址于 1921 年开始动工兴建,1922 年第一座建筑宁德楼(今民主楼)行奠基礼。至 1926 年夏,校舍基本建成。6 月,城内的男女两校同时迁入。1929 年,燕京大学举行了隆重的校园竣工典礼。燕京大学在海淀的校址原属于陕西督军陈树藩(陈景唐)。北京大学馆藏燕京大学全宗 YJ20001、YJ20002 档案显示,双方签订的契约内容包括:陈景唐将海淀勺园基地永远租给燕大(陈慎思堂、地基 380 亩)、购地款的三分之一捐助为燕大经费、园主永为董事、陕西每年学额十名、四至界石必须永远保存。转引自李向群:《燕京大学校园变化的简要回顾》,载北京市档案馆编:《北京档案史料》(2006 年第 1 期),新华出版社 2006 年版,第 267 页。

　　〔8〕　燕京大学校友校史编写委员会编:《燕京大学史稿(1919—1952)》,人民中国出版社 1999 年版,第 301 页。

　　〔9〕　同前,第 302 页。1952 年秋院系调整时,赵承信先到了劳动干校,后调到中国人民大学统计系工作,1957 年被划为右派,1959 年去世;林耀华随社会学系划到中央民族学院。严景耀参与筹建了北京政法学院,并担任国际法教研室主任、校务委员会委员、教授。陈远:《燕京大学 1919—1952》,浙江人民出版社 2013 年版,第 253 页。

　　〔10〕　韩迪厚:《文·理·法学院系》,载陈明章:《学府纪闻·私立燕京大学》,中国台湾地区(台北)南京出版社有限公司 1982 年版,第 11 页。

　　〔11〕　燕京大学校友校史编写委员会编:《燕京大学史稿(1919—1952)》,人民中国出版社 1999 年版,第 304 页。

　　〔12〕　同前,第 303 页。

　　〔13〕　同前,第 304 页。英国人毕善功(Louis Rhys Oxley Bevan,1874—1945),早年在剑桥学习法律,后移居澳大利亚,1902 年来华,先在李提摩太(Timothy Richard,1845—1919)主持的山西大学堂西学专斋任法律教习。1910 年转任京师大学堂法科教授。1926 年 9 月到燕大法学院兼职,讲授罗马法和外国法。曾著有 *Constitution Building in China*(《中国的宪政建设》)。另,《燕京大学史稿(1919—1952)》提到,1932 年毕业的周朴的毕业论文题为《中华民国宪法史》。燕京大学校友史编写委员会编:《燕京大学史稿(1919—1952)》,人民中国出版社 1999 年版,第 308 页。只是未提其导师是谁。

　　〔14〕　同前,第 304 页。郭云观(1889—?),字闽畴,浙江玉环人。早年毕业于北洋大学法科。1917 年赴美国哥伦比亚大学研究院研究国际法和外交学。1919 年任巴

黎和会中国代表团帮办秘书。1920 年回国任修订法律馆纂修、北京政府外交条约委员会委员、司法部法权讨论会委员。1922—1925 年任大理院推事。1924 年任燕京大学兼任讲师,1926 年任清华大学讲师,1931—1932 年为燕京大学法学教授、法律系主任,主要讲授法理学、民法总则、亲属继承和国际私法。1932 年 10 月任南京国民政府司法行政部参事,11 月调任江苏上海第一特区地方法院院长,至 1941 年 12 月中旬。1941 年 3 月中旬至 12 月中旬,兼任江苏高等法院第二分院院长。1946 年任上海高等法院推事兼院长。著有《法学丛论初集》。俞江:《近代中国的法律与学术》,北京大学出版社 2008 年版,第 353 页。王健:《燕京大学法律系——一个逝去的记忆》,载《法学》2001 年第 8 期,第 28 页。姚远:《上海公共租界特区法院研究》,上海人民出版社 2011 年版,第 95 页。王伟:《中国近代留洋法学博士考(1905—1950)》,上海人民出版社 2011 年版,第 15 页。

〔15〕 燕京大学校友校史编写委员会编:《燕京大学史稿(1919—1952)》,人民中国出版社 1999 年版,第 304 页。书中还提到,1926 年燕大由城内盔甲厂迁至西郊燕园新址,学生逐年增多。以政治系为例,该系平均每年有学生十余名,本科学制四年,学生需读满 130 学分,于第四学年完成毕业论文后授予学士学位。研究生学制三年,除硕士论文外还需选修适当主课。本科生入学后首先必修基础课,如大学一年级英语、国文,理科中物理、化学、数学、生物任选一门,体育课必须修满三年,每学期一学分,英语课很重要,不少课程的参考书为英文本,也有部分教授用英语授课。主修课包括政治学概论、比较政府、中国政府、民法、刑法、行政学与行政法、中国政治思想史、西方政治思想史、国际法、西方政治外交史或国际关系、中国外交史等。选修课包括:美国外交、中俄外交、国际私法、地方政府研究等。其他课程如中国通史、西方现代史、哲学、逻辑学、心理学、心理卫生、社会学等,学生往往认为是选修课中的必选课。其余课程根据学生副修系的选择而选择自己需要的课程。燕京的学生都有主修系和副修系。除主课外,必须学习一门文、理、法学院的基础课,重点选修副系课。同前,第 305 页。

萧公权(1897.11.29—1981.11.4),生于江西南安县(今大庾),原名笃平,因仰慕柳公权书法遂改名公权,自号迹园,笔名君衡。少小失去双亲,幸赖大家族养育。萧家系江西富商,公权随大伯在四川崇州上私塾,9 岁迁重庆,13 岁始学英语、日语。1915 年夏随二伯父到上海。1918 年夏由上海青年会中学考入清华学校高等科三年级(庚申级),与陈岱孙同年。1920 年毕业于清华学校,后赴美留学,就读于密苏里大学新闻学院,第二学期转入哲学系,1923 年夏获硕士学位。9 月考入康奈尔大学哲学系,授业于 Frank Thily 教授,1926 年 5 月获康奈尔大学博士学位。博士论文为《政治多元》(*Political Pluralism: A Study in Contemporary Political Theory*),1927 年被列入《国际心理哲学及科学方法丛书》在伦敦出版。回国后,先后在南开大学、东北大学、燕京大学担任政治系教授。1932 年到清华大学任教。1949 年底赴美任西雅图华盛顿大学教授。岱峻:《风过华西坝:战时教会五大学纪》,凤凰出版传媒股份有限公司、江苏文艺出版社 2013 年版,第 218、219 页。汪荣祖:《萧公权先生的生平与学术》,载清华大学法学院:《法意清华》(2009 年 4 月),第 75 页。燕京大学校友校史编写委员会编:《燕京大学史稿(1919—1952)》,人民中国出版社 1999 年版,第 1049 页。

潘昌煦,字春晖,江苏吴县人,1912 年(民国元年)至 1914 年任大理院刑事第一庭推事,1915 年任民事第一庭推事,1914、1915 年任刑事第二庭代理审判长,1916 年至 1918 年任刑事第二庭庭长。1922 年 5 月 26 日至 6 月 15 日任大理院院长,1924 年 1 月 19 日代理院长。郭卫编著:《民国大理院解释例全文》,吴宏耀、郭恒点校,中国政法大学出版社 2014 年版,第 1408、1409、1407 页。

〔16〕　Ernest J.Schuster, *The Principles of German Civil Law* (London and New York: Oxford at the Claredon Press ,1907).

〔17〕　1923 年燕京大学图书馆的制度是:图书馆行政集中,统管购书经费;系图书室只收专业书;图书馆统一编目;各系由大馆提书、年终退还;跨系图书存大馆;展览到馆新书;新书报导。燕京大学校友校史编写委员会编:《燕京大学史稿(1919—1952)》,人民中国出版社 1999 年版,第 417 页。不过,位于穆楼楼上的法学院图书室有专门经费为各系购置参考书。同前,第 419、423 页。当时经济系在穆楼楼上有三间办公室(一是系主任办公室,有一位秘书在工作;其余两间是专任和兼任教师合用)和一个图书室,“有二、三百本英文原版关于经济学的图书”(同前,第 325 页)。同样是如今北大法律图书馆的馆藏图书,1921 年出版的 Bryce 所著 *The American Commonwealth* 一书上,只有燕大图书馆的印章。

〔18〕　燕京大学校友校史编写委员会编:《燕京大学史稿(1919—1952)》,人民中国出版社 1999 年版,第 1422 页。

〔19〕　同前,第 1047、1048 页。

〔20〕　姚远:《上海公共租界特区法院研究》,上海人民出版社 2011 年版,第 95 页。

〔21〕　邓云乡:《文化古城旧事》,河北教育出版社 2004 年版,第 56 页。

〔22〕　沈膺:《闲话燕大老师》,载陈明章:《学府纪闻·私立燕京大学》,中国台湾地区南京出版社有限公司 1982 年版,第 299 页。沈膺,字瑞午,江苏吴县人,燕京大学法学士。曾任黄埔军校第十六期教职员上尉干事,时年 34 岁。搜狐博客,http://iwilldointhisway.blog.sohu.com/150527675.html。2016 年 6 月 5 日访问。

〔23〕　沈膺:《闲话燕大老师》,载陈明章:《学府纪闻·私立燕京大学》,中国台湾地区南京出版社有限公司 1982 年版,第 296 页。

〔24〕　同前,第 295 页。

〔25〕　陈远:《燕京大学 1919—1952》,浙江人民出版社 2013 年版,第 100 页。费孝通 1933 年毕业于燕京大学,获社会学学士学位。费孝通:《乡土中国·生育制度》,北京大学出版社 1998 年版,作者简介。1980 年 9 月 29 日第五届全国人民代表大会常

务委员会第十六次会议通过的《关于成立最高人民检察院特别检察厅和最高人民法院特别法庭检察、审判林彪、江青反革命集团案主犯的决定》任命费孝通为最高人民法院特别法庭审判员，审判林彪、江青反革命集团案主犯。

〔26〕　同一时期，国立中央大学也设有社会科学院，1928 年 7 月 2 日，该校张乃燕校长在《为修改大学本部各学院名称呈文》中提道："社会科学院名义亦觉稍广泛，且其中政治、法律两系，学生毕业之后，仅以社会科学为名，于曾习法律一层，不易使人明瞭。对于法官律师诸职务，每滋隔阂。兹拟易名法学院，以资醒目。其现有社会科学院之社会学系与历史地理系归入人文学院。"上海财经大学校史研究室编：《国立上海商学院史料选辑》，上海财经大学出版社 2012 年版，第 178 页。

〔27〕　王健：《燕京大学法律系——一个逝去的记忆》，载《法学》2001 年第 8 期，第 27—28 页。早在 1927 年 2 月，燕京大学就依据北京政府教育部 1925 年 11 月 16 日发布的第 16 号公告公布的《外人捐资设立学校认可办法》递交了注册申请，并获准。该公告废止了 1917 年第 8 号、1920 年第 11 号公告，以及 1921 年第 138 号训令。民国初年，北京政府延续了清政府消极限制教会学校的政策，不取缔，也不予立案。《公私立专门学校规程》（1912 年 11 月 14 日）、《私立大学规程》（1913 年 1 月 6 日）及《取缔私立大学之布告》（1913 年 12 月）均未提及教会学校。直至 1917 年 5 月 12 日，教育部第 8 号公告才提及教会大学的规范问题（《政府公报》第 581 号，1917 年 5 月 14 日）。1920 年 11 月 16 日教育部第 11 号公告涉及了教会学校毕业生就业待遇（《政府公报》第 1710 号，1920 年 11 月 19 日）。1921 年 4 月 9 日发布的教育部第 138 号训令规定了教会中等学校立案办法（《政府公报》第 1844 号，1921 年 4 月 12 日）。胡卫清：《普遍主义的挑战——近代中国基督教教育研究（1877—1927）》，上海人民出版社 2000 年版，第 363—364、370、377 页。1927 年 10 月成立的南京国民政府大学院于次年 2 月公布《私立学校条例》，规定私立学校校长须以中国人充任（第六条），且不得以宗教课目为必修课，亦不得在课内作宗教宣传。如有宗教仪式，不得强迫学生参加。这实际上是重申了 1926 年 10 月 18 日广州国民政府教育行政委员会颁布的《私立学校规程》的规定。1928 年 11 月 1 日，大学院改为教育部。1929 年 2 月，教育部公布《私立学校规程草案》，8 月 29 日正式发布。教育部还规定 1929 年 12 月底为学校重新呈报注册立案的截止时间（后一再延长，最后限定到 1932 年 6 月底）。燕京大学之前向北京政府的注册不为承认，需要再次向南京国民政府注册。适逢其副校长吴雷川出任教育部次长。在吴的帮助下，燕京大学的注册得以顺利完成。沪江大学于 1927 年秋季提出注册申请，1928 年 3 月 18 日注册立案。金陵大学于 1928 年 9 月 20 日注册立案。东吴大学于 1928 年 2 月正式提出申请，不久获准立案。圣约翰大学最为消极，1931 年才向国民政府递交注册申请，但 1932 年 6 月 20 日截止日后就没有再提及注册之事，直到 1947 年才完成注册。同前，第 416、418—420、426—428 页。吴雷川（1870—1944.10.29），本名震春，字雷川。祖籍杭州，清末翰林，1906 年任浙江高等学堂监督。

1909 年任教育部佥事。燕京大学校友校史编写委员会编:《燕京大学史稿(1919—1952)》,人民中国出版社 1999 年版,第 655—656 页。

〔28〕 王健:《中国近代的法律教育》,中国政法大学出版社 2001 年版,第 233 页。另王涌教授曾提到,胡长清先生"1927 年在朝阳大学、中央大学、中央政治学校大学部、燕京大学、华西大学等校任民法、刑法教授"。王涌:《编校说明》,载胡长清:《中国民法总论》,中国政法大学出版社 1997 年版,第 Ⅰ 页。唯此说不可作为燕京大学在 1927 年设有法律系的证据。理由在于:其一,至少中央大学在 1927 年时尚不存在。经查,1927 年东南大学与河海工科大学、江苏法政大学等八所院校合并为第四中山大学,1928 年 2 月改称江苏大学,5 月定名为中央大学。《辞海(教育、心理分册)》,上海辞书出版社 1980 年版,第 41 页,"南京大学"条。另见《南京大学校史资料选辑》(1982 年 4 月),前言,第 1 页。据此,则胡先生任教于斯当在 1928 年 5 月之后。其二,胡先生的长子胡敏先生明确提及"父亲 1933 年任浙江省兰溪实验县长,从此步入仕途……父亲虽入仕途,仍在燕京大学、四川大学、华西协和大学等校教授刑法、民法,并笔耕不辍。"胡敏:《怀念父亲》(代序),载胡长清:《中国民法总论》,中国政法大学出版社 1997 年版,第 Ⅱ 页。据此可知,其任教于燕京大学的时间当在 1933 年之后。结合其于 1938 年起任四川省政府委员兼民政厅长(《中国民法总论》第 Ⅲ 页),以及燕京大学 1942 年于成都复校(《辞海(教育、心理分册)》第 35 页"燕京大学"条)等史实,笔者推测胡先生任教燕京大学当在 1942—1945 年之间。而此时,燕京大学已无法律系了。

〔29〕 《〈燕京大学一览〉记燕京大学校史》,载朱有瓛、高时良主编:《中国近代学制史料》(第四辑),华东师范大学出版社 1993 年版,第 490—491 页。

〔30〕 [美]约翰·司徒雷登:《燕京大学——实现了的梦想》,载朱有瓛、高时良主编:《中国近代学制史料》(第四辑),华东师范大学出版社 1993 年版,第 495—496 页。20 世纪 80 年代的资料显示,普林斯顿大学公共国际事务学院的全称为"伍德罗·威尔逊公共与国际事务学院",下设人类学、哲学、经济、社会学、心理学、统计学、宗教学、人文学研究、英语、日耳曼语言文学、罗马语言文学、斯拉夫语言文学、比较文学、古典文学、翻译文学、美洲文化、欧洲文化、科学史与教育哲学、历史、艺术与考古、音乐、拉丁美洲研究、东亚研究、非洲研究、近东研究、苏联研究等 27 个系。训练部情报研究室编:《美国大学 150 所》,国防科技大学出版社 1985 年版,第 33 页。叶笃义从南开毕业后被保送到燕京大学政治系,1934 年毕业,论文题为 The Development of International Organization,导师为贝文博士(Dr.Bevan)。后从商。1949 年后成为中国民主同盟领导人和政协候补委员。1957 年被划为"右派"并撤职,次年到中央社会主义学院学习,"文革"中入秦城监狱,1972 年获释。但其所著《虽九死其犹未悔》(北京十月文艺出版社 1999 年版)中对在燕京的学习经历记述非常简略,还不到一页。叶笃义在兄弟中行三,其九弟叶笃廉(后用名方实)1936 年从南开毕业考入国立北平大学法商学院。张弘:《家春秋——一个中国大家族的百年沉浮》,载《新京报》2014 年 8

月 2 日 B03 版。

〔31〕　1746 年成立的普林斯顿学院因急需财力支持,希望吸引更多不同的捐款人士而接受了在当时颇具自由主义精神的特许状。其中规定,学院不得因学生信奉不同宗教而拒绝录取。[美]弗雷德·赫钦格、格雷丝·赫钦格:《美国教育的演进》,克劳迪亚·温克勒改写,汤新楣译,美国新闻处(香港)校订,美国驻华大使馆文化处 1984 年出版,第 116 页。另有资料称,普林斯顿大学重视本科生培养,"研究生比例较小,而且没有医学院、商学院或是法学院这些耗资巨大的研究机构"。吴尔奕、孙驭编著:《美国 50 所最佳大学》,首都师范大学出版社 2011 年版,第 282 页。不过,联系到清华申请开办法律系的报告中提到的所费无多的情况,这一说法有些站不住脚,而且上述学院(尤其商、法两学院)也不全是"研究机构"。事实上,西方教会很早就注意到了教育事业和医疗事业对传播宗教的重要辅助作用。最早到华南传道的马礼逊和伯驾,前者擅长文字,于 1818 年在马六甲创办英华书院;后者擅长医学,1835 年在广州创办眼科医院。1848 年美国监理会也按照上述标准选派秦佑和戴医生前往中国,开办女学及小学。胡卫清:《普遍主义的挑战——近代中国基督教教育研究(1877—1927)》,上海人民出版社 2000 年版,第 314 页。另一本著作在提到普林斯顿大学节省经费的目标时仅仅提及其不开办医学院,因为医学院必须与临床应用结合,而运作一个庞大的医院体系需要大量的人力和资本。江乐兴、周国宝主编:《不可不知的 50 所美国一流大学》,中国水利水电出版社 2007 年版,第 197 页。确切地说,普林斯顿大学历史上开办过法学院,那是在 1846 年,该院由当地的律师和法官负责管理,但由于只有 6 名学生,1852 年就停办了。[美]罗伯特·斯蒂文斯(Robert C.Stevens):《法学院:19 世纪 50 年代到 20 世纪 80 年代的美国法学教育》,阎亚林、李新成、付欣译,贺卫方校,中国政法大学出版社 2003 年版,第 6 页。

〔32〕　[美]约翰·司徒雷登:《燕京大学——实现了的梦想》,载朱有瓛、高时良主编:《中国近代学制史料》(第四辑),华东师范大学出版社 1993 年版,第 496 页。

〔33〕　1934 年的中国正经受着因白银大量外流而导致的严重通货紧缩的痛苦。到这年底,上海 6 亿两存银已锐减到 3.5 亿两。由于通货紧缩,物价下降、信用降低、利率上升,不少工商企业倒闭。永谊:《白银为王的时代:东西方货币战争秘史》,上奇资讯股份有限公司 2012 年版,第 282 页。

〔34〕　此据《燕京大学一览》收录的民国二十五年度(1936)《教职员一览表》。孔夫子旧书网,http://book.kongfz.com/item_pic_27117_212106756/。2015 年 8 月 31 日访问。

〔35〕　曹云祥(1881—1937.2.8),字庆五,浙江嘉兴人,1881 年生,早年就读于圣约翰大学,以 1907 年浙江省派送官费留学生身份赴美留学。1911 年从耶鲁大学毕业,1912 年进入哈佛大学商学院学习,1914 年 6 月 18 日获得 MBA 学位。他也是中国历史上取得 MBA 学位的第一人。1928 年辞去清华学校校长后,曹云祥于 1930 年起担

任中国工商管理协会(The China Institute of Scientific Management)名誉总干事,后来总干事史悠明辞职,接任总干事,一年后又接替孔祥熙出任理事长。许康编著:《中国MBA早期三杰》,湖南大学出版社2006年版,第2、66、67页。

唐国安(1860—1913),字介臣,广东香山县人,1873年被选送为第二批官费生赴美留学,初入新不列颠中学,毕业后考入耶鲁大学法学院。1885年被召归国,任教于上海圣约翰书院。1909年任游美学务部会办。1911年2月游美学务部将游美肄业馆正式定名为清华学堂,唐国安兼任副监督。后游美学务部取消,唐国安出任清华学堂正监督。1912年5月,清华学堂改为清华学校,唐国安成为首任校长。熊月之、周武主编:《圣约翰大学史》,上海人民出版社2007年版,第339页。

〔36〕　白重恩主编:《清华经济系八十五周年》,清华大学出版社2011年版,第2页。17个系计开:国文学系、西洋文学系、物理学系、化学系、生物学系、历史学系、政治学系、经济学系、教育心理学系、农业学系、工程学系、东方语言学系、算学系、社会学系、哲学系、音乐系、体育军事学系。当时经济学系仅有蔡竞平、朱君毅、朱彬元(系主任)三位教授。同前,第3页。教育心理学系主任也是朱君毅。

〔37〕　孙宏云:《中国现代政治学的展开:清华政治学系的早期发展(一九二六至一九三七)》,生活·读书·新知三联书店2005年版,第100页。早在1916年,清华学校高等科四年级开设有选修课《地理国际法》《美国史公民须知》。具体可见清华大学校史馆校史陈列中的《清华学校高等科课目表》(1916年)。

〔38〕　同前,第100页。

〔39〕　吴之椿(1894.5.20—1971.8.11),湖北武昌人。1911年在宜昌美国教会办的美华书院读英文。1914年又在武昌的文华书院学习。1917年官费赴美国伊利诺伊大学学习,1920年毕业获得文学士学位。又入哈佛大学,次年获得硕士学位。嗣后在伦敦政治研究院和法国巴黎大学深造。1922年回国。后于1926年秋末随庆龄取道海参崴前往莫斯科。翌年在巴黎大学和柏林大学听课。1928年夏回国,应聘清华大学教务长。1946年出任北京大学教授。1952年改任北京政法学院教授。1958年11月退休。转引自孙宏云:《中国现代政治学的展开:清华政治学系的早期发展(一九二六至一九三七)》,生活·读书·新知三联书店2005年版,第104页。1928年8月17日南京国民政府议决清华学校改为国立清华大学。

〔40〕　同前,第105页。

〔41〕　胡元义,湖南常德人,日本东京大学法学学士,曾任湖北高等法院检察官推事、国民政府司法部科长。其出任清华教授系经由南京中央法制局王世杰的介绍。同前,第113页。

〔42〕　黄右昌(1885—1970),字黼馨,湖南人。12岁成秀才,17岁中举人。1904年以公费生身份赴日学习法律。23岁归国,参加留学生戊申(光绪三十四年,1908)部试,获第一名。后任教于湖南景贤法政学堂。该学堂于1912年改为湖南第二公立法

政专门学校。1914 年该校与湖南私立法律学校等三校合并为湖南公立法政专门学校（即后来的湖南大学前身）。1917 年底,出任北京大学法科本科教授,并兼首任法科研究所法律门研究所主任。1918 年 4 月出任北京大学法科学长。1919 年 8 月法科法学门改称法律系后,出任法律系主任至 1922 年 4 月。1929 年 3 月接替王世杰,再度出任法律系主任。主讲《民法亲属》《民法继承》《民法物权》《罗马法》等课程。同时也担任民商法及刑法的研究生指导教师,德文和日文的研究生译文导师,并担任《北京大学社会科学季刊》编辑部主任。还在清华大学、法政大学、朝阳大学、中国大学、民国大学和天津商学院等兼课。1930 年起,历任南京国民政府立法委员、司法院大法官等职。1948 年回湘任湖南大学法律系教授。1949 年后继续任教于湖南大学,后任中央文史馆馆员。1970 年病逝于北京。《罗马法与现代》为其代表作。何勤华:《点校前言》,黄右昌:《罗马法与现代》,何佳馨点校,中国方正出版社 2006 年版,第 1、2 页。俞江:《近代中国的法律与学术》,北京大学出版社 2008 年版,第 355 页。李贵连、孙家红、李启成、俞江编:《百年法学——北京大学法学院院史（1904—2004）》,北京大学出版社 2004 年版,第 288 页。程波:《近代中国罗马法教育的开创:从黄右昌的〈罗马法与现代〉说起》,载《朝阳百年——近代中国法学教育与法律文化学术研讨会论文集》（2012 年 11 月）,第 183 页。俞江称黄右昌笔名凄江子,湖南临沣人。程波称黄右昌为湖南临陵人,早年入读长沙求实书院,在日本早稻田大学（而非法政大学）学习法律。

〔43〕 何基鸿（1892—?）,字海秋,河北藁城人。抗日名将何基沣之兄。1912 年毕业于日本东京帝国大学法科大学法律科（兼修德意志法）,获法学学士学位并赴英、德留学。曾任教于北京大学法律学系,兼任清华大学法学院法律学系讲师、北平大学法商学院名誉教授。清华大学法学院:《法意清华》（2009 年 4 月）,第 9 页。程燎原:《清末法政人的世界》,法律出版社 2003 年版,第 360 页。

〔44〕 《国立清华大学校刊》第 43 期（1928 年 3 月 6 日）;《国立清华大学校刊》第 44 期（1928 年 3 月 8 日）。转引自孙宏云:《中国现代政治学的展开:清华政治学系的早期发展（一九二六至一九三七）》,生活·读书·新知三联书店 2005 年版,第 114 页。

〔45〕 王化成（1903—1965.2.18）,江苏丹徒人。1923 年毕业于清华学校。赴美学习国际法,先后获得明尼苏达大学学士学位（B.A.,1924）、芝加哥大学博士学位（Ph. D.,1924）。1927 年在哈佛专研国际公法。1928 年 9 月归国,任清华大学政治学系教授。清华大学法学院:《法意清华》（2009 年 4 月）,第 23 页。恐有误。另有资料称,王化成（Wang Hua-Cheng）生于 1902 年,1923 年毕业于清华学校,美国密苏里大学学士,1927 年获芝加哥大学国际法专业博士学位（Ph.D.）,博士论文题为《国际不法行为的补偿措施》（*Measures of Reparation for International Delinquencies*）。王伟:《中国近代留洋法学博士考（1905—1950）》,上海人民出版社 2011 年版,第 146 页。

〔46〕 《国立清华大学校刊》第 86 期（1929 年 9 月 16 日）。转引自孙宏云:《中国现代政治学的展开:清华政治学系的早期发展（一九二六至一九三七）》,生活·读

书·新知三联书店2005年版，第105页。Quincy Wright，芝加哥大学国际法教授，1929年至1937年任国立清华大学政治系教授。苏雪峰编：《清华大学师生名录资料汇编（1927—1949）》，中国台湾地区"中研院"近代史研究所2004年版，第77页。

〔47〕　孙宏云援引《国立清华大学校刊》第68期（1929年5月15日）称，1929年5月中旬郭岚畴以燕京大学法学教授身份在清华作题为"清华与法学"的演讲。同前，第108页。而据《国立清华大学校刊》第1期（1928年10月29日）所载《各系主任教授讲师一览》，1928年10月时郭岚畴为政治系讲师。同前，第113页。此外，郭岚畴曾为1935年第三届留美考试"公务员任用制度"的专门科目命题阅卷员。其当时为上海特区地方法院院长，专业为国际私法。同前，第157页。

〔48〕　程树德（1877—1944），字郁庭。曾获举人功名。后留学日本法政大学法律科。回国后，通过留学生授职考试，赐法政科进士出身，授翰林院编修（1909）。之后，历任国史馆协修、法典编纂会纂修、福建法政学堂教务长、留美生考试襄教官、国务院法制局参事和帮办，北京大学、北平大学法学院、清华大学法学院讲师、教授等。清华大学法学院：《法意清华》（2009年4月），第5页。

〔49〕　李煜瀛语。《北平大学区教育旬刊》第3期（1929年4月1日），第66页。转引自孙宏云：《中国现代政治学的展开：清华政治学系的早期发展（一九二六至一九三七）》，生活·读书·新知三联书店2005年版，第74页。

〔50〕　王伟：《中国近代留洋法学博士考（1905—1950）》，上海人民出版社2011年版，第27页。

〔51〕　《国立清华大学校刊》第68期（1929年5月15日）。转引自孙宏云：《中国现代政治学的展开：清华政治学系的早期发展（一九二六至一九三七）》，生活·读书·新知三联书店2005年版，第108页。

〔52〕　陈岱孙：《法学院概况》，载清华大学校史研究室：《清华大学史料选编·国立清华大学时期（1928—1937）》（第二卷）（上），清华大学出版社1991年版，第361页。陈岱孙（1900.10.20—1997.7.27），原名陈总，6至15岁在私塾读书，13岁时补习英文和算术，1915年秋考入教会办的鹤龄英华中学三年级（当时中学实行六年一贯制），凭借中文功底通过中文特别考试，加入"转读班"，以二年半时间完成了最后四年的外文课程，1918年年初毕业。夏初到上海参加清华学校的插班考试，考入高等科三年级。1920年夏毕业，经过甄别获得公费留学美国的资格。是年秋赴美，到威斯康星州立大学插班读三年级，学习经济学。1922年毕业，获学士学位，学位论文题为《煤炭业的产业治理》，由约翰·康芒斯教授指导。同年，入读哈佛大学文理研究生院经济系。1924年获硕士学位。1926年获得博士学位（Doctor of Philosophy），博士论文题目为《马萨诸塞地方政府开支和人口密度的关系》，由查尔斯·杰西·布洛克教授指导。1927年初归国，9月到清华，受聘为大学部经济学系教授。陈岱孙：《往事偶记》，载晏志杰编：《东方赤子·大家丛书·陈岱孙卷》，华文出版社1998年版，第1—9页。鹤龄

英华中学的前身鹤龄英华书院,1881年2月由美以美会开办。捐款者为基督徒商人张鹤龄,故名。张鹤龄早年在厦门时曾受雇于一女信徒家庭。1880年12月,他表示要捐赠财产用以建设一所双语制书院。1881年1月19日,传教士开会,决定成立学院,武林吉被推为校长。张鹤龄最终捐款墨洋1万元,其他中国人另捐2000元。书院中英文并教,以"直接而积极的基督教影响之下,通过英语媒体给予中国青年美国学院水准的教育"为宗旨。胡卫清:《普遍主义的挑战——近代中国基督教教育研究(1877—1927)》,上海人民出版社2000年版,第259页。

〔53〕　罗家伦:《学术独立与新清华》,原载罗家伦:《文化教育与青年》,商务印书馆1945年版,引自清华大学校史研究室:《清华大学史料选编·国立清华大学时期(1928—1937)》(第二卷上),清华大学出版社1991年版,第200页。另见陈新宇:《近代清华法政教育研究(1909—1937)》,载《政法论坛》2009年第1期,第37页。南京国民政府大学院设立于1927年6月,主管教育以及文化学术事业。1928年冬撤销,改为教育部。

〔54〕　罗家伦:《整理校务之经过及计划(上董事会之报告)》,原载《国立清华大学校刊》第12期(1928年11月23日),引自清华大学校史研究室:《清华大学史料选编·国立清华大学时期(1928—1937)》(第二卷上),清华大学出版社1991年版,第12页。

〔55〕　陈俊豪:《生不逢时的法律学系——20世纪二三十年代清华法律学系设立之周折》,载许章润主编:《清华法学》(第九辑),清华大学出版社2006年版,第50页。

〔56〕　赵凤喈(1896—1969),字鸣岐,安徽和县人。毕业于北京大学法律学系、巴黎大学法学院。1933年8月至1934年7月底任清华大学法律学系专任讲师,1934年8月至1935年7月底任政治学系教授。此据前引陈俊豪(第52页)所引清华大学档案馆藏1937年编成的法学院教师目录。1946年清华重设法律系时出任系主任,兼任清华研究院法科研究所政治学部主任。1949年5月11日辞去系主任职务,赋闲在京,直至去世。赵凤喈之子赵家和(1934.9.21—2012.7.22)于1951年考入清华大学电机系,次年转入新成立的无线电系。1955年毕业留校工作,1960年评为讲师,1961年12月加入中国共产党,1969年赴江西农场,之后先后在电教中心、科研处工作,1985年3月被任命为清华大学经济管理学院院长助理、管理信息系统系主任。详见清华大学校长办公室《通知》(〔85〕清校通字第28号,1985年3月28日)。1986年9月任经管学院副院长。详见清华大学校长办公室《通知》(〔86〕清校通字第114号,1986年9月26日)。1987年7月兼任国际贸易与金融系主任。详见清华大学校长办公室《通知》(〔87〕清校通字第81号,1987年7月2日)。1998年退休。赵家和教授将毕生积蓄捐出,于2012年2月设立甘肃兴华青少年助学基金会,用以资助贫困学生完成学业。邓晖、周华、李晓:《"雪中送炭"赵家和——一位清华大学教授的生命之歌》,载《光明日报》2016年7月4日第1、3版。

〔57〕 燕树棠1921年归国后曾任北京大学法律学系教授、系主任,1928年9月至1931年6月、1937年8月至1938年12月、1947年9月至1949年任国立武汉大学法律系教授,其间三次兼任法律系主任。何勤华主编:《中国法学家访谈录》(第一卷),北京大学出版社2010年版,第470页。1931年8月至1934年7月底任清华大学法学院教授,1934年8月至1936年7月底任清华大学政治学系教授。陈俊豪:《生不逢时的法律学系——20世纪二三十年代清华法律学系设立之周折》,载许章润主编:《清华法学》(第九辑),清华大学出版社2006年版,第52页。1949年后仍任教于武汉大学,后在法律系编译室、武大图书馆工作。陈新宇:《法治的恪守者——燕树棠先生的生平与思想》,载清华大学法学院:《法意清华》(2009年4月),第90—91页。燕树棠为老国民党党员,1938年秋赴昆明任西南联合大学法律学系教授会主席,直至1946年。西南联合大学北京校友会编:《国立西南联合大学校史——一九三七至一九四六年的北大、清华、南开》,北京大学出版社1996年版,第298页。

〔58〕 著名国际法学家王铁崖先生早年曾在清华大学研究院法科研究所学习。其于1936年考取第四届留美公费生(政治类,研究方向为国际公法,注重法理),后改为在伦敦大学从Lauterpacht学习国际法,后随Lauterpacht改往剑桥大学。孙宏云:《中国现代政治学的展开:清华政治学系的早期发展(一九二六至一九三七)》,生活·读书·新知三联书店2005年版,第245—246页。

〔59〕 王化成:《政治学系概况》,载《清华周刊·向导专号》1935年6月14日。清华大学校史研究室:《清华大学史料选编·国立清华大学时期(1928—1937)》(第二卷上),清华大学出版社1991年版,第363页。

〔60〕 清华大学法学院:《法意清华》(2009年4月),第255—256页。另见梅贻琦等:《关于筹设清华法律学系的函札》,清华大学档案馆藏,陈俊豪整理,载许章润主编:《清华法学》(第九辑),清华大学出版社2006年版,第317—318页。

〔61〕 《教育统计》,教育部《第一次中国教育年鉴》(丁编),上海开明书店1934年版,第4页。转引自沈伟:《民国律师的养成与律师制度的局限——以1930年代的上海为例》,载《北方法学》2017年第4期,第156页。

〔62〕 《国联教育考察团报告书中国教育之改进》,全国经济委员会筹备处1932年版,第164—165页。转引自沈伟:《民国律师的养成与律师制度的局限——以1930年代的上海为例》,载《北方法学》2017年第4期,第156页。

〔63〕 教育部《民国十九年度高等教育概况》,载《中央党务月刊》1931年第31期。转引自沈伟:《民国律师的养成与律师制度的局限——以1930年代的上海为例》,载《北方法学》2017年第4期,第154页。

〔64〕 王化成:《政治学系概况》,载清华大学校史研究室:《清华大学史料选编·国立清华大学时期(1928—1937)》(第二卷上),清华大学出版社1991年版,第364页。

〔65〕 陈岱孙:《法学院概况》,载清华大学校史研究室:《清华大学史料选编·国

立清华大学时期(1928—1937)》(第二卷上),清华大学出版社1991年版,第361—362页。

〔66〕　清华大学法学院:《法意清华》(2009年4月),第258页。另见许章润主编:《清华法学》(第九辑),清华大学出版社2006年版,第319页。

〔67〕　赵赓飏:《梅校长月函博士七秩年谱纪要及其与清华有关事迹》,载黄延复编:《梅贻琦先生纪念集》,吉林文史出版社1995年版,第439页。

〔68〕　清华大学法学院:《法意清华》(2009年4月),第259页。另见许章润主编:《清华法学》(第九辑),清华大学出版社2006年版,第319页。

〔69〕　清华大学法学院:《法意清华》(2009年4月),第262页。另见许章润主编:《清华法学》(第九辑),清华大学出版社2006年版,第320页。

〔70〕　清华大学法学院:《法意清华》(2009年4月),第263页。另见许章润主编:《清华法学》(第九辑),清华大学出版社2006年版,第321页。

〔71〕　清华大学法学院:《法意清华》(2009年4月),第263、264页。另见许章润主编:《清华法学》(第九辑),清华大学出版社2006年版,第321—322页。

〔72〕　清华大学法学院:《法意清华》(2009年4月),第265—268页。另见许章润主编:《清华法学》(第九辑),清华大学出版社2006年版,第322—324页。

钱昌照(1899—1988),字乙藜,生于江苏省常熟县,1919年赴英国伦敦大学政治经济学院留学,主攻政治经济学,获得硕士学位。1922年下半年至1923年底在剑桥大学学习经济学。1928年进入南京国民政府外交部,同年冬,任国民政府简任秘书,1931年6月兼任教育部常务次长。1932年任国防设计委员会副秘书长。1935年国防设计委员会改组为国家资源委员会后,仍任副秘书长,1938年任经济部资源委员会副主任委员,1946年任主任委员。1949年留在大陆。[美]卞历南:《制度变迁的逻辑:中国现代国营企业制度之形成》,浙江大学出版社2011年版,第62—63页。

沈鹏飞(1893.7.5—1983.1.6),字云程,广东番禺人,著名林学家、林业教育家。14岁入广方言学堂学习,辛亥革命时曾参加革命军。1917年毕业于北京清华学校,即赴美留学,初拟攻读炸药化学,因患肺病在俄勒冈大学转学森林工业,1919年获学士学位。继而在耶鲁大学研究院攻读林学,1921年获硕士学位。1932年,时任南京国民政府教育部高教司司长。1934年后任上海暨南大学校长、同济大学教授。百度百科,http://baike.baidu.com/view/1668546.htm? fr=aladdin。2014年11月28日访问。

〔73〕　清华大学法学院:《法意清华》(2009年4月),第269页。另见许章润主编:《清华法学》(第九辑),清华大学出版社2006年版,第324页。

〔74〕　清华大学法学院:《法意清华》(2009年4月),第270页。另见许章润主编:《清华法学》(第九辑),清华大学出版社2006年版,第325页。

〔75〕　该件在清华大学档案馆编号为1932.3.28卷1:2—1:11,第6—11页。清华大学法学院:《法意清华》(2009年4月),第258、259页。另见许章润主编:《清华法

学》(第九辑),清华大学出版社 2006 年版,第 326 页。但陈新宇认为其事在 1933 年 3 月。清华大学法学院:《法意清华》(2009 年 4 月),第 246 页。从"以前公事又已做死"及"谓庚款若停而财部仍照上年办法则学校必停办"、"但云庚款尚未定停"等语看,其说可信。梅贻琦在 1933 年所作《清华一年来校务之概况》一文中提到:"吾校在过去的一年期内,遭遇两层困难。一层是外患的紧迫,敌兵入侵,日深一日,校址所在,几成前线地带,使我们常感觉工作要被停顿的危险。一层是经费的缺乏,校中自去年二月,美庚款停付以后,收入骤减,直至今年二月,只由财政部陆续拨到一百万元,暂资接济。而今年三月以来,因政府又有庚款再停付一年之议,学校常款,仍未领到。"清华大学校史研究室:《清华大学史料选编·国立清华大学时期(1928—1937)》(第二卷上),清华大学出版社 1991 年版,第 21 页。李仲揆,即李四光。1930 年 12 月 13 日南京国民政府教育部第 1315 号训令任命朱家骅由国立中山大学校长改任国立中央大学校长。之前,关于此事,行政院收国民政府文官处第 7763 号函,向教育部发出第 4322 号训令。当时的教育部长由蒋中正兼任。南京大学校庆办公室校史资料编辑组、南京大学学报编辑部编辑:《南京大学校史资料选辑》(1982 年 4 月),第 247、257 页。朱家骅于 1931 年 12 月 30 日至 1932 年 10 月 28 日任教育部长.1932 年 10 月至 1935 年 2 月任交通部长。1932 年 10 月,交通部长陈铭枢下台,朱家骅继任交通部长。霍锡祥:《回忆国民党时期的邮政》,载中国人民政治协商会议全国委员会文史资料研究委员会编:《文史资料选辑》(第六十五辑),中华书局 1979 年版,第 167 页。翁文灏继任教育部长,但未就职亦未被免。初由次长段锡朋短代,后由朱家骅兼慑教育部长(1932.11.9.—1933.4.20.)。朱家骅原属 CC(Central Club 的简称)系,后与 CC 系陈果夫、陈立夫兄弟闹翻,成为该系政敌。1901 年美国获得了庚子赔款(4.5 亿两白银,约合 3.3 亿美元)中的 2500 万美元。1908 年,美国国会对中国减免了赔款中超出实际损失的部分,计 11961121.76 美元。[美]费正清、费维恺编:《剑桥中华民国史(1912—1949 年)》(下卷),刘敬坤、叶宗敬、曾景忠、李宝鸿、周祖羲、丁于廉译,谢亮生校,中国社会科学出版社 1994 年版,第 434、435 页。

〔76〕　谢泳:《遥想梅、竺当年……》,载常大林、武宁编:《风雨敲书窗——〈博览群书〉百期精选》,中华工商联合出版社 1999 年版,第 182 页。

〔77〕　[美]费正清、费维恺编:《剑桥中华民国史(1912—1949 年)》(下卷),刘敬坤、叶宗敬、曾景忠、李宝鸿、周祖羲、丁于廉译,谢亮生校,中国社会科学出版社 1994 年版,第 443 页。

〔78〕　薛毅:《王世杰传》,武汉大学出版社 2010 年版,第 49、50 页。王世杰(Wang Shih Chieh,1891—1981),字雪艇,湖北崇阳人,1910 年入北洋大学采矿冶金科,1913 年以稽勘局第二期官费留学生身份赴英国留学,入伦敦政治经济学院,1917 年毕业,获政治经济学专业学士学位,1920 年获巴黎大学法学博士学位(政治经济学专业),博士论文为《联邦宪法中权限之分配》(*De la Répartition des compétences dans les constitutions fédérales*）。同年回国，任教于北京大学，1923 年 9 月至 1924 年 3 月代理北大法律系主任，1924 年至 1929 年 3 月任北大法律系主任。1927 年任国民政府法制局局长。1929 年任武汉大学校长。1933 年 4 月 21 日至 1938 年 1 月 1 日任教育部长。王伟：《中国近代留洋法学博士考（1905—1950）》，上海人民出版社 2011 年版，第 197 页。

〔79〕 陈俊豪：《生不逢时的法律学系——20 世纪二三十年代清华法律学系设立之周折》，载许章润主编：《清华法学》（第九辑），清华大学出版社 2006 年版，第 53 页。

〔80〕 清华大学法学院：《法意清华》（2009 年 4 月），第 270 页。另有资料称，1934 年 12 月 11 日清华大学校务会议上还讨论了艺术系和法律系校舍的设计工作。朱乔森编：《朱自清全集》（第九卷），江苏教育出版社 1998 年版，第 333 页。其中所说"法律系校舍"应指法学院大楼。冯友兰也曾提道："本校原拟有文法学院之建筑，地址已定在生物学馆南之岛上，现虽因故未能进行，然终望其必能实现也。"冯友兰：《文学院概况》，载《清华周刊·向导专号》1936 年 6 月 27 日。收入清华大学校史研究室：《清华大学史料选编·国立清华大学时期（1928—1937）》（第二卷上），清华大学出版社 1991 年版，第 295 页。事实上，因未建文学院、法学院大楼而节省下的 40 万元被用于在长沙岳麓山筹建分校。1936 年，国立清华大学与湖南省政府签订合作协议，商定在湘举办高等教育及特种研究事业。湖南省将省立高级农业职业学校左家垅新校址赠予清华大学，湖南省收买湖南省立高级农业职业学校新校址南部邓家湾王家坟一带及西部田亩一并赠予清华。经教育部批准，新校址当年正式动工。共计划建设校舍六所：甲所（理工馆）、乙所（文法馆）、丙所（教职员宿舍）、丁所（学生宿舍）、戊所（工场）、己所。1938 年 4 月 11 日下午，长沙校舍大部被日寇飞机炸毁。金富军：《1937 年前后的清华大学》，载《文史春秋》2009 年第 11 期。

〔81〕 《国立清华大学校刊》第 442 号（1932 年 10 月 10 日）刊载的二十一年度政治系教师名录为：教授兼主任浦薛凤；教授：王化成、张奚若、钱端升、萧公权；专任讲师：柳哲铭；讲师程树德、唐悦良；助教：邹文海、赵德洁。

据《国立清华大学校刊》第 530 号（1933 年 10 月 30 日），二十二年度的教师包括：教授兼主任浦薛凤（本学年休假）、代理主任王化成；教授：张奚若、钱端升、萧公权、沈乃正；讲师程树德、杨沃特（Carl Walter Young）；助教：邹文海、赵德洁。

二十三年度的教师包括：教授兼主任浦薛凤；教授：张奚若、钱端升、萧公权、沈乃正、赵凤喈；（专任）讲师陈之迈；助教：邹文海、赵德洁。转引自孙宏云：《中国现代政治学的展开：清华政治学系的早期发展（一九二六至一九三七）》，生活·读书·新知三联书店 2005 年版，第 126、127 页。1935 年 6 月，政治系还有讲师程树德、燕树棠、张映南。王化成：《政治学系概况》，载《清华周刊·向导专号》1935 年 6 月 14 日。清华大学校史研究室：《清华大学史料选编·国立清华大学时期（1928—1937）》（第二卷上），清华大学出版社 1991 年版，第 362 页。张映南，1893 年生，湖北江陵人，法律系讲师（1932—1935），日本早稻田大学政治、经济科毕业，曾任各大学法科讲师，1935 年任北京大学法律系副教授。苏雪峰编：《清华大学师生名录资料汇编（1927—1949）》，中国台湾地区"中研院"近代史研究所2004年版，第59页。

据《国立清华大学校刊》第682号（1935年9月16日），二十四年度清华政治学系的教师包括：教授兼主任浦薛凤；教授：王化成、张奚若、萧公权、沈乃正、赵凤喈；专任讲师：陈之迈；讲师：燕树棠、张映南；助教：赵德洁、龚祥瑞。二十五年度的教师包括：教授兼主任浦薛凤；教授：王化成、张奚若、萧公权、沈乃正、赵凤喈、陈之迈；讲师：燕树棠；助教：赵德洁、曹保颐、王彦美。孙宏云：《中国现代政治学的展开：清华政治学系的早期发展（一九二六至一九三七）》，生活·读书·新知三联书店2005年版，第127页。

邹文海（1908—1970.1.5），字景苏，生于无锡县泰伯乡（今硕放）竹桥头。1926年考入清华政治学系。1930年毕业，因成绩优异留校任助教。1935年被保送留学英国，入伦敦政治经济学院。1937年放弃学业回国。历任上海私立沪清中学校长、国立湖南大学教授、江苏省立江苏学院政治系主任兼教务主任、国立厦门大学教授、国立暨南大学教务长及法学院院长、国立政治大学教授等职。1949年去台湾地区。1955年为政治大学教授。孙宏云：《中国现代政治学的展开：清华政治学系的早期发展（一九二六至一九三七）》，生活·读书·新知三联书店2005年版，第190页。

龚祥瑞（1911—1996），生于浙江宁波，1930—1931年在沪江大学学习生物。1931—1935年在清华政治学系学习。详见龚祥瑞《法与宪法近论》所附简历。龚祥瑞：《法与宪法近论》，北京大学法律系1992年11月（铅字油印本），第301页。清华大学法律图书馆藏本。该书系高鸿钧教授转赠，其于1993年1月15日获赠于龚先生。1935年龚祥瑞考取第三届留美公费生，1936年进入伦敦经济学院学习。毕业后到巴黎大学继续学习。

〔82〕　田本相：《曹禺的清华岁月》，载《清华校友通讯》编辑部编著：《清华校友通讯：复62辑》，清华大学出版社2010年版，第142页。郑秀，字颖如，其舅舅林文是黄花岗七十二烈士之一，姨父沈旅庆曾在海军部任职。李子迟、冯松、莫休编著：《细说清华学者们的爱情往事》，东方出版社2011年版，第244页。

〔83〕　孙哲：《曹禺先生与〈清华校友通讯〉》，载《清华校友通讯》编辑部编著：《清华校友通讯：复62辑》，清华大学出版社2010年版，第145页。八级指1932年入学的学生。第一级指1925年清华学校设立大学部那一年的毕业生。

〔84〕　《国立清华大学法学院政治学系》（民国二十一年至二十二年度），第1页。值得注意的是，在另一副本中，唐悦良作"唐阅良"，且似有涂改。

〔85〕　同前，第5页。

〔86〕　同前，第8页。该册对宪法课程的简介称："本课目首论宪法的原理及国家的性质；次及人民的权利义务，复次详论国家的职务及机关的组织，以及各机关间相互的关系；末则讨论集合国家的国体及宪法的修改。凡世界各重要国家的立法制度，悉在比较之列，而中国的宪政发展史，则尤被注意。"

〔87〕　同前,第 10、11 页。

〔88〕　同前,第 13、14 页。

〔89〕　"本系学生应按照年级次序先后修习必修与选修学程。选习本系或他系学程时,应受系中教师之指导,以专门于下列数组之一为标准:甲、普通政治学,乙、政治制度,丙、市政,丁、国际法与国际关系,戊、政治思想。"

〔90〕　本学程讲述行政法之原则与制度,依据吾国现行法规并参考欧美日本之条例。每周二小时,全学年四学分。选修。清华大学校史研究室:《清华大学史料选编·国立清华大学时期(1928—1937)》(第二卷上),清华大学出版社 1991 年版,第 369 页。

〔91〕　本学程目的,在使习政治经济诸生,对于民法得有确切及整个的认识,故其内容包括现行民法典全部(总则、债编、物权、亲属、继承),唯嫌分量过多,不得不择要讲授。于总则部分,侧重于"自然人""法律行为""条件及期限""消灭时效"等节;于债编,侧重于"契约""无因管理""侵权行为"各部。物权编,侧重"所有权""典权""占有"等章;亲属编,侧重"婚姻""监护"各章;继承编,侧重"遗产之继承""遗嘱"二章。讲解时,除对各项问题,先予原则之说明外,并将条文加以详细之分析。使初学者,对于民法中已讲到的部分,不致囫囵吞枣,而于未讲到的部分,亦可举一反三。每周 4 小时,全学年 8 学分。同前,第 370 页。

〔92〕　本学程包括现行刑法典总则、分则两部分。首冠诸论,略述刑法概念,刑法进化,及我国刑法之沿革。次将总则各章分纳于犯罪论、刑罚论及多数犯罪与多数犯人三章之中,而论述其要略。至分则部分,共三十四章,因时间关系,将择内容重要者二十余章,如妨害秩序罪、公共危险罪、妨害风化罪等讲述之。讲授时亦兼顾学理与应用两方。每周 4 小时,全学年 8 学分。选修。同前,第 370 页。

〔93〕　本学程研究国家相互间公认为必须遵守之规则。总计分为四部:第一部总论:述国际公法之定义、性质、历史,及与国内法之关系;第二部,平时国际公法:述国家之产生、承认、消灭、继承,及其基本权利与义务,条约之缔结,使领之交换,国际争议之解决等;第三部,战时国际公法:述战争时交战国,彼此间之关系及应守之规则;第四部,中立国际公法:述中立国家人民之权利义务。每周 4 小时,全学年 8 学分。本系三年级必修。同前,第 371 页。

〔94〕　本学程讲述国际私法之一般原则,现行之法律适用条例,国际法、中外国籍法之冲突,中外条约关于国际私法之特别订定,以及其他涉外法规。欧陆英美所采主义之异同,普通学理与实际情形是否相应,均讨论及之。每周 2 小时,全学年 4 学分。选修。同前,第 373 页。

〔95〕　本学程首述国际组织之意义与需要;次述国际间立法行政司法各种组织之由来与工作,对于国际联盟世界法庭等机关,更作详细之研究。每周 2 小时,全学年 4 学分。选修。同前,第 374 页。

〔96〕　本学程为法学入门。以有系统之方法,说明法学全体之原则要义,与夫范围

部类,及其相互关系之处。讲述时征举例证,务求切合本国现行法律,及社会实际情形,藉收体用兼赅之效。每周 2 小时,全学年 4 学分。本年度不开班。同前,第 369 页。

〔97〕　本学程首论宪法的原理;次详述欧美及我国宪法发展的历史,及宪法中关于个人基本权利义务的规定;复次讨论国家机关的组成及各机关间相互的关系;最后讨论国家组合的诸种方式。举凡世界各国重要国家的宪法,悉比较之列,尤注意我国历届的约法、宪法及组织法。除教科书外,尚须阅读大量的参考书籍。每周 3 小时,全年 6 学分。本年度不开班。同前,第 370 页。

〔98〕　法制二字,广义言之,所有一切典章制度均包括在内,断非短时间所能卒业。兹依狭义解释,分为三篇:首总论,次历代律令,次历代刑制。世界三大法系,英美长于公法,大陆长于私法,我国长于刑法。中国之汉律,犹西律之有罗马法也,故于汉律言之特详,余述其概略而已。所采用古籍,约百余种,均注明出处,俾读者易于检查,故似简而实详。重要参考书程树德《九朝律考》,本年度不开班。同前,第 373 页。

〔99〕　本学程研究国际公法种种原则在实际上之应用。就世界法庭海牙国际仲裁法庭,以及欧美各国国家法庭之判例及意见书中,择其重要而与国际有关系者七八十件,详细研究。观察国际法庭与国内法庭对于国际法应用不同之处,法庭判决与仲裁结果根本区别所在等。本学程重在各生自修与课堂讨论。本年度不开班。每周 2 小时,全学年 4 学分。选修。以曾修习国际公法者为限。同前,第 373 页。

〔100〕　《清华大学一览》(1937 年),载清华大学校史研究室:《清华大学史料选编·国立清华大学时期(1928—1937)》(第二卷上),清华大学出版社 1991 年版,第 369—375 页。

〔101〕　同前,第 384 页。

〔102〕　谢英整理:《谢怀栻先生履历》,载谢英整理:《谢怀栻先生纪念文集》,中国法制出版社 2005 年版,第 1 页。

〔103〕　谢英:《怀念父亲》,载谢英整理:《谢怀栻先生纪念文集》,中国法制出版社 2005 年版,第 11 页。

〔104〕　抗战胜利后,陈序经教授回南开任教,1967 年蒙冤病逝。林元:《忆爱国学者陈序经先生》,载冯友兰、吴大猷、杨振宁、汪曾祺等:《联大教授》,新星出版社 2010 年版,第 97—104 页。

〔105〕　戴修瓚(1887—1957),字君亮,湖南常德人,早年留日,毕业于日本中央大学法科。历任北京政法大学法律系主任[原文如此]兼教务长、京师地方检察厅检察长、河南司法厅长、最高法院首席检察官、上海法学院法律系主任、中国公学法律系主任、北洋大学法商学院名誉教授、北京大学法律系主任兼教授。中国大百科全书总编辑委员会《法学》编辑委员会、中国大百科全书出版社编辑部编:《中国大百科全书·法学》,中国大百科全书出版社 1984 年版,第 54—55 页。

〔106〕　西南联合大学北京校友会编:《国立西南联合大学校史——一九三七至一

九四六年的北大、清华、南开》,北京大学出版社 1996 年版,第 297、298 页。社会学系于
1941 年划归法商学院。同前,第 35 页。联大期间,法律学系学籍毕业生合计 91 人。

　　〔107〕　张奚若(1889—1973),字熙若,自号耘,陕西大荔县朝邑镇人。曾在哥伦
比亚大学学习,获学士学位(1917)、政治学硕士学位(1919)。

　　钱端升(1900.2.25—1990.1.21),生于上海,17 岁考入清华学校。19 岁被选送到
美国北达科他州立大学,后入哈佛大学研究院深造,24 岁获哲学博士学位。其博士论
文题为《议会委员会制:比较政府研究》(*Parlimentary Committee:A Study of Comparative
Government*)。

　　邵循恪(1911—1975),字恭甫,福建福州人。1926 年就读于清华大学。与乃兄邵
循正(著名历史学家)同就读于政治学系,是清华大学政治学系的第一批学生。1930
年就读于清华研究院法科政治研究所,1933 年成为该院首批毕业生。后赴美留学,攻
读国际关系及国际法,获芝加哥大学博士学位。1939 年回国受聘于西南联大,任法商
学院政治系教授。

　　陈瑾昆(1887—1959),湖南常德人。1908 年赴日留学,宣统元年在第一高等学校
政治预科学习(第一年),1913 年考入东京帝国大学法学部,1917 年毕业,获法学士学
位。回国后任奉天省高等审判所推事和庭长,1918 年任修订法律馆纂修,1919 年任大
理院推事、庭长,继任最高法院庭长。1933 年任南京国民政府司法行政部民事司司
长。1919—1938 年,在北大、朝阳等校专任或兼任讲师、教授。1946 年赴延安,同年加
入中国共产党,后任中共中央法律委员会委员。何勤华:《中国法学史》(第三卷),法
律出版社 2006 年版,第 657 页。程燎原:《清末法政人的世界》,法律出版社 2003 年
版,第 368 页。中共中央文献研究室编:《毛泽东书信选集》,中央文献出版社 2003 年
版,第 254 页。陈瑾昆著有《民法通义总则》《债编总论》《债编各论》《刑事诉讼法通
义》等。谢振民整理:《中华民国立法史》(上册),张知本校订,中国政法大学出版社
2000 年版,例言第 4、5 页。

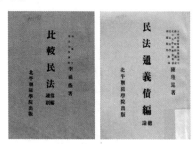

图注 5-1　朝阳学院出版的李祖荫、陈瑾昆著的教科书

〔108〕　西南联合大学北京校友会编:《国立西南联合大学校史——一九三七至一九四六年的北大、清华、南开》,北京大学出版社1996年版,第574页。此后空缺,似未招生。

〔109〕　端木正,祖籍安徽安庆,回族。字昭定,号翼天,回族教名易卜拉欣。1920年7月生于北京。因日军侵华,清华大学入学考试无法如期举行,乃投考燕京大学,为新闻系录取,后借读于武汉大学。又因武大没有新闻系,遂转读武大政治系。1942年毕业于武汉大学政治系,获学士学位。1947年从清华大学法律学系研究生毕业后留校任教,同年考取赴法留学公费生,1948年赴法,1950年获法国巴黎大学法学博士学位。1951年获得巴黎大学高级国际法研究所毕业文凭。后来他曾执教于岭南大学、中山大学。曾任中山大学法律系复办后首任系主任、最高人民法院副院长(1990—1995)、海牙国际常设仲裁法院仲裁员。2006年11月28日凌晨在广州辞世。《清华人》2007年第1期(总第19期),第13页。《端木美女士向档案馆捐赠端木正先生手稿》,载清华大学网,http://thdag.cic.tsinghua.edu.cn/docinfo_out/board/boarddetail.jsp?columnId=00103&parentColumnId=001&itemSeq=6122。2011年10月17日访问。张烨:《为国际法学服务的法官——记端木正先生》,载清华大学法学院:《法意清华》(2009年4月),第45—46页。该文还提到,端木正于1951年进入华北人民革命大学政治研究班学习。

〔110〕　赵凤喈:《民法亲属编》,国立编译馆出版,正中书局印行。

〔111〕　关于抗战胜利后国立大学回迁复校,当时国民政府教育部援引《中央党政机关还都办法》第13条制定了《关于国立各级学校迁校办法》(1945)。1945年12月29日教育部长朱家骅还签发了《教育部关于复员事宜训令》。复旦大学档案馆:《复旦大学战后复员档案史料选编》,载中国社会科学院近代史研究所《近代史资料编辑部》编:《近代史资料》(总117号),中国社会科学出版社2008年版,第111—115页。

〔112〕　清华大学法学院:《法意清华》(2009年4月),第272页。

〔113〕　清华大学网,http://www.tsinghua.edu.cn/docsn/fxy/webchn/aboutus/aboutframe.htm。2008年9月10日访问。

〔114〕　苏雪峰编撰:《清华大学师生名录资料汇编(1927—1949)》,中国台湾地区"中研院"近代史研究所2004年版,第33页。

〔115〕　同前,第76页。

〔116〕　同前,第69页。

〔117〕　同前,第13页。

〔118〕　史轩:《新中国初期院系调整中的清华大学》,载《新清华》2010年7月9日(第1807期)第4版。

〔119〕　《中央关于北平各大学的几个方针问题的指示》(1949年3月17日),载中央档案馆编:《中共中央文件选集》(第十八册),中共中央党校出版社1992年版,第

174—176 页。

〔120〕 史轩：《新中国初期院系调整中的清华大学》，载《新清华》2010 年 7 月 9 日(第 1807 期)第 4 版。另见史轩：《面向工业化建设的院系调整》，载清华大学网，http://news.tsinghua.edu.cn/new/news.php？id=19235。2008 年 11 月 12 日访问。另有资料称，清华大学法学院法律系 1949 年 10 月 20 日由华北高等教育(委员会)会议决定并入北京大学。《清华大学法学院概况历史沿革》，载清华大学网，http://www.tsinghua.edu.cn/docsn/fxy/intr/intro_lsyg.htm。周振想、邵景春主编：《新中国法制建设40 年要览(1949—1988)》，群众出版社 1990 年版，第 4 页。

〔121〕 清华大学法学院：《法意清华》(2009 年 4 月)，第 272—273 页。

〔122〕 同前，第 274 页。

〔123〕 黄延复：《巍巍邺架不尽缘——说说我与母校大图书馆的"缘分"》，载侯竹筠、韦庆缘主编：《不尽书缘——忆清华大学图书馆》，清华大学出版社 2001 年版，第 70 页。文中还提到，"所有关于'马克思主义的三个来源和三个组成部分'的经典和参考读物都开架陈列在大阅览室(第三阅览室？)里了，可自由取阅。"韩愈《送诸葛觉往随州读书诗》诗云："邺侯家乡书，插架三万轴。"

〔124〕 有资料称，"中央财政经济学院"的校舍位于东城区沙滩北京大学旧址。刘杰、张培坚撰稿：《法大凝眸——老照片背后的故事》，中国政法大学出版社 2012 年版，第 11 页。陈岱孙先生回忆道："我还在清华工作到 1952 年。1952 年，北京院系调整，新成立'中央财政经济学院'。我转到这个学院。翌年这个学院取消了，我又转到北京大学。"陈岱孙：《往事偶记》，载晏志杰编：《东方赤子·大家丛书·陈岱孙卷》，华文出版社 1998 年版，第 15 页。

〔125〕 史轩：《面向工业化建设的院系调整》，载清华大学网，http://news.tsinghua.edu.cn/new/news.php？id=19235。2009 年 10 月 1 日访问。有迹象表明，清华大学在院校调整前的藏书被 1958 年 10 月组建的中国科学院哲学社会科学部法学研究所图书资料室(现中国社会科学院法学研究所图书馆)接收。该馆另外两个主要的馆藏来源是：接收国务院法制局和法律出版社在 1959 年撤销前的藏书；以及国内外著名法学家的捐赠，如著名法学家张友渔先生捐赠的古籍 4045 册。资料室初建时，馆址随法学研究所设在北京原中央政法干校院内，1964 年随所迁至北京东城区沙滩北街 15 号。中国法学网，http://www.iolaw.org.cn/lib01.asp。2010 年 12 月 8 日访问。1959 年 6 月 20 日第二届全国人大四次会议批准国务院撤销国务院法制局，其业务改由国务院秘书厅管理。《全国人民代表大会常务委员会关于批准国务院调整直属机构的决议》，国务院法制局、国务院法规编纂委员会编：《中华人民共和国法规汇编(1959年 1 月—6 月)》，法律出版社 1959 年版，第 109 页。

〔126〕 当时，经济法课程被认为是经管学生应当学习的课程，而清华大学并没有法律系，于是就在经济管理学院内设立了经济法教研组，进行经济法的教学与研究工

作。教研组首任主任为王承继教授。也是在 1984 年，为了处理清华大学日益增多的专利事务，成立了专利事务所。与此同时，20 世纪 80 年代开始，有关院系在物证技术研究方面，中国工程院院士、环境系教授钱易在环境法研究方面，以及土木工程系在房地产法研究方面也取得了显著成果。《清华大学法学院概况历史沿革》，载清华大学网，http://www.tsinghua.edu.cn/docsn/fxy/intr/intro_lsyg.htm。2009 年 10 月 8 日访问。

〔127〕　1994 年 10 月 12 日，校长书记联席会议决定成立以校长王大中院士为主任的法律学系筹建委员会，开始法律学系的筹建工作。1995 年 9 月 8 日，清华大学正式恢复建立法律学系，系主任为王叔文教授。1999 年 4 月 25 日，清华大学法学院正式复建，院长为王保树教授。《清华大学法学院概况历史沿革》，载清华大学网，http://www.tsinghua.edu.cn/docsn/fxy/intr/intro_lsyg.htm。2009 年 10 月 25 日访问。

〔128〕　燕京大学的前身之一汇文大学的组建执照中称："它建立和运行的基础是严格的基督教和福音主义原则，而不是世俗原则——帮助中华帝国和其他国家的青年获得文理科教育或职业教育。"另一源头通州潞河书院 1893 年的一份通报中也称："它的目标绝不是培养能够胜任许多新式官办事业中的肥差的人才。"陈远：《燕京大学 1919—1952》，浙江人民出版社 2013 年版，第 5 页。

〔129〕　邓云乡：《文化古城旧事》，河北教育出版社 2004 年版，第 56 页。

〔130〕　参见本书第三章《北洋大学法科与民国时期的"院系调整"》。

〔131〕　燕京大学停办法律系与清华大学法律系夭折在时间上颇为接近，是否存在类似的缘由还有待详考。

〔132〕　《庄子·人间世》曾云："仲尼曰：'恶，恶可！大多政法而不谍，虽固亦无罪。虽然，止是耳矣，夫胡可以及化！犹师心者也。'"其中的"政法"一词与今日所谓"政法"并无涉。清光绪二十九年（1903）颁布的《大学堂章程》规定："政法科大学分二门：一、政治门，二、法律门。"上海商务印书馆编译所编纂：《大清新法令（1901—1911）点校本》（第三卷），韩君玲、王健、闫晓君点校，商务印书馆 2011 年版，第 123 页。但该章程的影响力似乎非常有限，1906 年开始各省陆续成立的学堂多以法政为名。1949 年 6 月 7 日华北人民政府发布命令："为培养司法人才，决定创办北平政法学院。兹派谢觉哉为北平政法学院筹备委员会主任委员；沈钧儒、张志让、王之相、李达、陈瑾昆、何思敬、李木庵、杨绍萱、左宗纶、关世雄、许涤新、吴煜恒、陈传纲、吕复、贾潜、王斐然、王笑一、陈守一、于烈辰为北平政法学院筹备委员会委员。"谢觉哉、左宗纶、关世雄、陈传纲、陈守一、于烈辰为常务委员。熊先觉：《从朝阳大学到政法大学、人民大学》，载薛君度、熊先觉、徐葵主编：《法学摇篮——朝阳大学》（增订版），东方出版社 2001 年版，第 120—121 页。

〔133〕　1930 年 6 月 30 日由罗家伦校长签发的八字第四○○号《毕业证书》称："学生姜书阁，系辽宁省凤城县人，现年二十二岁，在本校法学院政治学系修业期满，成

绩及格，准予毕业，得称法学士。此证。"王桂兰：《一张特别的清华毕业证复印件》，载《图书馆与读者》2014年9月第7期，第6页。

〔134〕　在中国内地，参加国家统一法律职业资格考试的报名条件与报名者在大学所学专业及学历层级有关。司法部《国家统一法律职业资格考试实施办法》（2018）第九条规定："符合以下条件的人员，可以报名参加国家统一法律职业资格考试：……（五）具备全日制普通高等学校法学类本科学历并获得学士及以上学位；全日制普通高等学校非法学类本科及以上学历，并获得法律硕士、法学硕士及以上学位；全日制普通高等学校非法学类本科及以上学历并获得相应学位且从事法律工作满三年。"

第六章　中国新法学研究院考

〔1〕　王健：《论中国的法律教育》，载《比较法研究》1994年第2期，第142页。

〔2〕　《董必武法学文集》，法律出版社2001年版，第27—35页。

〔3〕　梁慧星：《谢怀栻先生从事民法50周年贺辞》，载梁慧星主编：《民商法论丛》（第2卷），法律出版社1994年版，第2页。文中提到"新中国成立后，1949年2月进北京中国新法学研究院学习"，据此可知其中的"2月"当为"12月"之误。《谢怀栻先生纪念文集》收录的《谢怀栻先生履历》称，先生1949年12月至1951年1月为中国新法学研究院学员，1951年2月至1952年12月为中国新法学研究院教员。1952年1月至1958年3月为中央政法干部学校教员。

陈盛清先生也以暨南大学教授身份带职到中国新法学研究院学习，1951年1月结业。安徽大学法学院编：《安徽大学知名法学教授论文选》，安徽大学出版社1999年版，第2页。

〔4〕　《谢觉哉日记》（下），人民出版社1984年版，第1286—1287、1289、1290、1292—1293页。

〔5〕　穆中杰：《论共和国法学会组织的特色》，载华东政法大学法律史研究中心编：《法律史的世界》（下），法律出版社2011年版，第195页。

〔6〕　王明（1904—1974），本名陈绍禹，又名陈绍玉，字露清，安徽六安金寨县双石乡码头村人。中共"七大"之后，中央决定由王明担任新成立的中共中央政治研究室主任，主要研究党的政策以及起草法律条文。1946年6月，被任命为法制问题研究委员会（1948年12月改为法律委员会）主任。王明领导该委员会完成了制定陕甘宁边区宪法草案、全国性的宪法草案等工作，还在山西参加过一段时间的土改。1949年10月19日，中央人民政府委员会第三次会议任命陈绍禹（即王明）为政务院政治法律委员会副主任，其还担任法制委员会主任委员、最高人民法院委员，1950年负责主持制定了《婚姻法》。周振想、邵景春主编：《新中国法制建设40年要览（1949—1988）》，群众出版社1990年版，第4页。刘鲁风、何流、唐玉芳主编：《中华人民共和国要事录

（1949—1989）》，山东人民出版社 1989 年版，第 3 页。

〔7〕　沈钧儒（1875.1.2—1963.6.11），浙江嘉兴人，字秉甫，号衡山，于 1903 年应乡试中举人，次年，通过殿试获"赐进士出身"，被签分刑部贵州司主事。1905 年秋，公派赴日本留学，入东京私立法政大学法政速成科政治部学习，后继入补修科，1908 年 4 月毕业回国。1927 年秋，任上海法科大学（后改为上海法学院）教务长，并执行律师业务。日本法政大学大学史料委员会编：《清国留学生法政速成科纪事》，裴敬伟译，李贵连校订，孙家红参订，广西师范大学出版社 2015 年版，第 195 页。百度百科，http://baike.baidu.com/link? url = zDAy_ghKfX23M jtlYx6AStktJaNL3ijzI6Jq6KQeDim9afm CXckxX4sHlrb9Yhh-zHQw6d05cr6ZuWhQ49cE__。2016 年 2 月 19 日访问。

〔8〕　史良于 1922 年 7 月从武进女子师范学校毕业后，先在大同大学补习英语，半年后转至上海女子法政学校学习，6 个月后作为第一届学生毕业。随后成为上海法政大学第一期学生，走读，先学政治，后学法律。法政大学学费不贵。周天度、孙彩霞：《史良》，群言出版社 2011 年版，第 40 页。但该书又说，"法政大学是私立的，校长夫妇过分看重金钱，把学校办得很糟糕，设备很差，图书馆要求增加书籍也不肯给钱；教授半年不来也不请人代课，因为可以不付薪水。所请教员全是廉价的不学无术之辈，常常回答不出学生提出的问题。"史良等百余名法政大学学生离开该校后进入上海法科大学，1927 年夏成为其第一届毕业生。同前，第 44—46 页。

上海法政大学 1924 年由著名法学家徐谦创办，1930 年改为上海法政学院。其政治系毕业生童行白（1898 年生）亦为国民党上海特别市第一届执行监察委员会执行委员，同时兼任民立女中校长。白华山：《上海政商互动研究（1927—1937）》，上海辞书出版社 2009 年版，第 16 页。

上海法科大学由王开僵发起，成立于 1926 年，章太炎（不久即辞职）、董康曾担任校长（不久因和蔡元培、沈钧儒等在上海组织苏浙皖三省联合会，谋取三省自治，遭孙传芳通缉，于 1926 年 12 月逃亡日本，孙传芳被国民军打败后，于 1927 年 5 月返回上海）。设法律、政治、经济三系，法律、政治两专门部及预科。1930 年 1 月改名为上海私立法学院。11 月国民政府教育部批准其立案。1929 年 2 月，国民党上海特别市第一届执行监察委员中有多名上海法科大学毕业生：钮长铸，1904 年生，政治系毕业，时任敬业中学校长；吴开先，1898 年生，经济系毕业；施公猛，1899 年生，法律系毕业。以上为执行委员。候补执行委员中有陶百川，1903 年生，法律系毕业，时任上海《民国日报》编辑。同前，第 16 页。而在该书所列《上海市政府从社会各界中聘任的 25 名建设讨论委员会委员简况表（1929 年 6 月）》中，"上海法学院法律系主任"张耀曾（字镕西）以及"上海法学院院长"褚辅成（字慧僧）赫然在列。同前，第 69、70 页。1931 年 2 月 3 日，日军"进校用轧司林焚烧，先烧教室，继为大礼堂及宿舍，至次日下午 5 时，（上海法学院）始行全部焚毁"。李雪：《浦江之殇——"一·二八"上海轰炸纪实》，载《航空知识》2015 年第 2 期，第 57 页。同期，暨南大学遭到轰炸；沪江大学为日军占领，改为日军临时降落地;持志大学被"日兵机关枪队冲入学院,纵火焚烧",可容千余人的大宿舍、二层楼教室、大礼堂、图书馆、膳厅、食品室等全部被烧毁。私立上海法学院后来又复建了。1935 年国民政府司法行政部颁发的律师证书(律字第六四二六号)显示,持证人唐克强,男,江苏青浦人,27 岁,毕业于私立上海法学院大学部法律系。该院一直持续到 20 世纪 50 年代初。现存 1951 年 7 月私立上海法学院颁发给法律系司法组学生陈龙章(上海人,时年 24 岁)的毕业证书。由证书背面的成绩单可知,该生在校学习四年间修了 41 门课程。

图注 6-1　私立上海法学院相关资料。1935 年国民政府司法行政部颁发的律师证书(律字第六四二六号)(左)。私立上海法学院毕业证书(1951 年 7 月)及背面"历年各科成绩表"(中、右)

〔9〕李达(1890.10.2—1966.8.24),字永锡,号鹤鸣,湖南永州人,中共一大代表。早年在长沙、北京等地读书,1913 年到日本留学,次年因病回国,1917 年春再入日本第一高等师范学校学习理科。1918 年 5 月参与组织中华留日学生救国团,1920 年 8 月回国。1922—1923 年任湖南自修大学学长。1923—1926 年任湖南法政专门学校学监兼教授。1927 年 1 月任中央军事政治学校武汉分校政治教官、代理政治总教官,兼国民革命军总政治部编审委员会主席。3 月回长沙筹办国民党湖南省党校,任教育长。9 月任中山大学文学院教授。1928 年到上海创办昆仑书店,出版各种进步的哲学社会科学书籍。1930—1931 年任上海法政学院及暨南大学教授。1932—1937 年任北平大学法商学院教授兼经济学系主任、中国大学教授兼经济系主任、朝阳大学教授。1938—1941 年,任广西大学经济学教授兼系主任。1947—1949 年任湖南大学教授。1949 年任中国政法大学副校长。1950—1952 年任湖南大学校长。1953—1956 年任武汉大学校长。熊复主编:《世界政党辞典》,红旗出版社 1986 年版,第 37 页。

〔10〕孟庆树(1911—1983),女,安徽寿县人,中共六大、七大代表,王明的妻子。

〔11〕据沈宗灵老回忆,徐平当时为司法部教育司副司长。另有资料称,徐平,曾任中央政法干部学校教务处副处长、教研处处长、副教务长、副校长等职。1952 年到中央公安干部学校工作,长期担任校属单位和学校领导,参与制定并具体实施学校教学计划,曾受委派担任侵华日军战犯的辩护工作,著有《正义的审判:二战日本战犯罪

行录》一书。《"70 位公大杰出人物"推选活动候选人事迹简介十一》,载中国人民公安大学微信公众号:ppsucwx,2018 年 7 月 2 日发布。

〔12〕 "沈(钧儒)院长、谢(觉哉)李(达)两副院长亲临主持,董(必武)副总理,最高人民检察署蓝副检察长,司法部李副部长,法制委员会陈副主任委员及国际友人贝可夫同志等莅临讲话,晚上举行电影晚会。"《本院纪事辑要(1949 年 7 月—1950 年 3 月)》,载中国新法学研究院研究指导委员会:《中国新法学研究院院刊》第 1 期,第 75 页(即封三)。1949 年 11 月 1 日《人民日报》报道,新法学会筹委会沈钧儒主席电贺国际民主法学大会,请求接受中国新法学会筹委会加入该会。国际民主法学会 1946 年在巴黎创立。周振想、邵景春主编:《新中国法制建设 40 年要览(1949—1988)》,群众出版社 1990 年版,第 5 页。1950 年 11 月,钱端升代表中国新法学研究会参加国际民主法律工作者协会在华沙召开的理事会,并当选为主席团成员之一。同前,第 33 页。

〔13〕 中央档案馆编:《中共中央文件选集》(第十八册),中共中央党校出版社 1992 年版,第 440 页。

〔14〕 刘长、贺涛、张博岚:《上海律师公会旧址发现记:律师寻根》,载《南方周末》2012 年 8 月 16 日 A5 版。

〔15〕 《本院纪事辑要(1949 年 7 月—1950 年 3 月)》,载中国新法学研究院研究指导委员会:《中国新法学研究院院刊》第 1 期,第 75 页(即封三)。该刊封底刊登的"本院已出版的学习参考资料"后所留地址即为王驸马胡同三号。电话(四)二三四二。该刊系北京市军事管制委员会登新字第一一九号。法律出版社成立于 1955 年 3 月 18 日。资料显示 1955—1957 年,法律出版社位于北京东城区东四牌楼十二条老君堂 9 号。1954 年 10 月 28 日出版的《政法研究》1954 年第 3 期显示,作为其出版者的中国政治法律学会已迁至东四王驸马胡同三号,而之前一直在南河沿甲十九号。

《中国新法学研究院院刊》后来又出版了多期,如谢怀栻老《我怎样摆脱旧法影响?》一文就刊在 1951 年 3 月 31 日出版的院刊上,中国法律文化网,http://www.law-culture.com/shownews.asp? id = 7890。2012 年 11 月 20 日访问。

〔16〕 中共中央政策研究室(1949 年 3 月)编:《一九四八年以来政策汇编》,中共中央华北局 1949 年 6 月印,第 142 页。

〔17〕 同前,第 151—152 页。伏尔泰曾说:"你们要求好的法律么? 把现有的全部烧掉,制定新的!"转引自[美]H.W.埃尔曼:《比较法律文化》,贺卫方、高鸿钧译,清华大学出版社 2002 年版,第 40 页。事实上,法律要去旧布新的观点早在延安时期就已被提出。谢觉哉老 1947 年 2 月 28 日日记载:"法律应为进步的新民主主义法律,于是不是继承旧的而是对旧的革命。不是对旧的修改,而是形式和内容全部改造。比如民法,旧的只保护私有财产,新的应是保护人民权利……因而公法与私法的范畴将有所改变——由法律革命到革命法律,不冲破旧的法律概念及其形式,便不能有革命的

法律出来。"这或是谢老在当日召开的法制组小组会上的发言。《谢觉哉日记》(下)，人民出版社 1984 年版，第 107 页。另见《谢觉哉杂文选》，人民文学出版社 1980 年版，第 83 页。

〔18〕　安林:《清河训练大队始末》，载中国人民政治协商会议北京市委员会文史资料研究委员会编:《北京的黎明》，北京出版社 1988 年版，第 118—122 页。从国民党军统局主办的北平特种警察训练班毕业，后任北平民政局属下第四区公所户政股长、兼任军统北平站公十五组第四区小组长的郭东郊回忆，其于 1949 年 3 月 8 日早 8 时在当时的北平内四分局集合，前往清河训练大队。1950 年 1 月 25 日转移到清河农场参加劳动生产。郭东郊:《北平的解放与我的新生》，载中国人民政治协商会议北京市委员会文史资料研究委员会编:《北京的黎明》，北京出版社 1988 年版，第 639—641 页。

〔19〕　郑孟平:《为接管旧北平法院做准备》，载中国人民政治协商会议北京市委员会文史资料研究委员会编:《北京的黎明》，北京出版社 1988 年版，第 153 页。

〔20〕　范平:《接管旧北平法院的一段回忆》，载中国人民政治协商会议北京市委员会文史资料研究委员会编:《北京的黎明》，北京出版社 1988 年版，第 156 页。朝阳学院学生范德钦曾是学生自治会理事、秘书，后改名为范平，后任北京行政学院教授。范平:《朝阳学院复员北平杂记》，载薛君度、熊先觉、徐葵主编:《法学摇篮——朝阳大学》(增订版)，东方出版社 2001 年版，第 117、118 页。

中共中央《关于接管平津司法机关之建议》(1949 年 1 月 21 日)提到:"在北平天津两军管会下各设一司法机关接管小组，由华北人民政府司法部与人民法院商派得力干部为组长(现已派王斐然同志为北平负责人)，其他则于派往平津接收人员中选择一部分人员充任之(有法律知识或司法经验与否并不重要)，受平津军管会之领导。"中共中央政策研究室(1949 年 3 月)编:《一九四八年以来政策汇编》，中共中央华北局 1949 年 6 月印，第 139—140 页。1949 年 3 月 18 日，北平市人民政府正式任命王斐然为北平市人民法院院长，举行了接管仪式。当时分人事、档案、物资三个组。组长分别是王斐然、贺战军、于烈辰。最初有老区来的干部 18 人:王斐然、王笑竹、贺战军、栗发荣、王亲堂、王梅林、李更、张书鼎、张利元、陈万凤、贾言俊、王通章、马英、郝玉堂、田敏文、李云忠、霍进财、于烈辰。学生干部 11 人:范平、古定、心如、张思之、谭泉、彭忱、周明、阳光红、顾年、田敏、傅楫。地下党干部 7 人。后又派来老干部 10 多人:李凤林、李葆真、马润生、来世昌、张冲霄、刘本文、高玉生、王泽普、王生武、朱哲、张平、宗宁。对旧人员，留用的试用人员 130 多人。市法院相继成立了负责审判工作的审判委员会和负责行政工作的秘书处。审判委员会办公室，下设民事组、刑事组、调查组、执行科、问事处、法警排;秘书处下设秘书室、干部科、总务科、文书科等。贺战军为刑事组负责人，后来刑事组改为刑庭，民事组改为民庭。贺也改任刑庭庭长。1949 年 6 月，北平军事管制委员会成立了军法处，其并无固定编制，工作人员也就是法院的部分工作人员。后来北平市设立了前门区、中城区、外城区、北城区四个城区法院，一个郊区法院(管辖门头沟、石景山、海淀、朝阳等地区）。市法院审判庭实行巡回审判。从 1949 年 3 月 18 日到年底，共审理案件 14106 件，其中刑事案件 9116 件，民事案件 4490 件。1950 年全市共审理案件 25625 件，其中刑事案件 8415 件，民事案件 17210 件。贺战军:《打击敌人、保护人民——建立健全人民的司法机构》(王桂玲整理)，载中国人民政治协商会议北京市委员会文史资料研究委员会编:《北京的黎明》，北京出版社 1988 年版，第 160、161、164 页。另据 1950 年出版的《北京市街道详图》，当时北京城分为十一个区，其中内城为第一区至第七区(内一区至内七区)，外城为第八区至第十二区(外一区至外五区)。《北京市街道详图(1950)》(复制版)，金擎宇校订，中国地图出版社 2004 年 8 月根据郑奇影、杨柏如编制，亚光舆地学社 1950 年出版的原图复制。

〔21〕　《本院教学计划大纲》，载中国新法学研究院研究指导委员会:《中国新法学研究院院刊》第 1 期，第 15 页。

〔22〕　沈钧儒:《新法学研究院的任务(代发刊词)——沈院长在开学典礼大会上的讲话》，载中国新法学研究院研究指导委员会:《中国新法学研究院院刊》第 1 期，第 6 页。

〔23〕　董必武:《旧司法工作人员的改造问题——一九五○年一月四日在本院开学典礼上的讲话》，载中国新法学研究院研究指导委员会:《中国新法学研究院院刊》第 1 期，第 7、9 页。另见《董必武法学文集》，法律出版社 2001 年版，第 26、35 页。董必武(1886—1975.4)，原名董贤琮，又名董用威，字洁畬，号璧伍。湖北黄安(今红安)人，1914 年入私立日本(法政)大学学习法律，回国后曾任律师。熊复主编:《世界政党辞典》，红旗出版社 1986 年版，第 38 页。有疑问的是，1951 年 7 月 20 日，董必武在政务院第 94 次政务会议上所作的报告《关于筹设中央政法干部学校方案的说明》中还提到:"新法学院为新法学会办的，主要是训练审判员，而且准备将来发展为研究学理的学校。"《董必武法学文集》，法律出版社 2001 年版，第 83 页。只是中国新法学研究院已于 1951 年 4 月并入中央司法干部轮训班，转由司法部领导。

〔24〕　何勤华主编:《中国法学家访谈录》(第一卷)，北京大学出版社 2010 年版，第 210 页。

〔25〕　北京大学法学院网，http://www.law.pku.edu.cn/news/articledisplay.asp?NewID=5106。2012 年 2 月 29 日访问。沈宗灵，1923 年出生于浙江省杭州市。1946 年毕业于复旦大学法律学系，获学士学位，1947 年 3 月至 1948 年 9 月在美国宾夕法尼亚大学研究生院政治学系学习，获人文科硕士学位。1948 年回国任复旦大学法律学系讲师。2012 年 2 月 16 日去世。

〔26〕　《研究员年龄统计表》，载中国新法学研究院研究指导委员会:《中国新法学研究院院刊》第 1 期，第 74 页。

〔27〕　《研究员入院前主要职业统计表》，载中国新法学研究院研究指导委员会:《中国新法学研究院院刊》第 1 期，第 74 页。按籍贯统计，河北 55 人，占 17.3%;平原 6

人,占 1.9%;山西 3 人,占 0.9%;察哈尔 2 人,占 0.6%;北京 13 人,占 4.1%;天津 6
人,占 1.9%;辽西 8 人,占 2.5%;辽东 13 人,占 4.1%;吉林 8 人,占 2.5%;松江 4 人,
占 1.3%;黑龙江 1 人,占 0.3%;沈阳 2 人,占 0.6%;山东 14 人,占 4.4%;江苏 51 人,
占 16%;浙江 44 人,占 13.8%;福建 6 人,占 1.9%;上海 6 人,占 1.9%;河南 5 人,占
1.6%;安徽 17 人,占 5.3%;广东 7 人,占 2.2%;江西 8 人,占 2.5%;湖北 13 人,占
4.1%;湖南 21 人,占 6.6%;陕西 3 人,占 0.9%;甘肃 2 人,占 0.6%。《研究员籍贯统
计表》,载中国新法学研究院研究指导委员会:《中国新法学研究院院刊》第 1 期,第
74 页。

〔28〕 《本院教学计划大纲》,载中国新法学研究院研究指导委员会:《中国新法
学研究院院刊》第 1 期,第 16 页。

〔29〕 同前,第 16 页。

〔30〕 同前,第 15 页。

〔31〕 同前,第 15 页。

〔32〕 艾思奇,本名李生萱,是李曰垓次子。余玮:《李曰垓:"一支笔"在护国前
后》,载《中华儿女》2011 年第 22 期(总第 317 期),第 70 页。这一时期,艾思奇还在位
于北平西苑的华北人民革命大学讲《社会发展简史》。韩绍琦:《在华北人民革命大学
的生活片段》,载中国人民政治协商会议北京市委员会文史资料研究委员会编:《北京
的黎明》,北京出版社 1988 年版,第 543 页。该校使用的教材是解放社编的《社会发展
简史》。1948 年 7 月 18 日,艾思奇来到位于河北省正定县的华北大学,出任第四部
(研究部)的副主任。程文:《吴玉章在华北大学》,载黄达主编:《吴玉章与中国人民大
学》,山西教育出版社 1996 年版,第 104 页。"艾思奇的书写得很动人,却拙于言词,讲
话声音较低,很少起伏,眼睛不看听众,老是用茶壶茶杯做比喻以说明辩证关系"。王
仲方:《在窑洞之城生活的人们》,载任文主编:《延安时期的日常生活》,陕西师范大学
出版社有限公司 2014 年版,第 18 页。

〔33〕 这与中国新法学研究院暂用当时的政法大学部分校舍有关。此政法大学
与现在的中国政法大学并非同一。

〔34〕 安子文,陕北绥德人,1925 年参加革命。1949 年后任中共中央组织部部
长。文革中遭迫害,被打成"六十一人叛徒集团"投入秦城监狱。1978 年获平反出狱。

〔35〕 《本院纪事辑要(1949 年 7 月—1950 年 3 月)》,载中国新法学研究院研究
指导委员会:《中国新法学研究院院刊》第 1 期,第 75 页(即封三)。

〔36〕 同前,第 75 页(封三)。

〔37〕 《本院教学计划大纲》,载中国新法学研究院研究指导委员会:《中国新法
学研究院院刊》第 1 期,第 16 页。

〔38〕 《本院教学计划概要》,载中国新法学研究院研究指导委员会:《中国新法
学研究院院刊》第 2 期(1951 年 3 月),第 4 页。转引自张小军:《社会主义的"政法干

部教育模式"研究——以 50 年代初的政法干部教育为中心》，载《朝阳百年——近代中国法学教育与法律文化学术研讨会论文集》(2012 年 11 月)，第 259 页。张谷教授提到，中国新法学研究院于 1951 年并入中国政法大学一部中央司法干部轮训班。张谷：《写在〈民法总则讲要〉的前边》，载谢怀栻：《民法总则讲要》，北京大学出版社 2007 年版，第 9 页。

〔39〕　《董必武年谱》编辑组编：《董必武年谱》，中央文献出版社 2003 年版，第 378 页。

〔40〕　周一煊、周莉华、周芝华：《怀念我们的父亲》，载安徽省法学会编：《周枏与罗马法研究》，安徽人民出版社 2010 年版，第 240、241 页。1955 年 6 月底最高人民法院西南分院撤销后，周鸿山被分配到重庆北碚的西南一级机关干部学校(即后来的四川省干部学校)。干校 1957 年审干时被调离，到新岗位后旋即被捕，18 年后释放。后经原高分院民庭庭长孙孝实帮忙，到四川师范大学任教。同前，第 252 页。

〔41〕　同前，第 244 页。

〔42〕　《本院纪事辑要(1949 年 7 月—1950 年 3 月)》，载中国新法学研究院研究指导委员会：《中国新法学研究院院刊》第 1 期，第 75 页(即封三)。

〔43〕　孔夫子旧书网，http://book.kongfz.com/item_pic_195426_422936920/，http://book.kongfz.com/item_pic_15775_459377083/。2016 年 11 月 23 日访问。

〔44〕　孔夫子旧书网，http://book.kongfz.com/item_pic_24004_560745190/，http://book.kongfz.com/3119/12376317/，http://book.kongfz.com/item_pic_24004_560740266/，http://book.kongfz.com/item_pic_24004_560740266/。2016 年 11 月 23 日访问。2009 年 10 月 31 日笔者在海淀图书城中国书店还见到了一本同一时期的类似出版物。[苏]列文、哈尔芬纳、斯特罗郭维契：《国家与法律概论》，杨旭译，王之相、陈汉章校，中央人民政府法制委员会编，1950 年 11 月新华书店发行。该书系新法学参考丛书之一。

〔45〕　孔夫子旧书网，http://book.kongfz.com/3119/12376281/，http://book.kongfz.com/9837/323470140/。2016 年 11 月 23 日访问。

〔46〕　根据《中央人民政府组织法》(1949)第十八条，政治法律委员会是和财政经济委员会、文化教育委员会、人民监察委员会并列的政务院四大委员会，政务院还下设有各部、会、院、署、行。"政治法律委员会指导内务部、公安部、司法部、法制委员会和民族事务委员会的工作。"得对其所属各部、会和下级机关，颁发决议和命令，并审查其执行。

1949 年 10 月 19 日，中央人民政府委员会第三次会议任命了各机构领导人员。其中，政务院政治法律委员会主任董必武，副主任彭真、张奚若、陈绍禹(即王明)、彭泽民。此外，还任命了内务部长谢觉哉、公安部长罗瑞卿、司法部长史良、法制委员会主任委员陈绍禹、民族事务委员会主任委员李维汉。法制委员会另有副主任委员张曙时、许德珩、陈瑾昆。12 月 2 日，中央人民政府委员会第四次会议通过了《中央人民政府政务院及其所属各机关组织通则》。刘鲁风、何流、唐玉芳主编：《中华人民共和国要事录(1949—1989)》，山东人民出版社 1989 年版，第 3 页。据郑奇影、杨柏如编制的《北京市街道详图(1950)》(金擎宇校订，中国地图出版社 2004 年版，根据亚光舆地学社 1950 年 1 月版原图复制)，政法委员会位于第四区，东临北沟沿，北面是大麻线胡同，南面是扁担胡同。

　　另有资料称，政协会议闭幕后，特邀代表黄琪翔(1898—1970)被安排担任中央政法委员会委员。其后，中南军政委员会成立，黄琪翔被选任为委员，成立会议后被任命为中南司法部长，直至 1954 年大区取消。一届全国人大会上，黄琪翔当选为国防委员会和法案委员会委员。会后，黄琪翔被任命为体育运动委员会副主任。中国农工民主党中央编：《纪念黄琪翔》，中国文史出版社 1988 年版，第 107、108 页。其中所说"中央政法委员会委员"应即政务院政治法律委员会委员。

　　〔47〕　刘长敏主编、张培坚主笔：《甲子华章：中国政法大学校史(1952—2012)》，中国政法大学出版社 2012 年版，第 109 页。该报告题目疑为《关于政法工作和民政部目前任务的报告》。

　　〔48〕　《董必武法学文集》，法律出版社 2001 年版，第 81—83 页。

　　〔49〕　中央人民政府法制委员会编：《中央人民政府法令汇编(1951)》，人民出版社 1953 年版，第 33—34 页。另见周振想、邵景春主编：《新中国法制建设 40 年要览(1949—1988)》，群众出版社 1990 年版，第 62 页。

　　〔50〕　吴玉章，1878 年 12 月 30 日生于四川省荣县，1966 年 12 月 12 日逝世于北京。原名永珊，字树人。黄达主编：《吴玉章与中国人民大学》，山西教育出版社 1996 年版，第 1 页。

　　〔51〕　据胡适 1931 年 8 月 5 日日记载，当天北大中华教育基金会合作研究特款顾问委员会举行第一次正式会议，通过决议聘请 15 位研究教授，其中就包括曾昭抡(化学)。邓云乡：《文化古城旧事》，河北教育出版社 2004 年版，第 478 页。

　　〔52〕　《政务院政治法律委员会关于筹设中央政法干部学校方案》。另见熊先觉：《从朝阳大学到政法大学、人民大学》，载熊先觉、徐葵主编：《法学摇篮——朝阳大学》，北京燕山出版社 1997 年版，第 62、64、67、125 页。据前引张谷文，地点在东四老君堂。1955 年左右，中央政法干部学校的干部宿舍分配大体有四个档次：校领导级住城内的四合院，处长级住南甲楼的五间套(约 50 平方米)，科长级住南乙楼和闹市口的三间套或两大间，一般职工住学校周围的简易平房。1956、1957 年，该校培养了普通班第 4 期、第 5 期各 1200 名学员和高级班 120 名二年制学员，还承担了中央政法干校东北分校、西北分校以及中南政法干校的授课任务。1959 年招收至第 6 期学员。叶云：《冷楚在中央政法干校》，载《人民公安》2003 年第 10 期，第 61、62 页。东北政法干校设立于 1952 年底，其前身是东北人民政府民政部、司法部开办的短期干部培训班，

1954 年改为中央政法干校东北分校。苏蓟：《政法干校介绍——东北政法干部学校》，载《政法研究》1954 年第 3 期，第 65 页。该校于 1958 年与辽宁省政法干校合并。转引自张小军：《社会主义的"政法干部教育模式"研究——以 50 年代初的政法干部教育为中心》，载《朝阳百年——近代中国法学教育与法律文化学术研讨会论文集》（2012 年 11 月），第 249 页。

〔53〕　中央政法干部学校《学习简报》编辑委员会编：《学习简报》创刊号（1952 年 5 月 5 日出版）。孔夫子旧书网，http://book.kongfz.com/item_pic_1011_137277976/。2012 年 11 月 14 日访问。

〔54〕　中央政法干部学校西北分校是由西北人民革命大学改组而成的。1941 年 7 月，中共中央决定将泽东青年干校（1940 年 5 月成立）、中国女子大学（1939 年 7 月成立）、陕北公学院（1937 年 10 月成立）合并组成延安大学，吴玉章任校长，赵毅敏为副校长。下设社会科学院、法学院、教育学院、俄文系、英文系、体育系、中学部。学员 800 余名。校址在女大旧址王家坪。1943 年 3 月 16 日，中共中央西北局决定，鲁迅艺术学院（1938 年 4 月成立）、自然科学院（1939 年 10 月成立）、民族学院（1941 年 9 月成立）、新文学干部学校（1941 年 5 月成立）并入延安大学，校址设在延安桥儿沟"鲁艺"原址，校长仍为吴玉章。下设鲁艺、自然科学院、社会科学院、民族学院、新文字干部研究班、中学部。1944 年 4 月 7 日，中共中央西北局决定，延安大学与行政学院合并为新的延安大学，周扬为校长。校址设在行政学院原址南门外。大学下设行政学院、鲁艺、自然科学院、医学系、短期培训班。其中行政学院下设政系、财经系、教育系、司法系。师生员工 2124 人，其中学员 1302 人。1946 年至 1947 年，延安大学先后设教育、司法、农业、文艺、会计、行政、新闻、外文八个班和高中部。1948 年 4 月，西北野战军收复延安。7 月，延安大学迁回延安，位于延安市东关清凉山下。西北局和边区政府决定扩大和加强延安大学，实行正规办学。10 月 21 日，设大学部、分校和研究室。暂设政法、经建、文艺、教育 4 个系。1949 年 5 月 23 日，中共中央西北局将延安大学、西北人民艺术学校、西北财经学校合并组成西北人民革命大学，迁往西安。马明芳、李敷仁分任校长、副校长。1953 年 3 月，西北人民革命大学改组为西北政法干部学校，次年底更名为中央政法干校西北分校。1958 年 9 月，和西北大学法律系合并，成立了西北政法学院。蔚枢：《政法院校介绍——西北政法干部学校》，载《政法研究》1954 年第 3 期，第 50 页。转引自张小军：《社会主义的"政法干部教育模式"研究——以 50 年代初的政法干部教育为中心》，载《朝阳百年——近代中国法学教育与法律文化学术研讨会论文集》（2012 年 11 月），第 249 页。百度百科，http://baike.baidu.com/view/240724.htm? fr=aladdin。2014 年 10 月 20 日访问。现在的延安大学则是 1958 年 7 月陕西省人民政府在延安重建的。

〔55〕　第一届全国人民代表大会期间，司法部在司法改革、设置人民法院、培养人民法院干部方面做了许多工作。后国务院认为司法改革已基本完成，各级人民法院已

经健全,法院的干部已经充实和加强,司法部已无单独设立的必要,故建议撤销司法部,原司法部主管的工作由最高人民法院管理。1959 年 4 月 28 日第二届全国人民代表大会第一次会议通过决议,批准了上述议案,同日撤销的还有监察部。可见第二届全国人民代表大会第一次会议《关于撤销司法部、监察部的决议》。国务院法制局、国务院法规编纂委员会编:《中华人民共和国法规汇编(1959 年 1 月—6 月)》,法律出版社 1959 年版,第 109 页。1959 年 6 月 20 日全国人民代表大会常务委员会通过的《关于批准国务院调整直属机构的决议》批准国务院撤销国务院法制局,其业务改由国务院秘书厅管理。但收录该决议的《中华人民共和国法规汇编(1959 年 1 月—6 月)》仍署名由国务院法制局、国务院法规编纂委员会编。同前,第 109 页。

〔56〕 百度百科,http://baike.baidu.com/view/22948.htm。2012 年 11 月 29 日访问。1978 年中央政法小组的成员有赵苍璧、姬鹏飞、江华、程子华、陶希晋、尹肇之等。周振想、邵景春主编:《新中国法制建设 40 年要览(1949—1988)》,群众出版社 1990 年版,第 412 页。1980 年 1 月 24 日,中共中央决定成立中央政法委员会。同前,第 457 页。

〔57〕 刘长敏主编、张培坚主笔:《甲子华章:中国政法大学校史(1952—2012)》,中国政法大学出版社 2012 年版,第 111 页。

〔58〕 《光辉历程》,载中国人民公安大学网,http://www.cppsu.edu.cn/ghlc.htm。2012 年 12 月 1 日访问。《中国人民公安大学概况》,载《中国人民公安大学学报》1998 年第 5 期,第 11 页。

〔59〕 1979 年 8 月 13 日召开的第五届全国人大常委会第十一次会议通过了关于设立司法部及任免名单的决定,设立司法部,魏文伯任部长。周振想、邵景春主编:《新中国法制建设 40 年要览(1949—1988)》,群众出版社 1990 年版,第 444 页。

〔60〕 百度百科,http://baike.baidu.com/view/22948.htm。2012 年 11 月 29 日访问。

〔61〕 共设置公安管理、侦查、治安、法律、公安档案、政工、保卫等 7 个专业。其中,公安管理、侦查、法律三专业于 1984 年开始招生。周振想、邵景春主编:《新中国法制建设 40 年要览(1949—1988)》,群众出版社 1990 年版,第 597 页。

〔62〕 同前,第 623 页。

〔63〕 《光辉历程》,载中国人民公安大学网,http://www.cppsu.edu.cn/ghlc.htm。2012 年 12 月 1 日访问。

〔64〕 详见本书第七章《两所“中国政法大学”》。

〔65〕 董必武:《中国政治法律学会筹委会的成立经过》,载《董必武法学文集》,法律出版社 2001 年版,第 113—114 页。另见穆中杰:《论共和国法学会组织的特色》,载华东政法大学法律史研究中心编:《法律史的世界》(下),法律出版社 2011 年版,第 195 页。

〔66〕 《董必武年谱》编纂组编:《董必武年谱》,中央文献出版社 2007 年版。第

二届全国司法会议听取了政务院政法委员会主任董必武、司法部部长史良(《关于加强人民司法工作建设的报告》)和张志让副院长的报告。1953 年 4 月 25 日《第二届全国司法会议决议》获得通过,5 月 8 日政务院第 177 次政务会议批准。会后,多数省市以上司法机构均召开了本地的司法会议,传达和讨论了上述决议。1953 年 9 月 10 日,中央人民政府政务院批准并公布了《司法部关于执行第二届全国司法会议决议的指示》。中央人民政府法制委员会编:《中央人民政府法令汇编(1953)》,法律出版社1955 年版,第 93—101 页。

第一届全国司法会议于 1950 年 7 月 26 日至 8 月 11 日在北京召开,会议由最高人民法院、最高人民检察署、司法部、法制委员会共同召开。7 月 26 日,董必武在会上做《要重视司法工作》的报告。《董必武法学文集》,法律出版社 2001 年版,第 38 页。1950 年 8 月 25 日政务院第 47 次政务会议批准《司法部关于第一届全国司法会议的综合报告》。周振想、邵景春主编:《新中国法制建设 40 年要览(1949—1988)》,群众出版社 1990 年版,第 23、26 页。

1954 年 5 月 1 日,中国政法学会主办的《政法研究》(双月刊)创刊,1956 年 1 月 7日,其主办的《政法译丛》创刊。1959 年更名为《政法研究资料选译》。周振想、邵景春主编:《新中国法制建设 40 年要览(1949—1988)》,群众出版社 1990 年版,第 108、157页。1982 年 7 月 22 日,中国法学会成立大会在北京举行。同前,第 542 页。

第七章　两所"中国政法大学"

〔1〕　有关历史详见本书第六章《中国新法学研究院考》。

〔2〕　《关于改革律师制度的指示》(1949 年 9 月 2 日),载中央档案馆编:《中共中央文件选集》(第十八册),中共中央党校出版社 1992 年版。

〔3〕　《辞海(历史分册·中国现代史)》,上海辞书出版社 1984 年版,第 216 页,"谢觉哉"条。另有资料称,20 世纪 50 年代初"中国政法大学"成立时,时任内务部长的谢觉哉兼任校长。张文雄、胡锦昌、叶健君主编:《聚焦主席台·指点江山(1949—1976)》,湖南人民出版社 2004 年版。中华网,http://news.china.com/zh_cn/history/all/11025807/20050317/12175707_1.html。2012 年 8 月 5 日访问。

〔4〕　杨振山:《中国法学教育沿革之研究》,载《政法论坛》2000 年第 4 期,第 145页。该文另见于杨振山:《杨振山文集》,中国政法大学出版社 2005 年版,第 355 页;张桂琳主编:《中国政法大学教育文选》(第 2 集),中国政法大学出版社 2006 年版,第73—96 页。另有资料提到,朝阳学院由江庸等法学家创办于 1913 年前后,于 1949 年解放军进城后更名中国政法大学,不到一年又被并入中国人民大学。陈夏红:《英国法史上的"南东吴"——评赛西尔·黑德勒姆〈律师会馆〉》,载学术批评网,http://www.acriticism.com/article.asp? Newsid=8217&type=1010。2012 年 7 月 6 日访问。而方流

芳教授则指出,朝阳大学于 1911 年创办于北京海运仓,其创办人为北京法学会。方流芳:《中国法学教育观察》,载《比较法研究》1996 年第 2 期,第 121 页。

　　〔5〕　《谢觉哉日记》(下),人民出版社 1984 年版,第 1280 页。

　　〔6〕　同前,第 1280 页。

　　〔7〕　同前,第 1280 页。当时,中共中央驻地还在河北。

　　〔8〕　同前,第 1281 页。司法训练班,指由陈守一在河北平山开办的华北司法干部训练班。徐葵:《朝阳大学 1911—2011 年百年大事记》,载《朝阳百年——近代中国法学教育与法律文化学术研讨会论文集》(2012 年 11 月),第 5 页。

　　〔9〕　《谢觉哉日记》(下),人民出版社 1984 年版,第 1281 页。

　　〔10〕　同前,第 1285 页。

　　〔11〕　同前,第 1286 页。

　　〔12〕　同前,第 1286—1287 页。法委,指中共中央法律委员会。1946 年 6 月,中共中央成立了法制问题研究委员会,1948 年 12 月改为法律委员会。王明(陈绍禹)为主任。但有资料称谢老曾任法律研究委员会主任委员。《最高人民法院第三任院长谢觉哉》,载中央人民政府网,http://www.gov.cn/test/2007-11/28/content_818334.htm。2012 年 11 月 29 日访问。恐有误。1949 年 10 月 19 日中央人民政府委员会第三次会议任命董必武为中央人民政府政务院政治法律委员会主任,谭平山为中央人民政府政务院人民监察委员会主任,谢觉哉为内务部长,罗瑞卿为公安部长,史良为司法部长,陈绍禹为法制委员会主任委员。政治法律委员会的任务是原则领导内务部、公安部、司法部、法制委员会、民族事务委员会。周振想、邵景春主编:《新中国法制建设 40 年要览(1949—1988)》,群众出版社 1990 年版,第 4 页。

　　〔13〕　《谢觉哉日记》(下),人民出版社 1984 年版,第 1287 页。部里指华北人民政府司法部。

　　〔14〕　同前,第 1288 页。

　　〔15〕　同前,第 1288 页。左宗纶,字仲纶,原籍湖北鄂城,早年毕业于日本东京商科大学。回国后投身教育事业,曾任朝阳学院教授、经济系主任。朱庆太:《一代师表左宗纶老师》,载薛君度、熊先觉、徐葵主编:《法学摇篮——朝阳大学》(增订版),东方出版社 2001 年版,第 167 页。另见《朝阳大学教授名录》(1948 年 7 月),同前,第 31 页。

　　〔16〕　《谢觉哉日记》(下),人民出版社 1984 年版,第 1289 页。

　　〔17〕　同前,第 1289 页。

　　〔18〕　同前,第 1290 页。

　　〔19〕　同前,第 1290 页。

　　〔20〕　同前,第 1290 页。新法学会,即中国新法学研究会。

　　〔21〕　同前,第 1290 页。

〔22〕　同前，第 1291 页。

〔23〕　同前，第 1291 页。

〔24〕　同前，第 1291 页。荣臻学校，解放战争时期，华北军区有荣臻小学。

〔25〕　同前，第 1291 页。

〔26〕　同前，第 1292 页。抗战时期，陕甘宁边区曾成立宪法研究会。《谢觉哉日记》1945 年 11 月 20 日："上午参加边府宪法研究会"。21 日："今日假交际处开宪法研究会"。同前，第 869 页。12 月 13 日："宪法研究会开会——讨论提出于政治协商会的纲领"。同前，第 879 页。12 月 25 日："参加宪法会在王家坪"。同前，第 883 页。

〔27〕　同前，第 1292 页。李达（1890—1966.8），号鹤鸣，湖南零陵人。1920 年参加上海共产主义小组，1921 年出席中共一大，当选为中央宣传主任。抗战时期，曾在成都朝阳学院讲授《社会学大纲》。黄飞声、傅祯：《朝阳学院在成都》，载薛君度、熊先觉、徐葵主编：《法学摇篮——朝阳大学》（增订版），东方出版社 2001 年版，第 107 页。李达于 1949 年重新加入中国共产党。曾任湖南大学校长、武汉大学校长、中国科学院社会科学部委员。《辞海》（缩印本），上海辞书出版社 1979 年版，第 1262 页，"李达"条。

〔28〕　《谢觉哉日记》（下），人民出版社 1984 年版，第 1292—1293 页。孟公府二号，当时为王明的住所。

〔29〕　同前，第 1294 页。

〔30〕　同前，第 1295 页。

〔31〕　陈传纲（1912—1966），湖北武汉人，毕业于复旦和东吴大学法学院。1938 年 11 月加入中国共产党。1940 年赴延安。1942 年（时名成全）受王实味案牵连，与妻子王汝琪（时名王里）被定为"五人反党集团"成员。接管朝阳后，任中国政法大学秘书长，代表谢觉哉老在校主持日常工作。中国人民大学成立后，任校长办公室主任，后任中央内务部司长。1959 年"反右"后，到上海从事文教（高教局）工作。文革前担任复旦大学副校长、党委副书记。1982 年 2 月，中共中央组织部《关于潘芳、宗铮、陈传纲、王汝琪等四同志所谓"五人反党集团"问题的平反决定》称："毛主席 1950 年 7 月在陈传纲同志的信上曾明确批示：'五人反党集团问题并无具体证据，似应予平反。'但未能具体落实。'文化大革命'中，他们几个受到冲击和迫害。现决定对潘芳、宗铮、陈传纲、王汝琪四同志参加所谓'五人反党集团'的问题，予以正式平反，推倒强加给他们的一切不实之词，撤销对潘芳、宗铮两同志的处分，恢复名誉。"高平：《可歌可泣的陈传纲老师》，载薛君度、熊先觉、徐葵主编：《法学摇篮——朝阳大学》（增订版），东方出版社 2001 年版，第 195、196 页。

〔32〕　熊先觉：《从朝阳大学到政法大学、人民大学》，载薛君度、熊先觉、徐葵主编：《法学摇篮——朝阳大学》（增订版），东方出版社 2001 年版，第 120 页。早在 1948 年 7 月 3 日，中共中央《关于争取和改造知识分子及对新区学校教育的指示》中即明确

强调:"争取和改造知识分子是我党重大的任务,为此应办抗大式的培训班,逐批地对已有的知识青年施以短期的政治教育。要大规模的办,目的在争取大多数知识分子都受一次这样的训练。训练后因才施用,派往各种工作岗位,再在实际工作中去锻炼。对于原有学校要维持其存在,逐步地加以必要的与可能的改良……所谓逐步地加以必要的与可能的改良,就是在开始时只做可以做到的事,例如取消反动的政治课程、公民读本及国民党的训导制度。其余则一概仍旧。教员中只去掉极少数的反动的分子,其余一概争取继续工作,逃了的,也要争取回来。"中共中央政策研究室(1949年3月)编:《一九四八年以来政策汇编》,中共中央华北局1949年6月印,第245页。

〔33〕 邱先、高平:《朴实无华、奉献无私的关世雄老师》,载薛君度、熊先觉、徐葵主编:《法学摇篮——朝阳大学》(增订版),东方出版社2001年版,第157页。关世雄,1922年4月27日生,祖籍广东番禺,早年毕业于日本法政大学,1946年起在清华大学、朝阳学院任教。同前,第156页。

同一时期,在南方,上海军管会也正在着手接管大学。1949年6月15日军管会宣布接管交通大学,6月24日宣布接管复旦大学,25日宣布接管同济大学,至6月底所有国立大学接管工作完成。熊月之、周武主编:《圣约翰大学史》,上海人民出版社2007年版,第386页。

〔34〕 徐葵:《朝阳大学1911—2011年百年大事记》,载《朝阳百年——近代中国法学教育与法律文化学术研讨会论文集》(2012年11月),第5页。平津解放后,四野在平津招收近万名知识分子参加南下工作团,第一、三分团设在北平,二团设在天津。第一分团团部设在海运仓朝阳学院内,分4个大队,2600多名学员。朝阳学院有100多名学生参加。南下工作团1949年3月上旬开学,学习约半年。8月初前后,先后离开平津随军南下。同前,第6页。

〔35〕 张志让(1894—1978),江苏武进人,早年留学美国和德国学习法律,先后任北京大学、东吴大学、复旦大学教授。1949年10月后任政务院政治法律委员会委员,法律委员会委员,第二、三届全国人大法案委员会委员,第五届全国政协常委,最高人民法院副院长。周振想、邵景春主编:《新中国法制建设40年要览(1949—1988)》,群众出版社1990年版,第405页。中国大百科全书总编辑委员会《法学》编辑委员会、中国大百科全书出版社编辑部编:《中国大百科全书·法学》,中国大百科全书出版社1984年版,第739页。

〔36〕 何思敬(1896—1968.4.14),浙江杭县人。1916年赴日,在东京帝国大学攻读法学和哲学。1927年回国,任广州中山大学教授兼法科副主任。1932年加入中共产党。1938年赴延安,历任抗日军政大学教授、延安大学法学院法律系主任、中共中央党校研究员、政策研究室负责人。第三次国内革命战争时期曾任中央法律委员会委员。1949年后历任北大法律系、人大法律系教授、法律系主任。1979年12月3日,何思敬追悼会在北京八宝山革命公墓举行。周振想、邵景春主编:《新中国法制建设

40 年要览(1949—1988)》,群众出版社 1990 年版,第 354、452 页。中国大百科全书总编辑委员会《法学》编辑委员会、中国大百科全书出版社编辑部编:《中国大百科全书·法学》,中国大百科全书出版社 1984 年版,第 278 页。何勤华:《中国法学史》(第三卷),法律出版社 2006 年版,第 70 页。

〔37〕　贾潜(1903.5.9—1996.12.15),生于河南省滑县杨公店村,原名荣卿,字光尧。1924 年考入北京朝阳大学专门法律科十三班,1928 年毕业。1940 年 2 月参加革命工作,1946 年 7 月加入中国共产党。曾任最高人民法院党组成员、最高人民法院审判委员会委员、刑庭庭长,中央法制委员会民事法规委员会副主任委员。1956 年任最高人民法院特别军事法庭庭长(佩中将军衔),审判日本战犯。1957 年因"砖瓦论"被错划为"右派",开除党籍、撤销党内外一切职务、行政降级。1960 年摘帽,1961 年任国务院参事。1980 年重建司法部时任顾问。1983 年离休。高平:《傲雪劲松——老学长贾潜》,载薛君度、熊先觉、徐葵主编:《法学摇篮——朝阳大学》(增订版),东方出版社 2001 年版,第 234—237 页。《贾潜大法官生平》,载薛君度、熊先觉、徐葵主编:《法学摇篮——朝阳大学》(增订版),东方出版社 2001 年版,第 238—240 页。

〔38〕　王斐然(1904—1994),河北阜平人,1923 年考入北京中法大学经济系。1958 年到首都图书馆任馆员。相关生平见周恩惠:《雪压青松挺且直——记著名法学家陈守一、贾潜、王斐然》,载周恩惠:《法苑散记》,民族出版社 1999 年版,第 28、33—34 页。

〔39〕　陈守一(1906.10.1—1995.11.14),江苏邳县人。1927 年加入中国共产党。1929 年毕业于朝阳大学法科政治学系。解放战争时期曾任华北人民政府司法部第二处处长兼华北司法干部训练班主任,参与筹建中国政法大学,任一部主任。后任中央人民政府司法部第五司(教育司)司长,兼中央司法干部轮训班主任和中国新法学研究院教务长、中央政法干部学校副教务长。1954 年受命重建北京大学法律学系,并长期担任该系主任。李贵连、孙家红、李启成、俞江编:《百年法学——北京大学法学院院史(1904—2004)》,北京大学出版社 2004 年版,第 291 页。《陈守一教授生平》,载薛君度、熊先觉、徐葵主编:《法学摇篮——朝阳大学》(增订版),东方出版社 2001 年版,第 232、233 页。

〔40〕　熊先觉:《从朝阳大学到政法大学、人民大学》,载薛君度、熊先觉、徐葵主编:《法学摇篮——朝阳大学》(增订版),东方出版社 2001 年版,第 120—121 页。

〔41〕　《谢觉哉日记》(下),人民出版社 1984 年版,第 1291 页。熊先觉:《从朝阳大学到政法大学、人民大学》,载薛君度、熊先觉、徐葵主编:《法学摇篮——朝阳大学》(增订版),东方出版社 2001 年版,第 121 页。

〔42〕　熊先觉:《从朝阳大学到政法大学、人民大学》,载薛君度、熊先觉、徐葵主编:《法学摇篮——朝阳大学》(增订版),东方出版社 2001 年版,第 121 页。政字先于法字,据说还有"法律从属于政治,而不是政治从属于法律"的意思。熊先觉:《法大身

名始末》，载《比较法研究》2003年第1期，第124页。

　　〔43〕《谢觉哉日记》（下），人民出版社1984年版，第1292页。

　　〔44〕中国人民大学法学院院史编写组：《中国人民大学法学院院史（1950—2010）》，中国人民大学出版社2010年版，第8—9页。

　　〔45〕熊先觉：《从朝阳大学到政法大学、人民大学》，载薛君度、熊先觉、徐葵主编：《法学摇篮——朝阳大学》（增订版），东方出版社2001年版，第122页。

　　〔46〕熊先觉：《法大身名始末》，载《比较法研究》2003年第1期，第125页。工作人员中有关怀、孙国华等。关怀，原名关家驹，1927年生于河南偃师，曾在朝阳学院读书，1948年8月离校赴解放区时改名关怀，入华北大学政治学院学习，毕业后留校工作。1949年调入"中国政法大学"教育科工作，1950年随校并入中国人民大学，在法律系任教。何勤华主编：《中国法学家访谈录》（第一卷），北京大学出版社2010年版，第67页。

　　孙国华（1925.4—2017.4.14），生于山西省阳高县（今河北省阳原县）。1941年入读北平汇文中学，1946年毕业后考入朝阳学院司法组学习。1948年8月19日被捕，至北平和平解放才被释放。参与接管朝阳学院，并在谢觉哉老任校长的中国政法大学教育科工作。1950年3月中国人民大学成立，先在人大文工团工作，下半年，成为中国人民大学法律系第一期研究生，师从何思敬和人大法律系苏联专家组组长叶夫根尼·米哈伊洛维奇·西米利亨学习国际法和国家法与法权理论。同前，第91、92、95页。但巫昌贞教授回忆孙国华入读的是"中国政法大学"二部。同前，第270页。

　　〔47〕一说8个月。熊先觉：《法大身名始末》，载《比较法研究》2003年第1期，第126页。一说9个月。据由嵘教授回忆，方宇、李爱然记录。何勤华主编：《中国法学家访谈录》（第一卷），北京大学出版社2010年版，第59页。一说学制半年。据关怀教授回忆，张伟、余甬帆记录。同前，第67页。

　　〔48〕王汝琪（1912—1990），女，祖籍江苏无锡，生于河北柏乡，是国民党革命委员会主要负责人王昆仑（1902—1985）的妹妹。孙国华：《我所了解的人大法学院60年》，载中国民商法律网，http://www.civillaw.com.cn/article/default.asp？id=48960。2012年5月1日访问。系"口述人大法学院历史"第一讲。王汝琪1934年毕业于复旦大学法律系，1938年11月加入中国共产党。1942年受王实味案牵连，与丈夫陈传纲（时名成全）被定为"五人反党集团"成员。1949年初任北平市妇联宣传部部长，参加接管北平朝阳学院，以及组建中国政法大学的工作，任政法大学二部主任。1950年2月中国政法大学与华北大学合并后，到司法部工作，曾任司法部干部教育司副司长、宣传司司长、公证律师司司长及最高人民检察院研究室副主任等职。1957年夏被错划为"右派"，撤销党内外一切职务，留党察看两年。1959年秋冬，任上海新华医院副院长。约一年后，调任上海外国语学院（现上海外国语大学）党委常委、副院长。文革中遭受迫害。文革后续任司法部公证律师司司长。曾任中国法学会第一届理事，全国妇联第一至四届执委，中共八大代表，第一、五届全国政协委员。金山词霸汉语站网，

http://hanyu.iciba.com/wiki/702925.shtml。2011 年 8 月 4 日访问。1986 年 7 月 5 日，全国律师代表大会在北京召开，中华全国律师协会正式成立，王汝琪当选副会长。周振想、邵景春主编：《新中国法制建设 40 年要览（1949—1988）》，群众出版社 1990 年版，第 684 页。

〔49〕　学生包括方克勤、王作富、巫昌贞、杨荣馨、林榕年、赵中孚、蒲坚等。方克勤，女，1927 年生于河北省，祖籍福建定远，1949 年考入"中国政法大学"，后并入人民大学，1954 年从中国人民大学法律系毕业，被分配到西北大学法律系，1958 年随该系并入西北政法学院。1972 年在西安交通大学教授哲学，西北政法复校后，重回法制史教学岗位。何勤华主编：《中国法学家访谈录》（第一卷），北京大学出版社 2010 年版，第 17、18 页。王作富，1949 年 10 月考入"中国政法大学"三部，1950 年 3 月成为中国人民大学法律系本科第一期学员，同年 9 月转入法律系研究生班（二年制）学习刑法学。1952 年 1 月提前调入刑法研究室任助教，1956 年晋升讲师，1980 年晋升副教授，1985 年晋升教授。同前，第 37、38 页。

〔50〕　冀贡泉（1882—1967），字育堂，号醴亭，山西汾阳人，光绪秀才，1904 年考入山西大学堂，1905 年赴日本明治大学法科学习。1912 年辍学回国，在南京临时政府教育部担任部员，结识周树人（鲁迅）。转北京后，两人同在教育部社会教育司第一科"同司同室"——两人在社教司一间大统屋内辟出一单间同桌办公。据说后来冀贡泉做律师也是鲁迅出面保的。鲁迅在 1913 年 4 月 27 日日记中提到为冀贡泉饯行："晚社会教育司同人公宴冀君贡泉于劝业场小有天饭馆，会者十人。"邓云乡：《鲁迅与北京风土》，河北教育出版社 2004 年版，第 89 页。小有天，位于西河沿劝业场，是一家专卖福建菜的闽式菜馆，借用上海名菜馆小有天的招牌。1913 年 4 月，冀贡泉返乡后，先后任山西省政法专门学校教务长、校长。1915 年转任山西大学法科学长兼山西法政专门学校校长。1927 年出任山西司法厅长、山西省高等法院院长。1929 年隐退，任教于山西大学。1932 年任山西省教育厅厅长。1937 年在汉口做律师。1939 年奉周恩来之命举家随长子冀朝鼎赴美，和在美的中共地下党员徐永瑛和唐明照创办《华侨日报》并担任主编。1941 年太平洋战争爆发后，为美国战争情报署（OWI）太平洋司工作。OWI 后来和战略服务署（OSS）合并为美国中央情报局。1946 年 12 月被聘为北京大学法律学系教授。1948 年起任国立北京大学法律学系系主任。俞江：《近代中国的法律与学术》，北京大学出版社 2008 年版，第 356—357 页。书中还说冀贡泉辛亥革命回国以后又"因公赴日，将明治大学法律系课程学完，获法学学士学位"。百度百科，http://baike.baidu.com/view/794547.htm。2012 年 12 月 7 日访问。

〔51〕　熊先觉：《法大身名始末》，载《比较法研究》2003 年第 1 期，第 124 页。

〔52〕　一说中国政法大学首批录取学生 965 名（含备取）；入学考试科目包括：国文、政治常识、讼案解答、史地，考生须"自带毛笔墨盒"。

〔53〕　熊先觉：《从朝阳大学到政法大学、人民大学》，载薛君度、熊先觉、徐葵主

编:《法学摇篮——朝阳大学》(增订版),东方出版社 2001 年版,第 122 页。周振想、邵景春主编:《新中国法制建设 40 年要览(1949—1988)》,群众出版社 1990 年版,第 5—6 页。张小军:《社会主义的"政法干部教育模式"研究——以 50 年代初的政法干部教育为中心》,载《朝阳百年——近代中国法学教育与法律文化学术研讨会论文集》(2012 年 11 月),第 251 页。参加开学典礼的苏联法律专家有苏达尼可夫、贝可夫和克柳奇科娃(翻译)。熊先觉:《法大身名始末》,载《比较法研究》2003 年第 1 期,第 125 页。

〔54〕　孔夫子旧书网,http://book.kongfz.com/item_pic_20937_246794361/。2017 年 4 月 20 日访问。

〔55〕　同前。2017 年 4 月 20 日访问。

〔56〕　同前。2017 年 4 月 20 日访问。

〔57〕　新浪微博,http://weibo.com/p/2304187c3326200102w6b9。2017 年 4 月 20 日访问。

〔58〕　《中国政法大学课程安排(草案)》,载熊先觉:《熊先觉法学文集》,北京燕山出版社 2004 年版,第 103—104 页。转引自张小军:《社会主义的"政法干部教育模式"研究——以 50 年代初的政法干部教育为中心》,载《朝阳百年——近代中国法学教育与法律文化学术研讨会论文集》(2012 年 11 月),第 254 页。1949 年 10 月 11 日,华北人民政府高等教育委员会颁布《各大学、专科学校、文法学院各系课程暂行规定》,要求"废除反动课程(国民党党义、六法全书等),添设马列主义课程,逐步地改造其他课程"为各院系课程的实施原则,规定辩证唯物论与历史唯物论(包括社会发展简史)、新民主主义论(包括近代中国革命史)为各大学、专科学校各院系共同必修课,政治经济学为文法学院的共同必修课;规定法律学系的课程有:马列主义法律理论、新民主主义的各项政策法令、名著选读、新民法原理、新刑法原理、宪法原理、国际公法、国际私法、商事法原理、犯罪学、刑事政策、苏联法律研究。周振想、邵景春主编:《新中国法制建设 40 年要览(1949—1988)》,群众出版社 1990 年版,第 4—5 页。1950 年 11 月 1 日华北人民政府被撤销,正式向政务院办理移交手续。同前,第 5 页。

〔59〕　何勤华主编:《中国法学家访谈录》(第二卷),北京大学出版社 2010 年版,第 263 页。张倩、陈楠记录。

〔60〕　《刘少奇生平年谱(1949 年)》,载人民网,http://cpc.people.com.cn/GB/69112/73583/73597/5008772.html。2012 年 11 月 14 日访问。

〔61〕　同前。2012 年 11 月 14 日访问。

〔62〕　成仿吾:《忆吴玉章》,载黄达主编:《吴玉章与中国人民大学》,山西教育出版社 1996 年版,第 69 页。

〔63〕　张腾霄:《吴玉章的教育思想与教育实践》,载黄达主编:《吴玉章与中国人民大学》,山西教育出版社 1996 年版,第 86 页。程文:《吴玉章在华北大学》,载黄达主

编:《吴玉章与中国人民大学》,山西教育出版社 1996 年版,第 102—105 页。

〔64〕　1938 年 7 月,中共中央决定成立陕北公学。8 月,其在全国和海外华侨中公开招生,11 月 1 日正式开学。

〔65〕　程文:《吴玉章在华北大学》,载黄达主编:《吴玉章与中国人民大学》,山西教育出版社 1996 年版,第 98、99 页。不过,在郑奇影、杨柏如编制的《北京市街道详图(1950)》(金擎宇校订,中国地图出版社 2004 年根据亚光舆地学社 1950 年版原图复制版)上,华北大学位于西皇城附近,属第四区,离第二区的东斜街不远。

〔66〕　华北人民革命大学所在的西苑曾是清代八旗兵的大校场,清末成为新式禁卫军的军营,民国时期仍用作军营。“七·七事变”前是二十九军三十七师驻地。北平沦陷后被日军踞为兵营,战俘集中营也设在这里。日本投降后,该地成为日本难民收容所,后来成为国民党军兵营。华北人民革命大学迁走后,成为中共中央社会部所在地,再后来成为中直机关家属大院。孔悦:《死亡工厂里的“规训与惩罚”》,载《新京报》2010 年 8 月 23 日 D08、09 版。沈从文 1950 年被派往西苑革大“政治学院”学习,为期约一年。沈从文:《我为什么始终不离开历史博物馆》,载沈从文:《沈从文说文物·书画篇》,重庆大学出版社 2014 年版,第 11 页。沈从文:《一个长会的发言稿》,载沈从文:《沈从文说文物·织锦篇》,重庆大学出版社 2014 年版,第 11 页。当时各地都有自己的“人民革命大学”。上海出版人黄萍荪 1947 年创办子曰出版社,1950 年因出版《北京史话》遭上海市军管会新闻出版处处长张春桥严斥,书被毁版,营业执照被吊销。失业后的黄萍荪经赵朴初和周而复两位扶持,于 1952 年春由中共华东局统战部保送去华东人民革命大学政治研究院学习。徐雁:《故纸犹香》,书海出版社 2004 年版,第 65、66 页。

〔67〕　韦悫(1896—1976.11),原名乃坤,别号捧丹,笔名普天,广东前山翠微村(今属珠海市)人。1914 年起在英国留学,1915 年 2 月,取得格拉斯哥大学入学资格,选学机械工程。1916 年转赴美国俄亥俄州奥柏林学院学习。1918 年毕业,获文学士学位。继入芝加哥大学研究院,1920 年冬毕业,获哲学博士学位。1921 年 1 月从加拿大温哥华回国。是年 5 月至 1923 年 2 月任孙中山大元帅府秘书。1925 年 6 月经苏兆征介绍加入中国共产党,但未履行正式手续。1942 年 9 月离开上海,到苏北和皖东北根据地任江淮大学校长。1943 年由陈毅、张云逸介绍重新入党,但直到 1960 年才公开党员身份,参加组织生活。1949 年 5 月上海解放后,任上海市人民政府副市长。11 月被任命为中央人民政府教育部副部长,以后又兼任和专任中国文字改革委员会常务委员、副主任等职务。1956 年任中央推广普通话工作委员会委员。韦悫是中国人民政治协商会议第一届全体会议代表,第一、二、三届全国人大代表。百度百科,http://baike.baidu.com/view/1933672.htm。2011 年 8 月 7 日访问。1937 年上海商务印书馆出版了韦悫主编的苏联小丛书。《〈忏悔录〉中译本署名背后的故事》,载孔夫子旧书网,http://zixun.kongfz.com/article_15113.html。2012 年 12 月 25 日访问。

〔68〕　熊先觉:《从朝阳大学到政法大学、人民大学》,载薛君度、熊先觉、徐葵主编:《法学摇篮——朝阳大学》(增订版),东方出版社2001年版,第124页。周振想、邵景春主编:《新中国法制建设40年要览(1949—1988)》,群众出版社1990年版,第14页。

〔69〕　熊先觉:《从朝阳大学到政法大学、人民大学》,载薛君度、熊先觉、徐葵主编:《法学摇篮——朝阳大学》(增订版),东方出版社2001年版,第124页。另见图述人大法学院历史,载中国人民大学网,http://law.ruc.edu.cn/Photo/ShowPhoto.asp?PhotoID=10。该照片摄于1950年2月13日。2012年7月13日访问。而柏杨在回忆录中提到解放军进北平城两天前,朱光弼"把我领到刚成立的人民大学门口,要推荐我去读研究部"。柏杨口述、周碧瑟执笔:《柏杨回忆录》,中国友谊出版公司1997年版,第24页。恐其记忆或表述有误。

〔70〕　关于第二部并入人民大学成立法律系的情况,见于周振想、邵景春主编:《新中国法制建设40年要览(1949—1988)》,群众出版社1990年版,第29页。另据王益英先生回忆,1950年3月,中国政法大学三部转为中国人民大学法律系。王益英:《口述人大法学院历史:往事悠悠尽在心头》,载中国民商法律网,http://www.civillaw.com.cn/Article/default.asp?id=49962。2012年7月13日访问。孙国华:《我所了解的人大法学院60年》,载中国民商法律网,http://www.civillaw.com.cn/article/default.asp?id=48960。2012年7月13日访问。

〔71〕　详见本书第六章《中国新法学研究院考》。

〔72〕　新浪网,http://collection.sina.com.cn/jczs/20130830/1603125671.shtml。2013年9月9日访问。

〔73〕　徐葵:《朝阳大学1911—2011年百年大事记》,载《朝阳百年——近代中国法学教育与法律文化学术研讨会论文集》(2012年11月),第7页。1950年,清康熙朝大学士明珠(词人纳兰性德的祖父)位于海淀双榆树(原名桑榆树)的祖茔被划归中国人民大学,用来建设新校舍,称为西郊校址。纳兰性德葬于其家族位于皂甲屯(海淀上庄)的另一块祖茔。高欣艺、蒋丽娟、孙鹤:《古墓丽影:学校地下埋着纳兰性德的家人》,载《大学生》2010年增刊《学在北京》,第8页。而在郑奇影、杨柏如编制的《北京市街道详图(1950)》(金擎宇校订,中国地图出版社2004年根据亚光舆地学社1950年1月版原图复制版)上,海运仓原朝阳学院的位置被标注为"北京大学农学院(朝阳学院)"。

〔74〕　程文:《吴玉章在华北大学》,载黄达主编:《吴玉章与中国人民大学》,山西教育出版社1996年版,第137页。

〔75〕　《刘少奇生平年谱(1950年)》,载人民网,http://cpc.people.com.cn/GB/69112/73583/73597/5008767.html。2012年11月14日访问。

〔76〕　郭影秋:《吴老与中国人民大学》,载黄达主编:《吴玉章与中国人民大学》,山西教育出版社1996年版,第179页。

〔77〕　笔者曾见一册1954年1月由中央政法干部学校教研处编印的《苏维埃国

家与法权简史》，系苏联专家瓦里荷米托夫在北京政法学院的讲演记录稿。书中前面还收录了中央政法干部学校马克思列宁主义关于国家与法律理论教研室编写的《"马克思列宁主义关于国家与法律理论"学习提纲》。此外，《中国人民大学法学院院史（1950—2010）》还提到了一位"瓦里亚赫梅特洛夫"。当时 40 岁，苏联鞑靼族人，受过高等教育及函授教育，法律专业出身，曾任检察官、喀山大学国家与法权理论历史研究室主任。卫国战争中参战负伤，少校军衔。1952 年 3 月来华，到中国人民大学法律系。1955 年 6 月期满归国。"1954 年 6 月，高等教育部制订了《提请中国人民大学苏联专家至北京政法学院讲学计划》，该计划指出：'……今年暑假以前，提请专家至北京政法学院讲学，吸取经验，准备推广。'按照上述要求，中国人民大学法律系国家与法权历史专家瓦里亚赫梅特洛夫同志在当年 6 月 14 日至 6 月 23 日前往北京政法学院讲学。专题报告具体内容为：(1)国家与法权通史、苏联国家与法权史在法律专业教学计划中的地位及其余各门课程如国家与法权理论、民法、刑法间的联系。(2)如何从研究国家与法权历史来揭露与批判资产阶级国家法权的反动本质。(3)苏维埃宪法在苏联历史发展各阶段中的作用。(4)斯大林同志的《苏联社会主义经济问题及马克思主义语言学问题》对于研究国家与法权理论及国家与法权历史的意义。"此外，他还于 1954 年应高等教育部邀请在全国高等政法教务会议上做了《关于苏维埃宪法的作用和意义》的报告，于 1955 年应高等教育部组织到上海华东政法学院、复旦大学进行讲学，做了《关于教研室工作的报告》《关于教学法问题的解答报告》《关于教学业务问题的解答报告》，还与上海市人民法院、人民检察院举行座谈会，解答其问题。中国人民大学法学院院史编写组：《中国人民大学法学院院史（1950—2010）》，中国人民大学出版社 2010 年版，第 35、36 页。

图注 7-1　中央政法干部学校教研处出版的苏联瓦里荷米托夫同志讲《苏维埃国家与法权简史》（1954 年 1 月）书影

〔78〕 刘杰、张培坚:《法大凝眸:老照片背后的故事》,中国政法大学出版社 2012 年版,第 13 页。

〔79〕 黄米胡同 5、7、9 号院连同西面的亮果厂 6 号大院均系曾有 300 年历史的半亩园的组成部分。1949 年后黄米胡同的三个院落被分给了北京大学。1952 年院系调整时,三个院落随北大法律系被划转给了北京政法学院。1954 年夏北大法律系复建,但上述院落并未复归北大。潘波:《半亩三分地上园林集萃》,载《新京报》2010 年 1 月 25 日 D06、D07 版。据曾炳钧教授之女曾尔恕教授介绍,曾炳钧教授从清华调到北京政法学院后住在黄米胡同 8 号,戴克米先生家住 9 号,后来杜汝楫先生一家也搬进 8 号院,与曾家一墙之隔。谢喆平访问整理:《浮云远志:口述老清华的政法学人》,商务印书馆 2014 年版,第 114 页。

〔80〕 北京辅仁大学校友会编:《北京辅仁大学校史》,中国社会出版社 2005 年版,第 62 页。

〔81〕 1952 年全国进行大学院系调整时,清华大学法学院只有政治学系和社会学系的一部被并入北京政法学院。《清华大学法学院概况历史沿革》,载清华大学网, http://www.tsinghua.edu.cn/docsn/fxy/intr/intro_lsyg.htm。2012 年 8 月 4 日访问。周振想、邵景春主编:《新中国法制建设 40 年要览(1949—1988)》,群众出版社 1990 年版,第 4 页。1949 年前,全国有 205 所高等院校,其中 29 所大学设立了法律系,截至 1948 年,在校的法律系学生数为 4589 人。韩培基:《回忆朝阳大学的办学精神和教学特色》,载薛君度、熊先觉、徐葵主编:《法学摇篮——朝阳大学》(增订版),东方出版社 2001 年版,第 70 页。1952 年院系调整时,只保留了中国人民大学、东北人民大学和武汉大学三所大学的法律系和西北大学的司法专修科。北京大学、复旦大学和西北大学则在 1954 年 4 月的全国政法教育会议上获准重建法律系(原西北大学司法专修科停办)。熊先觉:《朝阳大学——中国法学教育之一脉》,载《比较法研究》2001 年第 3 期,第 112 页。该文另见于张桂琳主编:《中国政法大学教育文选》(第 2 集),中国政法大学出版社 2006 年版,第 69—72 页。

〔82〕 钱端升,1900 年生,江苏上海人,1919 年毕业于清华学校,1923 年获美国哈佛大学哲学博士。1949 年 5 月 5 日被任命为北京大学法学院院长。李贵连、孙家红、李启成、俞江编:《百年法学——北京大学法学院院史(1904—2004)》,北京大学出版社 2004 年版,第 291 页。

〔83〕 百度百科,http://baike.baidu.com/view/80888.htm。2012 年 11 月 14 日访问。

〔84〕 中国政法大学校史编写组:《中国政法大学校史》,中国政法大学出版社 2002 年版,第 5 页。转引自张小军:《社会主义的"政法干部教育模式"研究——以 50 年代初的政法干部教育为中心》,载《朝阳百年——近代中国法学教育与法律文化学术研讨会论文集》(2012 年 11 月),第 258 页。这 45 名教师中当时能上讲台的只有 4

人:雷洁琼讲授婚姻法,严景耀讲授国家与法的理论,芮沐讲授经济建设,楼邦彦讲授国家法。刘杰、张培坚:《法大凝眸:老照片背后的故事》,中国政法大学出版社 2012 年版,第 17 页。

〔85〕　刘长敏主编、张培坚主笔:《甲子华章:中国政法大学校史(1952—2012)》,中国政法大学出版社 2012 年版,第 13 页。

〔86〕　楼邦彦(1912—1979),浙江鄞县人,1930 年就读于沪江大学商科,后经考试于 1931 年秋插班进入国立清华大学政治学系,受教于钱端升、张奚若,从清华研究生毕业后(导师张奚若),考取中英第四届庚款公费留学生,1936 年赴伦敦政治经济学院,师从拉斯基(Harold Joseph Laski)教授,后又到法国巴黎大学学习,一年后又赴德国学习语言。1939 年归国后,先后在西南联大(昆明)、武汉大学(乐山)、中央大学(重庆)、黄埔军校第七分校(西安)、北京大学任教。曾用笔名硕人。谢喆平访问整理:《浮云远志:口述老清华的政法学人》,商务印书馆 2014 年版,第 149 页。其系清华大学经济管理学院原院长钱颖一教授的舅舅。

〔87〕　曾炳钧(1904—1994),四川泸县人,1925 年成为清华大学部的首届学生,1934 年考取清华第二届公费生,次年秋赴美,于伊利诺伊州立大学获(经济学)硕士学位,后入哥伦比亚大学师从 L.Rogers 教授,1941 年 2 月获博士学位(论文题目《中日冲突在英国议会中的反映》)。回国后历任云南大学教授、重庆国民政府经济部参事、武汉大学教授兼政治系主任、清华大学教授兼政治系主任、北京大学兼任教授、北京政法学院教授。同前,第 110 页。

〔88〕　杜汝楫(1919—2003),祖籍广东,1946 年毕业于国立清华大学法学院政治学系,留校任张奚若助教,后为政治系讲师。1952 年院系调整后,任教于北京政法学院。晚年移居美国。同前,第 205 页。

〔89〕　当时沙滩的校区由北京大学、北京政法学院共用。

〔90〕　刘杰、张培坚:《法大凝眸:老照片背后的故事》,中国政法大学出版社 2012 年版,第 5、11 页。

〔91〕　同前,第 12 页。其中的联合楼现已拆除,原为三层建筑,东西走向,一层西侧是医务室,中部是政治部、总务处办公室,东侧是教室;二层有教务处、人事处办公室,两边是大教室;三层东半部是图书馆和阅览室,西边是苏联专家的教学和办公场所。学生上课除大课在礼堂外,一半都在联合楼里。同前,第 38 页。

〔92〕　中国网,http://www.china.com.cn/chinese/2002/May/141924.htm。2012 年 11 月 30 日访问。

〔93〕　何勤华主编:《中国法学家访谈录》(第二卷),北京大学出版社 2010 年版,第 438 页。王倩、刘晓东记录。

〔94〕　刘杰、张培坚:《法大凝眸:老照片背后的故事》,中国政法大学出版社 2012 年版,第 39 页。

〔95〕 何勤华主编:《中国法学家访谈录》(第二卷),北京大学出版社 2010 年版,第 438、439 页。王倩、刘晓东记录。

〔96〕 当时本科实行的是五年学制,第一年开"国家与法的历史",分中国国家与法和外国国家与法。王淑琴《印象·江平老师》,载孙国栋编:《永远的校长——江平教授八十华诞庆贺文集》,中国法制出版社 2010 年版,第 65、66 页。

〔97〕 据魏平雄介绍,王倩、刘晓东记录。何勤华主编:《中国法学家访谈录》(第二卷),北京大学出版社 2010 年版,第 438 页。

〔98〕 陈家祥:《江平老师教了我两年俄语》,载孙国栋编:《永远的校长——江平教授八十华诞庆贺文集》,中国法制出版社 2010 年版,第 69 页。

〔99〕 刘长敏主编、张培坚主笔:《甲子华章:中国政法大学校史(1952—2012)》,中国政法大学出版社 2012 年版,第 83、84、93、94 页。

〔100〕 刘复之(1917.3—2013.8.25),广东梅县人,曾任司法部部长(第三任)、公安部部长(第五任,1983 年 4 月起)、最高人民检察院检察长。

〔101〕 另有说法称,中国政法大学在校学生总规模为 7000 人,分设本科生院、研究生院和进修学院。中国政法大学网,http://www.cupl.edu.cn/xxgk/xxgk.htm。2012年 12 月 1 日访问。周振想、邵景春主编:《新中国法制建设 40 年要览(1949—1988)》,群众出版社 1990 年版,第 566 页。1979 年 12 月《北京政法学院学报》试办,1981 年 3月正式在国内发行。同前,第 454 页。1983 年 7 月 10 日,司法部部长邹瑜出席在中国政法大学召开的首次研究生院导师座谈会。同前,第 570 页。

〔102〕 刘长敏主编、张培坚主笔:《甲子华章:中国政法大学校史(1952—2012)》,中国政法大学出版社 2012 年版,第 112 页。

〔103〕 谢冀川:《用什么回报你,我的大学、我的江老师》,载孙国栋编:《永远的校长——江平教授八十华诞庆贺文集》,中国法制出版社 2010 年版,第 112、113 页。

〔104〕 刘长敏主编、张培坚主笔:《甲子华章:中国政法大学校史(1952—2012)》,中国政法大学出版社 2012 年版,第 378、379 页。中国政法大学网,http://www.cupl.edu.cn/html/main/col49/column_49_1.html。2012 年 12 月 1 日访问。一说更名为中央政法管理干部学院是在 1984 年 8 月。熊先觉:《中国法学教育之变迁》,载薛君度、熊先觉、徐葵主编:《法学摇篮——朝阳大学》(增订版),东方出版社 2001 年版,第 131、135 页。另见文后所附《北京地区主要法学教育机构演变图》。1988 年 4月,中央政法管理干部学院学报试刊,第一期出版。《中央政法管理干部学院学报创刊》,载《河北法学》1988 年第 2 期,第 23 页。目前从中国知网(http://www.cnki.net)能检索到的《中央政法管理干部学院学报》为 1995 年至 2001 年第 5 期。

〔105〕 刘长敏主编、张培坚主笔:《甲子华章:中国政法大学校史(1952—2012)》,中国政法大学出版社 2012 年版,第 179 页。

〔106〕 同前,第 220 页。

〔107〕　于海涌:《大楼和大师》,载孙国栋编:《永远的校长——江平教授八十华诞庆贺文集》,中国法制出版社 2010 年版,第 139 页。

〔108〕　谢觉哉铜像立于 1994 年 6 月 30 日,碑文署名是司法部。刘长敏主编、张培坚主笔:《甲子华章:中国政法大学校史(1952—2012)》,中国政法大学出版社 2012年版,第 214 页。钱端升铜像立于 2002 年 5 月 5 日,铜像底座碑铭显示,其由中国政法大学湖南校友会、1956 届六班全体校友、1960 年赴藏工作全体校友捐献,长沙市锦星房地产开发有限公司亦出资。刘智宇、曾浩、陈健:《我校隆重举行钱端升铜像揭幕仪式》,载中国政法大学网,http://www. cupl. edu. cn/html/news/col174/2011 - 07/14/20110714143934840662480_1.html。2012 年 12 月 6 日访问。刘长敏主编、张培坚主笔:《甲子华章:中国政法大学校史(1952—2012)》,中国政法大学出版社 2012 年版,第391 页。2012 年 5 月 15 日,中央政法干部学校首任校长彭真的铜像在中国政法大学昌平校区落成。《彭真塑像在中国政法大学落成揭幕》,载中国网,http://www.china. com.cn/education/mingxiao/2012 - 05/17/content_25408712. htm。2012 年 12 月 6 日访问。

〔109〕　该题字系根据“中国政法大学第一部通讯录”封面上毛泽东亲书的“中国政法大学”校牌复制,现今的中国政法大学校徽亦系参照原“中国政法大学”校徽照片复制。熊先觉:《法大身名始末》,载《比较法研究》2003 年第 1 期,第 127 页。1952 年10 月 12 日,钱端升写信给林伯渠,请代请毛泽东题写“北京政法学院”校牌。11 月 23日林伯渠复信寄送题字。刘长敏主编、张培坚主笔:《甲子华章:中国政法大学校史(1952—2012)》,中国政法大学出版社 2012 年版,第 20、21 页。谢喆平访问整理:《浮云远志:口述老清华的政法学人》,商务印书馆 2014 年版,第 79 页。而清华大学校门上的题字则是学校师生托张奚若请毛泽东题写的。同前,第 72 页。

〔110〕　另据笔者观察,20 世纪 90 年代使用的学生证、研究生证封面上用的是毛泽东题写的校名,而同期本科毕业证书封面则印的是邓小平题写的校名。时至今日,往返于昌平—学院路两校区之间的班车上喷涂的也是邓小平的题字。总地说来,邓小平题写的校名使用频率更高。

〔111〕　中国政法大学校史编写组编:《中国政法大学校史》,中国政法大学出版社 2002 年版,第 16 页。转引自张小军:《社会主义的“政法干部教育模式”研究——以50 年代初的政法干部教育为中心》,载《朝阳百年——近代中国法学教育与法律文化学术研讨会论文集》(2012 年 11 月),第 258 页。

〔112〕　刘长敏主编、张培坚主笔:《甲子华章:中国政法大学校史(1952—2012)》,中国政法大学出版社 2012 年版,第 15—16 页。

〔113〕　亦即价值塑造、能力培养、知识传授。《清华大学关于全面深化教育教学改革的若干意见》(清校发〔2014〕29 号),载袁驷、郑力主编:《创新教育模式　激发学术志趣　提高培养质量:清华大学第 24 次教育工作讨论会文集》,清华大学出版社

2015 年版,第 61 页。

　　〔114〕 陈岱孙老也说过,一个合格的教师应该具备三条:能使学生增长知识、增长智慧、增长道义。阳子:《后人叙谈陈岱孙》,载唐斯复主编:《陈岱孙纪念文集》,福建人民出版社 1998 年版,第 14 页。

　　〔115〕 张小军:《社会主义的"政法干部教育模式"研究——以 50 年代初的政法干部教育为中心》,载《朝阳百年——近代中国法学教育与法律文化学术研讨会论文集》(2012 年 11 月),第 249、250 页。

华东政法学院是 1952 年 9 月由圣约翰大学、复旦大学、南京大学、沪江大学政治系,以及复旦大学、南京大学、安徽大学、震旦大学以及东吴大学法学院的法律系在圣约翰大学校址上成立的。熊月之、周武主编:《圣约翰大学史》,上海人民出版社 2007 年版,第 395 页。1958 年,华政被撤校,并入上海社会科学院。1963 年 8 月,上海市委政法小组和教育卫生工作部根据《中共中央批转中央政法小组、教育部党组关于加强高等政法教育和调整政法院系问题的请示报告》向上海市委提交了《关于筹办华东政法学院的意见》,华东政法学院得以原地恢复。复办的华东政法学院只招收了 1964、1965 两届学生。1972 年,最高人民法院和中共上海市委决定撤销华东政法学院。师资队伍再次解体,校园分归上海社科院、复旦分校、上海市卫生学校、普陀区卫生学校、果品公司、蔬菜公司、水文站、水上派出所八个单位。直到 1979 年华政才得以复建。邬佩怡:《华政六十年浮沉》,载学术批评网,http://www.acriticism.com/article.asp?Newsid=14597&type=1003。2012 年 12 月 25 日访问。

　　〔116〕 1980 年 6 月,司法部机关党委开办司法业务学习班,对在职干部分期进行专业训练,为期一年,至 1981 年 5 月结业。周振想、邵景春主编:《新中国法制建设40 年要览(1949—1988)》,群众出版社 1990 年版,第 466 页。6 月 25 日,公安部、计委、教育部、财政部、粮食部发出联合通知,将各省、市、自治区现有的公安中专班改为中等专业学校性质的人民警察学校。同前,第 467 页。8 月 13 日,全国公安院校工作座谈会在京举行。会议强调:办好公安干部学校和人民警察学校是公安队伍建设的一件大事。同前,第 472 页。12 月 12 日,国务院批转司法部《关于全国司法行政工作座谈会的报告》,要求着重抓好培训干部和办好政法院校两件大事。要求用五年左右的时间把现有干部普遍轮训一遍,力争达到大专毕业水平。同前,第 484 页。1981 年 9月 4 日《中国法制报》报道,全国各地军转干部司法专业训练班开学。同前,第 513 页。1983 年 3 月 1 日,中央政法委研究决定,司法部首次开办的全国政法领导干部轮训班开学。该培训班的学员主要是各省、市、自治区政法委员会、公安、检察、审判、司法、民政部门的领导干部,学制为期一年。与轮训班同时开学的还有中央办的公安、检察、司法、民政等干部轮训班和中国人民解放军办的保卫、检察、审判等干部轮训班。同前,第 559 页。3 月 11 日,中央民族学院干训班开始法律专修班。最高人民检察院、中华社会大学共同举办检察管理干部法律专修班。同前,第 560 页。3 月 15 日,应司法部、

最高人民法院、最高人民检察院的要求,中共中央党校开办的司法干部进修班开学。来自全国各级中级人民法院、人民检察分院和司法部机关的学员将对马克思主义哲学和政治经济学(社会主义部分)进行为期4个月的学习。同前,第560页。1984年4月16日《中国法制报》报道,河北、山东、黑龙江和新疆四所政法干校已正式改为政法管理干部学院。同前,第604页。6月27日《中国法制报》报道,吉林省政法管理干部学院成立。同前,第611页。1988年4月7日,最高人民法院、国家教育委员会作出《关于联合创办中国高级法官培训中心的决定》。培训中心是大学后继续教育的基地,该决定委任北京大学、中国人民大学开办进修班,并为法院定向招收和培养学位研究生。最高人民法院院长郑天翔兼任中国高级法官培训中心委员会主任。中心于1988年2月13日在北京宣告成立。同前,第790页。

〔117〕 1941年暑假,国民政府教育部为直接控制朝阳学院,令其由成都南门外法云庵(现成都市殡仪馆所在地)迁往重庆附近巴县兴隆场。1942年秋,司法行政部委托朝阳办了法院书记官、监狱官、司法会计等3个专修科和1个属于法律系本科的4年制的司法组(当时受托开办司法组的有朝阳、中央大学、复旦、川大和东吴等5所院校)。黄飞声、傅祯:《朝阳学院在成都》,载薛君度、熊先觉、徐葵主编:《法学摇篮——朝阳大学》(增订版),东方出版社2001年版,第105页。田公亮:《朝阳学院在兴隆场时之概况》,载薛君度、熊先觉、徐葵主编:《法学摇篮——朝阳大学》(增订版),东方出版社2001年版,第111页。

〔118〕 据2005年统计数据,249所民办大学中有50所设有法学专业,占20.1%,其中9所为本科类。另有资料显示,很多民办法学教育同时也是规模化的自考培训班。刘坤轮:《当前我国法学学位体系和人才培养模式及其改革的实证研究——以法科学生就业状况为切入点》,载《朝阳百年——近代中国法学教育与法律文化学术研讨会论文集》(2012年11月),第135、134页。

〔119〕 [俄]列夫·托尔斯泰:《战争与和平》(第9篇第1章)。转引自赖建诚:《经济史的趣味》,浙江大学出版社2011年版,第17页。

第八章　中国法律教育的复调

〔1〕 复调音乐(polyphony)是由若干(两条或两条以上)各自具有独立性(或相对独立)的旋律线,有机地结合在一起(同时结合或相继结合)出现,协调地流动,展开所构成的多声部音乐。与其相对应的主调音乐(homophony)是由一条旋律线(主旋律)加和声衬托性声部构成的。

〔2〕 其当时被称之为大学馆(studium generale)。[瑞士]瓦尔特·吕埃格总主编、[比]希尔德·德·里德-西蒙斯分册主编:《欧洲大学史:中世纪大学》(第一卷),张斌贤等译,河北大学出版社2007年版,第6页。

〔3〕　［美］哈罗德·J·伯尔曼：《法律与革命——西方法律传统的形成》，贺卫方、高鸿钧、张志铭、夏勇译，中国大百科全书出版社1993年版，第151页。

〔4〕　同前，第152页。

〔5〕　同前，第151页。

〔6〕　恩格斯：《家庭、私有制和国家的起源》，张仲实译，人民出版社1954年版，第54页。

〔7〕　有迹象表明，教授也参与到了争取大学自治权的斗争中。［法］雅克·韦尔热：《中世纪大学》，王晓辉译，上海人民出版社2007年版，第23—26页。

〔8〕　［清］毕沅撰：《续资治通鉴》（第二册），岳麓书社1992年版，第7页。

〔9〕　关于追求富强，参见［美］本杰明·史华兹：《寻求富强：严复与西方》，叶凤美译，江苏人民出版社1989年版。

〔10〕　见芦琦：《中世纪大学法律教育的导源：教育自治与教育救赎》；王思杰：《12至13世纪意大利的法学教育》；史志磊：《注释法学派时期波伦纳大学的法学教育——以罗马法为中心》。以上论文均见何勤华主编：《外国法制史研究——大学的兴起与法律教育》（第16卷·2013年），法律出版社2014年版。

〔11〕　转引自雷颐：《大学的学术标准与自主性》，载《经济观察报》2008年2月18日第45版。有证据表明，这段话实出自冯友兰先生之手。冯友兰1915年从北大预科毕业后，投考北大文科。考官却建议他"先报考法科。如果取了以后，仍愿入文科，可以申请转科"，盖因"从法科转文科是一定可以准的。从文科转法科，那就非常的难了"。冯友兰接受了这一建议，报考法科，最终设法转入了文科哲学门。［美］魏定熙：《权力源自地位：北京大学、知识分子与中国政治文化，1898—1929》，张蒙译，江苏人民出版社2015年版，第105页。

〔12〕　中央部委争设直属干部学校和培训机构的现象，直到20世纪七八十年代仍然可见。1977年10月，公安部党委开始着手恢复中央政法干部学校。1978年6月，公安部在中央政法干校大专班基础上成立政法专科学校，后更名为国际政治学院、中国人民警官大学。1982年1月，中央人民公安学院又从中央政法干校分出，后改建为中国人民公安大学。1986年3月，公安部管理干部学院在公安大学成立，2005年更名为公安部高级警官学院。1979年司法部复设后，除了接管北京政法学院、中央政法干部学校外，又成立了中国高级律师高级公证员培训中心。1997年，三家合并。后来中国政法大学划归教育部，司法部则将中国高级律师高级公证员培训中心收回，成为其司法行政干部培训基地。详见本书第六章《中国新法学研究院考》和第七章《两所"中国政法大学"》。1980年12月1日，经中共中央和国务院批准，司法部创办的中央第二政法干部学校在河南省济源县成立。周振想、邵景春主编：《新中国法制建设40年要览（1949—1988）》，群众出版社1990年版，第483页。该干校是利用五机部两个下马工厂的厂房建立的。李运昌：《对中央政法干校应届毕业生的讲话（1980年8月2

日）》,载《北京政法学院学报》1980 年第 2 期,第 6 页。此外,还有位于河北保定的中央司法警官学院。该院创建于 1956 年,最初为公安部劳改工作干部学校。后更名为司法部劳改干部学校、中央劳改劳改管理干部学院、中央司法警官教育学院(成人)、中央司法警官学院。2012 年 12 月 20 日,经中央编制办批准,加挂国家律师学院牌子。中国法学创新网,http://www.lawinnovation.com/html/xjdt/8072.shtml。2012 年 7 月 8日访问。2013 年 11 月,中共十八届三中全会通过的《关于全面深化改革若干重大问题的决定》提出,废止劳动教养制度,完善对违法犯罪行为的惩治和矫正法律,健全社区矫正制度。是月,全国唯一一个劳教管理系中央司法警官学院劳教管理系(设立于1988 年)更名为“矫正教育系”。2014 年 5 月 6 日,北京市政府办公厅下发通知,北京市劳动教养工作局调整为北京市教育矫治局。马力、李宁:《市劳教局调整为市教育矫治局》,载《新京报》2014 年 5 月 7 日 A13 版。

〔13〕 [德]古斯塔夫·拉德布鲁赫:《法律智慧警句集》,舒国滢译,中国法制出版社 2001 年版,第 7 页。

〔14〕 2014 年 10 月,教育部公布了全国近两年就业率较低的 15 个本科专业,包括:食品卫生与营养学、生物科学、旅游管理、社会体育指导与管理、市场营销、动画、知识产权、广播电视编导、表演、艺术设计学、播音与主持艺术、音乐表演、电子商务、贸易经济、公共事业管理。虽然法学专业不在其中,但报道也提到,不同省份均有自己的本科专业低就业率排行榜,新闻学、汉语言文学、法学、公共事业管理等专业在北京、上海、广东等地频繁入榜。韩秉志:《全国高校 15 个专业不再是就业香饽饽》,载《经济日报》2014 年 10 月 16 日第 9 版。

〔15〕 20 世纪 50 年代前期,“专业”被称为“专门化”。例如,1958 年 7 月,为响应北大党委发出的“大搞科研,苦战四十天,向国庆献礼”的号召,中文系 1955 级学生党支部组织和领导暑假留校的文学专业五十多名学生集体编写《中国文学史》。该书后记中提到:“我们一九五五级文学专门化七十七个同学都参加了……游国恩、林庚、吴组缃、冯钟芸、季镇淮、陈贻焮六位先生参加的编委会”。北京大学中文系文学专门化 1955 级集体编著:《中国文学史》(第四册),人民文学出版社 1959 年版,第 447—448 页。

〔16〕 国家教育委员会高等教育一司编:《普通高等学校社会科学本科专业目录与专业简介》,武汉大学出版社 1989 年版,第 1 页。

〔17〕 哈尔滨工业大学高等教育研究所编译:《苏联高等学校专业设置、培养规格、教学计划选编》,哈尔滨工业大学出版社 1987 年版,第 6、13、22 页。此外,苏联中等专业学校也设有法律专业。1984 年版中等专业学校专业设置中,法律类下辖四个类别,即司法(1801)、社会保障系统法律与登记(1802)、法学(1803)以及国家汽车检查行政法律服务(1804)。其中,法学类又包括三个“专门化”:诉讼法、国家法、经济法。同前,第 43 页。

专业序号	专业及专门化名称	培养目标	日校修业期限		教学形式
			学前基础八年制	学前基础十年制	
1801	司法	律师		二年	日校及函授
1802	社会保障系统法律与登记	律师	二年十个月	一年十个月	日校及函授
1803	法学专门化：诉讼法、国家法、经济法	律师		一年十个月	日校
1804	国家汽车检查行政法律服务			二年	日校及函授

〔18〕 此外,中国语言文学类 16 种,历史学类 12 种,哲学类 8 种,社会学类 2 种,新闻学类 8 种,图书情报档案学类 7 种,政治学类 7 种,马克思主义理论、思想政治教育类 6 种,经济、管理类 99 种,外国语言文学类 53 种,艺术类 170 种。国家教育委员会高等教育一司编:《普通高等学校社会科学本科专业目录与专业简介》,武汉大学出版社 1989 年版,第 1 页。

〔19〕 同前,第 3—4 页。此外,中国语言文学类 15 种,历史学类 8 种,哲学类 6 种,社会学类 4 种,新闻学类 7 种,图书情报档案学类 6 种,政治学类 7 种,马克思主义理论、思想政治教育类 7 种,经济、管理类 48 种,外国语言文学类 47 种,艺术类 50 种。同前,第 7 页。

〔20〕 〔美〕安东尼·克龙曼:《教育的终结——大学何以放弃了对人生意义的追求》,诸惠芳译,北京大学出版社 2013 年版,第 68—69 页。网传 2014 年度诺贝尔物理学奖得主中村修二批评东亚教育时指出,"在标准化课程表的禁锢下,原本浩瀚而美不胜收的人类思想领域被人为地切割成了一块块,一块块便于管理的部分,并被称为'学科'。同样,原本行云流水、融会贯通的概念被分成了一个个单独的'课程单元'。这个模式,是在 18 世纪由普鲁士人最先实施的。是他们最先发明了我们如今的课堂教学模式。普鲁士人的初衷并不是教育出能够独立思考的学生,而是大量炮制忠诚且易于管理的国民,他们在学校里学到的价值观让他们服从包括父母、老师和教堂在内的权威,当然,最终要服从国王"。《诺奖得主:东亚教育浪费了太多生命》,载诗评万象微信公众号,2020 年 10 月 8 日发布。

〔21〕 严定非:《"SARS 之后,隐瞒疫情成了过街老鼠"——访中国疾控中心流行病学首席科学家曾光》,载《南方周末》2013 年 4 月 11 日 C16 版。然而,《现代汉语词典》却采取了一种更耐人寻味的并非区隔而是包容的做法,其"非典型肺炎"条分作两条解释,一称"由支原体、衣原体、军团菌和病毒等引起的肺炎,因临床症状不典型,所以叫非典型肺炎";二称"特指由冠状病毒引起的传染性非典型肺炎(正式名称是严重

急性呼吸综合症)。简称非典。"中国社会科学院语言研究所词典编辑室编:《现代汉语词典》(第五版),商务印书馆 2005 年版,第 393 页。

〔22〕　国家教育委员会高等教育一司编:《普通高等学校社会科学本科专业目录与专业简介》,武汉大学出版社 1989 年版,第 13 页。

〔23〕　朱寿朋编:《光绪朝东华录》(第五册),张静庐等点校,中华书局 1958 年版,总第 5286—5287 页。

〔24〕　李大钊:《〈自然律与平衡律识〉》,载《李大钊文集》(上),人民出版社 1984 年版,第 88 页。该文原载《言治》月刊第 1 年第 6 期(1913 年 11 月 1 日),署名钊。

〔25〕　《北洋大学事略》,载中国人民政治协商会议天津市委员会文史资料研究委员会编:《天津文史资料》(第十一辑),天津人民出版社 1980 年版。转引自李贵连、孙家红、李启成、俞江编:《百年法学——北京大学法学院院史(1904—2004)》,北京大学出版社 2004 年版,第 13 页。姚瑞光先生也提到过类似美国毕业的法学博士不知晓国内法律的现象。梅仲协:《民法要义》,张谷勘校,中国政法大学出版社 1998 年版,姚序,第 3—4 页。

〔26〕　见(唐)杜甫《戏为六绝句》诗。

〔27〕　姜朋:《现实与理想:中国法律硕士专业学位教育》,载《中外法学》2005 年第 6 期。

〔28〕　蔡枢衡:《中国法理自觉的发展》,清华大学出版社 2005 年版,第 98—99 页。

〔29〕　晏阳初:《农民抗战与平教运动之渊源》,载《晏阳初文集》(第 1 卷),第 536 页。转引自王伟:《中国近代留洋法学博士考(1905—1950)》,上海人民出版社 2011 年版,第 436 页。

〔30〕　《专家就东亚私法统一达成共识,中国法难独善其身》,载《法制日报》2009 年 10 月 22 日第 8 版。清华大学网,http://www.law.tsinghua.edu.cn/web2008/asp/showit.asp? id=1610。2009 年 10 月 28 日访问。

〔31〕　孙慧敏:《制度移植:民初上海的中国律师(1912—1937)》,中国台湾地区"中研院"近代史研究所 2012 年版,第 82 页。中国化学工业的先驱范旭东曾指出:美国科技水平是世界第一流的,可是把美国的机械设备照搬过来,绝不等于就会产生另一个高效率的美国生产体系。黄汉瑞:《回忆范旭东先生》,载中国人民政治协商会议全国委员会文史资料研究委员会编:《文史资料选辑》(第八十辑),文史资料出版社 1982 年版,第 41 页。

〔32〕　关于内地法官对在审判时援引上级法院成案的真实态度,可见丁文联、胡孝红、余冬爱等:《成案对中国法官裁决案件的实际影响———份来自上海法院实证调查的报告》,载范建主编:《商事法律报告》(第一卷),中信出版社 2004 年版,第 88—140 页。有关台湾地区司法的问题见杨宗澧:《司法:七成台湾人不信任》,载《国际先

驱导报》2011 年 7 月 15—21 日第 11 版。

〔33〕 何美欢:《论当代中国的普通法教育》,中国政法大学出版社 2005 年版,第 152—153 页。

〔34〕 此外,德、美两国都是联邦制国家,有联邦与州的区分。以美国为例,其有联邦和州两套司法系统,各司其职。比如在允许同性婚姻问题上,各州的立法不尽相同,各州法院的裁决也就不一而足。选译成案时,是仅盯住联邦法院系统的判决,还是也兼及州法院系统的成案? 若将联邦与州法院的成案"一网打尽",其工作量势必惊人。

〔35〕 何美欢:《论当代中国的普通法教育》,中国政法大学出版 2005 年版,第 152—153 页。

〔36〕 鲁迅:《给颜黎明的信》,载人民教育出版社小学语文编辑室编:《(五年制小学课本)语文》(第九册),人民教育出版社 1982 年版,第 4 页。

〔37〕 何美欢:《论当代中国的普通法教育》,中国政法大学出版社 2005 年版,第 109 页。

〔38〕 甘阳:《大学应摆脱留学依赖》,载《人民日报》2011 年 6 月 14 日第 12 版。这不禁让人想起旅美学人哈金(本名金雪飞)的一首诗:"Together they emptied their cups/and swore they'd study hard to master/all the knowledge in the West/so that their Motherland would not need to send youths abroad again/Their tears were shed only for the wind/None of them knew/that this was just a beginning/that their children would travel/the same seas"出自诗集 Wreckage, Hanging Loose Press.转引自史际平:《同一个海洋(代前言)》,载史际平、杨嘉实、陶中源等编著:《家在清华》,山东画报出版社 2008 年版,第 7 页。

〔39〕 2002 年,老布什总统曾说"姚明是美中文化交流领域中国对美国的'最大出口'"。何龙:《姚明是中美文化的最大"进出口"》,载《羊城晚报》2011 年 7 月 22 日 A2 版。其实不然。美方只是买进了原料,又把用姚明包装过的 NBA 产品返销回了中国。体育、娱乐如此,教育何尝不是一样。

〔40〕 何美欢:《论当代中国的普通法教育》,中国政法大学出版社 2005 年版,第 19 页。

〔41〕 冯象:《宽宽信箱与出埃及记》,生活·读书·新知三联书店 2007 年版,第 92—93 页。

〔42〕 [英]F.H.劳森:《圣殿:1850 年至 1965 年的牛津法学教育》,黎敏译,法律出版社 2010 年版,第 5 页。

〔43〕 Steven Riess, *Diary of An American Lawyer: Principles and Exercises for Understanding the American Legal System Really Works* (Nanjing: Jiangsu Education Publishing House,2006)2. 1905 年,美国哥伦比亚大学法学院院长柯奇伟(George W.

Kirchwey,1855—1942)就指出:"人们必须认识到,法学教育是这个国家的一个新鲜事物。"转引自王伟:《中国近代留洋法学博士考(1905—1950)》,上海人民出版社2011年版,第37页。

〔44〕康德说:"要使一件事情成为善的,只是合乎道德规律还不够,而必须同时也是为了道德而作出的;若不然,那种相合就很偶然并且是靠不住的。"[德]伊曼努尔·康德:《道德形而上学原理》,苗力田译,上海世纪出版集团2012年版,第3页。

〔45〕"学着讲、掺着讲、接着讲",是清华大学经济管理学院陈国青教授在概括中国管理学教育的三个发展阶段时使用的形象说法。事实上,美国法源于英国法,但在美国独立前后,法学界已经开始了英国法的本地化。胡晓进:《自由的天性——十九世纪美国的律师与法学院》,中国政法大学出版社2014年版,第60、126页。

〔46〕《全国中学生优秀作文选》1988年第4期,封二。

〔47〕[德]古斯塔夫·拉德布鲁赫:《法律智慧警句集》,舒国滢译,中国法制出版社2001年版,第137页。

附录1:《万国公法》的中译

〔1〕惠顿于1785年11月27日生于美国罗德岛普罗维登斯一个商人和银行家家庭。1802年毕业于后来的布朗大学。1805年赴法国和英国游学。次年归国,曾在家乡任律师。1815年任纽约海事法院法官,同年出版 Digest of the Law of Maritime Capture or Prizes。1816年至1827年任最高法院报告员。1827年9月出任美国驻丹麦第一任外交代办。1835年转任美国第一任常驻柏林公使。1837年任驻普鲁士特派公使。1847年回国后,曾任哈佛大学讲师,讲授国际法。1848年3月11日病逝于马萨诸塞州道彻。转引自杨焯:《丁译〈万国公法〉研究》,法律出版社2015年版,第6页。

〔2〕[日]穗积陈重:《法窗夜话》,曾玉婷、魏磊杰译,法律出版社2015年版,第154页图片。另见陈旭麓、方诗铭、魏建猷主编:《中国近代史词典》,上海辞书出版社1982年版,第17页,"万国公法"条。李贵连:《近代中国法制与法学》,北京大学出版社2002年版,第188—189、439页。程鹏:《清代人士关于国际法的评论》,载李贵连编:《〈中外法学〉文萃——纪念北京大学法学院百年院庆》(下),北京大学出版社2004年版,第1776页。

光绪三年八月十一日郭嵩焘日记提到了 Conference for the Reform and Codification of International Law(万国公法改革与法典化大会),但其并未使用意译,也未引述原文,而是采用汉字直接音译的做法,译作"铿茀林斯法尔齐立法尔姆安得科谛费格林升阿甫英得纳升尔那"。(清)郭嵩焘:《伦敦与巴黎日记》,钟叔河、杨坚整理,岳麓书社1984年版,第302页。钟叔河:《小西门集》,岳麓书社2011年版。《南方周末》2013年7月25日E24版。

〔3〕　李伟：《中国近代翻译史》，齐鲁书社 2005 年版，第 83—84 页。

〔4〕　田涛：《国际法输入与晚清中国》，济南出版社 2001 年版，第 35 页。陈旭麓等书"丁韪良"条（第 7 页）对此间经过介绍过于简略，只提到丁氏第二次来华，在北京建立教会，1865 年为同文馆教习，1869—1894 年任总教习。日本人穗积陈重提到："丁韪良于中国将惠顿之作 'International law' 译为《万国公法》，其后传至本邦［指日本——笔者注］并随之普及，然未几，中国反简称其为'公法'。丁韪良于光绪三年（明治十年）翻译伍尔西（Woolsey）著作 'International law'，弃用此前'万国公法'一词，题为《公法便览》，书中亦未见'万国公法'，而统称其为'公法'。理由大抵与东京开成学校避讳'万国'一词相同，只因伍尔西在书中言及'International law'乃基督教国家间通法，非万国共通之法。译文中亦写道：'若谓之万国公法，尚未见万国允从'，'现有之公法，多出自泰西奉教之国，相待而互认之例'。中国并未实施'International law'，故不可用'万国'之语。随后光绪六年（明治十三年），丁韪良将伯伦知理（Bluntschli J. C.）之作 'Das modern Voelkerrechtals Rechtsbuch' 译为汉文，题之曰'公法会通'。"［日］穗积陈重：《法窗夜话》，曾玉婷、魏磊杰译，法律出版社 2015 年版，第 151 页。

〔5〕　张静庐编：《中国近代出版史料初编》，中华书局 1957 年版，插页。转引自李伟：《中国近代翻译史》，齐鲁书社 2005 年版，第 81 页。

〔6〕　W.A.P.Martin.A Cycle of Cathay,1896,p.221—222.转引自李伟：《中国近代翻译史》，齐鲁书社 2005 年版，第 82 页。田涛：《国际法输入与晚清中国》，济南出版社 2001 年版，第 36 页。

〔7〕　咸丰十年（1860）冬十月批准设立总理各国通商事务衙门的上谕提到："京师设立总理各国通商事务衙门，著即派恭亲王奕䜣、大学士桂良、户部左侍郎文祥管理，并著礼部颁给'钦命总理各国通商事务衙门'关防。"（清）王之春：《清朝柔远记》，赵春晨点校，中华书局 1989 年版，第 291 页。1868 年曾国藩在与心腹幕僚密谈中提到："两宫才地平常，见面无一要语……时局尽在军机，恭邸、文（祥）、宝（□）数人权过人主。恭郅［邸］聪明而晃荡不能立足。文柏川正派而规模狭隘，亦不知求人自辅。宝佩衡则不满人口……余更碌碌，甚可忧耳。"赵烈文：《能静居日记》（四），中国台湾地区台北学生书局 1964 年版，第 2224—2225 页。恭亲王，和硕恭亲王奕䜣。宝（□），应为宝鋆。《清史稿·文祥传》载："既而恭亲王以阻圆明园工程忤旨斥罢，文祥涕泣，偕同列力谏，几同谴。恭亲王寻复职，而自屡遭挫折后，任事则不能如初。"《清史稿》卷三八六，文祥传，中华书局 1977 年版，第 11689 页。

〔8〕　蒲安臣在致美国国务卿的一封信中详细汇报了有关情况。详见田涛：《国际法输入与晚清中国》，济南出版社 2001 年版，第 37 页。

〔9〕　李伟：《中国近代翻译史》，齐鲁书社 2005 年版，第 82 页。

〔10〕　傅德元：《丁韪良〈万国公法〉翻译蓝本及意图新探》，载《安徽史学》2008 年第 1 期，第 41—53 页。

〔11〕　杨焯：《丁译〈万国公法〉研究》，法律出版社 2015 年版，第 7 页。

〔12〕　咸丰十年(1860)冬十月的上谕提道："侍郎衔候补京堂崇厚，著作为办理三口通商大臣，驻扎天津，管理牛庄、天津、登州三口通商事务，会同各该将军、督抚、府尹办理，并给'办理三口通商大臣'关防。其广州、福州、厦门、宁波、上海、及内江三口、潮州、琼州、台湾、淡水各口通商事务，著江苏巡抚薛焕办理。新立口岸，惟牛庄一口归山海关监督经管，其余登州各口，著该督抚会同崇厚、薛焕派员管理。"[清]王之春：《清朝柔远记》，赵春晨点校，中华书局 1989 年版，第 291 页。

〔13〕　杨焯：《丁译〈万国公法〉研究》，法律出版社 2015 年版，第 3 页。

〔14〕　详见田涛：《国际法输入与晚清中国》，济南出版社 2001 年版，第 38 页。四名章京名字见李恭忠：《晚清的"共和"表述》，载《近代史研究》2013 年第 1 期，第 10 页。李伟：《中国近代翻译史》，齐鲁书社 2005 年版，第 83 页。

〔15〕　杨焯：《丁译〈万国公法〉研究》，法律出版社 2015 年版，第 10 页。

〔16〕　同前，第 144 页。

〔17〕　《奕䜣等又奏美土丁韪良译出万国公法律例呈阅已助款刊行折》(同治三年七月)，载《筹办夷务始末(同治朝)》(第三册)，中华书局 2008 年版，卷二七，第 1184—1185 页。另见杨焯：《丁译〈万国公法〉研究》，法律出版社 2015 年版，第 151—152 页。

〔18〕　邹振环：《京师同文馆及其译书简述》，载《出版史料》1989 年第 2 期。张用心：《万国公法的几个问题》，载《北京大学学报(哲学社会科学版)》2005 年 3 期。转引自杨焯：《丁译〈万国公法〉研究》，法律出版社 2015 年版，第 8 页。

〔19〕　田涛：《丁韪良与〈万国公法〉》，载《社会科学研究》1999 年第 5 期。转引自杨焯：《丁译〈万国公法〉研究》，法律出版社 2015 年版，第 7、8 页。

〔20〕　[美]惠顿：《万国公法》，丁韪良译，何勤华点校，中国政法大学出版社 2003 年版。赫德与丁韪良的交集还有很多。"丁韪良担任(同文馆)总教习后，就由他或总税务司赫德代为聘任洋教习，对象仍以西方教士为主。"高晓芳：《晚清洋务学堂的外语教育研究》，商务印书馆 2007 年版，第 73 页。

〔21〕　[美]芮玛丽：《同治中兴：中国保守主义的最后抵抗(1862—1874)》，房德邻、郑师渠、郑大华、刘北成、郭小凌、崔丹译，刘北成校，中国社会科学出版社 2002 年版，第 295 页。

〔22〕　[美]凯瑟琳·F.布鲁纳、费正清、理查德·J.司马富编：《步入中国清廷仕途——赫德日记(1854—1863)》，傅曾仁、刘壮翀、潘昌运、王联祖译，傅曾仁校，戴一峰复校，中国海关出版社 2003 年版，第 375 页。

〔23〕　同前，第 375 页。

〔24〕　同前，第 376 页。

〔25〕　同前，第 379 页。

〔26〕　同前,第 379 页。

〔27〕　同前,第 380 页。

〔28〕　同前,第 380 页。

〔29〕　同前,第 381 页。

〔30〕　同前,第 385 页。

〔31〕　同前,第 386 页。

〔32〕　同前,第 386 页。

〔33〕　同前,第 387 页。

〔34〕　同前,第 391 页。

〔35〕　陈旭麓等书中的"赫德"条(第 730 页)就没有提及此事。

〔36〕　[英]密福特:《清末驻京英使信札(1865—1866)》,温时幸、陆瑾译,李国庆校订,国家图书馆出版社 2010 年版,第 58 页。董大人,即董恂(1810—1892),初名醇,后避同治皇帝讳改恂,字忱甫,号韫卿,江都县邵伯镇人。曾任户部右侍郎。

〔37〕　同前,第 115 页。

〔38〕　《给布使李福斯照会》(同治三年六月),载《筹办夷务始末(同治朝)》(第三册),中华书局 2008 年版,卷二六,第 1146—1147 页。另见李伟:《中国近代翻译史》,齐鲁书社 2005 年版,第 85 页。

〔39〕　李伟:《中国近代翻译史》,齐鲁书社 2005 年版,第 85—86 页。

〔40〕　此前,1839 年 9 月,美国传教士伯驾(Peter Parker,1804—1888)根据林则徐的随员袁德辉提供的抄本,翻译了滑达尔(Emerich de Vattel,1714—1759)于 1758 年所著的《万国法:或适用于各国和各主权者的行为和事务的万国公法和自然法原则》(*Le Droit des Gens*;*ou*,*Principes de la loi naturelle appliqués a la conduitte er aux affairs des nations et des souverains*)中涉及违禁走私、战争问题、服从所在国法律、采取外交与战争的步骤以及内政外交的处理方式等篇章。李栋:《鸦片战争前后英美法知识在中国的输入与影响》,中国政法大学出版社 2013 年版,第 94—96 页。光绪八年九月初三日,美国驻华公使杨约翰就美商韦特摩尔在上海租界内设立纺织公司一案向总理衙门提出交涉。其照会要求恭亲王详阅"万国公法"所列一节:"两国设立条约,约内各款,在两国即为定而不移之法,两国国主及地方官不能另设章使条约所允者为无用,及或于所允者有所限制。据所载此节,是允此人创设公司,不允他人另设公司,其所处之章即应归于无用,因其与条约所允者甚有未合。"《总署收美使杨约翰照会(光绪八年九月初三日)》,载中国台湾地区"中研院"近代史研究所编:《中美关系史料》(光绪朝二),第 908 页。转引自吴翎君:《美国大企业与近代中国的国际化》,社会科学文献出版社 2014 年版,第 40—41 页。

附录2:马克思的法律教育

〔1〕《马克思恩格斯全集》(第一卷),人民出版社1956年版,第382页。

〔2〕[德]古斯塔夫·拉德布鲁赫:《法律智慧警句集》,舒国滢译,中国法制出版社2001年版,第14页。

〔3〕部分人物故事可见林海:《萨维尼从巴黎来的信》,法律出版社2015年版。

〔4〕[英]阿萨·勃里格斯:《马克思在伦敦》,陈叔平译,中国人民大学出版社1986年版,第28页。

〔5〕同前,第65页。

〔6〕[苏]伽·谢列布里雅柯娃:《马克思的青年时代》,刘辽逸等译,中国青年出版社1959年版,第182—186页。

〔7〕他父亲为此在信中写道:"9门课程,在我看来多了一点,并且我不希望你学的东西超过你的身体和精力所能承受的限度。不过,要是你对这并不感到困难,那[可能]也不错。知识的领域是无限的,可时间是短暂的。"《马克思恩格斯全集》(第四十七卷),人民出版社2004年版,第516—517页。在1982年的中译本第四十卷中,为第831页。此外,卡尔初到波恩大学时还听过奥古斯都·威廉·斯来格尔讲荷马的著作。[苏]伽·谢列布里雅柯娃:《马克思的青年时代》,刘辽逸等译,中国青年出版社1959年版,第179页。

〔8〕卡尔先骑马到科隆,在驿站里过了一夜,然后乘轮船顺莱茵河而下。到杜塞尔多夫后,第二天早晨乘尼德兰公司满载客货的轮船去国外。[苏]伽·谢列布里雅柯娃:《马克思的青年时代》,刘辽逸等译,中国青年出版社1959年版,第191、192页。

〔9〕《马克思恩格斯全集》(第一卷),人民出版社1995年版,第937页。

〔10〕《柏林大学毕业证书》,载《马克思恩格斯全集》(第一卷),人民出版社1995年版,第939页。李靖宇书译作《优帝法典》。也有译作《罗马法全书》的。见《马克思恩格斯全集》(第四十卷),人民出版社1982年版,第896—898页。

〔11〕[德]赫尔曼·康特罗维茨:《萨维尼与历史法学派》,马史麟译,载许章润主编:《清华法学》(第三辑),清华大学出版社2003年版,第7页。

〔12〕[德]弗里德里希·卡尔·冯·萨维尼:《历史法学派的基本思想(1814—1840年)》,[德]艾里克·沃尔夫编,郑永流译,法律出版社2009年版,第41页,沃尔夫"后记"。

〔13〕李靖宇:《马克思恩格斯的青年时代》,江西人民出版社1985年版,第40—41页。

〔14〕《致亨利希·马克思》,载《马克思恩格斯全集》(第四十七卷),人民出版社2004年版,第13页。

〔15〕 在给女友燕妮的诗中他表示要大胆地钻研科学,建立自己的法哲学体系,并且以此和燕妮共勉,做到"永不休息,永不偷懒"。李靖宇:《马克思恩格斯的青年时代》,江西人民出版社 1985 年版,第 140—141 页。

〔16〕 方括号中内容系笔者所加。下同。

〔17〕 《马克思恩格斯全集》(第四十七卷),人民出版社 2004 年版,第 7—11 页。另见《马克思恩格斯全集》(第四十卷),人民出版社 1982 年版,第 10—14 页。

〔18〕 同前,第 13 页。罗范懿编著:《马克思》,辽海出版社 1998 年版,第 42 页。

〔19〕 《马克思恩格斯全集》(第四十七卷),人民出版社 2004 年版,第 13—14 页。

〔20〕 1837 年 11 月 10 日在给父亲的信中,马克思写道:"在患病期间,我从头到尾读了黑格尔的著作,也读了他大部分弟子的著作。"《马克思恩格斯全集》(第四十卷),人民出版社 1982 年版,第 16 页。马克思在这一时期的一首讽刺短诗中写道:"康德和费希特在太空飞翔,对未知世界在黑暗中探索;而我只求深入全面地领悟/在地面上遇到的日常事物……我们已陷进黑格尔的学说,无法来摆脱他的美学观点。"《马克思恩格斯全集》(第四十卷),人民出版社 1982 年版,第 651—652 页。

〔21〕 李靖宇:《马克思恩格斯的青年时代》,江西人民出版社 1985 年版,第45 页。

〔22〕 列宁:《卡尔·马克思(传略和马克思主义概述)》,载《马克思恩格斯选集》(第一卷上),人民出版社 1972 年版,第 1 页。论文题为《德谟克利特的自然哲学和伊壁鸠鲁的自然哲学的差别)》。

〔23〕 《马克思恩格斯全集》(第一卷),人民出版社 1995 年版,第 939—940 页。《马克思恩格斯全集》(第四十卷),人民出版社 1982 年版,第 896—898 页。

〔24〕 这让笔者联想到 1989 年《课堂内外(初中学习版)》编辑部推动的一场关于先有法律还是先有犯罪的讨论。当年 1 月至 8 月,编辑部共收到 1330 份稿件(参与讨论者多为初二初三学生,另有 10 位教师参与讨论),其中 66%认为先有法律后有犯罪,15%认为先有犯罪后有法律,10%认为同时产生,9%认为要具体分析。本刊编辑部:《关于"先有法律还是先有犯罪"的讨论综述》,载《课堂内外(初中学习版)》1989 年第 12 期,第 50 页。编辑部特邀评论员称,探讨该问题,必须从正确掌握犯罪概念的含义入手;要坚持两点论的科学方法;刑法与犯罪互为存在的前提和条件的关系,就像双生子一样同时产生,将来也同时消亡;犯罪和法律不是对应概念,不宜相提并论。沈福林:《对这个问题谈谈我的看法》,载《课堂内外(初中学习版)》1989 年第 12 期,第54 页。这种解读只是一家之言,即只是从法律规定的犯罪的角度出发。犯罪的定义其实有多种,人类早期社会,违反禁忌习俗也会被视作一种犯罪,受到制裁。禁忌习俗后来成为习惯法,又经过了不成文(秘而不宣)到成文化的过程。参见[英]马林诺夫斯基:《原始社会的犯罪与习俗》,原江译,云南人民出版社 2002 年版。因此,法律并

非一蹴而就。犯罪的观念和范围也有演化的过程,对其的界定与规则有关,但规则并非一开始就获得后来人们理解的法律那样的形式。而有人类社会存在,就一定会有规则。就上述讨论来看,除了问题本身存在问法不对的问题以外,参与讨论的初中生仅凭《社会发展简史》课程所学的知识,仅靠两点论的方法,自然也难以找到解答上述问题的正确路径。再有,犯罪与法律产生的先后顺序,如果是一种事实而非观念的问题,是无法通过辩论的方式找到答案的。

〔25〕　[德]海涅:《哈尔次山游记》,冯至译,北京出版社出版集团、北京十月文艺出版社 2006 年版,第 6 页。

〔26〕　同前,第 10 页。

〔27〕　同前,第 11—12 页。

〔28〕　同前,第 4、5 页。事实上,还有一种关于人脚的分类:拇趾比另外四个脚趾长的脚,叫"埃及脚";第二个脚趾比其他脚趾长的,叫"希腊脚";五个脚趾一般长的,叫"四方脚"。[法]伯努瓦·德拉朗德(文字),[法]本杰明·肖·热雷米·格拉邦(插图):《缤纷世界——人体奥妙绘本》,杨洁译,广东省地图出版社 2009 年版,第 19 页。

附录 3:法学博士迷思

〔1〕　此外,1856 年时,都柏林大学、爱丁堡大学、格拉斯哥大学和阿伯丁大学等授予法学博士学位(LL.D.)。王伟:《中国近代留洋法学博士考(1905—1950)》,上海人民出版社 2011 年版,第 162 页。有学者指出:"罗马法学者从 12 世纪后半叶起便使用博士(doctor)这一称呼,起先这只是一个授予每一位学习法律人士的荣誉头衔,至 13 世纪才发展成为学位头衔。早期完成教会法课程者被称为'教律教师'(magister decretorum),至 1220 年左右,才开始使用'教律博士'这一称呼,到 13 世纪中叶,已经成为正式的学位头衔。"赵博阳:《浅析中世纪教会法教育》,载何勤华主编:《外国法制史研究(第 16 卷·2013 年)·大学的兴起与法律教育》,法律出版社 2014 年版,第 113 页。

〔2〕　[英]F.H.劳森:《圣殿:1850 年至 1965 年的牛津法学教育》,黎敏译,法律出版社 2010 年版,第 1—2 页。1708 年,伍德提出牛津和剑桥应设置英国普通法课程,发展普通法教育。他出版了《关于在两所大学开展法学教育的若干思考》的小册子,还完成了《英国法总论》(Institute of the Laws of England)。同前,第 5 页。

〔3〕　王伟:《中国近代留洋法学博士考(1905—1950)》,上海人民出版社 2011 年版,第 162 页。

〔4〕　同前,第 162 页。劳森就提到,在二战后结束初期的牛津,"一些拿到法学优等学位后正在攻读民法学士学位的学生也协助参与教学"。[英]F.H.劳森:《圣殿:1850 年至 1965 年的牛津法学教育》,黎敏译,法律出版社 2010 年版,第 157 页。

〔5〕　王伟:《中国近代留洋法学博士考(1905—1950)》,上海人民出版社 2011 年

版,第163页。

〔6〕　同前,第167—174页。

〔7〕　同前,第43、44页。

〔8〕　同前,第7页。王宠惠博士论文的中译本见张仁善编:《王宠惠法学文集》,法律出版社2008年版,第117—148页。D.C.L.学位也被耶鲁用作荣誉学位赠送给社会贤达。

〔9〕　Chung Hui Wang. *The German Civil Code*:*Translated and Annotated with An Historical Introduction and Appendices* (London:Stevens and Sons, Limited, New Publisher,1907).

〔10〕　王伟:《中国近代留洋法学博士考(1905—1950)》,上海人民出版社2011年版,第36页。

〔11〕　同前,第45、68页。

〔12〕　同前,第27页。

〔13〕　同前,第140页。

〔14〕　程小牧:《译序:民主精神与精英意识》,载[法]弗朗索瓦·杜费、皮埃尔-贝特朗·杜福尔:《巴黎高师史》,程小牧、孙建平译,中国人民大学出版社2008年版,第12、13页。

〔15〕　王文新编著:《法国教育研究》,上海社会科学院出版社2011年版,第28页。另见王安异:《法学教育模式及其选择——世界名校本科法学教育比较研究》,载王瀚主编:《法学教育研究》(第三卷),法律出版社2010年版,第281、283页。

〔16〕　王伟:《中国近代留洋法学博士考(1905—1950)》,上海人民出版社2011年版,第185页。

〔17〕　同前,第181页。遗憾的是,该书对此虽有提及,但受资料所限,在介绍具体人物时并未都作区分。

〔18〕　同前,第27页。

〔19〕　张鸣:《曹汝霖给西太后讲立宪》,载《南方周末》2007年12月6日D24版。如今,越南的大学本科学位仍作"举人",博士学位称"进士"。茅海建:《在越南的学术访问》,载《南方周末》2014年4月10日D23版。

〔20〕　[意]利玛窦、[比]金尼阁:《利玛窦中国札记》,何高济、王遵仲、李申译,何兆武校,中华书局1983年版,第36页。

〔21〕　[美]康雅信:《培养中国的近代法律家:东吴大学法学院》,王健译,贺卫方校,载贺卫方编:《中国法律教育之路》,中国政法大学出版社1997年版,第253、265页。

〔22〕　李贵连、孙家红、李启成、俞江编:《百年法学——北京大学法学院院史(1904—2004)》,北京大学出版社2004年版,第110页。

〔23〕　《南开四十年大事记》,载董鼎总辑:《学府纪闻:国立南开大学》,中国台湾地区南京出版有限公司 1981 年版,第 73 页。

〔24〕　其中,1942 级有罗英荣(1946 年毕业,论文题为 *The International Relation of Outer Mongolia in Relation to Russia and China*)、钟一均(1948 年毕业,论文题目为《不列颠自治领的宪法地位》);1943 级有端木正(1947 年毕业,论文题为《中国与中立法》)。陈新宇:《从邵循恪到端木正——清华法政研究生教育的薪火相承》,载王振民主编:《鸿迹——纪念年法学家端木正教授》,清华大学出版社 2011 年版,第 191、192 页。端木正先生硕士论文大纲及目录亦见该书(第 84—87 页)。

〔25〕　贺祖斌(1940 级)、闻鸿钧(1941 级)、张挹材(1942 级),论文题为《司法调查》)、崔道录(1943 级),论文题为《隋唐法律思想与法律制度》)。陈新宇:《从邵循恪到端木正——清华法政研究生教育的薪火相承》,载王振民主编:《鸿迹——纪念法学家端木正教授》,清华大学出版社 2011 年版,第 192 页。

〔26〕　薛波主编:《元照英美法词典》,法律出版社 2003 年版,D1、D2 页。只是其未加辨识地将 1950 年代以前在美国获得的法学类博士学位均译为 J.D.,似有不妥。

〔27〕　《郭秉文先生学术年表》,载郭秉文:《中国教育制度沿革史》,储朝晖译,商务印书馆 2014 年版,第 189 页。

〔28〕　王伟:《中国近代博士教育史——以震旦大学法学博士教育为中心》,复旦大学出版社 2015 年版,第 20、21 页。

〔29〕　[美]约翰·杜威:《学校与社会·明日之学校》,赵祥麟、任钟印、吴志宏译,人民教育出版社 2005 年版,第 381 页,附录二。

〔30〕　张仁善:《序:近世中国法坛"第一人"——王宠惠》,载张仁善编:《王宠惠法学文集》,法律出版社 2008 年版,第 III 页。另见该书第 572 页。华友根:《中国近代立法大家——董康的法制活动与思想》,上海世纪出版集团 2011 年版,第 22 页。

〔31〕　周洪宇主编:《学位与研究生教育史》,高等教育出版社 2004 年版,第 305 页。

〔32〕　王伟:《中国近代博士教育史——以震旦大学法学博士教育为中心》,复旦大学出版社 2015 年版,第 69 页。

〔33〕　同前,第 72 页。

〔34〕　同前,第 132 页。

〔35〕　邓小林:《民国时期国立大学教师聘任之研究》,西南交通大学出版社 2007 年版,第 227—228 页。

〔36〕　朱有瓛主编:《中国近代学制史料》(第三辑上册),华东师范大学出版社 1990 年版,第 53 页。

〔37〕　邓小林:《民国时期国立大学教师聘任之研究》,西南交通大学出版社 2007 年版,第 240—241 页。

〔38〕　周洪宇主编:《学位与研究生教育史》,高等教育出版社 2004 年版,第 303、304 页。

〔39〕　邓小林:《民国时期国立大学教师聘任之研究》,西南交通大学出版社 2007 年版,第 246—247 页。

〔40〕　周洪宇主编:《学位与研究生教育史》,高等教育出版社 2004 年版,第 305 页。

〔41〕　黄宝印:《我国研究生教育恢复招生培养 40 周年》,载《中国研究生》2018 年 7 月刊。此外,1918 年至 1919 年,北京大学文、理、法三科 9 个研究所共招收 148 名研究生。1925 年和 1926 年,清华学校研究院国学门(通称国学研究院)各招 29 名研究生,前后共招收四届 74 名。截至 1947 年,全国有 33 所高校 59 个学院设有 156 个研究所,到 1949 年,研究生人数达 424 人。

〔42〕　《新汉英法学词典》中的"法学博士"条即未加限定地开列了 J.D.(Juris Doctor or Doctor of Jurisprudence) 、LLD、LL.D.(Doctor of Laws) 三项,其对 J.D.的解读为"J.D.is now the basic law degree,replacing the LL.B.in 1960s.",其对 LL.D.的解释为"LL.D.is commonly an honorary degree"(余叔通、文嘉主编,法律出版社 1998 年版,第 200 页)。显然,该条目只是用美国的情况解读中文词汇,而不适合用以指导将中国制度英译。然而,《元照英美法词典》"编纂人员表"却将在中国内地取得的法学博士均译为"LL. D.",显然不妥。陈忠诚教授曾提出,"以'the science of law(或 legal science)'或'law'译'法学',读者就无法把它们误解为'法的理论'或'法理'了。"后者,是由将"法学"译为"jurisprudence"造成的。陈忠诚:《法窗译话——法律翻译絮谈》,中国对外翻译出版公司 1992 年版,第 8、9 页。

〔43〕　龙应台:《从石狮子出发(代前言)》,载龙应台:《这个动荡的世界》,汕头大学出版社 1998 年版。转引自张芝梅:《译后记》,载[英]塞西尔·黑德勒姆:《律师会馆》,张芝梅编译,贺维彤配图,上海三联书店 2006 年版,第 231 页。

〔44〕　之所以要用别人的语言,和中文的衰微有关。见姜朋:《中文在危急中》,载《社会科学论坛》(学术评论卷)2008 年 4 月上半月期(总第 163 期),第 97—101 页。

附录 4:法学家的著作权

〔1〕　法正居士:《"文革"买书读书记(一)》,载法正居士的博客,http://fzhjsh. bokee.com/475790.html。2017 年 5 月 4 日访问。

〔2〕　崔建远:《物权行为与中国民法》,2004 年 3 月 22 日在中国人民大学法学院的讲座。中国民商法律网,http://www. civillaw. com. cn/weizhang/default. asp? id = 15746。2017 年 6 月 3 日访问。

〔3〕　梁慧星:《序言》,载王泽鉴:《民法学说与判例研究》(第一册),中国政法大

学出版社 1998 年版。

〔4〕　方流芳教授新浪微博,https://weibo. com/fangliufang? is_all = 1。2017 年 11 月 20 日访问。

〔5〕　此前一年,即 1997 年,中国政法大学出版社即着手整理出版民国时期法学家的著作。其中也包括了一些后来赴台的学者(如梅仲协、史尚宽等)的早期作品。

〔6〕　当然,更多的大陆书籍是以比较曲折的方式在我国台湾地区出版的。为避免查禁,台湾地区书商乃将大陆学者的著作加以"整容"。古远清:《台湾书商盗版大陆书的各种奇招》,载《博览群书》2010 年第 8 期,第 115-117 页。

〔7〕　李许婉清:《后记》,载芮沐:《民法法律行为理论之全部》,中国台湾地区三民书局股份有限公司 2002 年版,第 469—479 页。芮沐(1908. 7.14—2011. 3.20),曾用名敬先,字吉士,祖籍浙江吴兴,出生于上海,小学就读于法租界的浦东小学,后先后就读于英租界的马克密林中学和圣芳济学校。1927 年考入震旦大学文学专业。1930 年毕业,获文学士学位。后被法国巴黎大学录取,学习法律,1933 年获法学硕士学位。即赴德国法兰克福大学师从 Fritz von Hippel(1897—1991)教授,1935 年获得法兰克福大学法学博士学位。博士论文为《从实在法说到自然法》(*Von Positivenrecht zu Naturrecht*)。1935 年 8 月回国。王伟:《中国近代留洋法学博士考(1905—1950)》,上海人民出版社 2011 年版,第 324—325 页。郭少峰、黄合:《法学第一翁参透名与实》,载《新京报》2011 年 4 月 5 日 A08 版。有关芮沐先生晚年教书育人的故事可见吴志攀:《芮沐先生:百岁的青春》,载《北京教育·德育》2011 年第 7—8 期,第 71—72 页。

〔8〕　周振想、邵景春主编:《新中国法制建设 40 年要览(1949—1988)》,群众出版社 1990 年版,第 223 页。

〔9〕　陈忠诚:《东吴岁月·译林杂谈》,法律出版社 2008 年版,第 239 页。

〔10〕　张弘:《大陆作者将在台湾收版权费》,载《新京报》2010 年 12 月 28 日 C13 版。

图片索引

制)版。

015｜图 1-9　北京大学法律类藏书印章七组。图片来源:2016 年 9 月 30 日翻拍于北京大学法律图书馆。

016｜图 1-10　国立北京大学法学院藏书印章两种。图片来源:同前。

020｜图 1-11　沈家本。图片来源:李贵连:《沈家本评传》(增补版),中国民主法制出版社 2016 年版,封面。

020｜图 1-12　伍廷芳。图片来源:微博,http://weibo.com/u/1461054253/home? end_id=3971722409929765&pre_page=1&page=2#1462417487511。2016 年 5 月 5 日访问。

020｜图 1-13　董康。图片来源:维基百科,http://zh.wikipedia.org/wiki/%E8%91%A3%E5%BA%B7。2014 年 12 月 12 日访问。

020｜图 1-14　江庸。图片来源:左,维基百科,http://zh.wikipedia.org/wiki/%E6%B1%9F%E5%BA%B8。2015 年 1 月 5 日访问。孔夫子旧书网,http://pmgs.kongfz.com/item_pic_380299/。2016 年 12 月 1 日访问。江庸致顾维钧签名照(右),系 2013 年 4 月 25 日北京华夏藏珍国际拍卖有限公司北京华夏国拍 2013 春季拍卖会名人墨迹、影像专场拍品。

025｜图 1-15　京师法律学堂旧址。今北京西城区佟麟阁路 62 号院 7 号楼。董一鸣摄。图片来源:王璇:《百年“圆楼”修缮后重现》,载《首都建设报》2015 年 12 月 18 日第 6 版。

038｜图 1-16　北洋法政专门学校领讲义券(别科贰班第肆八号李仲)。图片来源:天津博物馆藏品,2018 年 10 月 4 日翻拍。

039｜图 1-17　民国时期北洋法政专门学校本科直隶同学合影。图片来源:新浪博客,http://blog.sina.com.cn/s/blog_54d251aa0102v1bw.html。2015 年 8 月 10 日访问。

040｜图 1-18　河北省立法商学院图书馆藏书。图片来源:2016 年 9 月 30 日翻拍自北京大学法律图书馆。

041｜图 1-19　北洋法政学堂的日本教习。摄于 1908 年该校开办典礼时。前排右三为今井嘉幸。图片来源:汪向荣:《日本教习》,商务印书馆 2014 年版,图版二。

042｜图 1-20　李大钊赠弱男同志签名照(1920 年 1 月)。图片来源:百度百科,https://imgsa.baidu.com/baike/c0%3Dbaike220%2C5%2C5%2C220%2C73/sign=32f9e6d0b78f8c54f7decd7d5b404690/a9d3fd1f4134970aade6301196cad1c8a7865d72.jpg。2017 年 4 月 4 日访问。该照片现收藏于中国共产党第一次全国代表大会会址纪念馆。

042｜图 1-21　邮票上的法律人李大钊。图片来源:1989 年 10 月 29 日原邮电部发行纪念李大钊同志诞辰一百周年纪念邮票(J164)。

第二章

页。另见 360 个人图书馆网,http://www.360doc.com/content/15/0519/13/418127_471688361.shtml。2016 年 12 月 7 日访问。

072｜图 2-4　左宗棠于陕甘总督任上。图片来源:左,兰州新闻网,http://www.lzbs.com.cn/lzsc/jcyy/2016-03/21/content_4358321.htm。2016 年 12 月 7 日访问。右, Adolf-Nikolay Erazmovich Boiarskii 拍摄, 微博, http://weibo.com/ttarticle/p/show? id=2309404034031606996824#_0。2016 年 12 月 7 日访问。

073｜图 2-5　李鸿章(19 世纪 70 年代)。图片来源:360 个人图书馆网,http://www.360doc.com/content/15/0519/13/418127_471688361.shtml。2016 年 12 月 7 日访问。

074｜图 2-6　陈季同。图片来源:百度百科, http://baike.baidu.com/link? url = TC0c_hFTj1NEDzdBN6gproP6yVqc2Ha6yrjEuFVgATqj_zxp-iwA8Nr WNi0ZlMPEH9 - ffwABUew_RGxVRd8rzq。2016 年 1 月 2 日访问。

074｜图 2-7　刘步蟾。时年 25 岁。图片来源:中央电视台 2014 年拍摄的纪录片《甲午》(导演胡劲草)第一集《开国》截图。

074｜图 2-8　严宗光(严复)。时年 23 岁。图片来源:同前。

074｜图 2-9　萨镇冰。时年 18 岁。图片来源:同前。

082｜图 2-10　曾纪泽。图片来源:360 个人图书馆网, http://www.360doc.com/content/15/0519/13/418127_471688601.shtml。2016 年 12 月 7 日访问。

086｜图 2-11　郭嵩焘。图片来源:360 个人图书馆网, http://www.360doc.com/content/15/0519/13/418127_471688361.shtml。2016 年 12 月 7 日访问。

092｜图 2-12　使才记名清单。图片来源:李文杰:《晚清外交改革与职业外交官的形成》,凤凰网, http://wemedia.ifeng.com/7100392/wemedia.shtml。2017 年 1 月 31 日访问。

094｜图 2-13　范熙壬(摄于清光绪二十九年,1903)及其京师大学堂入学复试试卷《张居正毕士马克优劣论》节选。图片来源:新浪博客, http://blog.sina.com.cn/s/blog_627de4a90102vjud.html。2016 年 11 月 18 日访问。

101｜图 2-14　梅谦次郎。图片来源:[日]穗积陈重:《法窗夜话》,曾玉婷、魏磊杰译,法律出版社 2015 年版,第 265 页。

114｜图 2-15　邮票上的法律人朱执信。图片来源:1932 年 8 月 13 日中华邮政发行的《北平版烈士像邮票》中的两枚。

114｜图 2-16　邮票上的法律人陈叔通。图片来源:1994 年 2 月 25 日原邮电部发行的《爱国民主人士(二)》纪念邮票(1994-2)第 2 枚。

第三章

中国第一法科的那些人与事》，中国宪政网，http://www.calaw.cn/
article/default.asp? id＝10862。2016 年 10 月 16 日访问。

148｜图 3-8　兰金。图片来源：王国平编著：《博习天赐庄——东吴大学》，河北教育
出版社 2003 年版，第 53 页。

148｜图 3-9　罗炳吉（Charles Sumner Lobingier）。图片来源：张新：《一百年前，来自美
国的法律人竟在上海大展拳脚》，蓝海现代法律微信公众号，2018 年 10
月 14 日发布。

149｜图 3-10　东吴大学法学院铜制徽章（背面编号 1151）。图片来源：新浪微博，ht-
tp://blog.sina.com.cn/s/blog_8f70af520101am3m.html。2018 年 2 月 21
日访问。该章为铜质，圆形，直径 28 毫米，章体周边环绕蓝、白珐琅，
底色为红珐琅，上方镶“东吴大学法学院”七个白色珐琅字，下方由书
本及放射光明的红五星组成。应是 20 世纪 50 年代初的物件。

152｜图 3-11　王宠惠。图片来源：360 个人图书馆网，http://www.360doc.com/con-
tent/12/0906/08/1689336_234552645.shtml。2014 年 11 月 26 日
访问。

152｜图 3-12　燕树棠。图片来源：百度百科，http://baike.baidu.com/picture/836158/
836158/0/72b19c02f8909d554bfb51be.html? fr＝lemma& ct＝single#aid＝
0&pic＝72b19c02f8909d554bfb51be。2015 年 8 月 31 日访问。

152｜图 3-13　张太雷。图片来源：百度百科，http://baike.baidu.com/view/85 163.
htm? fr＝aladdin。2014 年 11 月 26 日访问。

152｜图 3-14　吴经熊。图片来源：百度百科，http://baike.baidu.com/view/1488413.htm?
fr＝aladdin。2014 年 11 月 26 日访问。

152｜图 3-15　徐志摩（出国护照照）。图片来源：潘倩编：《徐志摩翰墨辑珍》（第二
卷留美日记），中央编译出版社 2014 年版，第 1 页。

154｜图 3-16　赵天麟。图片来源：北洋大学—天津大学校史编辑室：《北洋大学—
天津大学校史》第一卷（1895 年 10 月—1949 年 1 月），天津大学出版
社 1990 年版，插图 6。

154｜图 3-17　冯熙运。图片来源：北洋大学—天津大学校史编辑室：《北洋大学—天
津大学校史》第一卷（1895 年 10 月—1949 年 1 月），天津大学出版社
1990 年版，插图 7。

156｜图 3-18　郑毓秀与李石曾合影。图片来源：微博，http://weibo.com/canton2200?
from＝myfollow_all&is_all＝1#_rnd1462435678008。2016 年 5 月 5 日
访问。

421｜图注 3-1　汤尔和。图片来源：百度贴吧，https://tieba.baidu.com/p/4967624248?
red_tag＝1174601814。2020 年 9 月 29 日访问。

第四章

第六章

第七章

281｜图 7-5　华北人民革命大学毕业证书（革字第○○一五号）。图片来源：孔夫子旧书网，http://book.kongfz.com/item_pic_9724_102254603/。2012 年 10 月 29 日访问。

282｜图 7-6　中国政法大学与华北大学合并成立中国人民大学时在原朝大图书馆前的合影。图片来源：薛君度、熊先觉、徐葵主编：《法学摇篮——朝阳大学》（增订版），东方出版社 2001 年版，图版第 38 页。

283｜图 7-7　中央人民政府政务院《关于成立中国人民大学的决定》及刘少奇在中国人民大学开学典礼上讲话（1950 年 10 月 3 日）。图片来源：中国教育新闻网，http://www.jyb.cn/photo/lstp/200908/t20090815_302895.html。2012 年 11 月 14 日访问。《中国法律评论》2020 年第 2 期，第 169 页。

285｜图 7-8　费氏三兄弟。图片来源：360 个人图书馆网，http://www.360doc.com/content/12/1018/21/747074_242299005.shtml。2015 年 8 月 31 日访问。

286｜图 7-9　毛泽东签发的关于任命钱端升为北京政法学院院长的《任命通知书》。图片来源：百度百科，http://baike.baidu.com/view/76435.htm。2014 年 11 月 26 日访问。另见刘杰主编，刘杰、张培坚撰稿：《法大凝眸：老照片背后的故事》，中国政法大学出版社 2012 年版，第 2 页。

287｜图 7-10　1950 年 10 月 21 日，中央人民政府接办辅仁大学。图片来源：中国教育新闻网，http://www.jyb.cn/photo/lstp/200908/t20090815_302908.html。2012 年 11 月 14 日访问。

288｜图 7-11　冯淑燕的北京政法学院毕业证书（1954 年 7 月），学制三年。图片来源：7788 收藏网，http://www.997788.com/pr/detail_584_40992261.html。2016 年 12 月 16 日访问。

289｜图 7-12　原北京政法学院（今中国政法大学学院路校区）老宿舍楼现状。图片来源：2014 年 9 月 26、27 日、2016 年 12 月 14 日拍摄。

291｜图 7-13　最高人民法院、最高人民检察院、公安部、教育部《关于国务院批准恢复北京、西北政法学院的通知》（〔78〕法司字第 82 号）。图片来源：刘杰主编，刘杰、张培坚撰稿：《法大凝眸：老照片背后的故事》，中国政法大学出版社 2012 年版，第 117 页。

292｜图 7-14　谢觉哉。图片来源：百度百科，http://baike.baidu.com/view/443 899.htm？fr=aladdin。2014 年 11 月 26 日访问。

292｜图 7-15　钱端升。图片来源：中国社会科学网，http://book.cssn.cn/fx/fx_djfx/201409/t2014 0910_1322693.shtml。2014 年 11 月 26 日访问。

292｜图 7-16　刘复之。图片来源：最高人民检察院网，http://www.spp.gov.cn/tt/201308/t20130826_61743.shtml。2014 年 11 月 26 日访问。

293｜图 7-17　爱泼斯坦先生捐给清华大学图书馆的钱端升所著 *The Governmentnd*

附录 1

表格索引

后　记

按照某种分类标准,这本书该算是不务正业(至少也是不营主业)的产物。我学的是法律,却在商学院里教书,讲点法律,也诚惶诚恐、现学现卖地讲点商业伦理和批判性思维,而写就的却是尘封的往事,不知该算法学、教育,还是历史。

其实,如果换个角度,这本书也许可以和文化自觉搭上边。但那样听上去有些大言不惭,所以还是把它看作是在"随意的好奇心(idle curiosity)"驱使下,试图用第三只眼睛观察自己曾经置身及正在其中(尽管已然颇为边缘化)的法律教育与法律学科,并对其所以从来的历史加以探究的记录比较好。

对历史的偏好由来已久,虽然高中时武断地回绝了班主任老师关于联系保送北大考古系的提议,却一直没断了念想。据说很多年前,有一段中国近代考古史上最有意味的对话。时任中国地质调查所所长的翁文灏问新入所的年轻人贾兰坡:"考古很苦很累,你干这个是为了什么呢?"贾回答说是"为了吃饭"。那次,我回绝的理由与之类似。无知也好,流俗也罢,幸赖大道无边,殊途同归。只是对器物的偏好转向了制度。法律与历史的交集颇多:两者都接受权威文本,但同时都会对该文本加以适当的怀疑和辩驳;

两者都看重过往的事实（史实）材料，法律讲究"以事实为依据"，史家要求"有一分证据说一分话"。为此，两者都有回头看的传统，有点保守，尽管有时法律也需要向前瞻望，有预见性，而历史有时也可能被当作"后事之师"。

　　大约是 2006 年初，那篇关于法律硕士教育的文字[1]在《中外法学》刊出以后，和当时供职于法律出版社的柯恒编辑聊天。他正打算编一本纵览世界法学院及法律教育的书。由于自己的"国际视野"太过偏狭，未敢置喙。不过柯恒君的提议还是勾起了我对法律教育史的兴趣。先是在寻阅诸多从法学院逃逸的名家的过程中记下了马克思大学时代的点滴，而后又激励自己去"动手动脚找东西"，尝试着撰写东北人大法律系及吉林大学法律系的早期历史。于是，就在清华老图书馆二层大库门口泡了些时日。先用纸版目录加电脑系统检索，填索书单，请馆员代借，取书，翻阅，手抄，键入电脑……不亦乐乎。一次，不知何故，管理员破例允我同她一道，踏着铁青色的楼梯步入一层，绕过成堆的或因年深日久而脆化的老书，打开一扇褐色的木门，拨亮那初觉炫目渐感昏暗的灯泡，摇动密排书架的手柄，找寻目标……那是比校庆时校友获准进入大库二层参观还要高级的礼遇！秋高气爽的日子，在青藤满壁的图书馆里，从排列得满满当当的铁艺装饰的书架中间走过，那铁架亦是这

---

　　[1]　姜朋：《现实与理想：中国法律硕士专业学位教育》，载《中外法学》2005年第6期。该文曾获得第四届"中国法学教育研究成果奖"三等奖（2015年10月）。

建筑的支撑,脚下是为许多前辈乐道的玻璃地板,[1]趁着楼下依稀传透过来的光亮,逡巡于众多或熟悉或陌生,或久闻大名而未见真容的书脊当中,是一种幸福。

在富矿里的持续发掘,拓展了探究的视界,于是又陆续写就了些篇章。由于书稿是断续写成的,加之立意也不是要写成全面的法律教育史,因此虽然后来经过反复打磨,但原来的拼图样貌似乎仍然能够窥见。总的说来,书中言及的法科院校,与我多少均有些交集,或是就读过的母校(如中国政法大学),或是曾经或正在供职的东家(如北京大学、如清华大学),抑或是乡土所系(如黑龙江哈尔滨)。为其做些文字功课,弄清源流谱系,也算尽下自己的本分。

本书初稿原本还包括了《东北人民大学法律系历史述略(1948—1958)》[2]《吉林大学法律系历史概述(1958—1979)》《现实与理想:中国法律硕士专业学位教育》,以及作为附录的《清华法学教育的复兴》等四篇文字,后因篇幅过长,最终只好姑且暂时舍下。虽然如此,仍然要感谢恩师石少侠教授、师母杨亚非教授,在我写作东北人民大学法律系历史时,就若干史实给予解读和点拨。感谢恩师刘凯湘教授,北京大学法学院的梁根林教授、刘东进教授,以及沈岿、彭冰、龚文东、邓峰诸君在我写作法律硕士专业学位教育一文时给予的各种

---

〔1〕　"阅览室二,以软木为地板,故走路无声,不惊扰人。书库装玻璃地板,故透光,不需开灯。"梁实秋:《忆清华》(节录),载钟叔河、朱纯编:《过去的大学》,长江文艺出版社2005年版,第125页。杨绛:《我爱清华图书馆》(节选)、彭桓武:《海阔凭鱼跃》(节选)、宗璞:《那祥云缭绕的地方》(节选),载《新清华》增刊(2006.18)2006年11月6日,第4版。

〔2〕　该文是在《东北人民大学法律系早期历史述略(1950—1953)》(载《法制与社会发展》2007年第3期)基础上修改扩充而成的。

帮助。

感谢恩师方流芳教授的教诲、提携和鼓励。2001 年初,就《中国法学教育观察》一文所引资料的细节问题与老师的讨论,让我深感自己在法律教育的史料占有和相关叙事方面还有很多需要努力的地方。

感谢北京大学法学院彭冰教授对本书初稿的审阅,以及给出的中肯的评价和富有建设性的意见!

感谢清华大学法学院院长申卫星教授邀我在两岸清华法学论坛上宣介《没有法律系的法学院》一文的初稿。会上的交流学习无疑为后来的修改提供了契机。

感谢中国人民大学法学院的冯玉军教授邀我在朝阳学院百年纪念研讨会上宣讲《两所"中国政法大学"》初稿的主要内容。正是在会上发言前紧张凝练要点的过程中,文稿的立意得以极大地提升。会后,孙国华前辈更就朝阳学院后期的历史及中国政法大学昌平校区内的铜像设立等细节给我许多提点!后生晚进得蒙前贤提携,不胜荣光,于此谨记。

感谢浙江大学光华法学院的张谷教授就中国新法学研究院的历史与我交流,并不吝指教。

感谢上铺的兄弟、吉林大学法学院的蔡宏伟兄,与我做许多有趣的讨论,指出细节上的疏漏。

感谢清华大学法学院的陈新宇副教授的劝诱,使我得以及早写下对法学博士的困惑与些许思考。

感谢清华大学教育研究院的谢喆平副研究员赠与大作并惠示姜书阁前辈的资料。

感谢老同学许永安、曲广娣博士伉俪的诸多关照。唯愿在学术上,声息相通不断!

感谢柯恒的分享、劝勉和砥砺!可以说,如果没有那次讨论就不会有这本书!柯君的启发,善莫大焉!

感谢高山兄和赵燕编辑,使得《中国近代法学教育的源起》一文得以在《中国法律评论》上先行发表。如今本书的出版,更要感谢高山兄和曾健兄的鼎力支持,让我努力从读者的角度审视和不断敲打这些文字!还要感谢孙振宇兄在校订文字上的辛苦付出!当然,文责在我。我的电子邮箱是:gingerfriend@ 126.com。

2014 年 10 月 15 日记于清华园无牖室

2016 年 1 月 25 日改,2017 年 3 月 25 日又改

2018 年 1 月 3 日定稿于清华园梧邻馆

2020 年 5 月 27 日终稿

补　　记

本书定稿后,又见到新版的《北平学人访问记》中收录的一篇有关王觐(1932 至 1933 学年曾任清华大学法律系讲师)的史料。这是 1935 年北平《世界日报》记者对其采访的记录,于 6 月 27 日至 7 月 7 日刊发。也许是繁简字转化中出了差池,王觐被误作"王观"。现订正其误。从中可知,王觐当时的住处称为"居无庐"。光绪十六年,王

觐生于湖南浏阳,2 岁丧父,后由舅舅在家教读书。13 岁(光绪二十九年)进入县里的高小读书,光绪三十一年毕业。到长沙育才中学读书,宣统二年毕业。1912 年入上海吴淞中国公学,学习政治学。1913年自费赴日,在东亚预备学校学习日文及基本学科。次年入明治大学法律系,3 年后毕业,入研究院,专门研究刑法。1918 年归国,在浏阳县办理教育和实业。1920 年 3 月到北京,先在中国大学教授民法、物权和法学通论等课程。1921 年起,改教刑法。1922 年,在俄文法政专门学校教刑法。1923 年,在平民大学及警官高等学校、民国大学教刑法。嗣后在法政大学、保定河北大学法科、朝阳大学、清华大学及北京大学等学校讲刑法。1928 年,接替周龙光出任中国大学法律系主任,同时河北大学也请他担任法科学长。"到民国十年[原文如此,疑为二十年],因为就北平大学前俄文法商学院法律系主任,才辞去以前的职务。后来朝阳大学教务长李浦辞职,请王去担任。去年因为教育部限制兼课,所以辞去了别的学校课程,专任朝阳学院的职务,同北京大学的课程,直到现在。"[1]

2021 年 3 月 23 日记于清华大学文科图书馆

---

[1] 贺逸文等撰,张雷编:《北平学人访问记》(上),商务印书馆 2020 年版,第 314—316 页。

图书在版编目（CIP）数据

不复过往：中国法学院纪事 / 姜朋著. —北京：中国民主法制出版社，2020.11

ISBN 978-7-5162-2306-2

Ⅰ. ①不… Ⅱ. ①姜… Ⅲ. ①法制教育-教育史-研究-中国

Ⅳ. ①D929

中国版本图书馆 CIP 数据核字（2020）第 218935 号

图书出品人：刘海涛
出 版 统 筹：乔先彪
图 书 策 划：曾　健
责 任 编 辑：逯卫光　孙振宇

书名/不复过往：中国法学院纪事
作者/姜朋　著

出版·发行/中国民主法制出版社
地址/北京市丰台区右安门外玉林里 7 号 （100069）
电话/（010）63055259（总编室）　63058068　63057714（营销中心）
传真/（010）63055259
http：//www.npcpub.com
E-mail：mzfz@npcpub.com
经销/新华书店
开本/32 开　880 毫米×1230 毫米
印张/17.375　字数/517 千字
版本/2021 年 4 月第 1 版　2021 年 4 月第 1 次印刷
印刷/北京天宇万达印刷有限公司

书号/ISBN 978-7-5162-2306-2
定价/89.00 元
出版声明/版权所有，侵权必究